国家出版基金项目
NATIONAL PUBLICATION FOUNDATION
“十三五”国家重点图书
出 版 规 划 项 目

中国濒危语言志　组委会

主　任

杜占元

执行主任

田立新

成　员

田联刚　许正明　刘　利　黄泰岩　于殿利

张浩明　刘　宏　周晓梅　周洪波　尹虎彬

中国濒危语言志

汉语方言系列

总主编 曹志耘

主编 张振兴 邢向东

安徽祁门军话

赵日新 邓楠 著

创于1897
商务印书馆
The Commercial Press

图书在版编目（CIP）数据

安徽祁门军话/赵日新，邓楠著.—北京：商务印书馆，2019
（中国濒危语言志）
ISBN 978-7-100-17517-3

Ⅰ.①安… Ⅱ.①赵… ②邓… Ⅲ.①江淮方言—介绍—祁门县 Ⅳ.①H172.4

中国版本图书馆CIP数据核字（2019）第100218号

安徽祁门军话

赵日新　邓楠　著

出版发行：商务印书馆
地　　址：北京王府井大街36号
邮政编码：100710

印　　刷：北京雅昌艺术印刷有限公司

开　　本：787×1092　1/16　　印　　张：22
版　　次：2019年6月第1版　　印　　次：2019年6月北京第1次印刷
书　　号：ISBN 978-7-100-17517-3

定　　价：120.00元

调查点地貌　祁门县安凌镇赤岭村 /2015.7.24/ 赵日新 摄

赤岭村　祁门县安凌镇赤岭村 /2015.7.29/ 赵日新 摄

路亭　祁门县安凌镇上曾村 /2015.8.2/ 赵日新 摄

调查现场　祁门县安凌镇赤岭村 /2015.7.24/ 孙宇玮 摄

序

我的老家在浙江金华。我在老家生活的年代是20世纪六七十年代。那时候人们白天黑夜地干，酷暑寒冬地干，但就是吃不饱饭。山上光秃秃的，地上光秃秃的，简直成了不毛之地。如今40年过去了，回到家乡，只见茂林修竹，清流激湍，芳草鲜美，落英缤纷，俨然人间仙境。进山的小路早已被草木掩没，没有刀斧开路，则寸步难行。

在我家附近的塔石乡，有一个叫“大坑”的畲族村子，坐落在一条山沟里，有50多人。畲族相传发源于广东潮州凤凰山，明代以来逐渐北迁，从广东到福建，从福建到浙江、江西、安徽等地。数百年来，畲族尽管不断迁徙，散落中国东南各地，然而始终保持着他们共同的语言——畲话。1981年，我在山东大学上学期间，曾经一个人跑到大坑去，拿着日本人编制的调查表记录他们的畲话。当时村里男女老少，基本上人人会讲畲话。但时至今日，很多人已不会讲或讲不好畲话了，25岁以下无一人会讲。照此发展下去，估计几十年后，大坑人沿袭千年之久的母语将彻底消亡。

自然环境的破坏可以修复，但语言的消亡无法挽回，不可再生。

根据联合国教科文组织的《世界濒危语言地图》（2018），在世界现存的约6700种语言中，有40%的语言濒临灭绝，平均每两个星期就有一种语言消亡。中国有130多种语言，其中有68种使用人口在万人以下，有48种使用人口在5000人以下，有25种使用人口不足1000人，有的语言只剩下十几个人甚至几个人会说了。汉语方言尽管使用人数众多，但许多小方言、方言岛也在迅速衰亡。即使是那些还在使用的大方言，其语言结构和表达功能也已大大萎缩，或多或少都变成“残缺”的语言了。

冥冥之中，我们成了见证历史的人。

然而，作为语言学工作者，绝不应该坐观潮起潮落。事实上，联合国教科文组织早在1993年就确定当年为“抢救濒危语言年”，同时启动“世界濒危语言计划”，连续发布“世界濒危语言地图”（联合国已确定2019年为“国际本土语言年”）。二十多年来，国际上先后成立了上百个抢救濒危语言的机构和基金会，各种规模和形式的濒危语言抢救保护项目在世界各地以及网络上展开。我国学者在20世纪90年代已开始关注濒危语言问题，自21世纪初以来，开展了多项濒危语言、方言调查研究课题，出版了一系列重要成果，例如孙宏开先生主持的“中国新发现语言研究丛书”、张振兴先生等主持的“中国濒危语言方言研究丛书”、鲍厚星先生主持的“濒危汉语方言研究丛书”（湖南卷）等。为了全面、及时抢救保存中国语言方言资源，教育部、国家语委于2015年启动了规模宏大的“中国语言资源保护工程”。在语保工程里，专门设立了濒危语言方言调查项目，迄今已调查76个濒危语言点和60个濒危汉语方言点。对于濒危语言方言点，除了一般调查点的基本调查内容以外，还要求对该语言或方言进行全面系统的调查，并编写濒危语言志书稿。随着工程的实施，语保工作者奔赴全国各地，帕米尔高原、喜马拉雅山区、藏彝走廊、滇缅边境、黑龙江畔、海南丛林都留下了他们的足迹和身影。一批批鲜活的田野调查语料、音视频数据和口头文化资源汇聚到中国语言资源库，一些从未被记录过的语言、方言在即将消亡前留下了它们的声音。

为了更好地利用这些珍贵的语言文化遗产，在教育部语言文字信息管理司的领导下，商务印书馆和中国语言资源保护研究中心组织申报了国家出版基金项目“中国濒危语言志”，并有幸获得批准。该项目计划在两年内按统一规格、以EP同步方式编写出版30卷志书，其中少数民族语言20卷，汉语方言10卷。自项目启动以来，语信司领导高度重视，亲自指导志书的编写出版工作，各位主编、执行编委以及北京语言大学、中国传媒大学的工作人员认真负责，严格把关，付出了大量心血，商务印书馆则配备了精兵强将以确保出版水准。这套丛书可以说是政府、学术界和出版社三方紧密合作的结果。在投入这么多资源、付出这么大努力之后，我们有理由期待一套传世精品的出现。

当然，艰辛和困难一言难尽，不足和遗憾也在所难免。让我们感到欣慰的是，在这些语言、方言即将隐入历史深处的时候，我们赶到了它们身边，倾听它们的声音，记录它们的风采。尽管我们无力回天，但已经尽了最大的努力，让时间去检验吧。

曹志耘

2018年10月

于浙江师范大学

目录

第一章　导论　1

第一节　调查点概况　2
　一　地理　2
　二　历史行政区划　3
　三　人口　3
　四　文化　4
　五　安凌镇概况　4
第二节　祁门军话概况　6
　一　祁门军话的分布　6
　二　祁门军话的形成　7
　三　祁门军话的特点及与民话的关系　8
第三节　祁门军话使用现状　10
第四节　祁门军话研究现状　12
第五节　调查说明　14

第二章　语音　17

第一节　声韵调　18
　一　声母　18
　二　韵母　18
　三　声调　19
第二节　单字音表　21
第三节　连读变调　30
第四节　语音特点　33
　一　与古音比较　33
　二　军话语音特点　40

第三章　同音字汇　43

第四章　词汇特点　57

第一节　方言特别词　58
　一　与周边方言相区别的词语　58
　二　一词多说现象普遍　59
　三　与周边徽语相同或相近的词语　59
第二节　古语词　61
第三节　民俗文化词　80
　一　建筑　80
　二　丧葬　85
　三　婚嫁　86
　四　农业　87

五　日常器具　91

第五章　分类词表　95

第一节　《中国语言资源调查手册·汉语方言》　97
一　天文地理　97
二　时间方位　98
三　植物　100
四　动物　101
五　房舍器具　102
六　服饰饮食　104
七　身体医疗　105
八　婚丧信仰　107
九　人品称谓　107
十　农工商文　109
十一　动作行为　111
十二　性质状态　114
十三　数量　117
十四　代副介连词　118
第二节　《汉语方言词语调查条目表》　120
一　天文　120
二　地理　122
三　时令、时间　124
四　农业　127
五　植物　133
六　动物　142
七　房屋、器具　147
八　称谓　159
九　亲属　162
十　身体　163
十一　病痛、医疗　166
十二　衣服、穿戴　170
十三　饮食　172
十四　红白大事　176
十五　迷信　179
十六　讼事　181
十七　日常生活　182
十八　交际　184
十九　商业　185
二十　文化教育　187
二十一　游戏　189
二十二　动作　191

二十三　位置　194
二十四　代词等　195
二十五　形容词　196
二十六　副词等　200
二十七　次动词等　200
二十八　量词　201
二十九　数字等　202
三十　地名　205

第六章　语法　207

第一节　词法　208
一　重叠　208
二　词缀　210
三　形容词生动形式　212
四　数量词　213
五　代词　214
六　动词的体　217
七　语气词　221
八　动词的后置成分　224
第二节　句式　226
一　疑问句　226
二　比较句　232
三　宾语和补语的顺序　233
四　处置句　234
五　被动句　234
六　双宾句　235

第七章　语法例句　237

第一节　《中国语言资源调查手册·汉语方言》　238
第二节　《汉语方言语法调查例句》　248
第三节　其他例句　283

第八章　话语材料　313

第一节　俗语谚语　314
第二节　歌谣　320
第三节　故事、讲述　324

参考文献　332

调查手记　334

第一章 导论

第一节

调查点概况

一 地理

祁门县位于安徽南端，地处北纬29° 35′—30° 08′，东经117° 12′—117° 57′之间。东北与黟县接壤，东南与休宁县为邻，西北连石台、东至县，西南迄省境，与江西省毗邻。南北长74. 8公里，东西宽59. 9公里，呈枫叶形状，总面积为2257平方公里。

祁门属皖南山区，是“九山半水半分田”的山区县，境内山峦起伏，清溪纵横。宋人顾士龙诗云：“三十六溪清浅水，二十四重高下山。”主要河流有阊江（俗称南河）、大北河，汇于倒湖，向南流入江西鄱阳湖；皃溪河合率水汇入新安江；赤岭河、梅溪河合秋浦河北注长江。

地貌以山地、丘陵为主，中山、低山、丘陵、山间盆地和狭窄的河谷平畈相互交织，呈网状分布。地势北高南低，黄山山脉自东北入境，主脉西至赤岭口。中部为低山丘陵，南部最低点倒湖海拔仅79米，相对高差达1649米。境内千米以上的山峰有30余座。

牯牛大岗介于祁门西北历口镇、箬坑乡与石台县仙寓镇之间，最高峰牯牛降海拔1728米。

赤岭，旧名血岭，介于历口镇与原赤岭乡（今赤岭行政村）之间。宋罗愿《新安志》卷四：“赤岭，在县北百二十里，高三十仞，周十五里，北属池州石埭县。旧名血岭，唐刺史冯宿改焉。《祥符经》云：赤岭下有大溪，昔人为梁取鱼，鱼不得下，遂夜飞越岭而去，人复张网岭上，其飞不过，皆化为石，遇雨则赤，故名。”

祁门有着得天独厚的自然条件，盛产茶叶、瓷土和木竹。

祁门县交通便捷，皖赣铁路和省道慈张线、大青线横贯全境，直通南京、上海、杭州、南昌、厦门、广东等大中城市，距黄山机场仅60公里。

二　历史行政区划

祁门原为歙州黟县和饶州浮梁二县地。唐永泰元年（765年），方清起义，据黟县赤山镇设阊门县。永泰二年（766年）析黟县西乡和浮梁县东乡置祁门县。南宋罗愿《新安志》卷四称“县西南有两巨石夹溪相对，号阊门”“祁门在县东北一里”“合祁门、阊门，名之曰祁门”。据明王圻《续文献通考》记载：“以其县东北有祁山，西南有阊门，乃合名祁门。”建县后属歙州。宋属徽州。元属徽州路。明清时属徽州府。民国初年直属安徽省，后属皖南行署第十、第七行政督察区。中华人民共和国成立后隶属徽州专区，今属黄山市。

截至2016年，祁门县辖10镇8乡：新安镇、塔坊镇、金字牌镇、安凌镇、闪里镇、历口镇、平里镇、凫峰镇、小路口镇、祁山镇，大坦乡、溶口乡、渚口乡、古溪乡、箬坑乡、柏溪乡、祁红乡、芦溪乡，152个行政村，5个社区，总人口18. 82万。

三　人口

据汉袁康所撰《越绝书》载：“黟、歙以南皆大越之民，始皇刻石徙之。”秦末，鄱阳令吴芮部将梅铜曾率百越兵从沛公（刘邦）伐秦，被项羽封十万户侯，当时鄱阳县境包括今祁门县西南部，祁门县尚有有关梅铜的遗迹。可见秦汉以前，越人已在此栖息繁衍。

东汉初期，汉人纷纷迁入此地，带来了先进的生产技术和中原文化，促进了越人的不断汉化。定居者除经常逃避赋役的流民外，还有因避祸等原因迁徙到此的大族豪强。东汉末年，北方迁徙来的零星流民和名宗大族增加，出现了第一次流徙高潮。

西晋时，出现第二次民户流徙高潮，史称永嘉南渡。流徙者凡属强宗大族，迁徙时多有计划、有组织进行。即由世族豪强自任行主，率领宗族乡党和佃客、部曲等封建依附者流徙。为捍御寇敌，有些大族在南徙前，选择便于守御之地，屯聚堡垒，称之为“坞”。他们到了南方以后，仿此在险要易守之地屯聚为壁坞。至今，很多地名中仍保留“坞”。

唐末黄巢起义，许多名门望族相率南来，迁入歙州。黄巢败后，流徙者或留或去，留者多散居歙州各县。

北宋靖康之后，衣冠南渡者甚多，其中一部分来徽州各县定居。

明初，邻近地区农民前来祁门县租垦山场，搭棚而居。棚民来祁盛于乾隆，延于民国。据嘉庆年间统计，祁门县有棚户579户，3465人，是徽州棚户最多的县。

民国年间，江西省抚州、饶州及本省安庆府所属各县户民，或以经商而聚，或以务农而来。民国三十六年（1947年）统计，祁门县客籍人口达3560。

中华人民共和国成立以后，为开发山区。1958年4月，芜湖专员公署从和县移民7042人来祁门县定居，后因生活不习惯有3462人返回。

四　文化

徽州是文化之郡，祁门多文人学士。清代徽州同知姚启元在《康熙祁门县志序》中说，祁门“山川奇峭，多产异人，故文章功业不下他邑”。如南宋方岳，字巨山，号秋崖，绍定进士。居官廉正，刚直不阿，其诗词不拘古律，语出天成，著有《秋崖集》。元代汪克宽，著作宏富，尤以经学闻名于世，诗文持论严谨。明代郑之珍，是与关汉卿、汤显祖齐名的大戏剧家。

祁门历来有出外经商的习俗。明清之际，通称徽商的祁门商人，活跃于长江中下游，主要经营盐业、茶业、木材及瓷土，其中以江西省饶州地区为集中点，至清末而衰落。由于商业活动的影响，外出谋生者众多，祁门社会生活较为开放。但随着徽商的衰落，封闭的自然环境使祁门与外部世界再度阻隔。

祁门是“中国红茶之乡”，早在唐代即已负盛名。白居易著名诗篇《琵琶行》:“商人重利轻别离，前月浮梁买茶去。”祁门西南乡原为浮梁县地，“浮梁买茶”中的“浮梁”就包括祁门。唐咸通三年（862年），歙州司马张途《祁门县新修阊门溪记》载:“（祁门）山多而田少，水清而地沃，山且植茗，高下无遗土，千里之内，业于茶者七八矣。由是给衣食，供赋役，悉恃此。祁之茗，色黄而香，贾客咸议，愈于诸方。”

祁门地方戏曲主要有目连戏、傩戏、采茶戏、徽剧等。其中目连戏主要流行于20世纪50年代前，该戏剧本《目连救母劝善戏文》，是郑之珍据民间流传的变文和说唱故事撰成，在中国戏剧发展史上有重要位置。

五　安凌镇概况

祁门军话主要分布于安凌镇。安凌镇位于祁门县东北部，地处东经117°31′—117°44′，北纬30°00′—30°08′之间，居三县交界、四乡相邻之处。东北与黟县接壤，西北与石台县为邻，南与大坦、古溪、历口毗连，南北长14公里，东西宽20.4公里，面积195平方公里，占全县总面积8.77%。镇政府驻地城安，距县城71公里，总人口为14 170，辖16个行政村，103个村民组，素有“祁门粮仓”之称。安凌镇跟祁门县的其他部分以牯牛降相隔，属丘陵山区。地势东南高，西北低。河流属于向北流的秋浦河—长江水系。

据1991年版《石台县志》记载，安凌镇明清两代分属石埭县石埭乡的八都琅田里、九都长乐里。1931年属第四区行政督察专员公署，1936年属第三区，1943年属雷凌乡。1949年底属沙区。1952年7月划乡建政，成立城安乡和芦荔乡。1956年4月撤区并乡，合并为安凌乡。1958年成立安凌人民公社（包括雷湖、赤岭二乡），称城安管理区。1959年3月，安凌公社划归祁门县。1961年10月，撤销安凌公社，分建城安、雷湖、赤岭3个公社，该镇属城安公社。1983年7月改社建乡，称城安乡。1992年3月，城安、雷湖、赤岭三乡合并，成立安凌镇。1994年，赤岭、雷湖二乡分立，原城安乡仍以安凌镇命名。2005年1月，雷湖、赤岭、安凌两乡一镇又并为现安凌镇。

据1985年统计，雷湖乡有40个村民小组，6个行政村（星星、雷湖、王村、菖蒲、五里拐、土峰），土地面积为51平方公里，共4586人；城安乡，有29个村民小组，5个行政村（芦里、琅田、赛丰、五星、城安），土地面积为58平方公里，共4487人；赤岭乡有34个村民小组，5个行政村（联合、赤岭、广大、广联、广乐），土地面积为78平方公里，共4259人。

安凌镇是不少外地人前往祁门和徽州各地的通道，当地也不断有不少安庆等地人迁入。

第二节

祁门军话概况

一　祁门军话的分布

祁门军话主要分布于祁门县安凌镇，以赤岭方言为代表，包括赤岭行政村、联合行政村、星星行政村、城安行政村的芦里和雷湖行政村的方言在内，构成祁门境内的官话方言岛，其中赤岭说军话的人最多。下面是军话分布的具体情况。

赤岭行政村：包括上曾村、下曾村（约150人，祖籍江西吉水，至今已是第24代）、张家村（约160人，祖籍湖南湘潭）、倪家村（约280人，祖籍南京紫金山）、陈家村（约100人，祖籍江西瓦西坝），这些村全说军话。赤岭讲军话的曾姓、倪姓人口较多，当地有“曾家来龙，倪家水口”的说法，民间认为两家的风水好。过去在这里主要是5个姓氏的居民，即张、倪、陈、曾、黄，但现在黄姓人数很少，而且也不讲军话了。

联合行政村：田家村、许家村说军话，其他村说民话。许家村许姓居民300多人说军话，祖籍扬州。田家村田姓居民约100人（另，田姓约100人住祁门县古溪乡葫里园，黟县美溪乡山区、石台横渡镇杨柳坞也有田姓居民不足100人）都说军话，祖籍扬州；田家村的江姓和汪姓居民约30人（他们早在宋代就已在赤岭居住，是当地所谓的“民家”，不过他们现在说的是军话）；中华人民共和国成立后从祁门金字牌迁来的陈姓、王姓居民约80人，住在田家村（主要住河的东边，村中也有少数），现在也讲军话；祖籍扬州的马姓居民过去也讲军话，不过现在大都已经移居别处。田家、许家说的军话与赤岭军话大体一致，只有些许差别。

星星行政村：在赤岭乡东面。梅溪河贯穿全村，河南岸有李家（500余人，祖籍江西清河郡）、裴家（100余人，祖籍浙江）、任家（约100人，含河北任家）、姚家（400余人，祖籍不详）、张家5个村民组。张家（只有两三户人家）讲民话，其余四姓说军话。河北岸有孙家（10余人）、相家（200余人）、胡家、任家4个村民组，其中胡家说民话，其余三姓说军话。

芦里行政村：共7个村民组，其中6个说军话，1个说民话（桂家村，150人，主要是桂姓，还有部分黄姓，均为当地原住民）。说军话的6个村子有上张村（180人，祖籍江西婺源板桥，至今已是第24代）、下张村（200人，其中张姓160人，祖籍浙江奉化，至今已是第18代，其他姓氏如孙、马、叶等是1949年以后迁来的）、王家村（130人，祖籍山东）、天琅坞（100人，主要是王姓，祖籍山东）、芦荔桥（150人，原来主要是周姓居民，但现在多是1949年以后迁来的外来人口，姓氏复杂）、凤凰岭（130人，原来是方姓、汪姓，20世纪60年代以后又迁入刘姓、陈姓）。

此外据芦里村村民张选魁（1941年出生）介绍，黟县柯村宝溪有6个村子也讲军话，分别是前屋、老屋、章家、王梅、下张和上胡，那里的居民以程姓、章姓、王姓、张姓和胡姓居多。其中程姓和章姓，约200人，其他姓氏人数不详。

各地军话大体一致，差别很小。这种差别主要和当地民家人的数量有关。民家人多，军话所受影响就大；民家人少，军话所受影响就小。

迁往外地（如黟县、石台等地）的军家人跟各自的“老家”（宗族村，如“田家”“许家”等）至今还保持着密切的联系，逢年过节经常来往走动。本地的老年军家人对说军话居民的去向基本上都能了解，内部至今还有很强的凝聚力。

以上说军话的居民（约4000人）大多是明永乐二年（1404年）及以后迁来的。他们自称是明朝为剿灭“红头军”所派军队的后人。因为先人是军人，故称自己说的话是“军话”或“兵话”，称当地土著民家说的话为“民话”。同时称当地人为“民家”，他们被当地人称为“军家”。安凌镇除了说军话的，其他的都说民话，说民话的人口约为10 000人。

目前，安凌镇的军家和民家尚有一些不同，比如同是一亩田，军家比民家面积要略大一些，这大概是当时官府对军家的优惠政策。过清明节、中秋节、春节，军家比民家要提前一天。虽然军家、民家早已通婚，但谁是军家，谁是民家，彼此还能分得比较清楚。

二　祁门军话的形成

祁门军话的形成，与元末明初红巾军起义有关。当地传说很久以前，大历山附近有一个私塾（今存地名为“学堂矶[ɕio^{21}tʰã^{55}tɕi^{11}]”）。有一天，一个学生到溪边洗手时，突然有一块红布从天上飘落下来，正好落到他身上，这个学生便将红布扎在头上。上课时，大家都坐在各自的位置上，老师却找不到这个小孩儿，原来红布使小孩隐身了。老师觉得这是上天的旨意，于是将红布撕成小条儿，每个学生系上一条，大家都变成了隐身人。于是老师自立为首领，组织学生操练，开始了劫富济贫的生活。因为头缠红布，所以老百姓称他们为“红头军”。随着红头军势力的扩大，明朝官府感到了威胁，于是派遣一支1000人的军队（总兵姓孙）前来剿灭。今赤岭村有一个叫百家畈的地名，就是当年驻扎军队的地方，据说当时的官军有100个姓氏。消灭了红头军后，官兵就地“军转民”，开始了平民生活。因为剿匪有功，皇帝为了赏赐将士，下诏给军人们一个晚上的时间，让他们插旗占地，到天亮时止。一个官兵因与一民家女子相恋，便把这个消息透露给了民家，民家于是组织一些人，偷偷尾随插旗的军人，将他们插下的旗子拔掉，这样，民家的田才没全被军家占完。今赤岭村尚有一块田称为“倒旗丘”，就是当年民家藏匿旗子的地方。

明永乐二年（1404年）被派往祁门镇压红巾军起义的军队虽不过千人，但来源复杂（据称有100个姓氏）。从现在可考的祖籍来看，他们主要来自江西、湖南、浙江、江苏、山东以及安徽。这些来源不同的军人生活在一起，自然不能操各自的母语，他们或者说一种类似官话的方言，或者在长期的交往中获得各自方言的一个最大公约数，直至形成一种内部共同的交际工具——军话。

三　祁门军话的特点及与民话的关系

祁门军话分布在安凌镇的3个行政村，离它们最近的是民家说的民话（一种近于祁门话的徽语），军话和民话在当地有600年相互接触的历史。赤岭北部的石台县语言情况复杂，有吴语、徽语、赣语和江淮官话等方言。

军话内部差异不大，比如：说军话的许家、田家动词的后置成分既有“添”也有“凑”，但赤岭较少用“凑”；赤岭军话说“茄子”，星星的军话叫“落苏”。其他临近周边方言的军话点偶有一些其他方言的色彩。

军话的一个重要特点是同一个词、句子往往有多种说法，这大概是军话与周边方言频繁接触、融合的结果。

祁门军话在语音上具有以下特征：（1）古全浊声母清化，今读塞音、塞擦音声母的字平声送气，仄声不送气；（2）古疑母在今洪音前多读[ŋ]声母或零声母，在今细音前多读[ȵ]或零声母；（3）古日母字今多读[z]或零声母，少数读[ȵ]声母；（4）有[-i] [-u]韵尾；（5）见系开口二等字有[k　k^h　ŋ　x]声母的白读音；（6）蟹摄开口一二等相混；（7）古咸山宕江摄舒声今洪音字合流读为鼻化韵；（8）古深臻曾梗四摄开口舒声字合流为[ən] [in]；（9）声调平分阴阳，全浊上归去，去声不分阴阳，入声自成一类。这些特点与皖中的江淮官话非常接近，特别是江淮官话区别于其他方言的主要特征：古全浊声母清化，今读塞音、塞擦音声母的字平声送气，仄声不送气。声调平分阴阳，全浊上归去，去声不分阴阳，入声自成一类。但也有少数语音特点与江淮官话不同，即古泥来母今读音在洪音前混，细音前不混；古山摄合口一二等见系字今读同音；古遇摄合口一等端系字与流摄开口一等端系字不混。

祁门军话具有江淮官话的基本特点，同时长期与民话交叉分布，也受到民话不小的影响。不过从目前调查的情况来看，军话中的民话成分往往都是白读层或口语色彩浓厚的词语，显示民话对军话的影响是比较早期的现象。如军话古全浊声母清化，今读塞音塞擦音声母平声送气，仄声不送气，例子有“爬[p^{h}a^{55}]”“近[tɕin^{213}]”“白[pe^{42}]”等。这与江淮官话的特点一致，但军话也有一些全浊声母仄声字今读送气清音，例如：簿[p^{h}u^{35}]、埠[p^{h}u^{213}]、苎[tɕ^{h}y^{35}]、递[t^{h}i^{213}]、滞[ts^{h}ɿ^{213}]、荡[t^{h}ã^{213}]、独[t^{h}u^{42}]、鐾[p^{h}i^{213}]、造建~[ts^{h}ɔu^{213}]、撞[tɕ^{h}yã^{213}] ~ [tɕyã^{213}]、狭峡[k^{h}a^{213}]、舰[k^{h}ã^{35}]、铎[t^{h}o^{42}]，与周边民话方言相同，而且这些字多为口语常用字，应该是民话早期的影响。另外，蟹摄四等齐韵少数字今主元音为[e]，如洗[ɕie^{35}]、梯[t^{h}ei^{11}]；宕摄、通摄个别合口三等见组字，今北京话读[k]组声母拼洪音，军话今读[tɕ]组声母拼细音，如：筐团~：大的簸箕[tɕ^{h}iã^{11}]、供养，赡养：~猪、~匠人、~儿女、~老子娘[tɕioŋ^{11}]，也都是层次较早的语音现象。

1949年以后，军话呈现出向普通话靠拢的趋势，其固有特征正在快速消失。军家的后代，特别是20世纪80年代以后出生的军家人，如今已很少有人会说地道的军话，有些则只会说带有江淮官话口音的普通话了。我们对军话的调查，一定程度上也具有抢救、记录的意义。

第三节

祁门军话使用现状

祁门周围方言环境复杂。东北黟县、东南休宁县和西南旧属徽州府今归江西省的婺源县，均为徽语区；北边石台县有吴语（宣州片）、徽语、赣语和江淮官话四种方言；西北东至县为赣语区；西边江西浮梁县属徽语区。

祁门方言是以县城为代表的本地徽语，内部又可分为城区话、西路话和南路话，三者略有差异，其中城区话影响最大。在当地尤其是县城的日常交际中，人们也常常使用带有安徽省安庆话色彩的江淮官话，当地也称普通话。

祁门军话处于多种方言包围之中，军话长期处于与当地民话（徽语）的接触交融中，二者相互影响。祁门军话区历史上长期属于石台县，石台县的优势方言是赣语和江淮官话。1959年军话区划入祁门县，祁门方言属于徽语，势必也对军话产生很大的影响。

1990年版《祁门县志》提到，“县内目前通用的交际语言仍是祁门本地话，但在对外地人的交际中，祁门人一般均能流利地兼用带有徽州特点的普通话（近于江淮官话）。今天普通话在祁门已相当普及，在一些文化层次稍高的城镇家庭里，青少年子女们说不好或完全不会说祁门话的现象相当普遍。”军话区的情况也是如此，青少年大多已说不好或完全不会说军话，而逐渐转用江淮官话。

军话人对自己母语的忠诚度不高。原因在于军家人最初就是来自五湖四海，没有共同的母语，只是长期驻守在一个相对固定的区域之后，逐渐形成了共同的交际工具。在周边方言的包围下，这种共同的交际工具成了军家人的一种身份象征。改革开放以来，随着大批年轻人外出打工，中青年一代转说江淮官话或普通话的越来越多。老一代或许还把军话当作区别于周边民家、祁门人的一种身份符号，但对中青年人是否说军话并没有赞许或否定的态度，只是顺其自然。军话本身跟周边方言的沟通度比较高，近于江淮官话，中青年人的军话向江淮官话或普通话靠拢也是很自然的趋势。可以预料，祁门军话将逐渐消融于周边强势的江淮官话并向普通话靠拢。

第四节

祁门军话研究现状

关于祁门方言的研究和记录成果不多。目前掌握的材料有以下几种：

（1）合肥师范学院方言调查工作组 《安徽方言概况》（1962），油印本。

（2）沈同 《祁门方言的代词》（1983），《方言》第3期。

（3）沈同 《祁门方言的语音特点》（1989），《方言》第1期。

（4）《祁门县志》（1990）。

（5）平田昌司主编 《徽州方言研究》（1998）。

（6）《安徽省志·方言志》（1997）。

（7）邓楠《祁门军话语音研究》（2006）首次对祁门军话语音进行系统全面的描写研究，总结音系及其特点，给出同音字汇，并将军话与周边方言进行比较，确定其归属。

以上7种材料中，对祁门方言总体情况介绍比较详细的是1990年版《祁门县志》卷三十二“方言”。兹引述以下几段文字备考。

“祁门境内的方言不尽统一，大体可分祁门本地话、外县徽州话和北方官话三种。细分可作六个不同的小片。祁门本地话是徽州话的一支，它在全县覆盖面最大，使用人口最多。祁门本地话内部尚存在一定差异，还可分作城区话、西路话、南路话三个小片；外县徽州话概指位于祁门东南隅的凫峰话和北乡的民话；北方话主要指北乡的军话。此外，境内尚散居着一定数量的江北客民，他们的语言也基本属于北方话的范畴。”

“民话可以北乡安凌区的城安方言为代表，它包括城安、雷湖两个乡及赤岭乡北片的方言在内。民话有声母20个，韵母36个，声调6个。从音系上看，它尚属徽州方言的范畴，但已产生一定的变异。徽州方言至今尖团不混，而民话‘精＝经 $tɕin^{11}$、修＝休 $ɕiɵ^{11}$、齐＝旗 $tɕ^hi^{55}$’。很显然，今天的民话已带有一定的官话色彩。”

“军话可以赤岭方言为代表，它包括赤岭乡的南片和城安乡的芦里、星星两个行政村的方言在内，构成祁门境内的方言岛。军话是与民话对举而言的，它的来历尚不清楚。军话有声母20个、韵母37个，声调5个，其特点是：声母s—z对立，日母字一律作z，n、l自由变读，x在合口韵母前变作f（飞＝灰fei^{11}、冯＝红foŋ^{55}）。”

第五节

调查说明

本书根据笔者的田野调查材料和相关文献写成。调查主要采用《方言调查字表》《汉语方言地图集调查手册》。调查时间为2004年9、10月和2005年8月。

主要发音人：

曾宪金，男，赤岭乡赤岭村上曾村人，1924年生，初中文化，农民，没有去过外地，会说不标准的普通话。

曾宪海，男，赤岭乡赤岭村下曾村人，1937年生，初中文化，干部，现退休在家务农，在杭州生活过8年，会说不标准的普通话。

二人在发音上有差异，如：

（1）曾宪金个别读为唇齿擦音[f]的字，曾宪海读为舌根擦音[x]。

（2）[s] [z]两个声母，曾宪海读成略带卷舌的[s̺] [z̺]。

（3）[ɿ] 韵母，曾宪海有时读为卷舌的[ʅ]。

调查尚未结束，曾宪金、曾宪海两位发音老师先后辞世，我们深表惋惜和哀痛。并调整计划，在后期的调查中邀请倪根来、倪根富、曾繁林、陈玉妹作为发音人。

倪根来，男，安凌镇赤岭村倪村人，1954年2月生，初中文化，农民，一直在本地生活，偶尔去黄山市打工。

倪根富，男，安凌镇赤岭村倪村人，1952年6月生，高中文化，教师，一直在本地小学教书。

曾繁林，男，安凌镇赤岭村下曾村人，1950年7月生，小学文化，农民，一直在本地务农。

陈玉妹，女，安凌镇赤岭村陈家岭人，1949年3月生，小学文化，农民，一直在本地生活。

倪冠军，男，安凌镇赤岭村田畈组人，1989年2月生，本科学历，除上学之外一直在本地生活，自由职业者。

陈晓青，女，安凌镇赤岭村陈家岭人，1990年12月生，初中文化，农民，一直在本地生活。

相比于曾宪金、曾宪海两位老派发音人，倪根富、倪根来、陈玉妹三人说的军话属于中年派，倪冠军、陈晓青属于新派。本书主要以曾宪金、倪根来的发音为准。

第二章　语音

第一节

声韵调

一　声母

共有声母21个，包括零声母在内。

p 布步拔	p^h 怕盘撇	m 门梅	f 飞灰费化活	
t 到道夺	t^h 太秃同	n 难兰路		l 吕连
ts 糟招字争	ts^h 仓昌巢潮		s 散生诗	z 认然日
tɕ 精经主轿	tɕ^h 秋丘处除	ȵ 女严绕	ɕ 修休税书	
k 贵改跪	k^h 开看葵	ŋ 岸案袄	x 好河汗合	
∅ 而元屋围延				

说明：

① [n] [l]两声母，老派在今洪音前混，[n] [l]自由变读，今记作[n]，在今细音前不混，中派逐渐开始细音也相混，新派则洪细皆混。

② [ɕ]声母拼撮口呼时有舌叶色彩。

③ 合口呼韵母自成音节时，前有较强的摩擦，老派、中派是半元音[ʋ]，新派是[v]。

④ 古合口非晓组多数字[f] [x]不分，有的人读为[f]，有的人读为[x]，有的读为[f] [x]两个不同部位的协同发音，即读[f^x]或[x^f]，本书统一记为[f]。

二　韵母

共有韵母41个，包括自成音节的m。

ɿ 资支知	i 以急踢	u 赌母绿	y 轴女虚雨
a 他哪八	ia 家架匣押	ua 刮挂法	ya 刷耍涮
ɛ 盖泰猜鞋	iɛ 懈谐	uɛ 乖怪	yɛ 衰摔帅
ᴇ 耳而二			
e 车蛇百	ie 些夜别铁	ue 国或惑	ye 决靴瘸月
o 波做所各	io 脚略却		
ei 杯每最堆		uei 亏贵伟	yei 吹税水
ɔu 桃烧雹	iɔu 飘条箫		
əu 收豆丑	iou 悠流蓄		
ã 党三上	iã 良枪响样	uã 关房旺	yã 霜床状
	iɛ̃ 偏甜坚县		yɛ̃ 专船院
		ɔ̃ 段暖算汆	
ən 根层魂	in 秉新灵敬	uən 昆问	yn 君群训
oŋ 东同送朋共红	ioŋ 兄穷用	uoŋ 翁	
m 姆			

说明：

① [a] [ia] [ua] [ya]中的[a]舌位偏央。

② [ɛ]韵母舌位略低，新派略有动程，为[ɛᴇ]。

③ [ᴇ]与[e]不对立，此处从分，方便于跟其他方言的比较。

④ [o]韵母拼[k] [kʰ] [ŋ] [x]和零声母时，前面有不太明显过渡音[u]，本书一律记为[o]。

⑤ [iou]韵母主元音唇型不太圆。

⑥ 韵母[e] [əu]在拼舌根音声母时，实际音值近于[ˈe] [ˈəu]。

⑦ 鼻尾韵的主要元音都带鼻化色彩。

⑧ [iɛ̃] [yɛ̃]韵母主元音实际舌位为[ᴇ]。

⑨ [ɔ̃]韵母前有时有不明显的过渡音[u]。

三　声调

共有单字调5个，不包括轻声。

阴平	[11]	高开天
阳平	[55]	桃忙黄
上声	[35]	古女晚

去声	[213]	近正共
入声	[42]	竹六局

说明：

① 阴平实际比[11]略高。

② 去声[213]有时只降不升，近于[21]。

③ 去声，新派实际读为[312]，有时也读为[31]（甚至近于[42]），但跟入声不混。

④ 关于轻声的实际读音，请见本章第三节“连读变调”部分。

第二节

单字音表

说明：表左是声母，表端是韵母和声调。表中是音节例字。本表韵母、声母、声调的顺序和声韵调表的顺序相同。表中空格表示祁门军话里没有这个音，或者口语里不用这个音。圈码表示写不出字的音节。表下的注解，按韵母顺序对表中圈码的意义和某些特殊的字略做说明。有一些不单说的音，写出词再注释。感叹词和象声词不列入单字音表。表中有些字重复出现，是为了区别读书音、说话音以及该字的不同用法。

军话音节结构有以下特点。

（1）[p] [t] [ts] [tɕ] [k] 五个不送气的塞音塞擦音声母没有阳平字；

（2）除 [u] 韵母以外的合口呼韵母只拼 [k] [k^h] 和零声母，只有“或 [xue^{42}]”字例外；

（3）[ɿ] 韵母只跟 [ts] [ts^h] [s] [z] 声母相拼；

（4）撮口呼韵母只拼 [tɕ] [$tɕ^h$] [ȵ] [ɕ] 声母和零声母；

（5）[ts ts^h s z] [k k^h ŋ x] 声母拼洪音，其中 [ts] 组声母拼合口呼限于 [u] 韵母，[k] 组“去 [k^hi^{213}]”字拼细音，是例外；

（6）[ŋ] 声母不拼 [-ŋ] 尾韵；

（7）零声母可以跟四呼相拼，[ᴇ] [uoŋ] 韵母只拼零声母；

（8）[ᴇ] [ɛ] [iɛ] [uɛ] [yɛ] [ei] [uei] [yei] [ɔu] [iɔu] [əu] 韵母及鼻尾鼻化韵母不拼入声调，[io] 韵母只拼入声调。

表2-1 祁门军话单字音表之一

韵 调 声	ɿ	i	u	y	a
	阴平 阳平 上声 去声 入声 11 55 35 213 42	阴平 阳平 上声 去声 入声 11 55 35 213 42	阴平 阳平 上声 去声 入声 11 55 35 213 42	阴平 阳平 上声 去声 入声 11 55 35 213 42	阴平 阳平 上声 去声 入声 11 55 35 213 42
p		屄　比闭鼻	补布不		巴　把霸八
pʰ		披皮痞鐾**肥**	**铺**菩普**铺**扑		爬　怕
m		咪迷米谜蜜	亩墓木		麻马骂**抹**
f			夫浮虎户福		花华　话法
t		低①底弟敌	都　赌妒毒		打**大**答
tʰ		堤提体替踢	图土兔秃		他　　　踏
n			②炉鲁路绿		拉拿哪那辣
l		驴李利力			
ts	知　纸智侄		租　祖助竹		渣　　榨杂
tsʰ	痴池齿次湿		粗雏楚醋触		叉茶　岔插
s	师时死四十		苏　**数数**叔		沙　傻　杀
z	入		肉		
tɕ		鸡　挤寄急		猪　主锯剧	
tɕʰ		妻奇起气七		区除鼠**去**出	
ȵ		泥蚁义逆		女	
ɕ		西　喜戏习		书　暑树秫	
k			姑　古固骨		家　④**架**夹
kʰ		**去**	枯③苦裤哭		蛤　峡掐
ŋ					丫牙**哑**　压
x					虾　⑤**下瞎**
ø		医姨以意一	乌吴五雾屋	淤于雨玉域	**阿**

肥 p^hi^{42} 女阴
去 k^hi^{213} 出～
去 $tɕ^hy^{213}$ ～年新
铺 p^hu^{11} ～开
铺 p^hu^{213} 店～
数 su^{35} ～一～
数 su^{213} ～字
抹 ma^{42} ～桌布
大 ta^{213} ～夫；～～：父亲（面称）
架 ka^{213} 白读：搭～子
哑 $ŋa^{35}$ 白读：～子
下 xa^{213} 白读：～来
瞎 xa^{42} 白读
阿 a^{11} ～拉伯
① ti^{55} 一～～：一点点儿
② nu^{11} 箍～：圆圈
③ k^hu^{55} ～蹄包：猪肘子
④ ka^{35} 鸡～：鸡蛋
⑤ xa^{35} 形容词，差，次，不好

表2-2 祁门军话单字音表之二

韵 / 调 / 声	ia	ua	ya	ɛ	iɛ
	阴平 阳平 上声 去声 入声 11 55 35 213 42	阴平 阳平 上声 去声 入声 11 55 35 213 42	阴平 阳平 上声 去声 入声 11 55 35 213 42	阴平 阳平 上声 去声 入声 11 55 35 213 42	阴平 阳平 上声 去声 入声 11 55 35 213 42
p				摆败	
pʰ				排 派	
m				埋买卖	
f				怀 坏	
t				呆 歹带	
tʰ				胎抬 太	
n				来奶耐	
ts				灾 载在	
tsʰ				猜才彩菜	
s				筛 赛	
tɕ	加 假价钾		**抓 爪**		**阶 解介**
tɕʰ					
ɕ	霞 夏匣		耍 刷		谐 懈
k		瓜 寡挂刮		**阶 解介**	
kʰ		夸 垮跨		开 楷概	
ŋ				哀崖矮爱	
x				鞋海害	
ø	鸦衙雅亚押	蛙**娃**瓦①挖			

抓 tɕya^{11} ～牌

爪 tɕya^{35} 鸡～

娃 ua^{55} ～～鱼

阶 kɛ^{11} 白读：台～；～级

阶 tɕiɛ^{11} 文读：～级

解 kɛ^{35} 白读：～开；讲～

解 tɕiɛ^{35} 文读：～决

介 kɛ^{213} 白读：～绍

介 tɕiɛ^{213} 文读：中～

① ua^{213} ～蛟：山洪暴发

表2–3　祁门军话单字音表之三

韵	uɛ					yɛ					ᴇ					e					ie				
声＼调	阴平 11	阳平 55	上声 35	去声 213	入声 42	阴平 11	阳平 55	上声 35	去声 213	入声 42	阴平 11	阳平 55	上声 35	去声 213	入声 42	阴平 11	阳平 55	上声 35	去声 213	入声 42	阴平 11	阳平 55	上声 35	去声 213	入声 42
p																				百					别
pʰ																				拍			⑨		劈
m																⑥				麦					灭
f																									
t																				得	爹				跌
tʰ																				特					铁
n																	⑦		肋						
l																					⑩				裂
ts																遮		者	蔗	摘					
tsʰ																车		扯		拆					
s																赊	蛇	舍	舍	舌					
z																		惹		热					
tɕ						③		④	拽														姐	借	接
tɕʰ							⑤															茄	且	笡	切
ȵ																									捏
ɕ						摔		甩	帅												些	斜	写	谢	雪
k	乖		拐	怪												⑧				隔					
kʰ				快																客					
ŋ																				额					
x																				黑					
∅	歪	①	②	外								儿	耳	二							耶	爷	也	夜	叶

拽 tɕyɛ^{213}读字音，口语中不用
舍 se^{35} ～得
舍 se^{213}屋～
① uɛ^{55} ～糊：加粉状物于热水中并搅拌
② uɛ^{35}哄骗
③ tɕyɛ^{11}钝
④ tɕyɛ^{35}身上长的有毒肿块
⑤ tɕʰyɛ^{55}蹲
⑥ me^{11}掰
⑦ ne^{55}婴～：婴儿
⑧ ke^{11}拿
⑨ pʰie^{35}折（断）
⑩ lie^{11}揭（膏药）

表2–4 祁门军话单字音表之四

声＼韵＼调	ue					ye					o					io					ei				
	阴平 11	阳平 55	上声 35	去声 213	入声 42	阴平 11	阳平 55	上声 35	去声 213	入声 42	阴平 11	阳平 55	上声 35	去声 213	入声 42	阴平 11	阳平 55	上声 35	去声 213	入声 42	阴平 11	阳平 55	上声 35	去声 213	入声 42
p											波		跛		拨						杯			倍	
p^h											坡	婆		破	泼						坯	培		配	
m											摸	磨	么	磨	莫						梅		每	妹	
f																					灰	回	毁	费	
t											多		躲	剁	夺						堆			对	
t^h											拖	驮	妥		托						推		腿	退	
n											②	罗	裸	糯	落						④	雷	垒	内	
l																									
ts													左	做	桌								嘴	醉	
ts^h											搓			错	撮						催			脆	
s											梭		锁		缩						尿	随		岁	
tɕ										决										脚					
$tɕ^h$							瘸			缺										雀					
ȵ																				弱					
ɕ						靴				血										学					
k					国						哥		果	个	割										
k^h	①				窟						颗		可	课	渴										
ŋ												鹅	我	卧	恶										
x					或							河	火	货	或										
ø										月	窝		③	饿						药					

或 xue^{42} 白读

或 xo^{42} 文读

磨 mo^{55} ～刀

磨 mo^{213} 石～

么 mo^{35} 什～

恶 $ŋo^{42}$ ～人

尿 sei^{11} 撒～；～素。《六书故》息遗切

① k^hue^{11} 鸡用爪子刨食

② no^{11} 大蒜□po^{11} ～：大蒜籽

③ o^{35} ～□no^{55}：唤狗声

④ nei^{11} 动词，钻

表2–5 祁门军话单字音表之五

韵 调 声	uei	yei	ɔu	iɔu	əu
	阴阳上去入 平平声声声 11 55 35 213 42	阴阳上去入 平平声声声 11 55 35 213 42	阴阳上去入 平平声声声 11 55 35 213 42	阴阳上去入 平平声声声 11 55 35 213 42	阴阳上去 平平声声 11 55 35 213
p pʰ m f			包　保报 抛袍　炮 　毛卯帽 	标　表 飘瓢漂漂 猫苗秒庙 	 　剖 　谋某茂 　　否
t tʰ n l			刀　岛到 涛桃讨套 捞劳老闹 	刁　屌吊 挑条挑跳 　疗了料	兜　抖豆 偷头敨透 　楼篓漏
ts tsʰ s z			糟　早灶 抄槽草糙 骚韶扫扫 　　扰		周　走皱 抽愁丑臭 收　手瘦 　柔
tɕ tɕʰ ȵ ɕ		追 吹锤 　垂水税		焦　搅叫 锹桥巧撬 　饶鸟尿 消淆小笑	
k kʰ ŋ x	规　鬼跪 亏奎　愧		高　搞告 敲①考靠 吆熬咬傲 薅豪好好		钩　狗够 抠　口扣 呕　偶怄 ②猴吼厚
Ø	威围委味			腰摇舀要	

垂 ɕyei^{55} ～下来

扫 sɔu^{35} ～地

扫 sɔu^{213} ～帚

吆 ŋɔu^{11} 白读

好 xɔu^{35} ～坏

好 xɔu^{213} 喜～

漂 pʰiɔu^{35} ～白

漂 pʰiɔu^{213} ～亮

挑 tʰiɔu^{11} ～水

挑 tʰiɔu^{35} 小粪箕

了 liɔu^{35} ～结

尿 ȵiɔu^{213} ～素。《广韵》奴吊切

要 iɔu^{213} ～求；重～

敨 tʰəu^{35} 打开，展开

① kʰɔu^{55} 十字～：十字形

② xəu^{11} ～～：螳螂

表2-6 祁门军话单字音表之六

声 \ 调 \ 韵	iou	ã	iã	uã	yã	iɛ̃
	阴阳上去入 平平声声声 11 55 35 213 42	阴阳上去 平平声声 11 55 35 213	阴阳上去 平平声声 11 55 35 213	阴阳上去 平平声声 11 55 35 213	阴阳上去 平平声声 11 55 35 213	阴阳上去 平平声声 11 55 35 213
p p^h m f	 ①谬 	帮 绑棒 攀旁 胖 ③忙满慢 幡凡反饭				鞭 匾变 偏**便**⑤骗 棉免面
t t^h n l	丢 **溜**流柳**溜**	**当** 胆**当** 汤糖躺烫 狼朗浪 	 ④凉**两**亮			掂 点店 天田舔掭 连脸练
ts ts^h s z		张 展站 仓肠产唱 山尝伞善 然染**让**		 喘 **蒜** 		
tɕ tɕ^h ȵ ɕ	纠 九旧菊 秋球 ②牛扭 狱 修 朽绣蓄		姜 奖匠 枪墙抢呛 娘 仰酿 箱**降**想象		庄 状 窗床闯**撞** 双	尖 剪见 千前浅欠 ⑥年撵念 先闲选线
k k^h ŋ x		刚 讲**降** 糠扛砍抗 安昂眼岸 憨咸喊汗		关 管贯 宽狂款况 		
∅	忧油友右欲	肮	秧洋养样	弯完碗万		烟盐演焰

溜 liou^{11} ～冰

溜 liou^{213} 滑～

当 tã^{11} ～兵

当 tã^{213} ～铺

让 zã^{213} ～步

降 kã^{213} 霜～

降 ɕiã^{55} 投～

两 liã^{35} ～个；斤～

蒜 suã^{213} 掉大～头：脱肛

撞 tɕ^{h}yã^{213} 又音 tɕyã^{213}

便 p^{h}iɛ̃^{55} ～宜

① miou^{35}［没有］

② ȵiou^{11} 拧（毛巾）

③ mã^{11} ～～：伯母

④ liã^{11} 蛇快速爬行

⑤ p^{h}iɛ̃^{35} ～蛇：蜥蜴

⑥ ȵiɛ̃^{11} 蛤蟆～：蝌蚪

表2–7　祁门军话单字音表之七

韵 调 声	yẽ	õ	ən	in	uən	yn
	阴阳上去 平平声声 11 55 35 213	阴阳上去 平平声声 11 55 35 213	阴阳上去 平平声声 11 55 35 213	阴阳上去 平平声声 11 55 35 213	阴阳上去 平平声声 11 55 35 213	阴阳上去 平平声声 11 55 35 213
p			奔　本笨	冰　饼病		
pʰ			烹盆	拼平品评		
m			闷门　闷	民敏命		
f			分坟粉粪			
t		端　短段	灯　等凳	丁　顶定		
tʰ		团	吞藤	厅停挺听		
n		卵	拎能冷嫩			
l				林领令		
ts		钻　　钻	针　枕阵			
tsʰ		氽	村成忖寸			
s		酸　　算	身神审剩			
z			人忍认			
tɕ	砖　转转			金　紧镜		军　准俊
tɕʰ	穿船犬串			清琴请庆		春群蠢
ȵ	拴悬　楦			宁		
ɕ				新形醒信		熏唇　顺
k			更　梗更		滚棍	
kʰ			坑　肯		昆　捆困	
ŋ			恩　　硬			
x			亨痕很恨			
∅	冤圆远院			阴银影应	温文稳问	晕云永运

转 tɕyẽ^{35} ～眼

转 tɕyẽ^{213} ～圈

钻 tsõ^{11} ～山洞

钻 tsõ^{213} 木工用具

闷 mən^{11} ～裆裤：死裆裤

闷 mən^{213} 苦～

更 kən^{11} 深～半夜

更 kən^{213} ～加

评 pʰin^{213} ～理

听 tʰin^{213} 老派读音，新派读 tʰin^{11}

晕 yn^{11} 头～

表2–8　祁门军话单字音表之八

韵/调/声	oŋ				ioŋ				uoŋ				m			
	阴平 11	阳平 55	上声 35	去声 213	阴平 11	阳平 55	上声 35	去声 213	阴平 11	阳平 55	上声 35	去声 213	阴平 11	阳平 55	上声 35	去声 213
p	崩			迸												
pʰ		棚	捧	碰												
m		蒙	猛	梦												
f	风	红	**哄**	凤												
t	东		懂	动												
tʰ	通	同	桶	痛												
n		龙	拢	弄												
ts	宗		总	众												
tsʰ	冲	**松**	宠	铳												
s	**松**	㞞	[illegible]	送												
tɕ					**供**											
tɕʰ						穷										
ɕ					兄	熊										
k	工		拱	共												
kʰ	**空**		孔	**空**												
x																
Ø					痈	容	拥	用	翁			瓮	**姆**	**姆**	**姆**	

哄 foŋ[35] ～骗

松 tsʰoŋ[55] ～树

松 soŋ[11] 放～

供 tɕioŋ[11] ～猪：养猪

空 kʰoŋ[11] ～虚

空 kʰoŋ[213] ～缺

姆 m[11] 又称，～妈：面称母亲

姆 m[55] 又称，～妈：面称母亲

姆 m[35] 又称，～妈：面称母亲

㞞 soŋ[55] 精液；软弱无能

第三节

连读变调

祁门军话普通两字组连读时，只有前字变调，后字都不变调；阴平、阳平、上声做前字时都不变调；去声、入声做前字时都变调。所以变调规律简单，见下表。

表2-9　祁门军话两字组连读变调表

	阴平 11	阳平 55	上声 35	去声 213	入声 42
阴平 11					
阳平 55					
上声 35					
去声 213	13　11	21　55	21　35	13　213	13　42
入声 42	21　11	21　55	21　35	21　213	21　42

总结规律如下：

上声[35]作为前字时，有时可以读作[55]，因不区别意义，本书一律记为本调。

去声[213]作为后字时多变为[21]，也可以读本调，二者不区别意义，本书一律记为本调。

入声[42]开头不到4，连调时作为前字变为[21]，作为后字有时调值略低，有时读本调，没有区别意义的作用，本书中一律记本调。

去声[213]作为前字，后字如果是低调（阴平[11]、去声[213]、变为[21]的入声），则变为升调[13]；后字如果是高调（阳平[55]、上声[35]），则变为低降调[21]。

去声[213]、入声[42]作为前字时，如果所在结构是动宾结构，则前字也可以不变调。

如果声韵母相同，有些变调组合以后同音。

去声＋阳平＝入声＋阳平＝21＋55：

四头 [sɿ$^{213-21}$tʰəu^{55}]＝十头 [sɿ$^{42-21}$tʰəu^{55}]；　顾头 [ku$^{213-21}$tʰəu^{55}]＝骨头 [ku$^{42-21}$tʰəu^{55}]；

四年 [sɿ$^{213-21}$ȵiɛ̃^{55}]＝十年 [sɿ$^{42-21}$ȵiɛ̃^{55}]；　四钱 [sɿ$^{213-21}$tɕʰiɛ̃^{55}]＝十钱 [sɿ$^{42-21}$tɕʰiɛ̃^{55}]；

汽油 [tɕʰi$^{213-21}$iou^{55}]＝吃油 [tɕʰi$^{42-21}$iou^{55}]

去声＋上声＝入声＋上声＝21＋35：

四九 [sɿ$^{213-21}$tɕiou^{35}]＝十九 [sɿ$^{42-21}$tɕiou^{35}]；　汽水 [tɕʰi$^{213-21}$ɕyei^{35}]＝吃水 [tɕʰi$^{42-21}$ɕyei^{35}]；

去水 [tɕʰy$^{213-21}$ɕyei^{35}]＝出水 [tɕʰy$^{42-21}$ɕyei^{35}]；　四亩 [sɿ$^{213-21}$mu^{35}]＝十亩 [sɿ$^{42-21}$mu^{35}]；

四里 [sɿ$^{213-21}$li^{35}]＝十里 [sɿ$^{42-21}$li^{35}]；　四米 [sɿ$^{213-21}$mi^{35}]＝十米 [sɿ$^{42-21}$mi^{35}]；

四组 [sɿ$^{213-21}$tsu^{35}]＝十组 [sɿ$^{42-21}$tsu^{35}]；　四点 [sɿ$^{213-21}$tiɛ̃^{35}]＝十点 [sɿ$^{42-21}$tiɛ̃^{35}]；

四本 [sɿ$^{213-21}$pən^{35}]＝十本 [sɿ$^{42-21}$pən^{35}]；　四种 [sɿ$^{213-21}$tsoŋ^{35}]＝十种 [sɿ$^{42-21}$tsoŋ^{35}]

两字组连读变调例词：

阴平＋阴平（11＋11）：挑夫 tʰiəu^{11}fu^{11}　家公 ka^{11}koŋ^{11}　筲箕 səu^{11}tɕi^{11}　催亲 tsʰei^{11}tɕʰin^{11}

阴平＋阳平（11＋55）：山崖 sã^{11}ŋɛ^{55}　清明 tɕʰin^{11}min^{55}　虾仁 xa^{11}zən^{55}　椿苗 tɕʰyn^{11}miəu^{55}

阴平＋上声（11＋35）：开水 kʰɛ^{11}ɕyei^{35}　鸡嘴 tɕi^{11}tsei^{35}　猪斗 tɕy^{11}təu^{35}　针杪 tsən^{11}miəu^{35}

阴平＋去声（11＋213）：荤菜 fən^{11}tsʰɛ^{213}　开价 kʰɛ^{11}tɕia^{213}　天气 tʰiɛ̃^{11}tɕʰi^{213}　鸡蛋 tɕi^{11}tã^{213}

阴平＋入声（11＋42）：鸡血 tɕi^{11}ɕye^{42}　租屋 tsu^{11}u^{42}　葱叶 tsʰoŋ^{11}ie^{42}　青石 tɕʰin^{11}sɿ^{42}

阳平＋阴平（55＋11）：黄烟 fã^{55}iɛ̃^{11}　晴天 tɕʰin^{55}tʰiɛ̃^{11}　泥鳅 ȵi^{55}tɕʰiou^{11}　前厅 tɕʰiɛ̃^{55}tʰin^{11}

阳平＋阳平（55＋55）：楼房 nəu^{55}fã^{55}　牛蹄 ȵiou^{55}tʰi^{55}　前年 tɕʰiɛ̃^{55}ȵiɛ̃^{55}　蛇皮 se^{55}pʰi^{55}

阳平＋上声（55＋35）：渔网 y^{55}uã^{35}　圆眼 yɛ̃^{55}ŋã^{35}　床顶 tɕʰyã^{55}tin^{35}　儿女 ᴇ^{55}ȵy^{35}

阳平＋去声（55＋213）：皮蛋 pʰi^{55}tã^{213}　咸菜 xã^{55}tsʰɛ^{213}　寒露 xã^{55}nu^{213}　鞋面 xɛ^{55}miɛ̃^{213}

阳平＋入声（55＋42）：排骨 pʰɛ^{55}ku^{42}　犁壁 li^{55}pi^{42}　牛脚 ȵiou^{55}tɕio^{42}　鞋拔 xɛ^{55}pa^{42}

上声＋阴平（35＋11）：野鸡 ie^{35}tɕi^{11}　老衣 nəu^{35}i^{11}　舀汤 iəu^{35}tʰã^{11}　纸烟 tsɿ^{35}iɛ̃^{11}

上声＋阳平（35＋55）：打雷 ta^{35}nei^{55}　早霞 tsəu^{35}ɕia^{55}　冷窑 nən^{35}iəu^{55}　砍柴 kʰã^{35}tsʰɛ^{55}

上声＋上声（35＋35）：扯闪 tsʰe^{35}sã^{35}　小雨 ɕiəu^{35}y^{35}　瓦桶 ua^{35}tʰoŋ^{35}　选种 ɕiɛ̃^{35}tsoŋ^{35}

上声＋去声（35＋213）：桶匠 tʰoŋ^{35}tɕiã^{213}　手印 səu^{35}in^{213}　老面 nəu^{35}miɛ̃^{213}　草帽 tsʰəu^{35}məu^{213}

上声＋入声（35＋42）：底闸 ti^{35}tsa^{42}　里脊 li^{35}tɕi^{42}　打角 ta^{35}ko^{42}　纸扎 tsɿ^{35}tsa^{42}

去声＋阴平（213＋11）—13＋11：

背阴 pei^{13}in^{11}　大风 ta^{13}foŋ^{11}　冻冰 toŋ^{13}pin^{11}　块灰 kʰuɛ^{13}fei^{11}

去声＋阳平（213＋55）—21＋55：

菜园 tsʰɛ^{21}yɛ̃^{55}　烂泥 nã^{21}ȵi^{55}　帽檐 məu^{21}iɛ̃^{55}　倒茶 təu^{21}tsʰa^{55}

去声＋上声（213＋35）—21＋35：

露水 nu^{21}ɕyei^{35}　做瓦 tso^{21}ua^{35}　酱馃 tɕiã^{21}ko^{35}　浸种 tɕin^{21}tsoŋ^{35}

去声＋去声（213＋213）—13＋213：

雾露 $u^{13}nu^{213}$ 晒簟 $sɛ^{13}tiẽ^{213}$ 夏至 $ɕia^{13}tsɿ^{213}$ 豆腐 $təu^{13}fu^{213}$

去声＋入声（213＋42）—13＋42：

化雪 $fa^{13}ɕie^{42}$ 树叶 $ɕy^{13}ie^{42}$ 挂历 $kua^{13}li^{42}$ 放索 $fã^{13}so^{42}$

入声＋阴平（42＋11）—21＋11：

落山 $no^{21}sã^{11}$ 出窠 $tɕ^hy^{21}k^ho^{11}$ 肉丁 $zu^{21}tin^{11}$ 竹杈 $tsu^{21}ts^ha^{11}$

入声＋阳平（42＋55）—21＋55：

日头 $zɿ^{21}t^həu^{55}$ 雪球 $ɕie^{21}tɕ^hiou^{55}$ 木鱼 $mu^{21}y^{55}$ 舌条 $se^{21}t^hiɔu^{55}$

入声＋上声（42＋35）—21＋35：

落雨 $no^{21}y^{35}$ 脊瓦 $tɕi^{21}ua^{35}$ 屋顶 $u^{21}tin^{35}$ 石板 $sɿ^{21}pã^{35}$

入声＋去声（42＋213）—21＋213：

月亮 $ye^{21}liã^{213}$ 客气 $k^he^{21}tɕ^hi^{213}$ 白菜 $pe^{21}ts^hɛ^{213}$ 脚背 $tɕio^{21}pei^{213}$

入声＋入声（42＋42）—21＋42：

落雪 $no^{21}ɕie^{42}$ 割麦 $ko^{21}me^{42}$ 八角 $pa^{21}ko^{42}$ 白铁 $pe^{21}t^hie^{42}$

后字为轻声时，前字均不变调。轻声音节有高低两种调值：前字是阴平[11]、去声[213]、入声[42]调时，轻声调值为[1]；前字是阳平[55]、上声[35]调时，轻声调值为[5]。即轻声调值的高低取决于前字调值的高低。例如：

阴平＋轻声：姆妈 $m^{11}ma^{1}$

阳平＋轻声：婆婆 $p^ho^{55}p^ho^{5}$

上声＋轻声：嬉嬉 $ɕi^{35}ɕi^{5}$ 姐姐 $tɕie^{35}tɕie^{5}$

去声＋轻声：夜里 $ie^{213}li^{1}$

入声＋轻声：日里 $zɿ^{42}li^{1}$

下文凡轻声均记为[0]。

需要说明的是，本书只总结了军话的两字组连读变调规律，词汇中三字组及多字组的连读变调依实际读音记录，有些不受两字组连调规律的制约。

除了以上的连读变调规律之外，军话连读音变现象较少，目前只记录到个别词中有声母弱化现象，如“后生家小伙子[$xəu^{213}zən^{0}ka^{11}$]”中的“生[$sən^{11}$]”在语流中声母弱化为同部位浊擦音。

第四节

语音特点

一　与古音比较

本节与古音的比较，其中的“古音”指《广韵》系统，声韵调名称以及表格样式均依照丁声树撰文、李荣制表的《汉语音韵讲义》(《方言》1981，241—274；又上海教育出版社1984)，例字和标音是祁门军话。

（一）古今声母比较

表2–10　古今声母比较表

		清		全浊	
				平	仄
帮组		帮p　包pɔu^{11}	滂p^{h}　片p^{h}iɛ̃^{213}	並p^{h}　婆p^{h}o^{55}	p　病pin^{213}
非组		非f　福fu^{42}	敷f　纺fã^{35}	奉f　烦fã^{55}	f　份fən^{213}
端组		端t　刀tɔu^{11}	透t^{h}　汤t^{h}ã^{11}	定t^{h}　停t^{h}in^{55}	t　电tiɛ̃^{213}
精组	今洪	精ts　早tsɔu^{35}	清ts^{h}　搓ts^{h}o^{11}	从ts^{h}　财ts^{h}ɛ^{55}	ts　字tsɿ^{213}
	今细	精ts　酒tɕiou^{35}	清ts^{h}　请tɕ^{h}in^{35}	从ts^{h}　钱tɕ^{h}iɛ̃^{55}	ts　就tɕiou^{213}
知组		知ts　桌tso^{42} tɕ　猪tɕy^{11}	彻ts^{h}　抽ts^{h}əu^{11} tɕ^{h}　椿tɕ^{h}yn^{11}	澄ts^{h}　肠ts^{h}ã^{55} tɕ^{h}　传tɕ^{h}yɛ̃^{55}	ts　赵tsɔu^{213} tɕ^{h}　赚tɕyɛ̃^{213}
庄组		庄ts　斩tsã^{24} tɕ　装tɕyã^{11}	初ts^{h}　炒ts^{h}ɔu^{35} tɕ^{h}　窗tɕ^{h}yã^{11}	崇ts^{h}　愁ts^{h}əu^{55} tɕ^{h}　床tɕ^{h}yã^{55}	ts　助tsu^{213} tɕ　状tɕyã^{213}
章组		章ts　针tsən^{11} tɕ　砖tɕyɛ̃^{11}	昌ts^{h}　厂ts^{h}ã^{11} tɕ^{h}　串tɕ^{h}yɛ̃^{11}	船ts^{h}　s　乘ts^{h}ən^{55}　蛇se^{55} ɕ　唇ɕyn^{55} tɕ^{h}　船tɕ^{h}yɛ̃^{55}	s　剩sən^{213} ɕ　顺ɕyn^{213}
日组					
见晓组	今洪	见k　高kɔu^{11}	溪k^{h}　开k^{h}ɛ^{11}	群k^{h}　狂k^{h}uã^{55}	k　共koŋ^{213}
	今细	见tɕ　京tɕin^{11}	溪tɕ^{h}　轻tɕ^{h}in^{11}	群tɕ^{h}　穷tɕ^{h}ioŋ^{55}	tɕ　件tɕiɛ̃^{213}
影组		影ŋ　安ŋã^{11} 影Ø　翁uoŋ^{11}			

次浊		清	全浊			
			平	仄		
明 m 棉 miẽ^{55}					帮组	
微 ∅ 网 uã^{35}					非组	
泥 n 能 nən^{55} ȵ 年 ȵiẽ^{55}	来 l 连 liẽ^{55} n 辣 na^{42}				端组	
		心 s 送 soŋ^{213}	邪 s 随 sei^{55} ts^{h} 辞 ts^{h}ɿ^{55}	寺 tsɿ^{213}	今洪	精组
		心 ɕ 姓 ɕin^{213}	邪 tɕ^{h} 详 tɕ^{h}iã^{55} ɕ 循 ɕyn^{55}	袖 ɕiou^{213}	今细	精组
					知组	
		生 s 森 sən^{11} ɕ 霜 ɕyã^{11}			庄组	
		书 s 声 sən^{11} ɕ 水 ɕyei^{35}	禅 ts^{h} 成 ts^{h}ən^{55} ɕ 纯 ɕyn^{55}	s 是 sɿ^{213} ɕ 树 ɕy^{213}	章组	
日 z 认 zən^{213} ∅ 耳 ᴇ^{35}					日组	
疑 ŋ 硬 ŋən^{213}		晓 x 海 xɛ^{35} f 花 fa^{11}	匣 x 杭 xã^{55}		今洪	见晓组
疑 ∅ ȵ 鱼 y^{55} 蚁 ȵi^{35}		晓 ɕ 乡 ɕiã^{11}	匣 ɕ 学 ɕio^{42}		今细	见晓组
云 ∅ 王 uã^{55}	以 ∅ 养 iã^{35}				影组	

（二）古今韵母比较

表2-11　古今韵母比较表

	一等			二等			
	帮系	端系	见系	帮系	泥组	知庄组	见系
果　开		锣 no^{55}	饿 o^{213}				
果　合	婆 p^{h}o^{55}	坐 tso^{213}	火 xo^{35}				
假　开				马 ma^{35}	拿 na^{55}	沙 sa^{11}	家 ka^{11} 亚 ia^{213}
假　合						傻 sa^{35}	瓦 ua^{35}
遇　合	布 pu^{213}	粗 ts^{h}u^{11}	苦 k^{h}u^{35}				
蟹　开	贝 pei^{213}	在 tsɛ^{213}	海 xɛ^{35}	买 mɛ^{35}	奶 nɛ^{35}	柴 ts^{h}ɛ^{55}	鞋 xɛ^{55} 谐 ɕiɛ^{55}
蟹　合	杯 pei^{11}	雷 lei^{55}	灰 fei^{24} 外 uɛ^{213}			拽 tɕyɛ^{213}	怪 kuɛ^{213} 画 fa^{213}
止　开							
止　合							
效　开	报 pɔu^{213}	桃 t^{h}ɔu^{55}	高 kɔu^{11}	卯 mɔu^{35}	闹 nɔu^{213}	吵 ts^{h}ɔu^{35}	巧 tɕ^{h}iɔu^{35} 咬 ŋɔ^{35}
流　开	亩 mu^{35}	漏 nəu^{213}	沟 kəu^{11}				
咸舒开		男 nã^{55}	敢 kã^{35}			斩 tsã^{35}	衔 k^{h}ã^{55} 监 tɕiɛ̃^{11}
咸入开		搭 ta^{42}	合 xo^{42}			插 ts^{h}a^{42}	掐 k^{h}a^{42}
咸舒合							
咸入合							
深舒开							
深入合							

三四等								
帮系	端组	泥组	精组	庄组	知章组	日母	见系	
							茄 tɕʰie^{55}	果　开
							靴 ɕye^{11}	果　合
	爹 tie^{11}		姐 tɕie^{35}		扯 tsʰe^{35}	惹 ze^{35}	夜 ie^{213}	假　开
								假　合
雾 u^{213}		吕 li^{35} 女 ȵy^{35}	絮 ɕi^{213}	初 tsʰu^{11} 所 so^{35}	住 tɕy^{213}	如 zu^{55}	许 ɕy^{35}	遇　合
米 mi^{35}	低 ti^{11}	礼 li^{35}	妻 tɕʰi^{11}		世 sɿ^{213}		计 tɕi^{213}	蟹　开
肺 fei^{213}			岁 sei^{213}		税 ɕyei^{213}	芮 nei^{213}	桂 kuei^{213}	蟹　合
皮 pʰi^{42} 美 mei^{35}	地 ti^{213}	李 li^{35}	私 sɿ^{11}	事 sɿ^{213}	池 tsʰɿ^{55}	儿 ᴇ^{55}	奇 tɕʰi^{55}	止　开
飞 fei^{11} 味 uei^{213}		泪 lei^{213}	嘴 tsei^{35}	衰 ɕyɛ^{11}	吹 tɕʰyei^{11}	蕊 nei^{35}	贵 kuei^{213}	止　合
庙 miɔu^{213}	挑 tʰiɔu^{11}	料 liɔu^{213}	焦 tɕiɔu^{11}		招 tsɔu^{11}	扰 zɔu^{35}	叫 tɕiɔu^{213}	效　开
富 fu^{213} 谋 mo^{55} 矛 məu^{55} 彪 piəu^{11}	丢 tiou^{11}	留 liou^{55}	酒 tɕiou^{35}	瘦 səu^{213}	周 tsəu^{11}	揉 ȵiou^{55}	球 tɕʰiou^{55}	流　开
贬 piɛ̃^{35}	点 tiɛ̃^{35}	念 ȵiɛ̃^{213}	尖 tɕiɛ̃^{11}		闪 sã^{35}	染 zã^{35}	嫌 ɕiɛ̃^{55}	咸舒开
	贴 tʰie^{42}	猎 lie^{42}	接 tɕie^{42}		涉 se^{42}		叶 ie^{42}	咸入开
犯 fã^{213}								咸舒合
法 fa^{42}								咸入合
品 pʰin^{35}		林 lin^{55}	心 ɕin^{11}	婶 sən^{35}	针 tsən^{11}	纴 zən^{213}	琴 tɕʰin^{55}	深舒开
		立 li^{42}	集 tɕi^{42}	涩 se^{42}	十 sɿ^{42}	入 zɿ^{42}	急 tɕi^{42}	深入合

续 表

	一等			二等			
	帮系	端系	见系	帮系	泥组	知庄组	见系
山舒开		炭 t^{h}ã^{213}	寒 xã^{55}	慢 mã^{213}		山 sã^{11}	间 kã^{11} 限 ɕiẽ^{213}
山入开		达 ta^{42}	割 ko^{42}	八 pa^{42}		杀 sa^{42}	瞎 xa^{42}
山舒合	盘 p^{h}ã^{55}	短 tɔ̃^{35}	灌 kuã^{213}			闩 ɕyɛ̃^{11}	弯 uã^{11}
山入合	钵 po^{42}	脱 t^{h}o^{42}	阔 k^{h}o^{42}			刷 ɕya^{42}	刮 kua^{42}
臻舒开		吞 t^{h}ən^{11}	很 xən^{35}				
臻入开							
臻舒合	盆 p^{h}ən^{55}	寸 ts^{h}ən^{213}	稳 uən^{35}				
臻入合	不 pu^{42}	突 t^{h}u^{42}	骨 ku^{42}				
宕舒开	帮 pã^{11}	浪 nã^{213}	杭 xã^{55}				
宕入开	薄 po^{42}	作 tso^{42}	搁 ko^{42}				
宕舒合			光 kuã^{11}				
宕入合			霍 xo^{42}				
江舒开				绑 pã^{35}		桩 tɕyã^{11}	讲 kã^{35}
江舒入				剥 po^{42}		桌 tso^{42}	角 ko^{42} 学 ɕio^{42}
曾舒开	朋 p^{h}ən^{55}	僧 sən^{11}	肯 k^{h}ən^{35}				
曾入开	墨 me^{42}	贼 tse^{42}	黑 xe^{42}				
曾舒合			弘 fuŋ^{55}				
曾入合			国 kue^{42}				
梗舒开				彭 p^{h}ən^{55}	冷 nən^{35}	生 sən^{11}	幸 ɕin^{213}
梗入开				白 pe^{42}		拆 ts^{h}e^{42}	格 ke^{42}
梗舒合							宏 fən^{55}
梗入合							获 fu^{42}
通舒合	蒙 moŋ^{55}	懂 toŋ^{35}	控 k^{h}oŋ^{213}				
通入合	木 mu^{42}	独 tu^{42}	屋 u^{42}				

续 表

三四等								
帮系	端组	泥组	精组	庄组	知章组	日母	见系	
变 piẽ^{213}	田 t^{h}iẽ^{55}	年 ȵiẽ^{55}	煎 tɕiẽ^{11}		扇 sã^{213}	燃 zã^{55}	燕 iẽ^{213}	山舒开
灭 mie^{42}	铁 t^{h}ie^{42}	裂 lie^{42}	节 tɕie^{42}		舌 se^{42}	热 ze^{42}	结 tɕie^{42}	山入开
烦 fã^{55}		恋 liẽ^{213}	全 tɕ^{h}iẽ^{55}		专 tɕyẽ^{11}	软 yẽ^{35}	远 yẽ^{35}	山舒合
罚 fa^{42}		劣 li^{42}	雪 ɕie^{42}		说 ɕye^{42}		哕 ɕye^{42}	山入合
民 min^{55}		邻 lin^{55}	信 ɕin^{213}	臻 tsən^{11}	震 tsən^{213}	人 zən^{55}	引 in^{35}	臻舒开
蜜 mi^{42}		栗 li^{42}	七 tɕ^{h}i^{42}	虱 sɿ^{42}	实 sɿ^{42}	日 zɿ^{42}	一 i^{42}	臻入开
问 uən^{213}		轮 lən^{55}	遵 tsən^{11}		纯 ɕyn^{55}	润 yn^{213}	菌 tɕyn^{11}	臻舒合
物 u^{42}		律 li^{42}	戌 ɕi^{42}	率 se^{42}	出 tɕ^{h}y^{42}		屈 tɕ^{h}y^{42}	臻入合
		亮 liã^{213}	奖 tɕiã^{35}	装 tɕyã^{11}	肠 ts^{h}ã^{55}	让 iã^{213}	向 ɕiã^{213}	宕舒开
		略 ȵio^{42}	削 ɕio^{42}		芍 so^{42}	弱 ȵio^{42}	脚 tɕio^{42}	宕入开
放 fã^{213}							王 uã^{55}	宕舒合
缚 fu^{213}								宕入合
								江舒开
								江舒入
冰 pin^{11}		凌 lin^{55}			绳 sən^{55}	仍 in^{55}	鹰 in^{11}	曾舒开
逼 pi^{42}		力 li^{42}	熄 ɕi^{42}	色 se^{42}	式 sɿ^{42}		亿 i^{213}	曾入开
								曾舒合
							域 y^{42}	曾入合
命 min^{213}	顶 tin^{35}	铃 lin^{55}	醒 ɕin^{35}		程 ts^{h}ən^{55}		赢 in^{55}	梗舒开
碧 pi^{42}	敌 ti^{42}	历 li^{42}	析 ɕi^{42}		尺 ts^{h}ɿ^{42}		击 tɕi^{42}	梗入开
							荣 ioŋ^{55} 营 in^{55}	梗舒合
							役 y^{42}	梗入合
风 foŋ^{11}		龙 loŋ^{55}	踪 tsoŋ^{11}		充 ts^{h}oŋ^{11}	绒 ioŋ^{55}	用 ioŋ^{213}	通舒合
福 fu^{42}		录 lu^{42}	足 tsu^{42}		竹 tsu^{42}	肉 zu^{42}	局 tɕy^{42}	通入合

（三）古今声调比较

表2-12　古今声调比较表

中古声调		军话声调	调值
平声	清	阴平	11
	浊	阳平	55
上声	清、次浊	上声	35
	全浊	去声	213
去声	清	去声	213
	浊	去声	213
入声	清	入声	42
	浊	入声	42

二　军话语音特点

本小节只讨论祁门军话古今语言演变的特点。祁门军话今音结构的特点请参看上文本章第二节单字音表的说明。

（一）声母的特点

1. 古全浊声母清化，今读塞音塞擦音声母平声送气，仄声不送气，例如：爬p^{h}a^{55}｜才ts^{h}ɛ^{55}｜勤tɕ^{h}in^{55}｜近tɕin^{213}｜白pe^{42}｜轴tɕy^{42}。有一些全浊声母仄声字今读送气清音，例如：簿p^{h}u^{35}｜埠p^{h}u^{213}｜苎tɕ^{h}y^{35}｜递t^{h}i^{213}｜滞ts^{h}ɿ^{213}｜荡t^{h}ã^{213}｜独t^{h}u^{42}｜鐾p^{h}i^{213}｜造建～ts^{h}ɔu^{213}｜撞tɕ^{h}yã^{213}～tɕyã^{213}｜狭峡k^{h}a^{213}｜舰k^{h}ã^{35}｜铎t^{h}o^{42}，与周边民话方言相同。

2. 古泥来母今洪音前混，均读为[n]；细音前不混，分别读为[ȵ] [l]。例如：拿泥na^{55}｜奶泥nɛ^{35}｜楼来nəu^{55}｜辣来na^{42}｜朗来nã^{35}｜能泥nən^{55}｜娘泥ȵiã^{55}｜凉来liã^{55}｜年泥ȵiɛ̃^{55}｜怜来liɛ̃^{55}。

3. 知二庄组多读[ts]组，知三章组部分读[tɕ]组，部分读[ts]组，例如：茶知二ts^{h}a^{55}｜站知二tsã^{213}｜争庄tsən^{11}｜生生sən^{11}｜师生sɿ^{11}｜丑知三ts^{h}əu^{35}｜住知三tɕy^{213}｜书书ɕy^{11}｜船船tɕ^{h}yɛ̃^{55}｜征章tsən^{11}｜升书sən^{11}｜诗书sɿ^{11}。

4. 不分尖团，例如：焦＝骄tɕiɔu^{11}｜秋＝丘tɕ^{h}iou^{11}｜箱＝香ɕiã^{11}。

5. 一些书母、邪母、禅母字今读塞擦音，如：湿书ts^{h}ɿ^{42}｜饰书ts^{h}ɿ^{42}｜鼠书tɕ^{h}y^{35}｜伸书tɕ^{h}yn^{11}｜徐邪tɕ^{h}i^{55}｜祥详邪tɕ^{h}iã^{55}｜寻邪tɕ^{h}in^{55}｜匙禅。汤～ts^{h}ɿ^{55}｜蜀禅tsu^{42}。北京话读塞擦音的少数禅母字军话今读擦音声母，如：垂ɕyei^{55}｜尝sã^{55}｜辰晨sən^{55}｜纯醇ɕyn^{55}｜唇ɕyn^{55}。

6. 日母在今洪音前为[z]，细音前为[ø] [ȵ]，例如：热ze^{42} ｜染zã^{35} ｜让~步zã^{213} ｜如y^{55} ｜软yɛ̃^{35} ｜绒ioŋ^{55} ｜绕ȵiəu^{35} ｜弱ȵio^{42} ｜让~他去iã^{213}。

7. 见系开口二等字白读为[k]组声母拼洪音，文读为[tɕ]组声母拼细音，例如（“/”前为白读音，“/”后为文读音，下同）：介kɛ^{213}/tɕiɛ^{213} ｜下xa^{213}/ɕia^{213} ｜雁ŋã^{213}/iɛ̃^{213} ｜确k^{h}o^{42}/tɕ^{h}yo^{42}。

8. 疑母开口一二等多读[ŋ]音，开口三四等多读[ȵ]，例如：我ŋo^{35} ｜额ŋe^{42} ｜岸ŋã^{213} ｜毅ȵi^{213} ｜语ȵy^{35} ｜艺ȵi^{213}。合口字今读[ø]，例如：瓦ua^{35} ｜玩uã^{55} ｜魏uei^{213}。

9. 影母在古开口一二等韵读为[ŋ]，合口字今读为[ø]，开口三四等为[ø]，例如：爱ŋɛ^{213} ｜暗ŋã^{213} ｜恩ŋən^{11} ｜秧iã^{11} ｜威uei^{11} ｜蛙ua^{11} ｜影in^{35}。

（二）韵母的特点

1. 果摄一等字多读[o]韵母，例如：多to^{11} ｜左tso^{35} ｜可k^{h}o^{213} ｜河xo^{55} ｜波po^{11} ｜罗no^{55} ｜果ko^{35} ｜讹ŋo^{55} ｜窝o^{11}。

2. 假摄二三等分韵，二等主元音为[a]，三等主元音为[e]，例如：麻ma^{55} ｜价tɕia^{213} ｜瓜kua^{11} ｜遮tse^{11} ｜姐tɕie^{35}。

3. 遇摄三等来母精组读[i]韵母，例如：驴li^{55} ｜吕li^{35} ｜虑li^{213} ｜序ɕi^{11} ｜取tɕ^{h}i^{35} ｜聚tɕi^{213}。部分字文白异读，文读音为[y]，白读音为[i]，例如：蛆tɕ^{h}i^{11}/tɕ^{h}y^{11} ｜徐tɕ^{h}i^{55}/tɕ^{h}y^{55} ｜去k^{h}i^{213}/tɕ^{h}y^{213}。知章组见系多读[y]韵母，例如：除tɕ^{h}y^{55} ｜煮tɕy^{35} ｜居tɕy^{11} ｜柱tɕy^{213} ｜树ɕy^{213} ｜雨y^{35}。

4. 蟹摄四等齐韵少数字今主元音为[e]，如：洗ɕie^{35} ｜梯t^{h}ei^{11}。

5. 蟹摄合口一三等、止摄合口三等、臻摄合口一三等的泥组、精组字今读为开口呼，例如：对tei^{213} ｜推t^{h}ei^{11} ｜脆ts^{h}ei^{213} ｜碎sei^{213} ｜嘴tsei^{35} ｜翠ts^{h}ei^{213} ｜蕊nei^{35} ｜顿tən^{213} ｜村ts^{h}ən^{11} ｜嫩nən^{213} ｜轮nən^{55} ｜遵tsən^{11}。

6. 止摄日母字今读[ᴇ]韵，如：儿ᴇ^{55} ｜二ᴇ^{213}。

7. 咸山宕江四摄舒声字洪音合流，开口（及宕摄合口非组）字合流为[ã]，“甘咸干山刚宕江江”都读[kã^{11}]，“帆咸翻山方宕”都读[fã^{11}]，合口字（宕摄限见系）合流为[uã]，例如：“官关光”同音，都读[kuã^{11}]，“万望”同音都读[uã^{213}]。细音字不混，咸山摄今细音为[iɛ̃] [yɛ̃]韵母，宕江摄今细音字为[iã] [yã]韵母，例如：尖tɕiɛ̃^{11} ≠浆tɕiã^{11} ｜钱tɕ^{h}iɛ̃^{55} ≠墙tɕ^{h}iã^{55} ｜现ɕiɛ̃^{213} ≠向ɕiã^{213} ｜权tɕ^{h}yɛ̃^{55} ≠床tɕ^{h}yã^{55}。

8. 山摄合口一等端系字今读白读[ã]韵母，文读[ɔ̃]韵母（跟帮组、见系声母字不同韵），例如：断t^{h}ã^{213} ~气/tɔ̃^{35} 一刀两~ ｜乱nã^{213} ~讲/nɔ̃^{35} ~七八糟 ｜短tã^{35} 长~ /tɔ̃^{35} 三长两~ ｜团t^{h}ã^{213} ~篁：大的簸箕/t^{h}ɔ̃^{55} ~圆 ｜钻~山洞tsɔ̃^{11} ｜酸sɔ̃^{11} ｜段tɔ̃^{213} ｜暖nɔ̃^{35} ｜算sɔ̃^{213}。其他组声母的字今读[ã]韵母，例如：盘p^{h}ã^{55} ｜换fã^{213}。这些端系字的文读很有可能是从山摄合口一二等部分字保

持对立的江淮官话借入的。军话山摄合口一二等见系字同音，如“官＝关kuã^{11}”，周边民话山摄合口一二等字见系字不同音，如“官kuɛ̃^{21} ≠关kuɔ̃ɐ^{21}”。

9. 深臻曾梗四摄阳声韵今读合流，例如：真＝争tsən^{11}｜跟＝耕kən^{11}｜今＝经tɕin^{11}｜宾＝兵pin^{11}。

10. 宕摄、通摄个别合口三等见组字，今北京话读[k]组声母拼洪音，军话今读[tɕ]组声母拼细音，例如：筐团～tɕʰiã^{11}｜供养，赡养：～猪、～匠人、～儿女、～老子娘tɕioŋ^{11}。

11. 有8个撮口呼韵母，除个别字来自古开口外，主要来自古合口三四等，例如：抓tɕya^{11}｜爪tɕya^{35}｜靴ɕye^{11}｜雨y^{35}｜帅ɕyɛ^{213}｜刷ɕya^{42}｜吹tɕʰyei^{11}｜水ɕyei^{35}｜床tɕʰyã^{55}｜船tɕʰyɛ̃^{55}｜玄ɕyɛ̃^{55}｜训ɕyn^{213}。

（三）声调的特点

1. 平分阴阳，如：包pɔu^{11}｜巾tɕin^{11}｜鱼y^{55}｜棚pʰoŋ^{55}。

2. 全浊上归去，去声不分阴阳，如：弟ti^{213}｜旱xã^{213}｜炭tʰã^{213}｜妹mei^{213}｜顺ɕyn^{213}。

3. 入声自成一类，如：北pe^{42}｜叶ie^{42}｜舌se^{42}。

4. 古今调类对应关系有一些零星的例外，个别古入声字今读去声，如：狭峡kʰa^{213}｜液腋ie^{213}。个别古去声、全浊上字今读上声，如：笊tsɔu^{35}｜蒕kɔu^{35}｜蟹xɛ^{35}｜苎tɕʰy^{35}。个别古去声字今读阳平：豉sɿ^{55}｜痹pʰi^{55}｜荔li^{55}｜荠tɕʰi^{55}。

第三章　同音字汇

说明：同音字汇按韵母、声母、声调的顺序排列。没有单字音只有连读音的不收，变音（儿化音和小称变调）不收。有音无字者用“□”表示，注释用小字，举例时用“～”代替所引用的字。又读在字的右下角用“又”表示。文读、白读分别在字的右下角用“文”“白”表示。

ʅ

ts [11]知蜘支枝肢栀资姿咨脂辎之芝滋兹 [35]紫纸只～有姊指旨子仔籽梓滓址趾止 [213]智自致至巳字寺痔治政～志痣制 [42]蛰执汁侄质置直植值织职殖掷只量词炙

ts^h [11]雌疵眵痴～呆；呵痒嗤覗看 [55]池驰匙汤～瓷糍迟慈磁辞词祠持治～鱼：杀鱼 [35]此齿耻 [213]刺赐侈翅次滞稚□一～：一起，一块儿 [42]赤～脚；～岭：地名湿～疹；透～的：很潮湿秩尺斥饰白

s [11]撕斯厮施私师狮蛳尸～位素餐尸～体丝司思饰文诗鸶 [55]时～样：式样；～间鲥匙钥～豉 [35]豕死矢屎使史驶始 [213]是氏四肆示视嗜似祀伺嗣饲士仕柿俟事市恃试侍世势誓逝 [42]十什拾实失室食蚀识式适释石虱文，稻飞～湿常在河边走，哪有不～脚

z [42]入日

i

p [11]屄吹牛～：吹牛蜱柴～子：野兽身上长的一种虫子，吸血的 [35]彼比 [213]蓖～麻篦～子闭箅毙 [42]鼻笔毕必弼逼碧璧僻辟壁滗～汤：挡住渣滓或煮泡着的东西，把液体倒出□～马腿：别马腿（下象棋时）

p^h [11]批披 [55]皮疲脾匹琵枇痹 [35]鄙痞被～子；垫～：褥子□～轻的：很轻 [213]鐾 [42]屄女阴

m [11]咪甜～～：甜丝丝 [55]迷眯糜靡弥 [35]米没～的：没有□口～：唾沫 [213]谜打～；猜～ [42]密蜜觅墨～水；～斗□～嘴：抿嘴

t [11]低 [55]□一～～：一点点儿 [35]底抵□～脚：踮着脚 [213]弟帝蒂第地递 [42]的目～滴嫡笛敌狄

t^h [11]堤 [55]题提蹄啼□～米筛：筛米用的筛子 [35]体 [213]替涕剃屉 [42]踢剔

l [55]黎犁离篱璃梨厘狸驴荔□□liou[55]～：冰锥子 [35]礼李里公～里～外理鲤你又履旅吕□五骨～：祁蛇 [213]例厉励丽隶利痢莉俐吏滤虑 [42]立粒笠律率效～栗匿力劣栎历日～历来～沥～水

tɕ [11]基几～乎机讥鸡稽饥肌屐畜腌～菜：

霉干菜箕□～痧：揪痧，一种除痧方法萁蕨～禾：蕨，草本植物 [35]己杞枸～子几～个几茶～挤虮～子：虱子的卵麂 [213]纪记忌既季祭济剂计继系～鞋带际技妓冀寄穄芦～：高粱聚 [42]集急级及给供～疾吉桔～梗即鲫极戟积迹脊籍亟藉绩寂击激卒白，～子过河□～尿：尿床

tɕ^h [11]欺妻溪蛆白，阴～：孑孓□打～：玩“拳头、剪刀、布”游戏 [55]其棋期旗祈齐脐荠荸～奇骑岐祁芪黄～：一种中药鳍徐白萁豆～□巴～：两头钉 [35]起岂启企取娶杞～人忧天 [213]气汽砌契器弃趣 [42]湿风～缉～鞋底辑泣七漆戚乞讫吃檵梾～树：檵树□装佯～相：装傻

ȵ [55]泥倪宜仪尼疑凝～固 [35]蚁议你又拟 [213]谊义毅艺 [42]逆溺腻□咬不～：咬不动

ɕ [11]西畦携栖犀奚兮牺嬉熙希稀虽绥悉又，熟～绪须必～须苞芦～；胡～需荽芫～□倒～：鱼笼□～酸的：很酸；～臭的：很臭 [35]玺徙喜蟢～～：蟢蛛髓□～～门：囟门 [213]细婿系关～；联～；中文～戏遂絮序叙 [42]惜昔席夕锡析戌恤习袭吸膝息熄媳悉又，熟～蟋

k^h [213]去白，来～

ø [11]医衣依伊 [55]移姨夷饴遗 [35]倚椅已以矣 [213]翳易容～；交～肄意异 [42]缢益亦译揖一乙逸抑翼亿忆

u

p [35]补 [213]部步布伏～鸡壳：抱窝鸡埠蚌～怖荸～荠 [42]不卜萝～

p^h [11]潽溢铺～设麸又，麦～ [55]蒲菩脯□～鸠：斑鸠 [35]谱普浦簿捕仆～人辅殕起～：发霉 [213]埠石～：石磴；洗衣～：河边洗衣服的地方铺店～□苞芦～：玉米芯儿□猪油～：油渣□丝瓜～：丝瓜络 [42]曝瀑卜～卦扑朴文，～素仆～倒

m [35]亩母姆保～拇白，大～指牡文，～丹 [213]暮慕墓募 [42]木茉目穆牧□～□in^{11}□k^{h}ɑ^{42}了：魇住了 [0]□打阿～：打哈欠

f [11]呼乎夫肤敷麸又，麦～□□ɕin^{213}～：肿大的淋巴结 [55]浮阜复～兴胡湖狐壶葫～芦俘孵符扶芙囫 [35]虎浒府腑俯甫斧 [213]富副妇负户沪互护瓠～子付咐赋傅赴附父釜腐辅缚斛～柜：脱粒用的木桶 [42]忽佛获福幅蝠复～原腹蝮～蛇覆服伏三～天茯～苓栿地板～：地梁核桃～：桃子的核讣□～壳：蛤蜊、蚌

t [11]都□花～：花蕾 [35]堵赌睹肚猪～；担～子的：孕妇；一～子气 [213]妒杜肚～脐；泻～子：拉肚子度渡镀 [42]独读牍犊笃督毒厾底。锅～灰：锅烟子

t^h [55]徒屠涂途图 [35]土 [213]兔吐 [42]秃突

n [11]□箍～：圆圈 [55]奴卢炉芦鸬庐 [35]努鲁橹虏卤搂双手合抱取：～柴娄～山关；～阿鼠 [213]怒路赂露鹭□葫～：葫芦 [42]鹿六陆绿录禄碌□树～：树段 [0]噜打呼～：打鼾

ts [11]租 [35]祖组阻 [213]助 [42]族竹筑祝粥足烛嘱逐卒文，拱～蜀挃气～：哮喘

ts^h [11]粗初 [55]锄新雏 [35]楚础 [213]醋 [42]猝畜～牲；～牧业促触

s [11]苏酥梳疏蔬 [35]数～一～ [213]素诉

塑嗉漱数~字 [42]束速续肃宿叔淑熟塾孰粟俗赎属术魔~

z [42]肉辱褥

k [11]姑孤 [35]古估轱车~：车轮子牯~狗：公狗股鼓盬陶瓷或锡做的圆形器具，装瓜子、糖果、辣酱、豆腐乳等用 [213]故固锢雇顾 [42]骨谷稻~；山~

k^h [11]箍箍。《集韵》空胡切"篾也"枯干~；~饼□~囵的：整个的 [55]□~蹄包：猪肘子 [35]苦 [213]库裤酷 [42]哭窟~窿

Ø [11]乌污巫诬 [55]无吴吾梧抚 [35]武舞侮鹉五伍捂午坞山谷 [213]误悟焐务雾戊沃又恶可~ [42]物握屋沃又杌~子凳：方凳

y

tɕ [11]猪诸槠~树车~马炮诛蛛株硃居朱珠拘驹 [35]褚姓煮举主矩 [213]著显~箸火~：火筷子巨拒距苣锯~子；~木头拄柱住驻注蛀铸句俱具惧据 [42]轴局橘剧越~剧~烈

$tɕ^h$ [11]蛆文，~虫趋枢区驱 [55]除滁锄老储~蓄渠厨橱瞿徐文 [35]苎杵处相~鼠 [213]处~暑；办事~去文，~年 [42]屈出

ȵ [35]女语

ɕ [11]书舒墟虚嘘输~赢；运~殊吁 [35]暑黍署薯许言午~；~配 [213]庶恕竖戍树 [42]述秫

Ø [11]淤 [55]如鱼渔于余姓；年年有~愚虞娱迂盂榆逾愉蜈~蚣儒□腹股沟部位肿大的淋巴结 [35]与给~雨宇禹羽予乳豆腐~ [213]芋御誉预豫遇寓愈喻裕玉 [42]疫役郁浴域

a

p [11]巴芭疤笆粑叭喇~□苍蝇停在食物上 [35]把一~米；~守；~握 [213]罢稗霸把刀~坝耙~地 [42]八拔爸

p^h [55]扒~手爬琶杷筢草~钯钉~□缺~齿：豁牙子□下~：下巴□泥鳅~：吃泥鳅的一种动物，形似猫，红鼻子 [213]怕

m [55]麻痳蟆□□kã[11] ~□tɕin[11]：合欢树、合欢皮 [35]马码号~；~头蚂玛 [213]骂□张开大拇指与食指两端的长度：一~长 [42]抹~布□~周：抓周

f [11]花□一~墙：一堵墙 [55]华姓；中~铧桦划~水：游泳 [213]化划计~话画~~ [42]划~算法乏滑猾发~财发头~伐筏阀罚

t [35]打 [213]大~夫；~~：父亲（面称）[42]答搭褡背~：坎肩沓达

t^h [11]他 [42]踏拓塔塌榻溻遢搨涂，抹蹅~鞋：趿拉着鞋，把鞋后帮踩在脚后跟下

n [11]拉挪□迈，跨□~□tsa[11]：木通 [55]拿 [35]哪喇~叭 [213]那 [42]纳钠腊蜡镴捺辣瘌邋~遢：脏□水~竹：蒲黄，一种中药

ts [11]楂麻~：山楂查姓渣□□na[11] ~：木通 [213]诈榨炸~弹乍 [42]杂眨闸匝砸咂煠油炸：~油条扎札铡劄轧~棉花蚱~蚂：蚂蚱，会蹦的□~□mən[213]的：很密

ts^h [11]差~别叉杈□张开大拇指与中指两端的长度：一~长□打~：生小病 [55]茶查调~ [213]岔茬 [42]插獭察擦檫~树：落叶乔木，木材优良，纹路直，常用来打家具□~胁窝：腋下

s [11]沙纱莎痧杉挲~牛：母牛 [35]洒傻

[42]撒萨杀煞爍水煮：~饭

k [11]家回~，亲~家~具稼枷戴~：给犯人上枷锁 [35]□鸡~：鸡蛋 [213]驾大~光临嫁~女：女儿出嫁；~妆架白，摆~子 [42]甲六十花~子；~乙丙胛夹~子，~裤挟轧~死承判的：凑热闹□眨(眼) □柴~：挑柴用的簸箕，竹制的

k^h [55]蛤~蟆 [213]狭峡治□拿，抓，握 [42]甲指~恰白，~~好掐□压；□□mu²¹in¹¹~了：魇住了□大腿~：裆部，胯部□~肋：腋下

ŋ [11]丫桠 [55]牙芽伢毛~：男婴 [35]哑~子 □脾气急躁、不讲理、固执 [42]压~碎；~酒：劝酒鸭押又，~金

x [11]虾哈~腰□拨拉。~火：拨拉火□~了：合在一起的东西因变松而有了缝隙 [35]□形容词：差，次，不好 [213]下~来下白，~头：下面 [42]瞎白，~讲：胡说

Ø [11]阿~拉伯

ia

tɕ [11]佳加痂嘉 [35]假真~；放~贾 [213]驾~驶员嫁~接价架文，打~ [42]甲文，~乙丙钾

ɕ [55]霞瑕遐 [213]厦下文夏~天；立~；~至；姓~暇 [42]匣恰文，~当辖文，直~瞎文

Ø [11]鸦~片 [55]衙 [35]雅□屙~：拉屎 [213]亚砑 [42]压高血~押又，~金；画~；把犯人~上来□打~机：载人三轮车

ua

k [11]瓜 [35]寡 [213]卦挂褂短~ [42]刮聒括

k^h [11]夸 [35]垮胯侉~碗：最大的碗剐~破皮：蹭破皮儿；千刀万~ [213]跨

Ø [11]蛙洼山~：山坳□老~：乌鸦 [55]娃~~鱼 [35]瓦 [213]□~蛟：山洪暴发 [42]袜挖

ya

tɕ [11]抓~牌 [35]爪鸡~

ɕ [35]耍 [42]刷涮□~豆：打豆，给豆子脱粒

ɛ

p [35]摆 [213]拜败

p^h [55]排牌簰 [213]派

m [55]埋霾 [35]买 [213]卖迈

f [55]怀淮槐 [213]坏

t [11]呆痴~ [35]歹 [213]待怠殆戴~帽；姓~贷代一~；~表袋带皮~；~路

t^h [11]胎轮~；双胞~ [55]台~湾；~桌：桌子苔抬 [213]太泰态

n [55]来莱 [35]乃奶 [213]耐奈赖癞

ts [11]灾栽斋 [35]宰载三年五~；~重 [213]在再债寨

ts^h [11]猜钗差出~ [55]才人~才刚~财材裁柴豺 [35]彩采睬踩 [213]菜蔡

s [11]腮鳃筛 [213]赛晒□鸡~：鸡窝，鸡住的地方□破~：插秧时，为了整齐，先在大田的中间栽六路，然后沿着这六路开栽

k [11]该应~；欠：~他十块钱皆阶白，台~秸街枷连~ [35]改解白，姓；讲~，~开 [213]盖丐钙械介白，蒋~石界芥尬疥届戒解押解。~走：押走镧~锯：将树锯成木板的锯子；~板：锯木板

k^h [11]开揩 [35]凯楷□老~：扑克牌里的“K” [213]概溉慨

ŋ [11]哀埃挨~近 [55]呆~板崖涯捱□揉：~一~

[35]蔼矮 [213]碍艾爱隘

x [55]鞋孩还~有 [35]海蟹 [213]亥害

iɛ

tɕ [11]阶文，~级 [35]解文，~放 [213]介文，~绍

ɕ [55]谐 [213]懈

uɛ

k [11]乖 [35]拐枴 [213]怪

kʰ [213]蒯块快筷桧会~计

∅ [11]歪帽子戴~了；~老将：下象棋时出老将 [55]□~糊：边往热水里加粉状物边搅拌 [35]□哄骗 [213]外

yɛ

tɕ [11]□（刀）钝，不快 [35]□身上长的有毒肿块 [213]□结儿，疙瘩

tɕʰ [55]□蹲 [35]□踩，踏

ɕ [11]衰摔 [35]甩 [213]帅

E

∅ [55]儿 [35]尔而耳饵 [213]二贰

e

p [42]百柏伯白北帛挂~：扫墓时挂纸钱

pʰ [42]迫拍帕魄

m [11]□掰：~开 [42]陌麦脉默墨油~没~有□~苞芦：收割玉米；给玉米脱粒

t [42]得德

tʰ [42]特

n [55]□婴~：婴儿 [42]捋肋勒□~裤子：帮小孩脱裤子

ts [11]遮 [35]者 [213]蔗 [42]择选~泽窄宅摘责摺褶哲蜇折打~；~扣浙则侧~身睏：侧着睡贼栅火桶~：用在火桶里的屉子这

tsʰ [11]车 [35]扯 [42]拆册策撤彻测厕侧~面赤~脚；~岭：地名坼开~：开裂

s [11]奢赊佘 [55]蛇 [35]舍~得 [213]射社麝赦舍屋~ [42]摄涉舌设折弄~；~本瑟虱白，~子蟀塞屑瓦~：碎瓦；柴~子：碎的柴火色啬涩栅阁~：架楼板的横梁率~领□~树：栎树□烟筒~：通烟袋用的铁丝

z [35]惹~事生非；传染 [42]热

k [11]□拿 [42]格革隔嗝膈疙虼~蚤：跳蚤

kʰ [42]客刻一~钟刻雕~克咳磕白，~膝头：膝盖

ŋ [42]额扼轭兀

x [42]辖白，管~吓~一跳，恐~赫核~桃黑

ie

p [42]别鳖憋□酒~：酒窝瘪□水~：水马□挂耳~：腮腺炎

pʰ [35]□折（断）[42]撇劈

m [42]灭蔑篾

t [11]爹 [42]跌叠碟蝶谍牒

tʰ [42]铁贴帖

l [11]□揭（膏药）[42]猎列烈裂

tɕ [35]姐 [213]借藉~故 [42]接捷劫杰揭节截荚结洁绝

tɕʰ [55]茄 [35]且 [213]笡 [42]妾怯切

ȵ [42]聂镊蹑业孽捏□妒~：嫉妒

ɕ [11]些 [55]邪斜 [35]洗写 [213]泻卸谢 [42]胁协薛泄歇蝎屑木~；锯~：锯末；头皮~楔雪

ø [11]耶 [55]爷 [35]也野 [213]夜液腋 [42]靥叶树~；姓~页□□iã^{55} ~：蝴蝶

ue

k [42]国□树脑~：树桩

k^h [11]□鸡用爪子扒食 [42]窟陷~田：泥沼田

ø [42]或白惑白

ye

tɕ [42]拙厥蕨倔掘橛决诀术白~，中药名缀

$tɕ^h$ [55]瘸 [42]缺

ɕ [11]靴 [42]说~书血穴术技~

ø [42]悦阅月越曰粤

o

p [11]波菠玻□大蒜~□no^{11}：大蒜籽 [35]跛簸~一~；~箕 [42]钵拨钹勃饽膊博泊梁山~薄厚~；~刀：菜刀剥驳朴厚~，一种中药□□$tɕ^h$io^{42} ~：嘲笑，捉弄

p^h [11]坡 [55]婆 [213]破剖 [42]泼泊血~

m [11]摸 [55]模摹魔摩磨~刀蘑馍 [35]么什~拇文 [213]磨石~抹涂~ [42]末沫莫膜幕寞□~背：长在背上的疔疮

t [11]多 [35]躲朵 [213]剁舵惰垛 [42]浞~雨：淋雨夺掇□一~：一坨，一团□重重地放下□~章：盖章

t^h [11]拖 [55]驼驮坨砣秤~陀 [35]妥椭□~橱：由上下两部分组合起来的橱子 [42]托~起来讬~你办点事铎唾~沫脱庹两臂张开的长度：一~长

n [11]□大蒜□po^{11} ~：大蒜籽 [55]罗锣箩萝逻啰骡螺腡□~里：胯下□唤猪声□□o^{35} ~：唤狗声 [35]裸□摊米~：小簸箕□活络的、活动的，不稳的 [213]糯摞 [42]诺落烙骆洛络酪乐欢~□~□so^{42}：垃圾□鲫□ko^{42} ~子：鲫鱼

ts [35]左佐 [213]做坐座 [42]作昨柞凿着睏~：睡着；火点~了桌卓琢啄涿浊捉镯酌

ts^h [11]搓 [213]错对~；交~措锉 [42]绰~号戳撮

s [11]蓑梭唆□毛~~的：不光滑，摸上去有点刺手 [35]锁琐所 [42]索缩朔欶吮吸芍说~白：聊天□□no^{42} ~：垃圾

k [11]歌哥戈锅过走~了；日子~了 [35]果裹馃 [213]个过~去 [42]鸽割葛各阁搁胳郭廓椁古~：古墓角合~棺材：做棺材佮~伙：合伙□鲫~□no^{42}子：鲫鱼□吮，吮吸

k^h [11]科窠棵颗 [35]可 [213]课 [42]磕文渴扩确白，准~壳搉敲打，敲击阔

ŋ [55]蛾鹅俄娥讹 [35]我 [213]卧沤~粪 [42]鄂恶~人

x [55]河何荷禾和~气；~面 [35]火夥合~；除~：称东西时去掉容器本身的重量；连~：称东西时包括容器本身的重量 [213]贺货祸 [42]喝鹤霍藿郝合~作社盒豁活或文惑文

ø [11]阿~胶；~弥陀佛窝被~；~菜：荠菜蜗莴屙~屎：解大便 [35]□~□no^{55}：唤狗声 [213]饿

io

tɕ [42]脚嚼爵觉知~

$tɕ^h$ [42]却雀鹊曲酒~曲~子；~折确文，~实□~□po^{42}：嘲笑，捉弄

ȵ [42]略弱岳虐疟箬~笠：斗笠

ɕ [42]削学

ø [42]乐音~约药钥跃若

ei

p [11]杯碑卑俾婢悲背~孩子 [213]倍背~后背~诵辈焙被锦~：入殓时盖在逝者身上的被单臂避蔽敝弊币贝

p^h [11]胚坯 [55]培陪赔裴□山~：山坡 [213]配佩珮沛柿木匠加工木料时砍下来的碎木块

m [55]眉楣霉莓梅枚媒煤 [35]每美镁 [213]妹昧媚寐

f [11]灰麾非扉菲飞妃挥辉晖徽恢 [55]回茴蛔肥 [35]毁匪榧翡悔 [213]贿汇~款；文~报晦会开~；~不~绘秽痱费讳废肺吠惠慧

t [11]堆 [213]对队兑碓

t^h [11]推梯 [35]腿 [213]退蜕褪煺

n [11]□动词，钻 [55]雷擂~人：牛用角顶人；~台蕾 [35]蕊累积~儡垒磊屡缕 [213]内芮类泪累劳~

ts [35]嘴 [213]最罪醉赘

ts^h [11]催崔摧炊 [213]脆粹翠□打~：打喷嚏

s [11]尿屙~：撒尿 [55]随隋 [213]碎岁

uei

k [11]规圭闺龟归 [35]傀刽诡轨鬼 [213]鳜桂跪柜贵癸

k^h [11]盔亏 [55]奎逵葵魁 [213]溃窥愧

Ø [11]煨把生的食物放在带火的灰里使烧熟威 [55]桅为作~，~什么维惟唯微薇违围苇危 [35]萎~缩委尾伟纬伪 [213]卫位未味魏畏喂慰尉蔚胃谓猬渭

yei

tɕ [11]追锥

$tɕ^h$ [11]吹 [55]槌锤捶垂耳朵~：耳垂

ɕ [55]垂~下来 [35]水 [213]税睡瑞

ɔu

p [11]褒包胞苞~芦：玉米 [35]保褓堡宝饱□~壁：客厅后面的板壁 [213]抱鲍报暴爆豹刨~子：木工用具雹

p^h [11]抛脬猪尿~泡灯~；眼睛~奅松，不紧致 [55]袍跑刨~地□凸 [213]炮泡~在水里；~~：气球

m [55]毛矛~盾茅锚□猪~：种母猪 [35]卯铆□掉（字）[213]冒帽貌茂又贸又

t [11]刀叨唠~ [35]祷岛捣导~游倒打~ [213]道稻到倒~水盗导领~

t^h [11]滔掏叨~扰涛绦红缨枪上的穗儿 [55]桃逃淘陶萄 [35]讨 [213]套

n [11]捞孬 [55]挠劳唠牢痨 [35]脑恼瑙老佬 [213]涝闹

ts [11]抓小~子：种菜用的小锄头遭糟召昭招沼朝今~□（鸡）啄（食）、啄（人）；~木鸟 [35]早枣蚤澡爪红薯~子：红薯梗笊~篱 [213]灶罩皂赵兆照诏□好，行，能干

ts^h [11]操体~；曹~抄~写；~家超钞铜~ [55]曹槽漕巢朝~代潮 [35]草草~；~狗：母狗钞~票炒吵 [213]躁燥糙造耖~田：用手扶的有齿耙把田弄平 [42]绰宽~

s [11]骚臊~气梢捎烧稍筲□歇~：歇气、歇力、休息 [55]韶~关 [35]扫~地嫂少多~ [213]扫~帚绍邵少~年嗽

z [35]扰

k [11]高镐膏篙羔糕教~书；我~你茭~笋跤铰白，剪 [35]稿搞绞~肠痧蒿~头：蒿子 [213]

告觉睡～窖珓讨～：跌珓，将两块蚌壳或形似蚌壳的竹木片抛掷于地，观其俯仰以占吉凶。阴～；阳～；圣～

k^h [11]敲 [55]□十字～：十字形□～手：叉着手儿□打～：蛇交配□～脚：踡腿 [35]考烤拷～打 [213]靠犒铐□～田：将稻田中的水排干，以利于稻子分蘖

ŋ [11]吆白，叫，喊幺白，～二三 [55]熬鏊鳌 [35]袄咬 [213]傲懊奥坳拗～口

x [11]蒿薅 [55]豪壕嚎毫 [35]好～坏 [213]孝白，戴～浩好喜～耗号～码

iɔu

p [11]膘标彪瞟 [35]表～格；～哥；老～裱婊

p^h [11]飘漂～流 [55]瓢嫖 [35]漂～白藻浮萍 [213]票漂～亮俵发放：～糖～烟

m [11]猫 [55]描苗矛～子枪：红缨枪 [35]藐渺秒杳杪树～：树梢 [213]庙妙

t [11]刁叼貂雕凋碉刜～椏：砍树枝□谷～子：稻穗儿 [35]屌 [213]钓吊～孝；上～掉调～动

t^h [11]挑～水 [55]条迢笤调～和 [35]挑小粪箕；□$k^h\tilde{a}^{35}$～：埋葬夭折的小孩子 [213]跳粜

l [55]燎 撩 镣 疗 聊 辽 寥 瞭 [35]了～结蓼～草：红蓼 [213]料廖

tɕ [11]交郊胶焦蕉椒骄娇浇蛟姣 [35]绞～丝旁"纟"狡铰文，～链搅剿缴饺 [213]叫母畜发情；～子：哨子较轿教～育

$tɕ^h$ [11]锹缲悄□～子：篾匠用来穿篾片的金属用具 [55]樵瞧桥侨乔荞□（木板）因风干而变形 [35]巧心灵手～；便宜 [213]俏窍撬翘

ȵ [55]尧饶 [35]绕～线鸟 [213]尿新，～素

ɕ [11]消宵霄硝销枵～薄：很薄嚣箫萧屑不～一顾劁～猪：阉母猪 [55]肴淆 [35]小晓 [213]笑鞘校～对；学～酵效孝文，～顺哮

ø [11]妖邀腰吆文，～五喝六幺文，～～零 [55]摇谣瑶遥窑姚 [35]舀 [213]要～求；重～耀鹞～子，比鹰小

əu

p^h [35]剖

m [55]谋 [35]某牡白，～丹 [213]茂又贸又

f [35]否

t [11]兜蔸树～：树桩□骚牯～：阉过的公牛□～子：傻子 [35]斗一～米抖陡 [213]斗战～斗～榫头；～钱：凑钱豆逗痘窦

t^h [11]偷 [55]头投 [35]敨打开，展开 [213]透

n [55]楼 [35]篓 [213]漏陋

ts [11]邹周洲州舟 [35]走肘帚 [213]奏纣昼宙皱绉骤咒

ts^h [11]抽 [55]绸稠筹愁仇酬 [35]丑子～寅卯，～八怪 [213]凑臭

s [11]搜馊飕收□～公草：蒺藜 [55]□唆使狗（咬人）[35]叟手首守 [213]瘦兽售寿受授

z [55]柔～道

k [11]勾～引；～当沟钩阄抽～：抓阄鸠□p^hu^{55}～：斑鸠□八～：八哥 [35]狗苟枸 [213]够～不～；～不着构购

k^h [11]抠 [35]口 [213]扣～～子寇

ŋ [11]欧呕殴 [35]偶配～；～然藕 [213]怄

x [11]□～～：螳螂□～～：瘊子 [55]侯喉猴 [35]吼□等，等候 [213]后太～后前～厚候时～

iou

m [35]□唤猫声□"没有"的合音 [213]谬

t [11]丢

l [11]溜～冰 [55]刘浏留榴瘤馏流硫琉□～□li⁵⁵：冰锥子 [35]柳 [213]溜滑～：滑

tɕ [11]揪鸠～山，《沙家浜》里的人物形象纠～缠；～正；～纷鬏巴巴～：髻□草～：扭成环状的稻草，用来烧火 [35]酒九久玖韭灸 [213]就臼舅咎救究旧柩出～：抬棺材 [42]菊

tɕʰ [11]秋～天；～千丘～陵丘一～田：一块田。本地俗写作"坵"鳅泥～□～眼睛：烟熏得睁不开眼睛□～猪：未阉过的母猪□～子：痱子 [55]囚泅求球逑俅

ȵ [11]□拧（毛巾）[55]柔揉～面牛黄～；麦子里长的小黑虫 [35]扭纽 [42]狱

ɕ [11]修羞休 [35]朽 [213]秀绣锈袖嗅～觉鼬黄～：黄鼠狼 [42]蓄

ø [11]优忧悠幽 [55]尤邮由油游犹蚰～蜒螺：没有壳的鼻涕虫柔温～ [35]有友酉 [213]诱又右佑釉柚幼 [42]育欲～要人不知；食～

ã

p [11]班斑颁扳般搬瘢帮邦梆浜又 [35]板版榜绑膀 [213]扮办瓣拌伴绊半谤傍棒泵蚌贝类塝田～：田埂磅□散～：分散，不集中

pʰ [11]攀扳潘 [55]爿盘旁螃庞 [213]判叛盼襻胖

m [11]□～～：伯母 [55]蛮瞒馒鳗～鲢：鳗鱼忙芒～种茫虻盲□唤黄牛的声音 [35]满莽蟒 [213]慢漫曼幔蔓

f [11]帆幡欢藩翻番方坊芳妨肪荒慌□～恶：恶心□～烫的：（物体、身体）很热很烫 [55]桓还～原环烦矾凡繁房防黄璜磺簧潢皇蝗煌凰 [35]仿纺访反谎缓 [213]患宦泛范模～；姓～犯唤焕换贩饭畈田～：大片水田放晃

t [11]耽丹单～独；被窝～：床单当～时；～兵端～正；～着；～午裆□牛□nã⁵⁵～：黄牛脖子下面拖下来的部分 [35]短白，长～胆疸挡党□坑；凹下去的地方；四周高中间低的地形 [213]担扁～，挑～淡氮诞档台阶；椅子～：椅子掌旦但蛋弹子～断白，～气锻当～作；～铺宕坦平地：操军～，本地地名荡～刀：鐾刀

tʰ [11]贪摊～开；摆～滩瘫汤 [55]团白，～筐：大的簸箕潭谭谈痰檀坛白，～子弹～棉花堂棠螳唐糖塘 [35]毯躺淌倘坦～白；～克 [213]探侦～，试～炭碳叹荡放～；～路：散步烫趟

n [55]南楠腩男蓝篮难困～兰拦栏阑鸾囊狼琅天～坞：本地地名郎榔～槌：洗衣槌螂廊□牛～□tã¹¹：牛的胸部 [35]览揽榄缆懒朗开～；～筛：孔眼较大的筛子，割稻子时筛谷用卵白，鹅～石；割～子：阉公猪 [213]滥难灾～烂浪埌～田汪：本地地名晾～衣裳：晾衣服乱白，～讲□青竹～：竹叶青，蛇名

ts [11]簪蘸沾粘瞻毡脏不干净张章樟蟑漳獐璋 [35]斩⿱斩食白～：味淡盏长生～涨掌展攒～紧：赶紧□～马：马扎 [213]丈仗杖暂錾石匠凿石头用的铁锥子站～起来站车～占～卦赞栈战颤藏西～葬脏内～帐账胀障瘴绽□土斑～：一种蛇

tsʰ [11]仓～库苍沧昌菖娼猖参～加搀餐篡又 [55]藏躲～长～短肠场马～：将树锯成木板的场所常偿蚕惭谗馋蟾残缠盘～蝉 [35]场晒谷～；一～戏厂惨铲产敞～口：偏厦□手～：肘□～骨：颧骨 [213]畅唱倡灿篡又窜创

s [11]三山衫珊删姗膻桑丧商伤 [55]尝裳 [35]陕闪散鞋带~了；叶蝉~：一种农药馓盘~：馓子伞磉嗓爽赏 [213]散分~疝扇~~善膳鳝缮禅~位单姓上~山上~头尚绱

z [55]然燃瓤 [35]染冉嚷壤攘 [213]让~步

k [11]间白，空~，中~甘柑泔疳尴干天~地支干~湿肝竿冈岗刚~强纲钢~铁缸江老豇白，~豆□~□ma^{55}□$tɕin^{11}$：合欢树、合欢皮 [35]拣白，~菜：择菜感敢橄杆秆赶擀港讲白，~白：聊天 [213]鉴白，~定干~活；~部钢把刀~一~虹白，出~：出彩虹降白，下~；霜~□山~：山脊；牯牛~。本地俗写作“降”

k^h [11]龛堪勘看~牛：放牛；~猪：养猪刊铅~笔糠康慷□~□$tɕ^hy\tilde{e}^{35}$：蚯蚓 [55]扛衔嘴上~到一把刀 [35]坎砍舰槛~子：窗户；门~□覆盖，盖 [213]看~见抗炕园放，藏□下~：把棺材放到墓穴里

ŋ [11]庵淹白，被水~了安鞍氨铵桉鹌~鹑 [55]昂□唤水牛的声音 [35]眼 [213]暗岸按案雁白晏

x [11]鼾憨夯 [55]还~有含包~函~子：盛殓尸骨的木匣子涵~龙：涵道，水塘下方的排水口咸~淡咸老少~宜衔军~寒韩行银~绗航杭□~脉：号脉 [35]喊罕□百~花：百合花 [213]苋白，~菜陷~下去馅旱汉汗焊翰巷白，~弄：胡同□动词，烙（饼）

ø [11]肮

iã

l [11]□蛇快速爬行 [55]凉量~长短良粮~食粱梁 [35]两~个两斤~辆 [213]亮谅量数~

tɕ [11]将~来浆刚~好；~~来疆僵礓缰姜生~姜~太公江新豇文 [35]蒋奖桨讲文，五~四美 [213]酱将大~匠降文，~级犟~嘴，~脾气

$tɕ^h$ [11]枪羌腔筐白，团~：大的簸箕 [55]祥白详白墙蔷强~大 [35]抢强勉~ [213]呛□~：加固在箩筐、篓子帮上的掌

ȵ [55]娘 [35]仰 [213]酿

ɕ [11]相~信，互~箱厢湘襄镶香乡 [55]祥文详文降投~ [35]想晌响享饷 [213]象像橡向项相~貌巷文

ø [11]秧央殃鸯 [55]羊洋烊蜡烛~掉了阳杨扬疡佯装~：假装粮~仓坞：本地地名□~□ie^{42}：蝴蝶；~燕：稻谷里长的一种蛾子 [35]养痒氧 [213]样让~他去

uã

ts^h [35]喘文

s [213]□~面：挂面蒜白，掉大~头：脱肛

k [11]官馆棺观~察冠鸡~鳏关~门；~公光 [35]管馆广矿装~：将石灰石装入石灰窑中 [213]贯惯桄一~线灌罐观道~冠~军逛

k^h [11]宽筐箩~匡眶框 [55]狂 [35]款□门~：门环□裤~：固定裤带的布条 [213]旷况矿煤~□茶壶~：茶壶的提手

ø [11]弯湾汪豌 [55]完丸玩顽亡芒麦~妄王 [35]碗皖腕晚挽宛网~兜；渔~往枉 [213]万望忘旺

yã

tɕ [11]庄装桩妆 [213]壮状撞又

$tɕ^h$ [11]疮窗 [55]床 [35]闯 [213]撞又

ɕ [11]霜双成~成对；~胞胎孀

iɛ̃

p [11]鞭编边蝙□摔，～跤：摔跤 [35]贬扁匾 [213]辩辨辫变便方～汴遍再讲一～

p^h [11]篇偏 [55]便～宜□萝卜～：萝卜片儿 [35]□～蛇：蜥蜴 [213]骗片遍～地都是

m [55]棉绵眠 [35]免勉娩缅渑□捻 [213]面～孔面～粉

t [11]掂颠巅癫 [35]点典腆碘踮～脚后跟 [213]簟晒～；竹～店电殿奠佃垫

t^h [11]添～丁；吃碗～：再吃一碗天 [55]田填甜 [35]舔 [213]掭

l [55]廉镰帘连联怜莲链铰～鲢～子：鲢鱼；鳗～：鳗鱼 [35]脸辇 [213]敛殓练炼楝～子树恋链项～

tɕ [11]监尖穖楔子：锄头～兼搛艰间文，空～；中～；～断奸煎掮肩坚□～猪：阉母猪□小气 [35]减检捡简裥柬拣文涧锏剪茧趼筧竹～，本地也写作"枧"俭 [213]剑谏件践键建健腱见箭溅贱渐饯荐犍鉴文，资治通～

$tɕ^h$ [11]签抽～；～名歼谦千迁钎钢～扦插牵铅文，～球 [55]潜钳钱前泉全乾虔 [35]浅笺遣□草～：稻草堆 [213]嵌欠歉倩

ȵ [11]□蛤蟆～：蝌蚪 [55]严鲇黏拈言年 [35]撵研碾 [213]验谚砚念

ɕ [11]仙籼～米鲜新～轩掀先 [55]嫌闲贤宣旋～转舷边～：边沿；锅～：锅沿 [35]险鲜朝～癣显选旋～床 [213]限苋文线羡宪献县现陷～阱□～苗：间苗鐓～鸡：阉公鸡

∅ [11]淹文，～没阉腌焉烟咽～喉□铺（牛粪）[55]炎盐阎檐颜沿涎延蜒芫 [35]掩魇演兖□半～：（果实）半饱满 [213]厌艳焰堰燕～子；～京咽～气宴雁文□瘪～：秕子□撒灰状物以覆盖

yɛ̃

tɕ [11]专砖绢捐娟 [35]转～交卷～起来 [213]撰篆传水浒～圈猪～眷倦卷～子券赚转～圈；牛头～：头发旋

$tɕ^h$ [11]川穿圈圆～ [55]传祖～椽船拳权颧 [35]犬喘白，哮～□□$k^hã^{11}$～：蚯蚓 [213]串劝桊牛鼻～

ɕ [11]闩拴栓喧 [55]眩玄悬弦 [213]楦□～子：铁楔子

∅ [11]冤渊鸳 [55]圆员园缘元原源袁辕猿援 [35]软阮远 [213]院愿怨

õ

t [11]端文，～正 [35]短文，三长两～ [213]断文，一刀两～乱文，～七八糟段缎椴

t^h [55]团文，～圆坛文，天～

n [35]暖卵文，～巢□蘸

ts [11]钻～洞 [213]钻木工用具

ts^h [11]氽～汤

s [11]酸 [213]算蒜文，大～

ən

p [11]奔逩锛畚～箕：撮箕 [35]本～子；亏～ [213]笨

p^h [11]烹喷～雾器 [55]盆彭膨

m [11]闷～裆裤：死裆裤 [55]门扪明～年；～朝：明天 [213]闷～雷：声音沉闷的雷焖□密，与"疏"相对：种得太～了

f [11]分纷芬荤昏婚馄□～猪：獾子 [55]横

浑～浊焚魂坟宏 [35]粉 [213]混愤忿粪奋份

t [11]敦墩桥～登瞪灯蹲□酒～：酒端子、打酒器 [35]等戥墩磉～：柱下的石磉 [213]囤沌盾顿钝遁饨凳镫邓扽炖

t^h [11]吞 [55]屯豚腾誊藤□～坟：明棺，临时安葬□一种像鸭而较小的家禽

n [11]拎□拿：～过来 [55]论～语仑伦沦轮能囵□k^hu^{11}～的：整个的 [35]冷 [213]嫩论议～楞

ts [11]针斟珍臻榛真肫尊遵曾姓增憎征蒸争筝睁贞侦正～月 [35]整枕诊疹拯怎 [213]镇阵振震赠甑饭～证症郑正～好政圳□五～：门墩

ts^h [11]村称～呼；～重量皴撑 [55]呈程逞成诚城承丞乘澄～清沉陈尘臣存层曾～经；～孙橙～子；～色仓粮～坞：本地地名 [35]忖 [213]趁寸衬蹭称相～；对～秤瑺打～：支撑

s [11]森参人～深身申伸文娠孙～子；姓～僧升～高；一～米生牲笙甥声 [55]绳神辰晨 [35]沈审婶损榫～头笋省安徽～；节～什～么 [213]剩盛～大；～满圣胜～任；～利甚渗肾慎逊

z [55]任姓人仁壬 [35]忍 [213]任责～刃认韧纫

k [11]根跟更三～半夜庚羹耕 [35]哽埂梗耿粳 [213]更～加

k^h [11]坑吭 [35]肯啃恳垦

ŋ [11]恩 [213]硬

x [11]亨 [55]恒痕衡 [35]很狠 [213]恨

in

p [11]彬宾槟冰兵浜又 [35]禀丙秉饼 [213]殡鬓柄病并

p^h [11]姘拼拚 [55]凭贫频平萍苹坪草～坦：草坪评批～瓶屏 [35]品 [213]评～理聘

m [55]民鸣明清～；～年名铭茗 [35]抿敏悯闽皿冥螟 [213]命

t [11]丁甲乙丙～；姓～钉～子疔靪叮 [35]顶鼎 [213]澄～一～；～清锭钉～住订定

t^h [11]厅汀听新□床～：床前横木 [55]亭停婷庭廷蜓 [35]艇挺 [213]听老□鼻～：鼻涕

l [55]林淋琳霖临邻鳞磷燐瞵一～地：一垄地陵凌菱崚零灵铃伶苓茯～玲翎儿童～山：本地地名，今也写作“童林山”蛉□$t^hoŋ^{55}$～：蝉，知了□貂～：一种小松鼠 [35]领岭 [213]吝令另

tɕ [11]今金襟津巾斤筋精晶睛经茎京荆惊擎鲸腈～肉：瘦肉□□$kã^{11}$□ma^{55}～：合欢树、合欢皮 [35]锦侭～你用起：尽着你用紧仅谨井阱颈景警□～罐：安装在灶台里的热水罐 [213]浸禁尽～力进晋劲近静靖净竟径境敬镜竞

$tɕ^h$ [11]侵钦亲～戚；～家青蜻卿清轻 [55]秦勤芹琴擒禽岑寻倾顷琼情晴 [35]寝请 [213]揿磬庆

ȵ [55]宁

ɕ [11]心芯灯～绒新辛锌薪欣星腥馨兴～旺□天～：蜻蜓 [55]巡循行～为形刑型邢桁～条：檩 [35]醒擤□作～：讲究、从事 [213]信讯衅兴高～杏幸性姓□～□fu^{11}：肿大的淋巴结

ø [11]音阴荫因姻茵蝇鹰殷莺鹦樱婴缨英□□mu^{42}～□$k^hɑ^{42}$了：魇住了 [55]吟淫银寅仍迎赢盈莹萤营凝～固□牙齿～：牙垢 [35]饮冷～；～汤：米汤引隐影颖颍 [213]印应映

uən

k [35]滚 [213]棍

kʰ [11]昆～仑昆～虫坤 [35]捆 [213]困睏睡

Ø [11]温瘟 [55]文纹蚊雯闻 [35]稳吻刎 [213]问璺

yn

tɕ [11]均钧菌～种君军 [35]准标～准～备 [213]俊骏峻郡

tɕʰ [11]椿春伸白，～手；～懒腰 [55]群裙唇文，～亡齿寒鹑鹌～ [35]蠢

ɕ [11]熏薰勋 [55]荀旬唇白，嘴～纯莼醇驯～良：驯服 [213]迅殉顺舜训

Ø [11]晕头～ [55]匀云芸耘 [35]永允尹 [213]泳咏润闰熨韵运晕～车孕

oŋ

p [11]崩绷～子床：棕绷床 [213]蚌～埠迸蹦

pʰ [55]朋棚鹏蓬篷 [35]捧 [213]碰喷～香□不平的，鼓起的。

m [55]萌盟蒙濛曚朦□～花：芭茅的穗儿，扎笤帚用 [35]猛蠓懵 [213]孟梦□野草莓

f [11]烘风枫疯丰讽封峰蜂锋轰 [55]红洪鸿冯逢缝～衣服虹霓～灯弘 [35]哄～骗 [213]哄起～奉俸缝一条～嗅闻风

t [11]东冬 [35]董懂□攒，存，积少成多：～钱□水～：水坑儿 [213]动冻栋洞

tʰ [11]通 [55]同铜桐筒童僮潼瞳□～絮袄：把棉袄套在外套里作为一个整体□～蛉：蝉□～柱：楼上的柱子 [35]桶捅统 [213]痛

n [55]聋农脓侬浓龙笼砻垄隆齈□～田：一年四季都有水的田 [35]拢陇垅□插 [213]弄□毛～的：很软的 [0]窿窟～

ts [11]棕鬃宗综中当～忠衷终踪钟敲～钟～表盅舂打～：打瞌睡 [35]总冢种～类肿 [213]种～树粽中射～仲众纵重轻～

tsʰ [11]聪葱匆囱充冲舂～米 [55]丛从虫崇重～复幢一～屋松～树；～毛：松针；～光：松明 [35]宠怂白 [213]铳□猪嘴～：猪的嘴

s [11]松放～；～香嵩□耳朵～：耳根，耳后 [55]㞞精液；软弱无能□梦～：形容没睡够而懵懂的样子 [35]怂文搓推 [213]送宋诵颂讼

k [11]弓躬宫恭公蚣工功攻 [35]拱巩 [213]供～应共贡汞

kʰ [11]空～虚 [35]孔恐 [213]控空～缺

ioŋ

tɕ [11]供养，赡养

tɕʰ [55]穷

ɕ [11]兄胸凶吉～凶～狠 [55]熊㞞精液；软弱无能

Ø [11]痈 [55]荣戎绒融茸容蓉庸镕□（稀饭）稠 [35]雍拥甬勇涌蛹 [213]用佣

uoŋ

Ø [11]翁□埋：猫屙屎，自家～ [213]瓮

m

Ø [11]姆又，～妈 [55]姆又，～妈 [35]姆又，～妈

第四章　词汇特点

第一节

方言特别词

本节所说的方言特别词，是从军话与周边方言词汇比较来说的，侧重于显示军话词汇的整体特点。

一　与周边方言相区别的词语

祁门军话是一种江淮官话，具有江淮官话的基本特征，比如保留独立的入声调（无喉塞尾），声母不分平翘舌，韵尾不分前后鼻音等。下面主要列举分析军话在词汇方面的特点，比较祁门军话与周边方言（主要是周边徽语）相区别的词语。

军话	周边徽语	说明
东西	物、物事	
手炉	火通⁼、火冲⁼	手提的烤火用具，竹篾制成，内置陶制或金属制的火钵
茄子	落苏	星星村的军话也叫“落苏”
翅膀	翼	周边徽语的词根一般是“翼”
鱼鳞	鱼厣	徽语不用词根“鳞”
站	徛、隑	徽语不说“站”
扛	驮	
撵	赶	“追赶”意，徽语不用“撵”
甩	抛	徽语没有“甩”这样的词根
提	拎、挈	
砍	斫	

丢	跌	
走	行	“走”在徽语中一般是“跑”或“逃跑”的意思
跑	走	
给	分、畀、端	徽语不用词根“给”
儿媳妇	新妇	
公公	朝、老官、老儿	祖父
婆婆	妇、婆、奶、姬	
小	小、细	
洗澡	洗浴	
脸	面	徽语除了“不要脸”之外，基本不用“脸”
他	渠	徽语的第三人称代词不用“他”
你	尔	
们	人、侬、大家	人称代词复数标记
的	个	结构助词
这	尔、个	近指代词

二　一词多说现象普遍

同一个概念有多种说法，这是军话的显著特点。通常其中的一种说法是本方言固有的，多数跟周边徽语相近，其他说法则往往更接近江淮官话或普通话。此类现象很多，下面只是简要列举，“—”前的是本方言比较土俗的词形，“—”后是接近官话的词形。

讲—说、担—拿、堆—摞、跌—掉、寻—找、落雪—下雪、锁匙—钥匙、上昼—上午、当昼—中午、下昼—下午、日里—白天、旧年—去年、天星—星星、天河—银河、发风—刮风、今朝—今天、明朝—明天、后朝—后天、天光—天亮、天夜—天黑、貂鼠—松鼠、老蟹—螃蟹、胡壳—蚌、田塝—田埂、老鳖—脚鱼、油虫—蟑螂、蚊虫—蚊子、猪脚—猪蹄子、颈领—领子、手袖—袖子、学堂—学校、手捏子—手帕子、车轱—车轮子、鹞子—风筝、□[uoŋ11]—埋、吓（害怕）—怕、几多—多少、山培⁼—山坡、鸡公—公鸡、鸡母—母鸡。

三　与周边徽语相同或相近的词语

军话长期处于徽语的包围中，在语音、词汇、语法方面也存在一些与徽语相同的特点。下面是军话跟周边徽语共有的词语，“：”后是相应的普通话说法或相应的解释和说明。

日头：太阳

落雨：下雨

发风：刮风

出蛟：山洪暴发

初一朝：大年初一

三十夜：除夕

颈：脖子

手：包括臂

脚：包括腿

顺手：右手

反手：左手

山降：山脊

坦：平地

田塝：田埂

屋：房子

房：屋子

堂前：客厅

锅上：厨房

猪栏：猪圈

牛栏：牛圈

鸡赛⁼：鸡住的地方

槛子：窗子。徽语“窗户”的主要词根是“槛”

粪箕：挑柴草土石的簸箕

打杵：帮助挑担用的木棍

晒衣篙：晒衣服的竹竿

糨糊：面糊

馃：馅饼

藻：浮萍

苞芦：玉米

芦穄：高粱

老□[ua^{11}]：乌鸦

蚊虫：蚊子

猴狲：猴子

寻：找

嬉：玩

睏：睡、躺

园：放、藏

驮、佗：扛

破：劈（柴）

伏：孵（小鸡）

碰着：遇见

来家：回家来

去家：回家去

晓得：知道

跌：遗失

跌古子：丢脸

晏：晚，迟

牢：坚固

硬：稠，液体中某种固体成分多

自家：自己

添、凑：动词的后置性成分，表示“追加”

起、着：动词的后置性成分，表示“先时”

第二节

古语词

本节主要通过文献材料列举、分析军话中的一些本字和特殊字音。

1. **塝** $pã^{213}$ 田地、沟渠等的边坡。军话称田埂为"田塝"。《集韵》:"蒲浪切，地畔也。"《康熙字典》土部:"吴楚间方语，土之平阜曰塝，沟塍之畦畔处亦曰塝。"《古本小说集成》第一辑《铁树记》:"其余蛟党见孽龙老龙败阵，各自逃散，有化作螽斯，在麦陇上逼逼剥剥跳的；……有化作蜻蜓，在云霄里轻轻款款飞的；有化作土狗子，不做声，不做气，躲在田塝下的。彼时真君追赶妖孽，走在田塝上经过，忽失了一足，把那田塝踹开，只见一道妖气迸将出来。"明清徽州文书中也多有用例，如《万历二十九年谢颇卖基地赤契》:"东至本家砌塝地，西至山嘴及访地，南至高塝义和堂月台地，北至访墙脚。"《万历十六年张林声等立合同文书》:"今戊子年，二家复于旧石脚上总砌石塝，以后二家竖造，照原旧底下合缝石脚为定，并是二家管业。"《万历三十五年徐时洪卖楼屋赤契》:"又将临溪门前石塝叁层空地，四至：东至金家地，西至吴家地，南至美溪，北至官路……"

2. **坦** $tã^{213}$ 军话地名中使用较多，如"操军坦""程家坦""草坪坦"等。坦，《广韵》他但切"平也，安也，明也，宽也"，《集韵》傥旱切"平也，明也，或作坛"。《玉篇》他懒切"宽貌，又平也，明也，《说文》'安也'"。字书所记均为清声母上声，军话今读去声。军话周边方言中，"坦"在"坦白、坦克"等词中读为上声，与字书注音相符。但军话及周边方言中"坦"还有一种名词的用法，表示小块平地，都读为阳去调。例如:

表4–1　军话周边方言“坦”字的读音

祁门	民话	t^{h}ɔ̃ɐ^{35}（上声，～白）/ t^{h}ɔ̃ɐ^{33}（阳去，晒谷～）
	县城	t^{h}ɔ̃^{42}（上声，～白）/ t^{h}ɔ̃^{33}（阳去，大片旱地，也用于地名）
	箬坑	t^{h}ɔ̃ɐ^{35}（上声，～白）/ t^{h}ɔ̃ɐ^{33}（阳去，晒谷～）
	芦溪	t^{h}ɔ̃^{44}（上声，～白）/ t^{h}ɔ̃^{33}（阳去）
歙县	县城	t^{h}ɛ^{33}（阳去，晒～）
	三阳	t^{h}ɔ̃^{55}（上声，～白）/ tɔ̃^{33}（阳去，白读，晒～，禾～）
	向杲	t^{h}ɒ^{35}（上声，平～）/ tɒ^{22}（阳去，土～：门口的平地）
	大谷运	t^{h}a^{35}（上声，平～）/ t^{h}a^{33}（阳去，晒～）
绩溪	县城	t^{h}ɔ^{22}（阳去，晒～、门口～）
遂安	县城	t^{h}ɑ̃^{52}(阳去。全浊声母今读送气清音)
石台	大演	t^{h}ɔ̃^{42}（上声，平～）/ t^{h}ɔ̃^{24}（去声，不分阴去阳去，晒谷～）
徽州区	呈坎	t^{h}ɔ^{213}（上声，平～）/ tɔ^{11}（去声，不分阴去阳去，晒～）
黄山区	汤口	tɑ̃^{22}（阳去，晒～）
屯溪	浯村	t^{h}ɑ̃^{44}（阳去，～白）/ tɑ̃^{44}（阳去，门口有个～）
	南溪南	t^{h}Ã^{35}（上声，平～，～白）/ t^{h}Ã^{33}（阳去，晒～）
休宁	县城	t^{h}ɔ^{33}（阳去，晒～）
	流口	t^{h}ɔ^{53}（上声，～白）/ tɔ^{31}（去声，不分阴去阳去，门口～）
	白际	t^{h}ɔ^{11}（阳去，门口～）
黟县	县城	t^{h}oɐ^{53}（上声，平～）/ t^{h}oɐ^{3}（阳去，晒场）
	宏村	t^{h}oɐ^{3}（阳去，房前的平地）
婺源	县城	t^{h}om^{51}（阳去）
	坑头	t^{h}õ^{2}（阴上，～白）/ t^{h}õ^{52}（阳去，一只～）
浮梁	旧城	t^{h}o^{21}（上声，两山之间的平地）/ t^{h}o^{33}（阳去，～儿：门前的平地）
开化	县城	t^{h}oŋ^{53}（阴上，平～）/ t^{h}oŋ^{212}（阳去，晒～：晒坪）

胡松柏（2009）所收“晒谷场”一词，其中景德镇、莽塘、浮梁、婺源、江湾、塘湾等地多记为“晒谷段（儿）”“晒禾段”。“段”字各点读音如下（表中标为去声的点，去声均不分阴阳）：

表4–2 军话周边方言“段”字的读音

地点	景德镇	鄱阳莽塘	浮梁旧城	婺源	婺源江湾	德兴塘湾
读音	t^han^{42}	t^han^{33}	t^ho^{33}	t^hum^{51}	t^hum^{55}	$t^huɔn^{55}$
声调	去声	阳去	阳去	阳去	阳去	去声

古浊去字在徽语中多数读送气。休宁、屯溪、徽州区部分送气，部分不送气。以上各点均符合本方言全浊声母清化的规律。“段”的本字应该就是“坦”。只是很可能韵书中失收浊上或浊去来源的“坦”。可以说，“坦”表示“小块平地”意，在皖浙赣三省交界地带普遍存在，可以看成是徽语的一个特征词。明嘉靖九年《祁门县吴琦卖山契》：“十东都吴琦，承祖、父有山骨一备，坐落本都黄土坑，土名椒树坦，系经理位字□□……”

3. **降** $kã^{213}$ 山脊、山冈。在徽州方言中很常见，一般写作“降”，如国家级自然保护区“牯牛降”。字书中与这一意义相当的字的语音都不符合演变规律。如“冈”，《广韵》：“古郎切。《尔雅》曰：‘山脊岗。’”《字汇》：“居郎切，音扛，山脊曰冈。”《玉篇》：“古郎切，山脊也，俗作岗。”均为平声，与军话去声的“降[$kã^{213}$]”没有关系。本字待考。传统徽州文书中多写作“降”（也有将“降”的“阝”旁换为提土旁的俗写），如明天顺五年《祁门县李景昭卖山地契》：“十一都李景昭承祖有山壹片，坐落本都叁保，土名西源，系经理谷字叁佰九拾伍号，计山地共贰拾捌亩有另，其山东至坞口，西至降，南至长垅，北降下至坑。”明成化元年（1465年）《休宁县吴景祯卖山地契》：“十一都吴景祯同族从吴胜武等经理山壹片，坐落东都三保，土名郭塔平坦源，系经理从字九百伍拾捌号，计山捌亩贰角叁拾步正。山东至李山，西至大降，南至垅上至降，北至弯心小溪白石鼻。”

4. **丘** $tɕ^hiou^{11}$ 量词，丈量土地面积的单位，如：一丘田、过水丘。唐李白《金门答苏秀才》诗：“未果三山期，遥欣一丘乐。”宋范成大《提刑察院王丈挽词》：“百世春秋传，一丘阳羡田。浮生如此了，何必更凌烟！”南宋《五灯会元》卷九：“沩一日指田问师：‘这丘田那头高，这头低。’师曰：‘却是这头高，那头低。’沩曰：‘你若不信，向中间立，看两头。’师曰：‘不必立中间，亦莫住两头。’”明冯梦龙《古今小说·木绵庵郑虎臣报冤》：“三分天下二分亡，犹把山河寸寸量。纵使一丘添一亩，也应不似旧封疆。”清陆以《冷庐杂识》：“‘丘民’，赵注：‘丘，十六井也。’丘民，谓丘间之民。得乎丘田之民，便可为天子，犹‘有田一成，有众一旅’之意。”元沈和《赏花时北》：“园塘外三丘地，篷窗下几卷书，他每傲人间驷马高车。每日家相伴陶朱，吊问三闾。”明清徽州文书多有写作俗字“坵”的，如《明天启七年徽州吴英卖田骨红契》：“立卖契人吴英今将承祖续置田贰坵，坐落土名银瓶坵，计租叁拾贰秤……”弘治十五年（1502年）《徽州府江宗汉卖山田契》：“九保住人江宗汉原买李彦魁苎田一号，坐落土名上段长坵，系经理甲字伍佰九拾陆号。”

5. **畴** lin[55] 田垄，菜畦。军话将种菜时在菜地里分畦叫“分畴”。《说文》：“轹田也。”《广韵》力珍切“田垄”。《集韵》：“高垅谓之畴。”《字汇》离珍切“田垄”。《类篇》离珍切“蔬畦”。《龙龛手鉴》“田垄也”。又作𤲞，《集韵》“蔬畦曰𤲞，又作畴”。元王祯《农书·农桑通诀·垦耕篇》：“高田早熟，八月燥耕而熯之，以种二麦。其法，起坺为畴，两畴之间自成一畎；一段耕毕，以锄横截其畴，泄利其水，谓之腰沟。二麦既收，然后平沟畎，蓄水深耕，俗谓之再熟田也。”《明史》志卷六：“戊申，宣府葛峪堡地陷深三尺，长百五十步，阔一丈。沙河中涌畴，高一尺，长七十步。十二月辛卯，四川地震，连三日。”

6. **畈** fã[213] 军话称成片的水田为“田畈”。畈，《广韵》方愿切“田畈”。《集韵》“田也”。《字汇》“方谏切，音贩。田畈，平畴”。宋洪迈《夷坚丁志》卷第十九：“不数日货尽，载钱回，甫及家，天气正好晴，或变阴暗，雷风掀其身于田畈间，即时震死。”宋文天祥《高沙道中》诗序：“予顾骑夜趋高沙，越四十里，至板桥，迷失道。一夕行田畈中，不知东西，风露满身，人马饥乏，且行雾中，不相辨。”清范寅《越谚》卷中：“畈哩，田野间。”

7. **涵** xã[55] 军话称水塘坝底的出水涵道为涵龙。涵，《字汇》“胡南切，音含，水泽多也，又沉浸也”。《清史稿》卷一百三：“七月，苏抚陈大受言：‘宝山地滨大海，月浦土塘被潮冲刷，请建单石坝，外加椿石坦坡各百七十丈，并接筑沙塘，使与土塘联属，中设涵洞宣泄。’下部议行。”清魏源《道光洋舰征抚记上》：“就海滩高处，周围树栅，开池漫卤，投以石灰，顷刻汤沸，不爨自燃，夕启涵洞，随潮出海。”

8. **槎** tsa[11] 烧砖瓦、石灰的柴草，军话俗写作“槎砍~、挑~”。槎，《广韵》鉏加切“水中浮木”，即竹筏、木筏之类。又仕加切“逆斫木”。《字汇》“锄加切，乍平声。邪斫木也。《国语》‘山不槎蘖’，俗亦作查。又浮也，张骞乘槎”。从字书释义看，“槎”并无“树枝、柴草”的意思。不过，从文献中，我们可以看到“槎”的“树枝、树杈”意，这与军话“槎”的意义相近，用来烧砖瓦、石灰的一般都是连枝带叶的柴火。但语音上“槎”今军话读为阴平，字书中所记则均为阳平。庾信《和李司录喜雨》诗：“离光初绕电，震气始乘雷。海童还碣石，神女向阳台。云逐鱼鳞起，渠随龙骨开。崩沙杂水去，卧树拥槎来。”北宋《宣和画谱·山水三》：“（宋迪）又多喜画松，而枯槎老枿，或高或偃，或孤或双，以至于千株万株，森森然殊可骇也。”宋陆游《北坡梅开久一株独不著花立春日放一枝戏作》：“日日来寻坡上梅，枯槎忽见一枝开。”元马臻题宋李安忠《雪岸寒鸦图》诗：“北风万里吹石裂，古树槎桠摧朽铁，群乌哑哑如苦饥，倦飞还向空林歇。”清宣鼎《夜雨秋灯录·青天白日》：“南（南宫认菴）挺身而告众曰：‘此仆隐事，诚不可以告人，敢相累乎？’急向怒流踊身投，昏懵中抱得枯槎，听其掀簸。耳听雷雨骤下，火光窜金蛇，须臾霁，视此身如一点萍，乘万里浪也。忽一官舫鸣锣挂帆来，呼曰：‘速救活抱槎人，赏十贯！’”清《七侠五义》第八十回：“智爷在上面见猴子蹲在树梢，他却端详，见有个斜槎桠，他便奔到斜枝上面。”存世徽州文书中也能见到“槎”指“树枝、柴草”的用法，例如《天启七年方成象拚木承约》：“在山松杉浮木并柴槎，洪合得一壹半，今身承去拚砍，三面议定值价纹银壹两壹钱整。”《康熙二十五祁门胡大毛等立承约兴养文书》：“养后，树并柴槎尽系身看管。”

9. 耖 $ts^hɔu^{213}$ 用手扶的齿耙把田弄平，耕过一遍之后再进行浅耕松土作业，军话叫“耖田”。耖，《广韵》初教切“重耕田也”。《正字通》：“初到切，钞去声，重耕田也。《农政全书》：‘耖如耙，其齿更长，所以耖土益细。’据此说，耖为田器。今俗犁田后复用耙柔土使平蓄水播种曰耖。”《类篇》楚教切“覆耕曰耖”。清圣祖《题・耕图》：“东阡西陌水潺湲，扶耖泥涂未得闲。”《农政全书》：“耖，疏通田泥器也。高可三尺许，广可四尺。上有横柄，下有列齿，以两手扶之，前用畜力挽行。一耖用一人牛。……耕耙而后用此，泥壤始熟矣。”

10. 耘 yn^{55} 用手去除田地中的杂草，军话称“耘田”。耘，《广韵》王分切“《说文》曰除苗间秽也”。《集韵》“除草也”。《龙龛手鉴》“今音云，锄也，除草也”。《诗・周颂・载芟》“千耦其耘”朱熹集传：“耘，去苗间草也。”《资治通鉴》卷第二十二・汉武帝征和四年：“又以赵过为搜粟都尉。过能代田，其耕耘田器皆有便巧，以教民，用力少而得谷多，民皆便之。”唐贯休《富贵曲》：“只欲更缀上落花，恨不能把住明月。太山肉尽，东海酒竭。佳人醉唱，敲玉钗折。宁知耘田车水翁，日日日炙背欲裂。”宋范成大《夏日田园杂兴》：“下田戽水出江流，高垄翻江逆上沟；地势不齐人力尽，丁男长在踏车头。昼出耘田夜绩麻，村庄儿女各当家。童孙未解供耕织，也傍桑阴学种瓜。”民国王翼之《吴歌乙集》：“耘稻要唱耘稻歌，两膀弯弯泥里拖，日头晒拉背皮上，种田人吪法苦处只好做。”

11. 桊 $tɕ^hyẽ^{213}$ 穿在牛鼻子上的小铁环或小木棍儿叫“牛鼻桊”。《说文》：“桊，牛鼻中环也。”《广韵》居倦切“牛拘”。王筠《说文句读》：“《埤苍》：‘牛拘也。’玄应曰：‘今江以北皆呼为拘，以南皆曰桊。’言环者，以柔木贯牛鼻，而后曲之如环也。亦有用大头直木者。”又作“棬”，段玉裁注：“按《吕氏春秋》曰：‘使乌获疾引牛尾，尾绝力勯而牛不可行，逆也。使五尺童子引其棬，而牛恣所以之，顺也。’”徐锴《说文系传》：“以柔木为榱以穿牛鼻也。”

12. 篰 p^ha^{55} 搂柴草等用的篰子称为“草篰”，多用竹制，一般有五齿。军话中还有“□[xa^{11}]谷篰、拢灰篰”等。篰，《字汇》：“蒲巴切，音琶。五齿篰，用以取草也。”《正字通》“五齿篰泥”。也作“杷”，《农政全书》卷二十二：“杷，镂鐝器也。……后有谷杷，或谓透齿杷用摊晒谷。又耘杷，以木为柄，以铁为齿，用耘稻禾。竹杷，场圃樵野间用之。”

13. 砻 $noŋ^{55}$ 去掉稻壳的农具；去掉稻壳。砻，《广韵》芦红切“磨也”。《字汇》：“芦容切，音龙，磨谷砻也。又磨也。”《龙龛手鉴》：“音笼，磨谷具也。”南朝梁元帝《金楼子·杂记下》："枚乘有之：磨砻不见其损，有时而尽。"唐黄滔《书怀寄友人》诗："此生如孤灯，素心挑易尽，不及如顽石，非与磨砻近。"明宋应星《天工开物·攻稻》："凡稻去壳用砻，……砻有二种，一用木为之，截木尺许，斫合成大磨形，两扇皆凿纵斜齿，下合植筍穿贯上合，空中受谷……一土砻，析竹筐围成圈，实洁净黄土于内，上下两面各嵌竹齿，上合蓊空受谷，其量倍于木砻，谷稍滋湿者，入其中即碎断。"《太平广记》卷第三百五十五："林问何人，但微笑，唯唯不对。林知其鬼物，令家人食之，致饱而去。翌日，忽闻仓下砻谷声，视之，乃昨日男子。取谷砻之。而林问：'无故辛苦耶？'鬼亦笑不言。复置丰馔，饭蔬而已。凡月余，砻谷不辍。"

14. **簟** tiɛ̃²¹³ 晒簟，指用来晒粮食的大竹席。《说文·竹部》："簟，竹席也。"《释名·释床帐》："簟，覃也。布之覃覃然平正也。"《广韵》徒玷切"竹席"。汉刘歆《西京杂记》卷二："会稽岁时献竹簟供御，世号为流黄簟。"南朝宋刘义庆《世说新语·德行》："王恭从会稽还，王大看之。见其坐六尺簟，因语恭：'卿东来，故应有此物，可以一领及我。'恭无言。大去后，即举所坐者送之。既无余席，便坐荐上。"唐杜甫《陪郑广文游何将军山林》："风磴吹阴雪，云门吼瀑泉。酒醒思卧簟，衣冷欲装绵。"唐白居易《招东邻》："小榼二升酒，新簟六尺床。能来夜话否，池畔欲秋凉。"宋辛弃疾《南渡录》"渡录大略"："帝与太上自此日唯一饮一食而已。夜宿竹簟之上，时天气风寒，侍卫人取草茅及黍穰作焰火，与二帝同坐向火。"明严从简《殊域周咨录》卷八："王宫壮丽，民楼居。其楼密联槟榔片，藤系之，甚固。籍以藤席，竹簟，寝处于中。"元王祯《农书》卷十五："掼稻簟，……各举稻把掼之，子粒随落，积于簟上。"清梁同书《直语补证》："俗以晒谷竹簟曰廪皮，……村人晒谷燥后，以圆竹器为底簟，四周之上，加以盖，如高廪也。"

15. **穄** tɕi²¹³ 高粱称作"芦穄"。历代文献中"穄"与"稷"的关系比较复杂，下面简要分析。

稷，《广韵》子力切"五谷之惣名"，《集韵》节力切"五谷之长"，《字汇》"节力切，粟属，似黍而小"。清程瑶田《九谷考》："稷、齋，大名也。黏者为秫，北方谓之高粱。"《广雅·释草》："稷穰谓之䅟。"王念孙疏证："稷，今人谓之高粱。高粱之穜，先于诸谷，故《月令·孟春》'首种不入'注引旧说，以首穜为稷也。"东汉班固《汉书·郊祀志下》："稷者，百谷之主，所以奉宗庙，共粢盛，人所食以生活也。"

穄，《广韵》子例切"黍穄"。《集韵》子例切"《说文》'穈也'"。《字汇》"子计切，糜也，粟名"。《龙龛手鉴》："穄，音祭，黍穄。"历来文献中"穄""稷"相通的记载不少，如唐苏恭《唐本草注》："稷即穄也，今楚人谓之稷，关中谓之糜。"南唐徐锴《说文系传》："穄即稷，一名粢，亦作齋。"宋苏颂《图经本草》："稷米，今所谓穄米也。"宋沈括《梦溪笔谈》："稷，乃今之穄也，齐晋之人谓即、积皆曰祭，乃其土音，无他义也。"宋蔡卞《毛诗名物解》："稷，祭也，所以祭，故谓之穄。"宋郑樵《通志》："稷，苗穗似芦……今人谓之穄。"宋罗愿《尔雅翼》："然则稷也，粢也，穄也，特语音有轻重耳。"明陈嘉谟《本草蒙筌》："稷米亦甚香美，苗蘆与黍相同……南人名穄。"明王圻《三才图会》："稷米，今所谓穄米也……关西谓之糜，冀州谓之糜，皆一物也。"明王象晋《群芳谱》："稷，一名穄，一名粢。"清查彬《采芳随笔》："稷，一名穄，同声，实一物也。"清张自烈《正字通》："穄音霁。稷别名。齐晋人读即积为穄，呼稷为穄，语言虽殊，实一物也。"

从韵书反切来看，"穄"去声，"稷"入声。就军话来说，当以"穄"为是。南朝宋范晔《后汉书·乌桓传》："其土地宜穄及东墙。东墙似蓬草，实如穄子，至十月而熟。"宋马端临《文献通考》卷三百四十八四裔考二十五："气多寒，虽大河亦半冰。稼有禾、粟、大小麦、青稞，步硙以为面糜。穄以三月种，九月获，以饭，以酿酒，而无果蔬。"清末民初柯劭忞《新元史》卷四十四："至正十一年十月，衢州东北雨米如黍。十一月，建宁浦城县雨黑子如稗实；邵武大雨震电，雨黑黍如芦穄，信州雨黑黍；鄱阳县雨菽豆。"《隋书》卷七志第二："北齐籍于帝城东南千亩内，种赤粱、白谷、大豆、赤黍、小豆、黑穄、麻子、大麦、小麦，色别一顷。"

16. **箬** ȵio^{42} 军话称箬竹为"箬皮竹"。箬，《说文》"楚谓竹皮曰箬"段注："今俗云笋箨箬是也。"《玉篇》"箬，竹大叶"。《广韵》而灼切"竹箬"。元李衎《竹谱详录·竹品谱·全德品》："箬竹，又名篛竹。出江浙及闽广，处处有之。叶类篨竹，但多生傍枝，干如箭竹，高者不过五七尺。江西人专用其叶为茶罨，云不生邪气，以此为贵。福州西乡安乐村有箬竹一种，叶大长三尺，广六寸余。《新安志》云：箬竹罗生，叶大，可以苴裹。"唐柳宗元《柳州峒氓》："青箬裹盐归峒客，绿荷包饭趁虚人。"北魏贾思勰《齐民要术·粽糣法》引《食次》："糣：用秫稻米末，绢罗，水、蜜溲之，如强汤饼面。手搦之，令长尺余，广二寸余。四破，以枣、栗肉上下着之遍，与油涂竹箬裹之，烂蒸。奠二，箬不开，破去两头，解去束附。"宋普济《五灯会元》卷第六："师曰：'蓑衣箬笠卖黄金，几个相逢不解唤？'问：'学人未晓时机，乞师指示。'"明施耐庵《水浒传》第十九回："众人把船摆开，见前面两个人棹着一只船来。船头上立着一个人，头戴青箬笠，身披绿蓑衣，手里拈着条笔管枪，口里也唱着道：'老爷生长石碣村，禀性生来要杀人。先斩何涛巡检首，京师献与赵王君。'"明冯梦龙《警世通言》卷一："左右掌跳，此人上船，果然是个樵夫：头戴箬笠，身披蓑衣，手持尖担，腰插板斧，脚踏芒鞋。"

17. **栅** se^{42} 用竹、木、铁条等做成的阻拦物，如窗户上的栅栏叫"槛子栅"。栅，《广韵》楚革切"篱栅"，《集韵》"编竹木为落也"。《类篇》测革切"《说文》'编树木也'"。清段玉裁《说文解字注》："编竖木也。"北魏贾思勰《齐民要术》卷六养羊："二日一除，勿使粪秽。秽则污毛，停水则'挟蹄'，眠湿则腹胀也。圈内须并墙竖柴栅，令周匝。"唐段成式《西阳杂俎》："孝亿国界周三千余里。在平川中，以木为栅，周十余里，栅内百姓二千余家。周国大栅五百余所。"宋王安石《半山即事十首》之九："豚栅鸡埘晻霭间，暮林摇落献西山。"明韩邦奇《大同纪事》："军请各巷口立栅门，邦奇曰：'门外也有你们，门里也有你们，立栅门何用？你们自编火甲，禁防盗贼可也。'"明冯梦龙《古今小说》第三十六卷："吃我盘到你房门前，揭起学书纸，把小锯儿锯将两条窗栅下来；我便挨身而入，到你床边，偷了包儿；再盘出窗外去，把窗栅再接住，把小钉儿钉着，再把学书纸糊了，恁地便没踪迹。"

18. **杌** u^{42} 杌子凳，军话指方凳。北魏贾思勰《齐民要术・种桑柘》："春采者，必须长梯高杌，数人一树，还条复枝，务令净尽。"黄侃《蕲春语》："今语谓断木为四足，上平无倚者，皆曰杌凳。"明沈德符《万历野获编》卷二十四："至其后则江陵当国，辽左帅臣各缉貂为帐，其中椅榻橙杌，俱饰以貂皮，初冬即进，岁岁皆然，其后习以为例。"明凌濛初《二刻拍案惊奇》卷七："行首领命，就唤将薛倩来侍着。东老正要问他来历，恰中下怀，命取一个小杌子赐他坐了……"清毕沅《续资治通鉴》卷三十五："己巳，谓入对于承明殿，帝诘所争状，谓曰：'非臣敢争，乃李迪忿詈臣耳，臣愿复留。'遂赐坐。左右欲设墩，谓顾曰：'有旨复平章事。'乃更以杌子进。"清李伯元《官场现形记》第四十一回："让赵员外同帐房师爷在高椅子上坐了，自己却坐在一个矮杌子上。"

19. **蕨** tɕye^{42} 蕨菜。蕨，《广韵》居月切"蕨菜"。《正字通》："居月切，山菜。初生紫色似鳖脚，长如小儿拳，连茎可食。掘根捣汁取粉，凶年以御饥。"北魏贾思勰《齐民要术》作菹、藏生菜法第八十八："《尔雅》云：'蕨，鳖。'郭璞注云：'初生无叶，可食。《广雅》曰紫綦，非也。'《诗义疏》曰：'蕨，山菜也；初生似蒜茎，紫黑色。二月中，高八九寸，老有叶，瀹为茹，滑美如葵。今陇西、天水人，及此时而干收，秋冬尝之；又云以进御。三月中，其端散为三枝，枝有数叶，叶似青蒿，长粗坚强，不可食。周、秦曰蕨；齐、鲁曰鳖，亦谓蕨。'"宋陆游《饭罢戏示邻曲》："箭茁脆甘欺雪菌，蕨芽珍嫩压春蔬。"

20. **萁** tɕʰi^{55} 军话称豆秆为"豆萁[təu^{21}tɕʰi^{55}]"。《说文》"萁，豆茎也"。《广韵》渠之切"豆萁"，《字汇》渠宜切"豆榦"。《汉书・杨恽传》之"报孙会宗书"："酒后耳热，仰天抚缶而呼乌乌。其诗白：'田彼南山，芜秽不治。种一顷豆，落而为萁。人生行乐耳，须富贵何时？'"曹植《七步诗》："煮豆持作羹，漉菽以为汁。萁在釜下燃，豆在釜中泣。本是同根生，相煎何太急？"北魏贾思勰《齐民要术》卷二种芋第十六："《氾胜之书》曰：'种芋，区方深皆三尺。取豆萁内区中，足践之，厚尺五寸。取区上湿土与粪和之，内区中萁上，令厚尺二寸，以水浇之，足践令保泽。'"军话"芝麻秆"称作"芝麻萁[tsɿ^{11}ma^{55}tɕʰi^{55}]"，清顾禄《清嘉录》卷十二："插冬青、柏枝、芝麻萁于檐端，名曰'节节高'。"

军话又称"蕨的嫩芽"为"蕨萁禾[tɕye^{21}tɕi^{11}xo^{55}]"。萁，《广韵》居之切"菜，似蕨。又音期"。《集韵》居之切"簛萁，粱也"。《正字通》古奚切"音鸡。《曲礼》'粱曰簛萁'"。

《广东新语》卷二十七“草语”:“从化山中多蕨。以雷鸣出土，故蕨惟雷鸣乃可食。蕨。决也。乘怒气决然而生。故曰蕨。其芽薇也。初生萌甚微。故曰薇。以其根为粉曰蕨萁。”元王祯《农书》卷十:“栖於山者有葛粉、蕨萁……皆可以济饥救俭。”明李时珍《本草纲目·菜二·蕨》《释名》引《埤雅》:“蕨初生无叶……其苗谓之蕨萁。”

21. **麂** tɕi[35] 麂子角，军话指用来固定墨斗线末端的锥子，旧时用麂子的角制成。《说文》:“麠，大麋也，狗足。从鹿旨声。麂，或从几。”《广韵》居履切“《尔雅》云，麠，大麢旄毛狗足。麂，上同”。《字汇》居里切“麋属”。《类篇》:“麠麂，举履切，《说文》‘大麋也，狗足’。或从几。”《龙龛手鉴》:“正音几，黄鹿也。”《山海经》卷五中山经八:“又东北百二十里，曰女几之山，其上多玉，其下多黄金，其兽多豹虎，多闾麋麖麂，其鸟多白鷮，多翟，多鸩。”《尔雅注疏》卷十释兽第十八:“犹，如麂，善登木。(健上树。麂，音几。)疏:‘犹如麂，善登木。’释曰:《说文》云‘犹，玃属’也。其状如麂，为兽健捷，善能上树。”《本草注》:“麂，麞属而小于麞，两边有长牙，喜斗。”

22. **㸰** sa[11] 军话称母牛为“㸰牛”。㸰，《集韵》师加切“牛名”。《正字通》所加切“牝牛曰㸰”。李时珍《本草纲目·兽部·牛》:“牛之牡者曰牯，曰特;牝者曰㸰，曰牸。”

23. **蛟** tɕiɔu[11] 山洪暴发，军话叫“出蛟”“□[ua[213]]蛟”。蛟，传说中是一种能发洪水的龙。《说文》:“蛟，龙之属也。池鱼满三千六百，蛟来为之长，能率鱼飞。置笱水中，即蛟去。”明凌濛初《二刻拍案惊奇》卷三十九:“嘉靖初年，洞庭两山出蛟，太湖边山崖崩塌，露出一古冢朱漆棺。”清刘献廷《广阳杂记》卷三:“癸酉五月二十一日，湘水大涨。传言永州出蛟，地陷，漂没民居，见有佛像、大树顺流而下，其言匪诬。”

24. **鳌** ŋɔu[55] 军话把地震说成“鳌鱼翻身”。鳌，字又作鼇，指传说中海里的大龟或大鳖。《说文》:“鼇，海大鳖也。”《广韵》五劳切“鱼名”。《集韵》牛刀切“鼇，海中大鳖”。唐李白《猛虎行》:“巨鳌未斩海水动，鱼龙奔走安得宁。”唐白居易《题海图屏风(元和己丑年作)》诗:“海水无风时，波涛安悠悠。鳞介无小大，遂性各沉浮。突兀海底鳌，首冠三神丘。钓网不能制，其来非一秋。或者不量力，谓兹鳌可求。赑屃牵不动，纶绝沉其钩。一鳌既顿颔，诸鳌齐掉头。白涛与黑浪，呼吸绕咽喉。”宋吴琚《酹江月·观潮应制》:“白马凌空，琼鳌驾水，日夜朝天阙。”明罗懋登《三宝太监西洋记》第七十回:“银角大仙意思要它变做个水怪，翻江搅海，打坏他的宝船。果真的变做一个千百千丈的大鳌鱼，就在海中间搅起万丈波涛，拍天雪浪。”

25. **函** xã[55] 军话称装骨殖的匣子为“函子”。函，《集韵》胡谗切“函椷鋡，匮也，杯也。或作椷鋡”。《字汇》:“胡南切，音含，容也。……胡喦切，音咸。亦匮也亦容也。”《正字通》:“函，河南切，音含，容也包也。……又匮也，书函也，缄封谓之函。”《慧琳音义》卷七“宝函”注:“函，木箧也。”卷四“一函”注引《字书》:“函，盛书、盛物也。”《玄应音义》卷十一“一函”注：“函，谓以木器盛物者也。”卷十八“宝函”注：“函，谓盛贮红书、杂物等也。”北魏郦道元《水经注》卷一：“恒水上流有一国，国王小夫人生肉胎，大夫人妒之，言汝之生，不祥之征，即盛以木函，掷恒水中。下流有国王游观，见水上木函，开看，见千小儿端正殊好，王取养之，遂长大，甚勇健，所往征代，无不摧服。”晋陈寿《三国志》卷四十八吴书三三嗣主传第三：“又于湖边得石函，中有小石，青白色，长四寸，广二寸余，刻上作皇帝字，于是改年，大赦。”宋《大宋宣和遗事》贞集：“俄有人以担荷二竹席，囊二丧，皆零落骨殖，复合取二木函殓之，葬于浅山之下。”

26. 珓 kɔu^{213} 一种占卜用具，用一反一正两片竹片制成。珓，《广韵》古孝切“杯珓，古者以玉为之”。《集韵》居效切“杯珓，巫以占吉凶器者”。《正字通》古吊切“珓以卜吉凶也”。明无名氏《皇明本纪》对“以珓卜吉凶”有详细的记载：“将晚，上归，祝伽蓝，以珓卜吉凶，曰：‘若容吾出境避难，则以阳报，守旧则以一阴一阳报。’祝讫，以珓投之于地，则珓双阴之。如此者三。复祝，谓神曰：‘出不许，入不许，神可报乎？无乃欲我从雄而后昌乎？则珓如前。’祝既，投珓，如前。神既许之，于心大惊，复祝曰：‘甚恐从雄，愿神复与吉兆而往他方避。’祝毕，投珓于地，一阴覆一卓立，特见神意必从雄而后已，因是固守所居。”元郑德辉《智勇定齐》一折：“这两日春困，睡多梦多，我在前也曾抽签掷珓，也曾与人圆梦来，如今卖龟儿卦的多了，不灵了。可不道梦是心头想。”宋洪迈《夷坚丁志》卷二富池庙：“至庙下求杯珓，欲屠兴国，神不许。至于再三，进怒曰：‘得胜珓亦屠城，得阳珓亦屠城，得阴珓则舁庙爇焉。’复手自掷之，一堕地，一不见，俄附著于门颊上，去地数尺，屹立不坠。进惊惧，拜谢而出。”

27. 侭 tɕin^{35} 侭你用起（尽着你用）。《广韵》：“即忍切《曲礼》曰：‘虚坐侭前。’”《集韵》子忍切“极也，任也”。《字汇》：“又子忍切，津上声。皆也，《左传》‘周礼侭在鲁’。又任也，极也，纵令也。《曲礼》‘虚坐侭后，食坐侭前’。”《正字通》：“又增韵，纵令也。《曲礼》‘虚坐尽后，食坐尽前’。注：虚坐，空坐也；尽后，谦也。食坐，饮食坐也，尽前，恐污席也。唐人诗‘尽君花下醉青春’。注：尽读如井，尽君犹言任君也，俗作侭。”唐白成易《题山石榴花》：“蔷薇带刺攀应懒，菡萏生泥玩亦难。争及此花檐户下，任人采弄尽人看。”明冯梦龙《醒世恒言》第三卷：“秦重愧非文人，不敢细看。心下想道：‘外房如此整齐，内室铺陈必然华丽。今夜尽我受用。十两一夜，也不为多！’”明吴承恩《西游记》第五回：“只见那猴王脱冠服，爬上大树，拣那熟透的大桃，摘了许多，就在树枝上自在受用，吃了一饱，却才跳下树来，簪冠着服，唤众等仪从回府。迟三二日，又去设法偷桃，尽他享用。”清文康《儿女英雄传》第四十回：“我家现有的是钱，用多少尽你用，只不可看得银钱如土。有的是人，带那个尽你带，只不必闹得仆从如云。”清陆士谔《十尾龟》第十一回：“拉马是做媒的别名，凡到台基上玩耍，没有相好，开台基的就替你四路八方去喊人，喊了来尽你拣选。”清李伯元《文明小史》第五十五回：“秦大人是要好朋友，不得不先尽他。如果秦大人明天不要，我对那朋友说，让给你可好？”

28. **橕** $ts^hən^{213}$ 军话“打橕”指用斜柱支撑。《集韵》耻孟切“支柱也”。又樘，《集韵》抽庚切：“《说文》‘衺柱也’，或作橕、牚、樘。”《广韵》他孟切“邪柱也”。引申为支撑、对抗。如《后汉书·列女传·董祀妻》：“斩截无孑遗，尸骸相牚拒。”《汉书·匈奴传下》：“单于舆骄，谓遵、飒曰：‘……莽卒以败而汉复兴，亦我力也；当复尊我！’遵与相牚距，单于终持此言。”颜师古注：“牚……音丈庚反，又丑庚反。”《文选·鲁灵光殿赋》：“芝栭欑罗以戢孴，枝牚杈枒而斜据。”《玄应音义》卷一“牚柱”注：“今谓邪柱为牚也。”

29. **治** $ts^hɿ^{55}$ 治鱼即剖鱼。《广韵》直之切：“治，……亦理也。”贾思勰《齐民要术·作鱼鲊》：“作长沙蒲鲊法：治大鱼，洗令净，厚盐，令鱼不见。”

30. **欶** so^{42} 吮吸。《广韵》觉韵所角切“欶，口噏也”。《集韵》色角切“《说文》‘吮也’，或作嗽、咮、嗍”。《字汇》所角切“吮也，口噏也”。《类篇》所六切“吮也”。《玄应音义》卷九“蛇欶”注引《通俗文》：“含吸曰欶。”唐韩愈《纳凉联句》：“车马获同驱，酒醪倾共欶。”俗字也写作“嗽”。《释名·释饮食》：“嗽，促也。用口急促也。”东汉班固《汉书·邓通传》：“文帝尝病痈，邓通常为上嗽吮之。”汉王充《论衡·验符》：“四年，甘露下泉陵、零陵、洮阳、始安、冷道五县……民嗽吮之，甘如饴蜜。”也有写作“嗍”的，明邝璠《便民图纂》卷十二：“急于无风处嗍去疮孔血，若孔干则针刺血，小便洗净。”清胡文英《吴下方言考》卷十：“吴中谓咀物令出曰‘嗍’（音‘叔’）。”

31. **沥** li^{42} 沥水，过滤，液体与固体分离而流出。《说文》：“沥，浚也。从水，历声。一曰水下滴沥。”《广韵》郎击切“滴沥”。《字汇》：“郎狄切，音力。点滴水将尽而余滴也。又漉去水也，又渗也。”《正字通》：“郎敌切，音力。《说文》‘浚也’，一曰水下滴。今俗谓水将尽余滴曰沥。”《龙龛手鉴》“滴也”。《玉篇》：“力的切，漉也，滴沥水下。”明陆人龙《型世言》第二十五回：“便两只手狠命在窗子里扯了这女子起来，沥了一楼子水。”清朱彝尊《食宪鸿秘》上卷：“干豆轻磨，拉去皮，簸净，淘浸，磨浆，用绵绸沥出，勿揭起皮。”清《寿世编》上卷：“烧红砖一块，取旧草鞋一只，先浸尿桶内半日，取出，沥尽尿，乘湿置红砖上，将肿脚踏鞋上，火逼尿气入皮里，即消。”北宋李昉等《太平广记》卷二百三十四“食”：“然作鲈鱼鲙，须八九月霜下之时。收鲈鱼三尺以下者作乾鲙，浸渍讫，布裹沥水令尽，散置盘内。取香柔花叶，相间细切，和鲙拨令调匀。”北宋张君房《云笈七签》卷七十五方药部二：“如此两遍，入夹绢袋中挼尽汁过，其粉始精细。都向夹绢袋盛之，悬于空处，沥水尽，即以瓷钵收之。”

32. **滗** pi^{42} 滗汤。滗，《字汇》壁吉切“笮去汁也”。《龙龛手鉴》“音笔，滗去滓也”。《广韵》鄙密切“去滓”。《集韵》逼密切“《博雅》滰也，一曰去滓。或从笔从皀”。《广雅·释诂二》:“滗，潷也。”王念孙疏证:“滗之音逼，谓逼取其汁也。《玉篇》:‘滗，笮去汁也。’《众经音义》卷五引《通俗文》云‘去汁曰滗’，又云:‘江南言逼。’义同也。今俗语犹云滗米汤矣。”《慧琳音义》卷四十四“滗饭”注:“滗，亦云饭汁也。”又作“馞”。明陆人龙《型世言》第三十三回:“劳氏每日只煮粥，先馞几碗饭与阮大吃，好等他田里做生活;次后把干粥与婆婆吃，道他年老，饿不得。”又作“泌”,《吴下方言考》卷八:“泌(音秘),滴尽水也。吴中谓缓泻水以存物曰泌。”

33. **搨** t^ha^{42} 指用纸墨从铸刻器物上锤印出其文字或图画，军话引申为涂抹。《集韵》托合切“摩也”。《正字通》:“搨，徒达切，音榻，手打。今用纸磨摸古碑帖曰搨。有宋搨、旧搨。”《龙龛手鉴》都盍反“手打也，又俗音塔”。北宋沈括《梦溪笔谈》卷二一:“每瓦一枝，正如画家所为折枝，有大花似牡丹、芍药者，细花如海棠、萱草者，皆有枝叶，气象生动，虽巧笔不能为之。以纸搨之，无异石刻。又宋次道春明退朝录:天圣中，青州盛冬浓霜，屋瓦皆成百花之状。”明凌濛初《初刻拍案惊奇》卷一:“上等金面精巧的，先将礼物求了名人诗画，免不得是沈石田、文衡山、祝枝山搨了几笔，便直上两数银子。”清李汝珍《镜花缘》第七十七回:“若是丑的，画上颜色，再也搨不开，那才坑死人呢。”清张南庄《何典》第八回:“才立脚到地下，那伙强盗已一拥进房，各人搨得花嘴花脸，手里拿着雪亮的鬼头刀。”清王有光《吴下谚联》卷三:“以二食指捺其两目之下，如八字形，是为搨八。或曰此松郡人口语。郡城中当兵者多，‘兵’字搨去其‘八’，乃‘丘’字原文。吴音以丑为‘丘’，搨八者，言之丑也。”

34. **鐵** $çiẽ^{213}$ 阉，骟，骟。《正字通》:“音线，今俗雄鸡去势谓之鐵，与宦牛、阉猪、骟马义同。”明尹直《謇斋琐缀录》:“郭师孔少尝与芳洲同砚席，及芳洲自翰林归，以鐵鸡为贺礼，而误书鐵为线。芳洲改示之，僧会谢以一绝云:‘泉丝不与鐵金同，错认鐵鸡用线缝。不是献芹将鄙意，肯教一字化愚蒙。’”明《琅琊漫抄》:“太祖初渡江，至采石，驻薛妪家，饥甚，坐谷笼架上，问妪:‘此何物?’对曰:‘笼床。’烹鐵鸡为食，问:‘何肉?’曰:‘镦鸡。’饭以大麦，曰‘仁饭’。盖‘龙床’‘登基’‘人犯’，皆吉语也。”清翟灏《通俗编》卷二十九:“戴复古诗:区别邻家鸭，群分各线鸡。自注:阉鸡一线则一群，各线则别作一群。”

35. 豚 tu^{42} 底。《集韵》都木切“豚、豚，博雅臀也，或作豚，俗作启，非是”。《字汇》“豚，同启”。《正字能》“启豚，并俗屍字”，按，屍即臀。豚、臀、启是异体字。《类篇》都木切“《博雅》‘臀也’”。《字汇》:“豚，都毒切，尾下窍也。”《正字通》都禄切“俗谓尾下窍曰豚”。《玉篇》:“豚，猪朔切，尻也。”《字汇》:“启，都谷切，音笃，《玉篇》:‘俗豚字，尾下窍也。’”《龙龛手鉴》:“启，今冬毒反，尻启。”《广韵》:“启，尻启，俗。”李荣《关于语言研究的几个问题》(载《语文论衡》，商务印书馆，1985年):“《广雅·释亲》‘豚，臀也’。曹宪音‘卓，又丁鹿反’。启其实就是豚字。”

36. 掭$t^hi\tilde{\varepsilon}^{213}$ 军话称拨火棍儿为“掭火拍”。“掭”应该是“栎”的后起字。栎有上声、去声两读，本义是拨火棍，引申为“拨”，其中读为去声、用法为动词的后来写作“掭”。“栎”，《广韵》他念切“火杖”。宋赵叔向《肯綮录·俚俗字义》：“挑灯杖曰栎。”《类篇》：“栎、栝，他点切，木杖也。”《龙龛手鉴》他念反“火杖也”。《集韵》他点切“栎、栝，木杖也，一曰炊灶木，或作栝”。又《集韵》他念切“栝、栖、栎，《说文》‘炊灶木’”。明凌濛初《初刻拍案惊奇》第二十三卷：“崔生忍耐不住，立起身来，幸得残灯未熄，重掭亮了拿在手里，开出门来一看。”明《梼杌闲评》第五回：“想道：‘老婆拜匣沉重，必有私房。’便去寻了把掭子，等老婆睡熟了，掭开了锁，见匣中有许多银包。”明吴承恩《西游记》第三回：“那判官慌忙捧笔，饱掭浓墨。悟空拿过簿子，把猴属之类，但有名者一概勾之。”清蒲松龄《聊斋志异·促织》：“蹑迹披求，见有虫伏棘根。遽扑之，入石穴中。掭以尖草，不出；以筒水灌之，始出，状极俊健。”清纪晓岚《阅微草堂笔记》卷十一槐西杂志一：“杯盏略小而口哆，以便掭笔；钵稍大而口敛，以便多注浓沈也。”

37. 脶no^{55} 圆形的指纹。脶，《广韵》落戈切“手指文也”，古蛙切“手理也”。《集韵》公蛙切“手文谓之脶”，庐戈切“手指文”。《玉篇》“脶，手理也”。《龙龛手鉴》“古蛙反。手理。又音螺，亦手中文也”。《类篇》：“公蛙切，手文谓之脶。”清胡文英《吴下方言考》第六卷：“吴谚云：‘脶多辛苦粪箕闲。’”

38. 斗$tәu^{213}$ 拼凑、凑集。军话有“斗笔写字时笔顺不对”“斗榫头”。斗，《说文解字》：“两士相对，兵杖在后，象斗（鬥）之形。凡斗之属皆从斗。”《集韵》“斗，鬬也”“鬬，丁候切，《说文》‘遇也’”。宋赵长卿《霜天晓角·霜夜小酌》词：“好是鬬头儿坐，梅烟柱，返魂香。”张相《诗词曲语辞汇释》卷二：“鬬头，犹云对面也。”明张岱《陶庵梦忆·报恩塔》：“一金身，琉璃砖十数块凑成之，其衣褶不爽分，其面目不爽毫，其须眉不爽忽，斗榫合缝信属鬼工。”宋朱熹《朱子语类》卷十八：“盖当时一问一对，只说得一件话。而今却鬬合平日对问讲论作一处，所以分明好看。”宋朱熹《朱子语类》卷一百三十七战国汉唐诸子：“如古人‘明德、新民、至善’等处，皆不理会，却要斗合汉魏以下之事整顿为法，这便是低处。”宋史介翁《菩萨蛮》词：“柳丝轻扬黄金缕，织成一片纱窗雨，鬬合做春愁，困慵熏玉篝。”元无名氏《冯玉兰》第三折：“我则听的古都都泼天也似怒涛，鬬合着忽剌剌风声儿厮闹。”南戏《小孙屠》第八出：“谢娘子，恁提携，料想前生曾会伊。燕双飞，一对儿。（和）算来因契，斗合非容易。”

39. 煠sa^{42} / tsa^{42} 军话称水泡饭为“煠饭”。煠，《广韵》士洽切“煠，汤煠”。《集韵》实洽切“爚也”。《字汇》床甲切“汤煠也”。《龙龛手鉴》士洽反“汤瀹菜也”。军话[sa^{42}]的读音对应士洽切，[tsa^{42}]的读音对应床甲切。唐刘恂《岭表录异》下：“（水母）先煮椒桂或荳蔻，生姜缕切而煠之。”宋苏轼《十二时偈》：“百滚油汤里，恣把心肝煠。”元《农桑辑要》卷五：“（蔓菁）十月初采苗煠作和菜余者，晒过留根在地。”明徐光启《农政全书·荒政·救荒本草一》：“山苋菜……采苗叶煠熟，换水浸去酸味，淘净，油盐调食。”清翟灏《通俗编·杂字》：“今以食物纳油及汤中一沸而出曰煠。”

40. **褡** ta[42] 军话中有“钱褡子褡裢”“背褡坎肩”。褡，《广韵》都合切“横褡，小被”。元秦简夫《赵礼让肥》第一折：“我则见他番穿着绵纳甲，斜披着一片破背褡。”明汤显祖《邯郸记·望幸》：“那一位察院爷有情，有情，赏我背褡一个，与我承差一名。”明西周生《醒世姻缘传》第七九回：“四钱八分银买了一匹平机白布，做了一件主腰，一件背褡。”清李渔《闲情偶寄》声容部治服第三：“妇从之妆，随家丰俭，独有价廉功倍之二物，必不可无。一曰半臂，俗呼‘背褡’者是也；一曰束腰之带，欲呼‘鸾绦’者是也。”清坐花散人《风流悟》第六回：“见背褡是绒的，心上道，我拿回去与媳妇穿，也可讨他欢心。”

41. **绦** tʰɔu[11] 军话称红缨枪上的穗子为“绦”。绦，《说文》“扁绪也”。《广韵》土刀切“编丝绳也”。《正字通》“组纠之通名”。《玉篇》“缨饰也”。唐颜师古《急就篇注》：“绦，一名偏诸，织丝缕为之，所以悬系承尘户嫌，因为饰也。”《周礼·春官·巾车》“革路、龙勒，条缨五就”，汉郑玄注：“条读为绦，其樊及缨，皆以绦丝饰之。”孙诒让正义：“《诗·齐风·著》孔疏引王基《毛诗驳》云：‘紞，今之绦，色不杂不成为绦。’然则绦盖织色丝为之。”唐《通典》卷第五十六礼十六沿革十六嘉礼一：“笄，今之簪。有笄者屈组为纮，垂为饰；无笄者缨而结其絛。纁边，组侧赤也。”《通典》第六十四礼二十四沿革二十四嘉礼九：“四曰革辂，革鞔漆之，无他饰，以白黑饰韦为龙勒絛饰，樊缨五就，建大白，以即戎，以封四卫。”

42. **铰** kɔu[11] 剪。铰，《广韵》古肴切“铰刀”。《集韵》居肴切“削刀也”，古巧切“交刃刀也”。《正字通·金部》：“铰，即今妇功缝人所用者，俗呼剪也。”北魏贾思勰《齐民要术·养羊》：“白羊三月得草力，毛床动，则铰之。”唐李贺《五粒小松歌》：“绿波浸叶满浓光，结束龙髯铰刀剪。”李琦汇解：“铰，交刃刀也，利以剪，盖今之剪刀也。”唐曹唐《病马》：“欲将鬃鬣重裁剪，乞借新成利铰刀。病久无人著意看，玉华衫色欲凋残。”元末明初《朴通事》：“梳了，绾起头发来，将那镊儿来摘了鼻孔的毫毛。将那铰刀斡耳，捎息来掏一掏耳朵。与你五个铜钱。”

43. **供** tɕioŋ[11] 除了“敬供”意读去声[koŋ[213]]外，“～猪”“～饭”“～老子娘”“～匠人”的“供”都读阴平[tɕioŋ[11]]，意为“赡养，喂养”。《广雅·释言》：“供，养也。”《广韵》九容切“奉也，具也，设也，给也，进也”。《集韵》居容切：“《说文》：‘设也……一曰供给。’”东汉应劭《风俗通义·愆礼》：“九江太守武陵陈子威，生不识母，常自悲感。游学京师，还於陵谷中，见一老母，年六十余，因就问母姓为何。曰：‘陈家女李氏。’‘何故独行？’曰：‘我孤独，欲依亲家。’子威再拜长跪自白曰：‘子威少失慈母，姓陈，舅氏亦李。又母与亡亲同年，会遇于此，乃天意也。’因载归家，供养以为母。”明凌濛初《二刻拍案惊奇》卷十四：“起初妇人自己盘缠，后来用得没有了，苦央主人家说：‘赊了吃时，只等家主回来算还。’主人辞不得，一日供他两番。而今多时了，也供不起了。只得替他募化着同寓这些客人，轮次供他。也不是常法。不知几时才了得这业债。”清吴敬梓《儒林外史》第一回：“只因你父亲亡后，我一个寡妇人家，只有出去的，没有进来的；年岁不好，柴米又贵；这几件旧衣服和些旧家伙，当的当了，卖的卖了；只靠着我替人家做些针指生活寻来的钱，如何供得你读书。”

44. **筲** sɔu[11] 篾丝做的筲箕，圆形，有提手，淘米、洗菜或盛东西的用具。筲，《字汇》“所交切，音梢。竹器，一曰饭器。俗谓筲箕。又斗筲，斗容十升，筲容斗二升”。《龙龛手鉴》“所交反，斗筲，竹器也”。《广韵》所交切“斗筲，竹器”。《集韵》：“《说文》‘陈留谓饭帚曰籍……一曰饭器，容五升。一曰宋魏谓箸筩为籍’，或从肖。”《汉书》颜师古注：“筲，竹器也。斗筲，喻小而不大也。解在公孙刘田传。筲音所交反。”清李调元《南越笔记》：“官人骑马到林池，斩竿筋竹织筲箕。筲箕载绿豆，绿豆喂相思。相思有翼飞开去，只剩空笼挂树枝。”

45. **伏** pu[213] 孵。《广韵》扶富切“鸟菢子”。《集韵》“菢卵也”。《字汇》“禽抱卵”。《正字通·人部》“伏，禽覆卵也”。《庄子·庚桑楚》“越鸡不能伏鹄卵也”。《汉书·五行志中》“丞相府史家雌鸡伏子”。《玄应音义》卷五“鸟伏”注：“今江北谓伏卵为菢，江南曰伛。”朱熹《朱子语类》卷十九“论语一”：“述大学以问。曰：‘也只如此，只是要日日认过。读新底了，反转看旧底，教十分熟后，自别有意思。’又曰：‘如鸡伏卵，只管日日伏，自会成。’”

46. **笕** tɕiẽ[35] 安在檐下或田间用以引水的竹管。笕，《广韵》古典切“以竹通水”。《集韵》吉典切“通水器，或从木”。《正字通》“九辇切……以竹空其中通水也”。又作“枧”，《字汇》：“枧，吉典切，音蹇，以竹通水，又木枧。”《正字通》：“枧，同笕，或以竹或合木为之，皆以通水也。”宋杨万里《桑茶坑道》中：“溪面只消横一枧，水从空里过如飞。”明宋应星《天工开物·水利》：“挽水入筒，一一倾于枧内。”

47. **栿** fu[42] 军话称“地梁”为“地板栿”。《广韵》房六切“梁栿”。《正字通》以小木附大木上为栿。《隋书》卷二十二志第十七“五行上”：“大业中，齐王暕于东都起第，新构寝堂，其栿无故而折。时上无太子，天下皆以暕次当立，公卿属望，暕遂骄恣，呼术者令相，又为厌胜之事。堂栿无故自折，木失其性，奸谋之应也。”

48. **桁** ɕin[55] 檩子，军话叫“桁条”。桁，《广韵》户庚切“屋桁”。《玉篇》“屋桁，屋横木也”。《集韵》何庚切“屋横木”。《字汇》何庚切“屋横木也”。梁萧统《文选·景福殿赋》

“桁梧复叠”李善注：“桁，梁上所施也，桁与衡同。”《扬州画舫录》卷十七“工段营造录”：“碑亭方圆互用，大木有四角攒尖。方亭做法，用檐柱、箍头檐檩、四角花梁头、桁条、抹角梁、四角交金桴、金枋、金桁、雷公柱、仔角梁、老角梁、戗枕头木、檐椽、翼角翘椽、飞檐椽、翘飞椽、脑椽、大小连檐、瓦口、闸档横望诸板。”

49. 绗 xã^{55} 用针线固定面儿和里子以及所絮的棉花等，针脚大。《广雅》“绗，缘也”。《广韵》下更切去映匣“刺缝也”，行去声。《博雅》“缘也”。《玉篇》“缝紩”也。《广雅·释诂二》“绗”清王念孙疏证：“今俗语犹呼刺缝曰绗，音若行列之行。”

50. 尿 sei^{11}《广韵》奴吊切“小便也”。《龙龛手鉴》“腹中水也”。《类篇》“屎尿，奴吊切，人小便也”。《说文》“人小便也。从尾从水”徐灏注笺：“今俗语尿，息遗切，读作绥。”玄应《一切经音义》卷十七引《通俗文》“出脬曰尿”。《六书故》息遗切。

51. 馃 ko^{35} 馅饼。《集韵》古火切“饼也”。《玉篇·食部》：“馃，饼子也。”《字汇》：“古火切，音果，饼也。”《正字通》：“古我切，音果，饼也。”

52. 坼 ts^{h}e^{42} 裂缝。《广韵》丑格切，入陌徹。《说文》：“坼，裂也。”《广雅·释诂三》“坼，开也”。《淮南子·本经》：“天旱地坼。”《玄应音义》卷二十二“圮坼”注：“坼，分裂也。”《龙龛手鉴》：“丑格切，分也裂也。”清王韬《淞隐漫录》卷六“剑仙聂碧云”：“一岁，患久旱，稻田龟坼。民间祈雨者，断屠建醮俱罔效。”

53. 馓 sã^{35} 军话称馓子为“盘馓”。馓，《广韵》苏旱切，上旱心“馓饭”。《集韵》颡旱切。《字汇》苏简切“熬稻”。《龙龛手鉴》“馓饭”。《说文》“熬稻粻程也”段注：“熬，干煎也。稻，稌也。稌者，今之稉米，米之黏者。鬻稉米为张皇。张皇者、肥美之意也。既又干煎之。若今煎粢饭然。是曰馓。饴者、熬米成液为之。米谓禾黍之米也。馓者，谓干熬稻米之张皇为之。两者一濡一小干、相盉合则曰饧。”《急就篇》卷二“枣杏瓜棣馓饴饧”颜师古注：“馓之言散也，熬稻米饭使发散也，古谓之张皇，亦目其开张而大也。”朱骏声《说文通训定声》：“黏米煮熟为怅惶，又干煎之曰馓，和之以饴则曰饧，饧濡馓少干也。”《本草纲目·谷部·寒具》：“寒具，即今馓子也，以糯米和面，入少盐，牵索扭捻成环钏之形，油煎食之。”

54. 戽 fu^{35} 戽水。戽，《广韵》侯古切“抒也”。《广雅·释诂二》：“戽，抒也。”王念孙疏证：“今俗语犹云戽水。”

55. 矿 kuã^{35} 军话称石灰石为“矿[kuã^{35}]石”。矿，《广韵》古猛切“金璞也”。也作“磺”，《集韵》：“磺，《说文》‘铜铁朴石也’，或作矿。”《玉篇·石部》：“矿，同磺。”《字汇》：“金银铜铁璞石也。”军话的读音符合古猛切。

56. 俵 p^{h}iɔu^{213} 散发。俵，《广韵》方庙切，去笑帮“俵散”。《集韵》彼庙切“分与也。或从手”。《正字通》“悲庙切，标去声，俵散。《六书故》分畀也”。《玉篇·人部》：“俵，俵散也。"《类篇》:"彼庙切，分与也。"宋苏轼《奏浙西灾伤第一状》:"巡门俵米，拦街散粥，终不能救。"《水浒传》第五十八回:"抄扎家私，分俵众军。"清蒲松龄《聊斋志异·种梨》:"道士既去，始顾车中，则梨已空矣。方悟适所俵散，皆己物也。"宋无名氏《大宋宣和遗事》元集:"一日，奏行青苗法，差李常、孙觉等往河北诸路，俵散青苗钱：第一等户十五贯，第二等户十贯，第三等户五贯，第四等户一贯五伯，第五等户一贯。青苗在田时分俵散，到收成时分催纳，十分供一分为息。"按古今语音演变规律，"方庙切、悲庙切、彼庙切"今应读[piɔu²¹³]，声母当为不送气，今军话声母送气，是否本字尚需进一步考订，录此备考。

57. 刁tiɔu¹¹《广韵》都聊切"断穗"。《广雅·释诂一》:"刁，断也。"《玉篇》"刁，断取也"。《字汇》:"丁聊切，音貂，断也。亦作刟。"《集韵》丁聊切"《博雅》断也，或从召从兆"。

58. **扦** tɕʰiɛ̃¹¹《正字通》仓先切"插也"。宋周密《癸辛杂识续集·白蜡》:"树叶类茱萸叶，生水傍，可扦而活，三年成大树。"《农政全书·种植·种法》:"于正二月上旬，取树木嫩枝扦插，胜于种核。"《字汇》:"仓先切，音千，插也。"《集韵》:"亲然切，插也。"清屈大均《广东新语》卷二十五"木语":"茉莉，……春间分种，或黄梅时扦之，六月六日种尤宜。"

59. **䭑** tsã³⁵ 没味儿或味淡，军话叫"白䭑"。䭑,《广韵》子敢切"澉䭑"。《字汇》子冉切"食味薄也"。《龙龛手鉴》子冉反"食薄味也"。《集韵》昨滥切"无味也"。《玉篇·食部》:"䭑,《埤苍》:'䭑，薄味也。'"

60. **錾** tsã²¹³ 石匠凿石头用的铁锥子叫"錾子"。《说文·金部》"錾，小凿也。从金从斩，斩亦声"。《字汇》徂感切"錾凿,《广韵》镌石"。《广雅·释器》"镌谓之錾"。《类篇》"财甘切，凿也，又锄咸切，又在敢切，镌谓之錾，又疾冉切，又昨滥切"。《广韵》"昨甘切，小凿""才敢切又七廉切又七艳切，錾凿也，又音慙""藏滥切，镌石"。《集韵》在敢切"《博雅》'镌谓之錾'"。《红楼梦》第六十六回:"三姐看时，上面龙吞夔护，珠宝晶莹，将靶一掣，里面却是两把合体的。一把上面錾着一'鸳'字，一把上面錾着一'鸯'字，冷飕飕，明亮亮，如两痕秋水一般。"《太平广记》卷四十三:"观殿有石函，长三尺余，其上錾出鸟兽花卉，文理纤妙，邻于鬼工，而缄锁极固，泯然无毫缕之隙。"

61. **磉** sã³⁵ 军话称柱础为"磉墩"。《说文》:"磉，石磉也。"《广韵》苏朗切"柱下石也"。《玉篇·石部》"柱下石"。《正字通》:"俗呼础曰磉。"

62. **踏** tʰa⁴² 踏鞋，指趿拉着鞋，把鞋后帮踩在脚后跟下。踏,《说文》"趿也。从足沓声"，他合切。《玉篇·足部》"踏趿也"。《字汇》"他各切，音託，趿也"。明末清初西周生《醒世姻缘传》第十九回:"晁大舍约摸大家都睡着了，㨪了头，披了一件汗褂，趿着鞋，悄悄的溜到唐氏房门口，轻轻的嗽了一声。唐氏听见了，慌忙开门出来，接进晁源房去。”又第八十七回：“郭总兵秃着头，趿着鞋，跑到隔壁舱里，也不敢来官舱里要枕头铺盖，说说笑笑，与周相公同床睡，枕了个牛皮跨箱睡了。”

63. 趗tsu[42] 军话称哮喘为气趗。《广韵》侧六切“塞也”。宋崇岳等《禅林僧宝传》卷十五：“嘉祐中，男子冷清妖言诛。泉坐清曾经由庵中。决杖配郴州牢城。盛暑负土经通衢。弛担说偈曰：今朝六月六，谷泉被气塞。不是上天堂，便是入地狱。言讫微笑，泊然如蝉蜕。”明李实《蜀语》：“鼻塞曰趗。”

64. 覰tsʰɿ[11] 看。《集韵》千咨切“盗视也”。《广韵》取私切“盗视”。周祖谟《校勘记》：“覰，故宫《王韵》此字作覰，是也。”覰，《说文解字注》：“覰覰，窥观也。”

65. 薸pʰiɔu[35] 浮萍。《广韵》符霄切“《方言》云‘江东谓浮萍为薸’”。《尔雅·释草》“萍、蓱”郭璞注：“水中浮萍，江东谓之薸。”《玉篇·艸部》纰招切“萍属”。《正字通》：“皮苗切，音瓢，浮萍，可饲鱼，不可茹。”郝懿行《尔雅义疏》释草第十三：“《广雅》云：‘薸，蓱也。’《吕览·季春纪》注：‘萍，水薸也。’《淮南·坠形篇》云：‘荣华生萍，萍生藻藻。’高诱以萍为无根水中草，是萍即薸。”元仇远《新安郡圃诗》：“古树巢空群鸟散，荒池沙满碎薸干。”文献音注均为浊平，今军话读上声调，待考。

66. 藠kɔu[35] 军话称藠子为“藠头”。《广韵》胡了切“草名”。《正字通·艸部》：“旧注音杳，草名。叶似葱，中空，茎有棱，可食，出庐山。按，藠薤同类，分二种，今圃地皆有之。藠读乔上声。俗呼薤曰藠子，以薤根白如藠也。”《本草纲目·菜部》：“薤，……今人因其根白呼为藠子。”按语音演变规律，全浊上声字祁门军话应读为去声，今读为上声[35]调，原因未明。

67. 晾nã[213] “晾衣服”军话说“晾衣裳”。晾，《集韵》郎宕切“暴也”。《字汇·日部》：“晾，晒晾。”宋《五灯会元》第十九卷：“乃指东畔曰：‘恁么时穿过东海鲤鱼眼睛。’指西畔曰：‘恁么时塞却西王母鼻孔。且道总不恁么时如何。今年雨水多，各宜频晒晾。’”南宋陆游《春日》诗：“迟日园林尝煮酒，和风庭院晾新丝。”元陶宗仪《南村辍耕录》卷三十“髹器”：“用刷蘸漆，漆器物上，不要见刷痕。停三五日，待漆内外俱干，置阴处晾之。”元王祯《农书》卷九“荔枝”：“晒荔法，采下即用竹篱晾晒，经数日色变。”按，晾，《字汇补》里样切“晒暴也”。从反切来看，今军话[nã[213]]音当来自郎宕切的“晾”。

68. 搃/扨soŋ[35] 推。《集韵》损动切“推也”。《正字通·手部》：“搃，俗扨字，《六书故》扨作揀。搃，旧注松上声，推也，与扨义近。分为二字，非。”《字汇》：“息勇切，松上声，推也。”《六书故》：“扨，或作搃。”扨，《集韵》笋勇切“执也，推也”。明罗贯中《三遂平妖传》第四回：“（书童）一头说，一头帮着老管家，将手劈胸扨那婆子。那婆子发赖起来，大叫一声，把拐杖抛在一边，蓦然倒地。面皮渐黄，四肢不举。”《醒世恒言》第一卷

“两县令竞义婚孤女”：“贾婆不管三七二十一，和张婆两个，你一推，我一扠，扠他出了大门。”又第三卷“卖油郎独占花魁”：“吴家狠仆牵着美娘，出了王家大门，不管他弓鞋窄小，望街上飞跑。八公子在后，扬扬得意。直到西湖口，将美娘扠下了湖船，方才放手。”又第四卷“灌园叟晚逢仙女”：“秋公道：‘不是老汉说谎，果然没有。’张委哪里肯听，向前叉开手。当胸一扠，秋公站立不牢，踉踉跄跄，直撞过半边。”

第三节

民俗文化词

一 建筑

祁门军话区称一户人家的住房状况为“屋宇 $u^{21}y^{35}$”，如“他家屋宇好”“那户人家屋宇不照=”。过去男女相亲时，女方也很看重男方的屋宇。

过去砖木结构的房子，盖房子叫“做屋 $tso^{13}u^{42}$”，其中一个重要程序是“竖屋 $ɕy^{13}u^{42}$”，即将房子的木结构竖起来，这一天亲友都来帮忙，“煞脊 $sa^{21}tɕi^{42}$”即封顶盖瓦之后，晚上

图 1 屋 祁门县安凌镇倪村 /2016.1.31/ 赵日新 摄

摆酒席。此后开始“封墙 foŋ^{11}tɕʰiã^{55}”，也就是用砖垒墙。

军话区住房讲究“风水 foŋ^{11}ɕyei^{35}”，讲究“左青龙 tso^{35}tɕʰin^{11}noŋ^{55}”“右白虎 iou^{21}pe^{21}fu^{35}”“前朱雀 tɕiẽ^{55}tɕy^{11}tɕʰio^{42}”“后玄武 xəu^{21}ɕyẽ^{55}u^{35}”。即面南背北的房子，左边一般面河；右边不能对着别人家的门，也不能开门；大门的前面有水塘，后面有山。

军话人大多聚族而居，一个村一个姓，村中过去都有“祠堂 tsʰɿ^{55}tʰã^{55}”，是家族举办重大活动的地方。

住屋多为砖木结构的二层楼房。圆柱下置石制“磉墩 sã^{35}tən^{35}”，即柱础，多为方形，讲究一点的为圆形，并饰以石雕。屋中设“天井 tʰiẽ^{11}tɕin^{35}”，是为通风、采光、排水而在房屋中留出的露天空地，一般是长方形的。天井四周檐下有“水枧 ɕyei^{35}tɕiẽ^{35}”引水流入下水道，俗称“四水归明堂 sɿ^{13}ɕyei^{35}kuei^{11}min^{55}tʰã^{55}”。总体结构有“三间 sã^{11}kã^{11}”（指房子的一种格局，两边各一个房间，中间一个堂前，又分“明三间 min^{55}sã^{11}kã^{11}”“暗三间 ŋã^{13}sã^{11}kã^{11}”“三间两厢 sã^{11}kã^{11}liã^{35}ɕiã^{11}”“前后厅三间 tɕʰiẽ^{55}xəu^{13}tʰin^{11}sã^{11}kã^{11}”）、“五间 u^{35}kã^{11}”（房子的一种格局，前堂两个房间，后堂三个房间）、“四正 sɿ^{13}tsən^{213}”（房子的一种格局，前堂两个房间，后堂两个房间）等多种形式。

图 2　祠堂　祁门县安凌镇下曾村 /2004.10.1/ 赵日新 摄

图 3　天井　祁门县安凌镇下曾村 /2015.8.2/ 赵日新 摄

一般瓦房不事雕饰，富贵人家正屋多为石制门楼。房屋两侧砖墙到顶，山墙的墙顶部分称为“屋角 u^{21}ko^{42}”或“墙角 tɕʰiã^{55}ko^{42}”，即徽派建筑中的马头墙。高出屋面的马头墙，

图 4　屋角　祁门县安凌镇下曾村 /2015.8.2/ 赵日新 摄

可以应村落房屋密集防火、防风的需要，在相邻民居发生火灾的情况下，起隔断火源的作用。

图 5　墙画 1　祁门县安凌镇赤岭村 /2015.8.2/ 赵日新 摄

民间建房讲究宅基和门向的选择，如为地形所限，门向不吉，便将大门一侧内移一二尺，据称可趋吉避凶。旧时忌门户相对，忌大门直冲远方山头，忌大门直冲着路口，这种人家多在大门上方挂镜子或设八卦图“辟邪 $pi^{21}çie^{55}$”。

民居外墙注重装饰，以水彩画为主，多绘暗八仙等吉祥图案，称“墙画 $tç^{h}iã^{55}fa^{213}$”。

“洗衣埠 $çie^{35}i^{11}p^{h}u^{213}$”是河边洗衣服、洗菜的地方，有的用石头垒砌而成，是村

图 6　墙画 2　祁门县安凌镇赤岭村 /2015.8.2/ 赵日新 摄

图 7　洗衣埠　祁门县安凌镇赤岭村 /2016.1.31/ 赵日新 摄

中妇女谈论家长里短之处。

门是民居的重要组成部分，一般分“朝门tsʰəu^{55}mən^{55}”（院门，比较正式的大门）和“大门ta^{21}mən^{55}”（正房的门）。过去官宦人家仿官府大门的样式开“八字门pa^{21}tsɿ^{21}mən^{55}”，即左右两边向外撇开的大门。门的东边多留下一个供猫、狗进出的“狗缺kəu^{35}tɕʰye^{42}”。门的各部分如下：

门方mən^{55}fã^{11} 大门上方的横木，用来插门轴的；

门桥mən^{55}tɕʰiɔu^{55} 承载门方的木板；

门斗mən^{55}təu^{35} 门上方的门轴；

五□u^{35}tsən^{213} 门墩；

门贴mən^{55}tʰie^{42} 门柱；

茶壶□tsʰa^{55}fu^{55}kʰuã^{213} 横在两根门柱上的长石条。

海底xɛ^{35}ti^{35} 门下部的门轴；

门耳朵mən^{55}ᴇ^{35}to^{35} 也叫“踏底石tʰa^{21}ti^{35}sɿ^{42}”，是门槛、门墩下面的石头；

门款$^{=}$mən^{55}kʰuã^{35} 门环；

门搭mən^{55}ta^{42} 门钹；

门听mən^{55}tʰin^{213} 门钉，门环敲在上面会响；

五彩u^{35}tsʰɛ^{35} 门柱与门颜间夹的多彩布条，寓意吉祥。

大门外面形状像鼓的石头叫“石鼓sɿ^{21}ku^{35}”，一般是祠堂或大户人家用。下面的石头叫“骑鼓tɕʰi^{55}ku^{35}”。

图8　石鼓　祁门县安凌镇下曾村/2015.8.2/赵晓阳 摄

二 丧葬

军话地区殡葬仪式一直沿用传统旧俗，如供香案、烧纸钱、磕孝头、请鼓乐班等。有的还请道士做道场。

小孩夭折叫“打倒命ta^{35}tɔu^{35}min^{213}”。埋葬夭折的孩子叫“□挑kʰã^{35}tʰiɔu^{35}”，也叫“□粪箕kʰã^{35}fən^{13}tɕi^{11}”，即把粪箕倒扣在坟头上，“□kʰã^{35}”即覆盖的意思。

“黄金归库fã^{55}tɕin^{11}kuei^{11}kʰu^{213}”指父母善终。

老人病危，儿孙须临床听取遗嘱、烧纸轿，叫“送终soŋ^{13}tsoŋ^{213}”。通知亲友死讯叫“报讣pɔu^{13}fu^{42}”或“报丧pɔu^{13}sã^{11}”。

把逝者从床上移到灵床上叫“腾下板tʰən^{55}xa^{21}pã^{35}”。用三块瓦做枕头，将逝者埋葬好之后把这三块瓦放在坟门前面，叫“遥门iɔu^{55}mən^{55}”。

家里设“灵堂lin^{55}tʰã^{55}”或“佛堂fu^{21}tʰã^{55}”，供亲友吊唁，叫“吊孝tiɔu^{13}ɕiɔu^{213}”。入殓叫“装棺tɕyã^{11}kuã^{11}”或“下棺xa^{13}kuã^{11}”。逝者穿“老衣nɔu^{35}i^{11}”，着“老鞋nɔu^{35}xɛ^{55}”或“寿鞋sɔu^{21}xɛ^{55}”，戴“黄金帽fã^{55}tɕin^{11}mɔu^{213}”。寿衣讲究“九领五腰tɕiou^{35}lin^{35}u^{35}iɔu^{11}”（统称给逝者穿的衣服，即九件衣服、五条裤子。领指上衣，腰指裤子）、“七领五腰tɕʰi^{42}lin^{35}u^{35}iɔu^{11}”“五领三腰u^{35}lin^{35}sã^{11}iɔu^{11}”。

入殓时棺材里还要装：

五谷袋u^{35}ku^{21}tɛ^{213}放在棺材里的装有五谷（稻谷、苞芦、芦穄、大麦、小麦）的袋子，有五个袋口；

接气布tɕie^{21}tɕʰi^{13}pu^{213}由逝者的晚辈预先焐热，入殓时放在棺材中遗体上的碎布条；

锦被tɕin^{35}pei^{213}办丧事时亲友送的被面，入殓时用来盖在逝者身上；

金钱灰tɕin^{11}tɕʰiɛ̃^{55}fei^{11}即烧过的纸钱灰。用纸将其包起来，入殓时放到遗体的两边；

石灰包sɿ^{21}fei^{11}pɔu^{11}入殓时放在逝者遗体下面成包的石灰，用来吸水以延缓遗体腐烂。

祭拜之后“钉棺tin^{11}kuã^{11}”，盖上棺材盖并钉上钉子。钉棺材用的钉子叫“子孙钉tsɿ^{35}sən^{11}tin^{11}”。钉棺材时会发出响声，子孙趴在棺材底部，暗示让逝者不要害怕，称为“驮钉tʰo^{55}tin^{11}”。

出殡前一个晚上，子孙“守夜sɔu^{35}ie^{213}”，也叫“坐夜tso^{13}ie^{213}”，即守丧，有“上不能进老□ua^{11}（乌鸦），家里不能进狗，房里不能进猫”之说。

出殡（“出丧tɕʰy^{21}sã^{11}”）都在上午举行，八人抬棺（“出柩tɕʰy^{21}tɕiou^{213}”），棺材上披盖红毡，绑一只红毛公鸡（俗称“压杠ŋa^{21}kã^{213}”）。儿孙披麻戴孝，一路撒“买路钱mɛ^{35}nu^{213}tɕʰiɛ̃^{55}”（沿途散发的黄表纸）、“哭丧kʰu^{21}sã^{11}”。长子“捧灵牌pʰoŋ^{35}lin^{55}pʰɛ^{55}”“捧香炉pʰoŋ^{35}ɕiã^{11}nu^{55}”，孙子“捧遗像pʰoŋ^{35}i^{55}ɕiã^{213}”，送殡亲友披戴孝巾，撑“花圈

fa^{11}tɕ^{h}yẽ^{11}”“纸扎tsɿ^{35}tsa^{42}”“灵屋lin^{55}u^{42}”（纸扎的房子）、“长幡ts^{h}ã^{55}fã^{11}” 或“上方宝盖sã^{13}fã^{11}pɔu^{35}kɛ^{213}”，举“火把xo^{35}pa^{35}”给亡魂照明。道士拿着“引魂竿in^{35}fən^{55}kã^{11}”（上面贴有符的竹竿），出嫁女儿在送葬路上做“装路祭tɕyã^{11}nu^{13}tɕi^{213}”。

安葬前要请风水先生择地测向，择日子、时辰开土，墓穴称“金井tɕin^{11}tɕin^{35}”。墓穴挖好，要用芝麻秸烧熏。将棺材放到墓穴中叫“下□xa^{13}k^{h}ã^{213}”，每个儿子各抓三把土撒在棺材上叫“掩土iẽ^{35}t^{h}u^{35}”。封土后，坟前筑拜台，坟上立墓碑。第三天到坟上烧纸放炮，将逝者生前用的东西全部在坟上烧掉，叫“做三朝tso^{21}sã^{11}tsɔu^{11}”。其后七天一祭，叫“做七tso^{13}tɕ^{h}i^{42}”，直到做满“七七tɕ^{h}i^{42}tɕ^{h}i^{42}”，丧事才算完成。其中“六七nu^{21}tɕ^{h}i^{42}”是出嫁女做，有“六七不吃家里饭”之说。第二年扫墓叫“挂新坟kua^{13}ɕin^{11}fən^{55}”，有“新坟不过社”的习俗，用五彩纸挂。

葬礼程序严格，迷信认为，如果办丧事的过程中有些环节没做好，逝者就会变成不人不鬼的怪物，即“阳尸帝iã^{55}sɿ^{11}ti^{213}”。

家里总是不顺遂，迷信认为可能是坟墓风水不好，需要改葬，称作“捡骨tɕiẽ^{35}ku^{42}”，婉称“捡黄金tɕiẽ^{35}fã^{55}tɕin^{11}”。逝者的“尸骨sɿ^{11}ku^{42}”也叫“黄金fã^{55}tɕin^{11}”。装尸骨的木匣子叫“函子xã^{55}tsɿ^{0}”。

在远方去世的逝者，遗体无法运回家，就用桃树枝、柳树枝等做成一个身体，用葫芦瓢做头，放在棺材里埋葬，叫“招魂入墓tsɔu^{11}fən^{55}zɿ^{21}mu^{213}”。

三　婚嫁

男子“娶亲tɕ^{h}i^{35}tɕ^{h}in^{11}”也叫“讨老婆t^{h}ɔu^{35}nɔu^{35}p^{h}o^{55}”“娶媳妇tɕ^{h}i^{35}ɕi^{21}fu^{213}”，戏称“烈马归栏lie^{21}ma^{35}kuei^{11}nã^{55}”，女子出嫁叫“嫁人ka^{21}zən^{55}”或“嫁婆家ka^{21}p^{h}o^{55}ka^{11}”，戏称“强盗过岭tɕ^{h}iã^{55}tɔu^{213}ko^{21}lin^{35}”。

婚嫁大都要经过请媒、看家、认亲、嫁娶、婚礼、回门等过程。认亲和嫁娶时，要给女方亲戚打两道“大盒ta^{13}xo^{42}”，或一次性打双大盒，里面一般为三斤猪肉、三斤面、两条糕、五彩果、烟酒。结婚日期由男女双方家庭商定，男方先请算命先生“合八字xo^{21}pa^{21}tsɿ^{213}”“看日子k^{h}ã^{21}zɿ^{42}tsɿ^{0}”，用红纸写“日子书zɿ^{21}tsɿ^{35}ɕy^{11}”，就结婚日期征询女方意见，并择双日给女方“送日子书soŋ^{21}zɿ^{21}tsɿ^{35}ɕy^{11}”，同时奉上“日子钱zɿ^{42}tsɿ^{0}tɕ^{h}iẽ^{55}”。

女子出嫁前，在娘家给男方一家人做的布鞋叫“通家鞋t^{h}oŋ^{11}ka^{11}xɛ^{55}”，还要进行简单的美容，用细线绞除面部汗毛，剪齐额发和鬓角，叫“扯脸ts^{h}e^{35}liẽ^{35}”或“开脸k^{h}ɛ^{11}kiẽ^{35}”。

结婚大多选择农历双日，男女双方均举办婚宴，女方婚宴用品的猪肉、鱼、挂面、糕、酒、烟等由男方出，用蓝色茶袋一次性挑到女方家，叫“挑大盒t^{h}iɔu^{11}ta^{13}xo^{42}”，其中的现金叫“压篮金ŋa^{21}nã^{55}tɕin^{11}”。

结婚那一天，“新郎官ɕin^{11}nã^{55}kuã^{11}”来“接亲tɕie^{21}tɕʰin^{11}”，接亲队伍到达，女方关上大门，待男方递入多个红包（叫“开门包kʰɛ^{11}mən^{55}pɔu^{11}”）之后才打开，叫“闸门tsa^{21}mən^{55}”。女子母亲哭嫁叫“哭发达kʰu^{21}fa^{21}ta^{42}”，男方再三用鞭炮“催亲tsʰei^{11}tɕʰin^{11}”，催促女方尽快“发亲fa^{21}tɕʰin^{11}”（让新娘兄弟或利市人背新娘上花轿）。“新娘ɕin^{11}ȵiã^{55}”坐“花轿fa^{11}tɕiɔu^{213}”出发后，女方家在房中各处点燃红蜡烛，叫“点满堂红tiɛ̃^{35}mã^{35}tʰã^{55}foŋ^{55}”。两支迎亲队伍如果在路上相遇，则以扔手绢儿看高低定哪一方让路，哪一方先走，称作“抛手捏子pʰɔu^{11}səu^{35}ȵie^{42}tsɿ^{0}”。一路上新娘“俵糖pʰiɔu^{21}tʰã^{55}”，新郎“俵烟pʰiɔu^{13}iɛ̃^{11}”。

婚宴多在家操办，房屋小、宴席桌数多的可以借隔壁邻舍的房屋使用，俗称“借堂前tɕie^{21}tʰã^{55}tɕʰiɛ̃^{55}”，亲友来贺，喝“喜酒ɕi^{35}tɕiou^{35}”。婚宴后“闹洞房nɔu^{13}toŋ^{21}fã^{55}”。结婚的第三天，男方陪女方回娘家，叫“回门fei^{55}mən^{55}”，无论路途远近，当天往返。

四　农业

军话区是祁门的粮食主产区，一般稻麦两熟。山地则以种植玉米、大豆、芝麻、红薯为主。给稻麦脱粒过去多用“斛柜fu^{13}kuei^{213}”。“捆（稻）草kʰuən^{35} (tɔu^{21}) tsʰɔu^{35}”，也叫“锁（稻）草so^{35} (tɔu^{21}) tsʰɔu^{35}”，捆好后，晾在田里晒干，然后运回家，用来垫猪圈、牛圈。

图9　打稻　祁门县安凌镇倪村 /2004.10.1/ 赵日新 摄

图 10　捆好并晾晒稻草　祁门县安凌镇赤岭村 /2004.10.1/ 赵日新 摄

图 11　打豆　祁门县安凌镇倪村 /2004.10.1/ 赵日新 摄

图 12 晒芝麻 祁门县安凌镇赤岭村 /2004.10.1/ 赵日新 摄

给豆子脱粒叫“□豆ɕya^{21}təu^{213}”，一般用“榔槌nã^{55}tɕ^{h}yei^{55}”（即洗衣槌）或“连枷liẽ^{55}kɛ^{11}”。连枷由一个长柄和一组平排的竹条或木条构成，用来拍打谷物，使籽实掉下来。也可以用木棍。

收割芝麻叫“斩芝麻tsã^{35}tsɿ^{11}ma^{55}”。砍下芝麻捆好晒干后，倒过来让芝麻粒掉下来叫“倒芝麻təu^{13}tsɿ^{11}ma^{55}”。

收割玉米或给玉米脱粒叫“□苞芦me^{21}pəu^{11}nu^{55}”。“苞芦撬pəu^{11}nu^{55}tɕ^{h}iəu^{213}”是类似改锥的东西，用来给玉米脱粒。

收割其他作物分别叫：

斩芦穄tsã^{35}nu^{55}tɕi^{213}将高粱穗砍下来，即收割高粱；

斩葵花tsã^{35}k^{h}uei^{55}fa^{11}将向日葵的花盘砍下来，即收割向日葵；

挖红薯ua^{21}foŋ^{55}tɕ^{h}y^{55}；

挖花生ua^{21}fa^{11}sən^{11}。

晒粮食的平地叫“晒谷场sɛ^{13}ku^{21}ts^{h}ã^{35}”，有的是水泥地，有的直接在平地上用“晒簟sɛ^{13}tiɛ̃^{213}”，即晒粮食用的大竹席，不用时可以卷起来。少量的粮食用“团筐t^{h}ã^{55}tɕ^{h}iã^{11}”（也叫“圆箕yɛ̃^{55}tɕi^{11}”，圆形、篾制，一两寸高，比簸箕大得多）来晒，更少量的则用“簸箕po^{35}tɕi^{11}”（比团筐小一半）和“摊米□t^{h}ã^{11}mi^{35}no^{35}”（比簸箕小）来晒。

图 13　晒谷场　祁门县安凌镇倪村 /2004.10.1/ 赵日新 摄

图 14　晒簟　祁门县安凌镇倪村 /2004.10.1/ 赵日新 摄

图 15　团筐　祁门县安凌镇倪村 /2004.10.1/ 赵日新 摄

图 16　摊米□ [no^{35}]　祁门县安凌镇赤岭村 /2004.10.1/ 赵日新 摄

打下的粮食晒干后，用“风扇 foŋ^{11}sã^{213}”使籽粒跟杂草、皮壳等分离。风扇的构造如下：

风扇斗 foŋ^{11}sã^{21}təu^{35} 风扇上装粮食的斗形器具；

风扇叶 foŋ^{11}sã^{13}ie^{42} 风扇里的叶片，旋转时可以生风；

风扇鼓 foŋ^{11}sã^{21}ku^{35} 风扇上的圆形风腔，鼓风用；

大口 ta^{21}k^{h}əu^{35} 风扇上将杂质、灰等吹出去的出口；

籽口 tsɿ^{35}k^{h}əu^{35} 风扇上秕子、半饱满籽粒的出口；

中口 tsoŋ^{11}k^{h}əu^{35} 风扇上饱满籽粒的出口；

风扇喉 foŋ^{11}sã^{21}xəu^{55} 风扇上调节出籽量的装置，可以旋转。

军话区是祁门红茶的产地。将采下的生茶叶薄摊于竹簟或水泥地面上晾晒，勤翻转至叶片变深绿、柔软为止，俗称“晒青 sɛ^{13}tɕ^{h}in^{11}”。如遇雨天，则置于空气流通的室内摊放。

图 17 风扇 祁门县安凌镇赤岭村 /2015.8.2/ 赵日新 摄

图 18 晒青 祁门县安凌镇赤岭村 /2015.8.2/ 赵日新 摄

五 日常器具

“烘罩 foŋ^{11}tsɔu^{213}” 是烘烤茶叶等用的竹制圆形器具，上为摊开的口，下中空，置炭火盆。平时阴雨天也可以用于烘干衣物等。

“火桶 xo^{35}t^{h}oŋ^{35}” 是烤火用的木桶，内置火盆。人坐在桶沿上，腿伸进桶里，多用小被子盖住膝盖取暖。火桶是军话区冬天取暖的常用器具。

半边月（火桶）pã^{21}piẽ^{11}ye^{42} (xo^{35}t^{h}oŋ^{35}) 一边开口的火桶。

火盆 xo^{35}p^{h}ən^{55} 烤火用的盆，外架内盆，一般是陶瓷的。

手炉 səu^{35}nu^{55} 烘篮，烤火取暖用具，外壳用竹篾编成圆形，内置火盆，一般有盖，可以手提。

其他烤火用具还有：

图 19 烘罩 祁门县安凌镇倪村 /2015.8.2/ 赵日新 摄

图 20 火桶 祁门县安凌镇赤岭村 /2004.10.1/ 赵日新 摄

图 21　手炉　祁门县安凌镇上曾村 /2016.1.31/ 赵日新 摄

图 22　碗橱　祁门县安凌镇倪村 /2015.8.2/ 赵晓阳 摄

图 23　畚筲　祁门县安凌镇赤岭村 /2004.10.1/ 赵日新 摄

图 24　筲箕　祁门县安凌镇赤岭村 /2004.10.1/ 赵日新 摄

火钵 $xo^{35}po^{42}$ 手炉里内置的火盆。

火球 $xo^{35}tɕ^{h}iou^{55}$ 取暖用的篾制手炉，有提手。

"碗橱 $uã^{35}tɕ^{h}y^{55}$" 是放餐具、剩饭剩菜、油盐酱醋等的木制橱柜。有对开的木门或纱窗，一般分为两层，上层放剩饭菜及油盐酱醋等，下层放洗好的碗碟。

图 25 饭盆 祁门县安凌镇倪村 /2015.8.2/ 赵晓阳 摄

图 26 粪箕 祁门县安凌镇倪村 /2015.8.2/ 赵日新 摄

“畚筲 $pən^{11}səu^{11}$” 即撮箕，是用竹、木、铁片等做成的撮垃圾、粮食等的簸箕。多用竹篾编制，也有铁打的。有些大的撮箕还有竹制的提手，或在两边系上布条作为提手。畚筲也可以用来簸去粮食中的杂质。

筲箕 $səu^{11}tɕi^{11}$，也叫“饭箩 $f\tilde{a}^{21}no^{55}$”，用篾丝制作，圆形，有提手，淘米洗菜或盛东西用。可以悬挂，以防食物被猫、鼠等糟蹋。

饭盆 $f\tilde{a}^{21}p^{h}ən^{55}$ 装饭的木盆。过年、办宴席时煮的米饭比较多，需要用饭盆来装。

“粪箕 $fən^{13}tɕi^{11}$” 在军话区用处广泛，可以用来挑柴、草、土、沙、石，也可以用来挑猪粪、牛粪等。粪箕的提梁叫“粪箕夹 $fən^{13}tɕi^{11}ka^{42}$”，粪箕前端的口叫“粪箕口 $fən^{13}tɕi^{11}k^{h}əu^{35}$”，中空的部分叫“粪箕肚 $fən^{13}tɕi^{11}tu^{213}$”，小的粪箕叫“挑 $t^{h}iəu^{35}$”。

第五章 分类词表

说明：

1. 本章第一节收录《中国语言资源调查手册·汉语方言》中的词汇条目，根据祁门军话的实际情况有所删减。共14类，均附音频。音频目录与《中国语言资源调查手册·汉语方言》词汇条目一致。（本方言不说的除外；同义词共用一个音频条目）

2. 第二节收词以《汉语方言词语调查条目表》（《方言》2003年第1期）为基础，根据祁门军话的实际情况有所增删。共29类，均不附音频。

3. 先列军话词条，次列军话发音，注音之后是普通话释义。军话中表示相同意思的词，除第一个，其余均缩一格排列。只标变调，不标本调，例如：日头 zʅ^{21}tʰəu^{55} 太阳；阳光。同音字在右上角标“＝”，例如：琉$^{=}$璃$^{=}$ liou^{55}li^{55} 冰锥子。“□”表示有音无字，例如：水□ ɕyei^{35}toŋ^{35} 水坑儿。条目或标音中的“( )”表示其中的内容是可选的；举例用“～”代替本词；两可的说法或读音用“～”隔开。方言中的新说法、老说法分别在右下角用小字“新”“老”表示。第四章第三节出现的词语，这里只出条、标音，不再加注释，在条目右上角加小星号“*”表示。标注“（少）”表示该种说法较为少见。

第一节

《中国语言资源调查手册·汉语方言》

一　天文地理	六　服饰饮食	十一　动作行为
二　时间方位	七　身体医疗	十二　性质状态
三　植物	八　婚丧信仰	十三　数量
四　动物	九　人品称谓	十四　代副介连词
五　房舍器具	十　农工商文	

一　天文地理

日头 zɿ^{21}t^{h}əu^{55} 太阳；阳光

　日头公 zɿ^{21}t^{h}əu^{55}koŋ^{11}

月亮 ye^{21}liã^{213}

　月亮婆 ye^{21}liã^{213}p^{h}o^{55}

天星 t^{h}iẽ^{11}ɕin^{11} 星星

云 yn^{55}

风 foŋ^{11}

台风 t^{h}ɛ^{55}foŋ^{11}

闪 sã^{35} 闪电

雷 nei^{55}

雨 y^{35}

落雨 no^{21}y^{35} 下雨

沰 to^{42} 淋

晒 sɛ^{213}

雪 ɕie^{42}

冰 pin^{11}

冰雹 pin^{11}pɔu^{213}

霜 ɕyã^{11}

雾露 u^{13}nu^{213}

露水 nu^{21}ɕyei^{35}

虹 kã^{213} 彩虹

天狗吃日 t^{h}iẽ^{11}kəu^{35}tɕ^{h}i^{21}zɿ^{42} 日食

天狗吃月 t^{h}iẽ^{11}kəu^{35}tɕ^{h}i^{21}ye^{42} 月食

天 t^{h}iẽ^{11}

　天气 t^{h}iẽ^{11}tɕ^{h}i^{213}

好 xɔu^{35} 天～

阴 in^{11} 天～

干 kã^{11}（天）旱

打泥巴涝 ta^{35}ȵi^{55}pa^{11}nɔu^{213} 涝

天光 tʰiɛ̃^{11}kuã^{11} 天亮

田 tʰiɛ̃^{55}

　稻田 tɔu^{21}tʰiɛ̃^{55}

　水田 ɕyei^{35}tʰiɛ̃^{55}

地 ti^{213}

　旱地 xã^{13}ti^{213}

田塝 tʰiɛ̃^{55}pã^{213}

路 nu^{213}

山 sã^{11}

山坞 sã^{11}u^{35} 山谷

江 tɕiã^{11}

溪 tɕʰi^{11} 小河

水沟 ɕyei^{35}kəu^{11}

湖 fu^{55}

鱼塘 y^{55}tʰã^{55} 水塘；池塘

水□ ɕyei^{35}toŋ^{35} 水坑儿

大水 ta^{21}ɕyei^{35} 洪水

淹 ŋã^{11} 被水～了

河边 xo^{55}piɛ̃^{11} 河岸

坝 pa^{213} 拦河坝

鳌鱼翻身 ŋɔu^{55}y^{55}fã^{11}sən^{11} 地震

窟窿 kʰu^{42}noŋ^{0}

坼 tsʰe^{42} 缝儿

石头 sɿ^{21}tʰəu^{55}

泥巴 ȵi^{55}pa^{11} 土，干的

涝泥巴 nɔu^{21}ȵi^{55}pa^{11} 泥，湿的

洋泥 iã^{55}ȵi^{55}

　洋灰老 iã^{55}fei^{11}

　水泥新 ɕyei^{35}ȵi^{55}

沙（子）sa^{11} (tsɿ^{0})

砖头 tɕyɛ̃^{11}tʰəu^{55}

瓦 ua^{35}

煤 mei^{55}

洋油 iã^{55}iou^{55} 煤油

炭 tʰã^{213} 木炭

灰 fei^{11}

　炉灰 nu^{55}fei^{11}

扬尘灰 iã^{55}tsʰən^{55}fei^{11} 灰尘

火 xo^{35}

烟 iɛ̃^{11}

走火 tsəu^{35}xo^{35} 失火

水 ɕyei^{35}

冷水 nən^{35}ɕyei^{35}

温水 uən^{11}ɕyei^{35}

开水 kʰɛ^{11}ɕyei^{35}

吸铁石 ɕi^{21}tʰie^{21}sɿ^{42} 磁石

二　时间方位

时候 sɿ^{55}xəu^{0}

哪时景 na^{11}sɿ^{55}tɕin^{35} 什么时候

现在 ɕiɛ̃^{13}tsɛ^{213}

前 tɕʰiɛ̃^{55}

　以前 i^{35}tɕʰiɛ̃^{55}

后 xəu^{213}

　以后 i^{35}xəu^{213}

一生 i^{21}sən^{11} 一辈子

今年 tɕin^{11}ȵiɛ̃^{55}

明年 mən^{55}ȵiɛ̃^{55} ～ min^{55}ȵiɛ̃^{55}

后年 xəu^{21}ȵiɛ̃^{55}

旧年 tɕiou^{21}ȵiɛ̃^{55} 去年

前年 tɕʰiɛ̃^{55}ȵiɛ̃^{55}

往年 uã^{35}ȵiɛ̃^{55}

年头 ȵiɛ̃^{55}tʰəu^{55} 年初

年尾 ȵiɛ̃^{55}uei^{35} 年底

今朝 tɕin^{11}tsɔu^{11} 今天

明朝 mən^{55}tsɔu^{11} 明天

后朝 xəu^{13}tsɔu^{11} 后天

大后朝 ta^{21}xəu^{13}tsɔu^{11} 大后天

　望后朝 uã^{21}xəu^{13}tsɔu^{11}

昨日 tso^{21}zɿ^{0}

前日 tɕʰiɛ̃^{55}zɿ^{42}

　前天 tɕʰiɛ̃^{55}tʰiɛ̃^{11}

大前日 ta^{21}tɕʰiɛ̃^{55}zɿ^{42} 大前天

一天到晚 i^{21}tʰiɛ̃^{11}tɔu^{21}uã^{35} 整天

天天 tʰiɛ̃^{11}tʰiɛ̃^{11} 每天

清早 tɕʰin^{11}tsɔu^{35} 早晨

　早上 tsɔu^{35}sã^{0}

上昼 sã^{13}tsəu^{213}

　上午 sã^{21}u^{35}

当昼 tã^{11}tsəu^{213}

　中午 tsoŋ^{11}u^{35}

下昼 xa^{13}tsəu^{213}

　下午 xa^{21}u^{35}

挨黑 ŋɛ^{11}xe^{42} 傍晚

　挨夜 ŋɛ^{11}ie^{213}

　挨夜边 ŋɛ^{11}ie^{13}piɛ̃^{11}

　煞黑 sa^{21}xe^{42}

日里 zɿ^{42}li^{0} 白天

夜下 ie^{13}xa^{213} 夜晚

　夜里 ie^{213}li^{0}

半夜三更 pã^{13}ie^{213}san^{11}kən^{11} 半夜

正月 tsən^{11}ye^{42}

初一朝 tsʰu^{11}i^{21}tsɔu^{11} 大年初一

元宵节 yɛ̃^{55}ɕiɔu^{11}tɕie^{42}

清明 tɕʰin^{11}min^{55} 活动为祭祖扫墓，包括除草、整理、加土、烧纸、在坟头上插标

端午 tã^{11}u^{35}

七月半 tɕʰi^{21}ye^{21}pã^{213} 农历七月十五。原先军家不过七月半，为方便民家过七月半，他们提前一两天过，也叫七月半。活动是烧纸祭祖

　鬼节 kuei^{35}tɕie^{42}

中秋 tsoŋ^{11}tɕʰiou^{11}

　八月半 pa^{21}ye^{21}pã^{213}

冬至 toŋ^{11}tsɿ^{213}

腊月 na^{21}ye^{42}

三十夜 sã^{11}sɿ^{21}ie^{213} 大年三十，除夕

老皇历 nɔu^{35}fã^{55}li^{42}

古历 ku^{35}li^{42}

　阴历 in^{11}li^{42}

　农历 noŋ^{55}li^{42}

阳历 iã^{55}li^{42}

　公历 koŋ^{11}li^{42}

礼拜天 li^{35}pɛ^{213}tʰiɛ̃^{11} 星期天

位子 uei^{213}tsɿ^{0} 地方：这是什么～？

什么位子 sən^{35}mo^{0}uei^{213}tsɿ^{0} 什么地方

家里 ka^{11}li^{0} 他在～

城里 tsʰən^{55}li^{0}

乡下 ɕiã^{11}xa^{0}

上头 sã^{213}tʰəu^{0} 上面，上边儿

下头 xa^{213}tʰəu^{0} 下面

反边 fã^{35}piɛ̃^{11} 左边

顺边 ɕyn^{13}piɛ̃^{11} 右边

中间 tsoŋ^{11}kã^{11} 两座山～

前头 tɕʰiɛ̃^{55}tʰəu^{0} 前面，前边儿
后头 xəu^{213}tʰəu^{0} 后面，后边儿
末了 mo^{21}liɔu^{35} 末尾：他排队排在～
　打煞个 ta^{55}sa^{21}ko^{0}
对面 tei^{13}miɛ̃^{213} 我家～是祠堂
眼面前 ŋã^{35}miɛ̃^{11}tɕʰiɛ̃^{55} 眼前，前面：眼镜就在你～
背后 pei^{13}xəu^{213}
　背脊后 pei^{13}tɕi^{21}xəu^{213}
里头 li^{35}tʰəu^{0} 里面，里边儿
外头 uɛ^{213}tʰəu^{0} 外面，外边儿
边上 piɛ̃^{11}sã^{0} 旁边：床～
上 sã^{0} 床～，台桌～，手～，书～，门～，墙～
下 xa^{0} 台桌～
边舷 piɛ̃^{11}ɕiɛ̃^{55} 边儿：台桌～
角 ko^{42} 台桌～：桌子的边
上去 sã^{13}kʰi^{213} 他～了
下来 xa^{21}nɛ^{55} 他～了
到里头去 tɔu^{21}li^{35}tʰəu^{0}kʰi^{213} 进去
出来 tɕʰy^{21}nɛ^{55} 他～了
出去 tɕʰy^{21}kʰi^{213} 他～了
回来 fei^{55}nɛ^{55} 他～了
起来 tɕʰi^{35}nɛ^{55} 天冷～了
　[起来] tɕʰiɛ^{55}

三　植物

树 ɕy^{213}
木头 mu^{21}tʰəu^{55} 木料、树料
松树 tsʰoŋ^{55}ɕy^{213}
柏枝树 pe^{21}tsɿ^{11}ɕy^{213}
杉木 sa^{11}mu^{42}
杨柳树 iã^{55}liou^{35}ɕy^{213}
竹子 tsu^{42}tsɿ^{0}
笋 sən^{35}
叶子 ie^{42}tsɿ^{0}
花 fa^{11}
花苞 fa^{11}pɔu^{11} 花蕾
梅花 mei^{55}fa^{11}
　蜡梅 na^{21}mei^{55}
牡丹 məu^{35}tã^{11}
荷花 xo^{55}fa^{11}
草 tsʰɔu^{35}
藤 tʰən^{55}
刺 tsʰɿ^{213} 刺儿
水果 ɕyei^{35}ko^{35}
苹果 pʰin^{55}ko^{35}
桃子 tʰɔu^{55}tsɿ^{0}
梨 li^{55}
苦李 kʰu^{35}li^{35} 李子
杏子 ɕin^{213}tsɿ^{0}
橘子 tɕy^{42}tsɿ^{0}
柚子 iou^{213}tsɿ^{0}
柿子 sɿ^{213}tsɿ^{0}
石榴 sɿ^{21}liou^{55}
枣子 tsɔu^{35}tsɿ^{0}
板栗 pan^{35}li^{42}
　毛栗 mɔu^{55}li^{42}
核桃 xe^{21}tʰɔu^{55}
白果 pe^{21}ko^{35} 银杏
甘蔗 kã^{11}tse^{213}
木耳 mu^{21}ᴇ^{35}
香菇 ɕiã^{11}ku^{11} 泛指蘑菇
谷 ku^{42} 稻子，稻谷

稻草 tɔu^{21}tsʰɔu^{35}

大麦 ta^{13}me^{42}

小麦 ɕiɔu^{35}me^{42}

麦秆 me^{21}kã^{35} 麦秸

粟 su^{42} 谷子，指植物

芦穄 nu^{55}tɕi^{213} 高粱

苞芦 pɔu^{11}nu^{55} 玉米

棉花 miɛ̃^{55}fa^{11}

油菜 iou^{55}tsʰɛ^{213} 油料作物，菜籽可榨油

芝麻 tsɿ^{11}ma^{55}

葵花 kʰuei^{55}fa^{11} 向日葵

碧豆 pi^{21}təu^{213} 蚕豆

豌豆 uã^{11}təu^{213}

花生 fa^{11}sən^{11}

黄豆 fã^{55}təu^{213}

绿豆 nu^{21}təu^{213}

羊角 iã^{55}ko^{42} 豇豆

包心菜 pɔu^{11}ɕin^{11}tsʰɛ^{213}

橄榄包 kã^{35}nã^{35}pɔu^{11} 圆白菜

菠菜 po^{11}tsʰɛ^{213}

芹菜 tɕʰin^{55}tsʰɛ^{213}

莴笋 o^{11}sən^{35} 秆子供食用

韭菜 tɕiou^{35}tsʰɛ^{213}

芫荽 iɛ̃^{55}ɕi^{11} 香菜

火葱 xo^{35}tsʰoŋ^{11} 葱

大蒜 ta^{13}sɔ̃^{213} 蒜

生姜 sən^{11}tɕiã^{11} 姜

洋葱 iã^{55}tsʰoŋ^{11} 大葱

辣椒 na^{21}tɕiɔu^{11}

茄子 tɕʰie^{55}tsɿ^{0}

西红柿 ɕi^{11}foŋ^{55}sɿ^{213}

萝卜 no^{55}pu^{0}

胡萝卜 fu^{55}no^{55}pu^{0}

黄瓜 fã^{55}kua^{11}

丝瓜 sɿ^{11}kua^{11}

碧瓜 pi^{21}kua^{11} 南瓜

荸荠 pu^{21}tɕʰi^{55}

红薯 foŋ^{55}tɕʰy^{55}

洋芋 iã^{55}y^{213} 土豆

芋头 y^{21}tʰəu^{55}

山药 sã^{11}io^{42}

藕 ŋəu^{35}

四 动物

老虎 nɔu^{35}fu^{35}

猴子 xəu^{55}tsɿ^{0}

蛇 se^{55}

老鼠 nɔu^{35}tɕʰy^{35}

皮燕 pʰi^{55}iɛ̃^{213} 蝙蝠

鸟 ȵiɔu^{35} 鸟儿

麻雀 ma^{55}tɕʰio^{42}

喜鹊 ɕi^{35}tɕʰio^{42}

老□ nɔu^{35}ua^{11} 乌鸦，俗以为不祥之物

鸽子 ko^{42}tsɿ^{0}

翅膀 tsʰɿ^{21}pã^{35}

爪子 tɕya^{35}tsɿ^{0}

尾巴 uei^{35}pa^{11}

窠 kʰo^{11} 鸟窝

窝 o^{11}

虫 tsʰoŋ^{55} 虫子

阳$^{=}$叶$^{=}$ iã^{55}ie^{42} 蝴蝶

天□ tʰiɛ̃^{11}ɕin^{11} 蜻蜓

糖蜂 tʰã^{55}foŋ^{11} 蜜蜂

蜂子糖 foŋ^{11}tsɿ^{0}tʰã^{55} 蜂蜜

□蛉 tʰoŋ^{55}lin^{55} 蝉，知了，统称

蚂蚁 ma^{35}ȵi^{35}

□□ kʰã^{11}tɕʰyɛ̃^{35} 蚯蚓

蚕 tsʰã^{55}

蜘蛛 tsɿ^{11}tɕy^{11}

　蛛蛛 tɕy^{11}tɕy^{11}

蚊虫 uən^{55}tsʰoŋ^{55}

苍蝇 tsʰã^{11}in^{11}

乌子 u^{11}tsɿ^{0} 跳蚤

虱子 se^{42}tsɿ^{0} ～ sɿ^{42}tsɿ^{0}

鱼 y^{55}

鲤鱼 li^{35}y^{55}

胖头（鱼）pʰã^{21}tʰəu^{55} (y^{55}) 鳙鱼

鲫□□ tɕi^{21}ko^{21}no^{42} 鲫鱼

鳖 pie^{42} 甲鱼

鱼鳞壳 y^{55}lin^{55}kʰo^{42} 鱼鳞

虾子 xa^{11}tsɿ^{0} 虾

老蟹 nɔu^{35}xɛ^{35} 螃蟹

蛤蟆 kʰa^{55}ma^{55} 青蛙

癞癞牯 nɛ^{21}nɛ^{21}ku^{35} 癞蛤蟆

马 ma^{35}

驴子 li^{55}tsɿ^{0}

骡 no^{55}

牛 ȵiou^{55}

牯牛 ku^{35}ȵiou^{55} 公水牛，公黄牛

牸牛 sa^{11}ȵiou^{55} 母牛

看牛 kʰã^{11}ȵiou^{55} 放牛

羊 iã^{55}

猪 tɕy^{11}

猪斗 tɕy^{11}təu^{35} 配种用的公猪，种公猪

牯猪 ku^{35}tɕy^{11} 阉过的公猪

猪□ tɕy^{11}mɔu^{55} 未阉过的母猪

小养猪 ɕiɔu^{35}iã^{35}tɕy^{11}

　小猪 ɕiɔu^{35}tɕy^{11} 猪崽

猪栏 tɕy^{11}nã^{55} 猪圈

供猪 tɕioŋ^{11}tɕy^{11} 养猪

　看猪 kʰã^{11}tɕy^{11}

猫 miɔu^{11} ～ mɔu^{11}

公猫 koŋ^{11}miɔu^{11}

母猫 mu^{35}miɔu^{11}

狗 kəu^{35}

公狗 koŋ^{11}kəu^{35}

草狗 tsʰɔu^{35}kəu^{35} 母狗

叫 tɕiɔu^{213}（狗）吠；（鸡）啼

兔子 tʰu^{213}tsɿ^{0}

鸡 tɕi^{11}

鸡公 tɕi^{11}koŋ^{11} 公鸡

　鸡公屌 tɕi^{11}koŋ^{11}tiɔu^{35}

鸡母 tɕi^{11}mu^{35}

　母鸡 mu^{35}tɕi^{11}

生 sən^{11} 下（蛋）

伏 pu^{213} 孵（小鸡）

鸭 ŋa^{42} 鸭子

鹅 ŋo^{55}

割卵子 ko^{21}nɔ̃^{55}tsɿ^{35} 阉（母牛、母猪）

□ tɕiɛ̃^{11} 阉（母猪）

搞猪食 kɔu^{35}tɕy^{11}sɿ^{42} 喂猪

杀猪 sa^{21}tɕy^{11}

治鱼 tsʰɿ^{55}y^{55} 杀鱼

五　房舍器具

村子 tsʰən^{11}tsɿ^{0}

弄 noŋ^{213} 胡同

街 kɛ^{11}

做屋 tso^{13}u^{42} 盖房子

屋 u^{42} 房子

房间 fã^{55}kã^{11} 屋子

房 fã^{55} 卧室；房间

草棚 tsʰəu^{35}pʰoŋ^{55} 茅屋

锅上 ko^{11}sã^{0} 厨房

锅台 ko^{11}tʰɛ^{55} 灶；灶台

锅 ko^{11}

煮饭锅 tɕy^{35}fã^{13}ko^{11} 烧饭用的锅

炒菜锅 tsʰəu^{35}tsʰɛ^{21}ko^{11}

茅司 məu^{55}sɿ^{11} 厕所

桁条 ɕin^{55}tʰiəu^{55} 檩子

屋柱 u^{21}tɕy^{213} 柱子

*大门 ta^{21}mən^{55}

门槛 mən^{55}kʰã^{35}

槛子 kʰã^{35}tsɿ^{0} 窗子

楼梯 nəu^{55}tʰe^{11} 梯子；楼梯

帚子 tsəu^{35}tsɿ^{0} 扫帚

扫地 səu^{35}ti^{213}

落⁼索⁼ no^{21}so^{42} 垃圾

家具 ka^{11}tɕy^{213}

东西 toŋ^{11}ɕi^{11}

床 tɕʰyã^{55}

枕头 tsən^{35}tʰəu^{55}

被窝 pʰi^{35}o^{11} 统称被子，包括褥子

　被窝笼 pʰi^{35}o^{11}noŋ^{55}

被窝絮 pʰi^{35}o^{11}ɕi^{213} 棉絮

　棉花絮 miɛ̃^{55}fa^{11}ɕi^{213}

被窝单 pʰi^{35}o^{11}tã^{11} 床单

垫絮 tiɛ̃^{21}ɕi^{213} 褥子

　垫被 tiɛ̃^{21}pʰi^{35}

席子 ɕi^{42}tsɿ^{0}

蚊虫帐 uən^{55}tsʰoŋ^{55}tsã^{213} 蚊帐

台桌 tʰɛ^{55}tso^{42} 桌子

橱 tɕʰy^{55} 柜子

抽屉 tsʰəu^{11}tʰi^{213}

架几 ka^{21}tɕi^{35} 案子，指长条案，放在客厅后部正中的长条形木板，两头架在橱子上，上面放座钟、屏风、花瓶等

靠椅 kʰəu^{21}i^{35}

板凳 pã^{35}tən^{213}

马桶 ma^{35}tʰoŋ^{35} 尿桶，女人用的

　子孙桶 tsɿ^{55}sən^{11}tʰoŋ^{35}

薄刀 po^{21}təu^{11} 菜刀

瓢 pʰiəu^{55} 水勺

缸 kã^{11}

坛子 tʰã^{55}tsɿ^{0}

瓶子 pʰin^{55}tsɿ^{0}

盖子 kɛ^{213}tsɿ^{0}

碗 uã^{35}

筷子 kʰuɛ^{213}tsɿ^{0}

挑（子）tʰiəu^{11} (tsɿ^{0}) 调羹；特指金属制的小勺子

柴 tsʰɛ^{55} 柴火

洋火 iã^{55}xo^{35} 火柴

锁 so^{35}

钥匙 io^{21}sɿ^{55}

热水瓶 ze^{21}ɕyei^{35}pʰin^{55} 暖水瓶

脸盆 liɛ̃^{35}pʰən^{55}

洗脸水 ɕie^{35}liɛ̃^{35}ɕyei^{35}

手巾 səu^{35}tɕin^{11} 毛巾

　洗脸手巾 ɕie^{35}liɛ̃^{35}səu^{35}tɕin^{11}

手捏子 səu^{35}ȵie^{42}tsɿ^{0} 手绢，手帕

肥皂 fei^{55}tsɔu^{213}

梳子 su^{11}tsɿ^{0}

针 tsən^{11} 缝衣针

剪刀 tɕiɛ̃^{35}tɔu^{11}

蜡烛 na^{21}tsu^{42}

电火 tiɛ̃^{21}xo^{35} 手电筒

伞 san^{35}

脚踏车 tɕio^{21}t^{h}a^{21}ts^{h}e^{11} 自行车

六　服饰饮食

衣裳 i^{11}sã^{55} 衣服，包括衣裤，也指上衣

穿 tɕ^{h}yɛ̃^{11} ～衣服

脱 t^{h}o^{42} ～衣服

系 tɕi^{213} ～鞋带

衬衣 ts^{h}ən^{13}i^{11}

背心 pei^{13}ɕin^{11}

　背褡 pei^{13}ta^{42}

毛线衣 mɔu^{55}ɕiɛ̃^{13}i^{11} 毛衣

　毛绳衣 mɔu^{55}sən^{55}i^{11}

絮袄 ɕi^{21}ŋɔu^{35} 棉衣，棉袄

袖子 ɕiou^{213}tsɿ^{0}

荷包 xo^{55}pɔu^{11} 口袋、衣兜

裤子 k^{h}u^{213}tsɿ^{0}

短裤 tɔ̃^{35}k^{h}u^{213} ～ tã^{35}k^{h}u^{213}

裤脚 k^{h}u^{13}tɕio^{42} 裤腿

帽子 mɔu^{213}tsɿ^{0}

鞋 xɛ^{55}

袜子 ua^{42}tsɿ^{0}

围巾 uei^{55}tɕin^{11}

围裙 uei^{55}tɕ^{h}yn^{55}

尿片 ȵiɔu^{13}p^{h}iɛ̃^{213} ～ sei^{11}p^{h}iɛ̃^{213}

扣子 k^{h}əu^{213}tsɿ^{0}

扣 k^{h}əu^{213} ～扣子

戒指 kɛ^{13}tsɿ^{0}

镯子 tso^{42}tsɿ^{0}

剃头 t^{h}i^{21}t^{h}əu^{55} 理发

梳头（毛）su^{11}t^{h}əu^{55} (mɔu^{55})

饭 fã^{213} 米饭、面食等，也特指大米饭

粥 tsu^{42} 稀饭

面粉 miɛ̃^{21}fən^{35}

面 miɛ̃^{213}

　面汤 miɛ̃^{13}t^{h}ã^{11} 汤面

粉 fən^{35} 面儿：玉米～

馍 mo^{55} 馒头

包子 pɔu^{11}tsɿ^{0}

饺子新 tɕiɔu^{35}tsɿ^{0}

馄饨 fən^{11}tən^{213}

心 ɕin^{11} 包子、饺子、馅饼的馅儿

油条 iou^{55}t^{h}iɔu^{55}

豆腐浆 təu^{13}fu^{213}tɕiã^{11} 豆浆

豆腐脑髓 təu^{21}fu^{21}nɔu^{35}ɕi^{35} 豆腐脑

汤圆 t^{h}ã^{11}yɛ̃^{55}

粽子 tsoŋ^{213}tsɿ^{0}

年糕 ȵiɛ̃^{55}kɔu^{11}

点心 tiɛ̃^{35}ɕin^{11}

菜 ts^{h}ɛ^{213}

干菜 kã^{11}ts^{h}ɛ^{213} 煮熟晒干或腌制后晒干的素菜

豆腐 təu^{13}fu^{213}

猪血 tɕy^{11}ɕye^{42}

猪脚 tɕy^{11}tɕio^{42} 猪蹄儿

猪舌条 tɕy^{11}se^{21}t^{h}iɔu^{55} 猪舌头

猪肝 tɕy^{11}kã^{11}

肚杂 tu^{35}tsa^{42} 动物的内脏

鸡□ tɕi^{11}ka^{35} 鸡蛋

皮蛋 pʰi^{55}tã^{213} 松花蛋

猪油 tɕy^{11}iou^{55}

麻油 ma^{55}iou^{55} 芝麻油，香油

酱油 tɕiã^{21}iou^{55}

盐 iɛ̃^{55}

醋 tsʰu^{213}

纸烟 tsɿ^{35}iɛ̃^{11} 香烟

黄烟 fã^{55}iɛ̃^{11} 旱烟

烧酒 sɔu^{11}tɕiou^{35}

老酒 nɔu^{35}tɕiou^{35}

米酒 mi^{35}tɕiou^{35} 江米酒

茶叶 tsʰa^{55}ie^{42}

泡 pʰɔu^{213} 沏（茶）

冰棒 pin^{11}pã^{213}

煮饭 tɕy^{35}fã^{213} 做饭

炒菜 tsʰɔu^{35}tsʰɛ^{213}

煠 sa^{42} 煮（鸡蛋）

煎 tɕiɛ̃^{11}

煠 tsa^{42} 炸（油条）

蒸 tsən^{11} ～鱼，～菜

揉 ȵiou^{55} ～面

打 tə^{35} ～面皮儿

擀 kã^{35}

吃早饭 tɕʰi^{21}tsɔu^{35}fã^{213}

吃中饭 tɕʰi^{21}tsoŋ^{11}fã^{213} 吃午饭

吃夜饭 tɕʰi^{21}ie^{13}fã^{213} 吃晚饭

吃 tɕʰi^{42} ～饭

喝 xo^{42} ～酒

喝 xo^{42} ～茶

吃 tɕʰi^{42} ～烟：抽烟

舀饭 iɔu^{35}fã^{213} 盛饭

夹 ka^{42} 搛（菜）

倒 tɔu^{213}

斟 tsən^{11}

渴 kʰo^{42}

饿 o^{213}

哽 kən^{35} 噎：～着了

七　身体医疗

头 tʰəu^{55}

头毛 tʰəu^{55}mɔu^{55} 头发

辫子 piɛ̃^{213}tsɿ^{0}

顶 tin^{35} 头发旋儿

额角前 ŋe^{21}ko^{42}tɕʰiɛ̃^{55} 额头

貌相 mɔu^{13}ɕiã^{213} 相貌

脸 liɛ̃^{35}

眼睛 ŋã^{35}tɕin^{11}

眼珠子 ŋã^{35}tɕy^{11}tsɿ^{0}

眼泪水 ŋã^{35}li^{21}ɕyei^{35} 眼泪

眉毛 mi^{55}mɔu^{55}

耳朵 ᴇ^{35}to^{35}

鼻子 pi^{42}tsɿ^{0}

鼻□ pi^{21}tʰin^{213} 鼻涕

鼻子 pi^{42}tsɿ^{0}

擤 ɕin^{35} ～鼻涕

嘴（巴）tsei^{35} (pa^{11})

口唇 kʰəu^{55}tɕʰyn^{55} 嘴唇

口水 kʰəu^{35}ɕyei^{35}

舌条 se^{21}tʰiɔu^{55} 舌头

牙齿 ŋa^{55}tsʰɿ^{35}

下□ xa^{21}pʰa^{55} 下巴

胡子 fu^{55}tsɿ^{0}

颈子 tɕin^{35}tsɿ^{0} 脖子

喉咙杆 xəu^{55}noŋ^{55}kã^{35} 喉咙

肩膀头 tɕiɛ̃^{11}pã^{35}tʰəu^{55} 肩膀

手股 səu^{35}ku^{35} 胳膊

手 səu^{35} 包括手臂与手

反手 fã^{35}səu^{35} 左手

顺手 ɕyn^{21}səu^{35} 右手

拳头 tɕʰyɛ̃^{55}tʰəu^{55}

手指头 səu^{35}tsɿ^{35}tʰəu^{55} 手指

大拇指 ta^{21}mu^{35}tsɿ^{35}

食指 sɿ^{21}tsɿ^{35}

中指 tsoŋ^{11}tsɿ^{35}

　中拇指 tsoŋ^{11}mu^{35}tsɿ^{35}

无名指 u^{55}min^{55}tsɿ^{35}

小拇指 ɕiɔu^{35}mu^{35}tsɿ^{35}

指甲 tsɿ^{35}kʰa^{42}

腿 tʰei^{35}

脚 tɕio^{42} 包括腿与脚

磕膝头 kʰe^{21}ɕi^{21}tʰəu^{55} 膝盖

背脊 pei^{13}tɕi^{42} 背

肚子 tu^{213}tsɿ^{0}

肚脐眼 tu^{21}tɕʰi^{55}ŋã^{35}

奶 nɛ^{35} ① 乳房；② 乳汁：吃～

屁股 pʰi^{21}ku^{35}

屁股窿 pʰi^{21}ku^{35}noŋ^{55} 肛门

屌 tiɔu^{35} 男阴

屄 pʰi^{42} 女阴

戳屄 tsʰo^{21}pʰi^{42} 交合

㞞 ɕioŋ^{55} ～ soŋ^{55} ① 精液；② 软弱无能

来血 nɛ^{55}ɕye^{42} 来月经

屙□ o^{11}ia^{35} 拉屎

屙尿 o^{11}sei^{11} 撒尿

放屁 fã^{13}pʰi^{213}

害病 xɛ^{13}pin^{213} 生病，病了

摊凉 tʰã^{11}liã^{55}

　着凉 tso^{42}liã^{55}

咳嗽 kʰe^{21}sɔu^{213}

发烧 fa^{21}sɔu^{11}

发抖 fa^{21}təu^{35}

肚子痛 tu^{213}tsɿ^{0}tʰoŋ^{213}

泻肚子 ɕie^{13}tu^{213}tsɿ^{0} 拉肚子

打摆子 ta^{35}pɛ^{35}tsɿ^{0} 发疟疾

受热闭 səu^{11}ze^{21}pi^{213} 中暑

　发痧 fa^{42}sa^{11}

肿 tsoŋ^{35}

灌脓 kuã^{21}noŋ^{55} 溃脓

疤子 pa^{11}tsɿ^{0} 疤

癣 ɕiɛ̃^{35}

痣 tsɿ^{213}

　痣子 tsɿ^{213}tsɿ^{0}

包 pɔu^{11} 蚊子叮咬后形成的疙瘩

狐狸骚 fu^{55}li^{55}sɔu^{11} 狐臭

看病 kʰã^{13}pin^{213}

捺脉 na^{21}me^{42} 号脉，诊脉

　□脉 xã^{55}me^{42}

扎干针 tsa^{21}kã^{11}tsən^{11} 扎针，针灸

打针 ta^{35}tsən^{11}

吊水 tiɔu^{21}ɕyei^{35} 打吊针

　挂吊针 kua^{13}tiɔu^{13}tsən^{11}

喝香茶老 xo^{21}ɕiã^{11}tsʰa^{55} 吃药

香茶老 ɕiã^{11}tsʰa^{55} 汤药

病好一点了 pin^{21}xɔu^{35}i^{21}tiɛ̃^{35}na^{0} 病轻了

八 婚丧信仰

做媒tso^{21}mei^{55}说媒

媒婆mei^{55}p^{h}o^{55}媒人（女性）

　媒佬mei^{55}zən^{55}（男性）

看人家k^{h}ã^{21}zən^{55}ka^{11}（女到男家）相亲，主要看男方的长相为人以及住房等经济状况

下定xa^{13}tin^{213}订婚

嫁妆ka^{13}tɕyã^{11}

完婚uã^{55}fən^{11}结婚

*讨老婆t^{h}ɔu^{35}nɔu^{35}p^{h}o^{55}

嫁老公ka^{21}nɔu^{35}koŋ^{11}出嫁

拜堂pɛ^{21}t^{h}ã^{55}

*新郎官ɕin^{11}nã^{55}kuã^{11}

新娘（子）ɕin^{11}ȵiã^{55} (tsɿ^{0})

担肚子的tã^{11}tu^{35}tsɿ^{0}ti^{0}孕妇

　夹生人ka^{21}sən^{11}zən^{55}

担肚子tã^{11}tu^{35}tsɿ^{0}怀孕

病妹pin^{13}mei^{213}害喜，怀孕初期孕妇恶心、呕吐的现象

生sən^{11}生（孩子），分娩

落胎no^{21}t^{h}ɛ^{11}小产，流产

双胞（胎）ɕyã^{11}pɔu^{11} (t^{h}ɛ^{11}) 双胞胎

坐月子tso^{13}ye^{42}tsɿ^{0}

吃奶tɕ^{h}i^{21}nɛ^{35}

摘奶tse^{21}nɛ^{35}断奶

弥月mi^{55}ye^{42}

　满月mã^{35}ye^{42}

生日sən^{11}zɿ^{42}

做寿tso^{13}səu^{213}老人家过生日

死sɿ^{35}

过辈ko^{13}pei^{213}

　过世ko^{13}sɿ^{213}

　不在pu^{21}tsɛ^{213}

　老人nɔu^{35}zən^{55}

　走了tsəu^{35}na^{0}

寻死tɕ^{h}in^{55}sɿ^{35}自杀

断气t^{h}ã^{13}tɕ^{h}i^{213}

*装棺tɕyã^{11}kuã^{11}

　*下棺xa^{13}kuã^{11}

寿材səu^{21}ts^{h}ɛ^{55}棺材，特指生前预制的

　老屋nɔu^{35}u^{42}

棺材kuã^{11}ts^{h}ɛ^{55}

*出丧tɕ^{h}y^{21}sã^{11}

灵牌lin^{55}p^{h}ɛ^{55}出殡时捧着的灵位

坟包fən^{55}pɔu^{11}坟墓

上坟sã^{21}fən^{55}

　挂坟kua^{21}fən^{55}

挂钱kua^{13}tɕ^{h}iɛ̃^{55}纸钱

老天爷nɔu^{35}t^{h}iɛ̃^{11}ie^{55}

菩萨p^{h}u^{55}sa^{42}

观音老母kuã^{11}in^{11}nɔu^{35}mu^{35}观音菩萨

灶司老爷tsɔu^{13}sɿ^{11}nɔu^{35}ie^{55}灶王爷，灶神

坟庙fən^{55}miɔu^{213}寺庙

　庙miɔu^{213}

*祠堂ts^{h}ɿ^{55}t^{h}ã^{55}

和尚xo^{55}sã^{213}

尼姑ȵi^{55}ku^{11}

道士tɔu^{13}sɿ^{213}

算命sõ^{13}min^{213}

运气yn^{13}tɕ^{h}i^{213}

保佑pɔu^{35}iou^{213}

九 人品称谓

人zən^{55}一个～

男人 nã^{55}zən^{0}

女人 ȵy^{35}zən^{0}

单身屌 tã^{11}sən^{11}tiɔu^{35} 单身汉

光棍汉 kuã^{11}kuən^{11}xã^{213}

老姑娘 nɔu^{35}ku^{11}ȵiã^{55}

毛伢 mɔu^{55}ŋa^{55} ① 男婴；② 婴儿

小鬼（头）ɕiɔu^{35}kuei^{35} (tʰəu^{55})

小把戏 ɕiɔu^{35}pa^{35}ɕi^{213} 小孩儿

末脚儿 mo^{21}tɕio^{21}ᴇ^{55} ① 男孩儿；② 最小的儿子

肶坼妹 pʰi^{21}tsʰe^{21}mei^{213} 女孩儿

小女妹 ɕiɔu^{35}ȵy^{35}mei^{213}

老人家 nɔu^{35}zən^{55}ka^{0} 老人，统称

亲戚 tɕʰin^{11}tɕʰi^{42} 指近亲

朋友 pʰoŋ^{55}iou^{35}

隔壁邻居 ke^{21}pi^{42}lin^{55}tɕy^{11}

客 kʰe^{42}

做农的 tso^{21}noŋ^{55}ti^{0} 农民

种田的 tsoŋ^{21}tʰiẽ^{55}ti^{0}

做买卖的 tso^{213}mɛ^{35}mɛ^{213}ti^{0} 商人

匠人 tɕiã^{21}zən^{55} 工匠，手艺人

砖匠 tɕyẽ^{11}tɕiã^{213} 泥水匠

木匠 mu^{21}tɕiã^{213}

裁缝 tsʰɛ^{55}foŋ^{55}

剃头的 tʰi^{21}tʰəu^{55}ti^{0} 理发师

剃头佬 tʰi^{21}tʰəu^{55}nɔu^{35}

烧锅佬 sɔu^{11}ko^{11}nɔu^{35} 厨师

师傅 sɿ^{11}fu^{213}

徒弟伢 tʰu^{55}ti^{213}ŋa^{55} 徒弟

讨饭的 tʰɔu^{35}fã^{213}ti^{0} 乞丐

讨饭鬼 tʰɔu^{35}fã^{213}kuei^{35}

婊子 piɔu^{35}tsɿ^{0}

流氓 liou^{55}mã^{55}

贼 tse^{42}

贼骨头 tse^{21}ku^{21}tʰəu^{55}

瞎子 xa^{42}tsɿ^{0} ① 盲人；② 文盲

聋子 noŋ^{55}tsɿ^{0}

哑巴 ŋa^{35}pa^{11}

驼子 tʰo^{55}tsɿ^{0}

跛子 po^{35}tsɿ^{0} 瘸子

疯子 foŋ^{11}tsɿ^{0}

傻子 sa^{35}tsɿ^{0}

孬子 nɔu^{11}tsɿ^{0}

□子 təu^{11}tsɿ^{0}

木头雕的 mu^{21}tʰəu^{55}tiɔu^{11}ti^{0} 笨蛋

公公 koŋ^{11}koŋ^{11} 祖父（面称）

婆婆 pʰo^{55}pʰo^{0} 祖母（面称）

外公新 uɛ^{13}koŋ^{11} 外祖父

外婆新 uɛ^{21}pʰo^{55} 外祖母

老子娘 nɔu^{35}tsɿ^{0}ȵiã^{55} 父母

老子 nɔu^{35}tsɿ^{0} 父亲（背称）

老娘 nɔu^{35}ȵiã^{55} 母亲（背称）

大大 ta^{213}ta^{0} 父亲（面称）

爸 pa^{42}

姆妈 m^{11}ma^{0} 母亲（面称）

妈妈 ma^{11}ma^{0}

晚老子 uã^{35}nɔu^{35}tsɿ^{0} 后爹，继父

晚娘 uã^{35}ȵiã^{55} 后妈，继母

丈人佬 tsã^{21}zən^{55}lɔu^{35} 岳父

丈母娘 tsã^{21}mu^{35}ȵiã^{55}

公公 koŋ^{11}koŋ^{11} 丈夫的父亲，叙称

婆婆 pʰo^{55}pʰo^{55} 丈夫的母亲，叙称

大爷 ta^{21}ie^{55}

大伯 ta^{13}pe^{42}

□□mã^{11}mã^{0}伯母

小爷ɕiɔu^{35}ie^{55} ①叔父；②最小的叔叔

　小叔ɕiɔu^{35}su^{42}

婶婶sən^{35}sən^{35}

姑ku^{11}

　姑妈ku^{11}ma^{11}

　姑娘ku^{11}ȵiã^{55}

姑夫ku^{11}fu^{11}姑父

母舅mu^{35}tɕiou^{213}舅舅

舅母tɕiou^{21}mu^{35}舅妈

姨i^{55}

　姨娘i^{55}ȵiã^{55}

　阿姨a^{11}i^{55}

姨爹i^{55}tie^{11}姨父

弟兄ti^{13}ɕioŋ^{11}合称兄弟

姊妹tsɿ^{35}mei^{213}包括兄弟、姐妹

　姐妹tɕie^{35}mei^{213}

哥哥ko^{11}ko^{11}

嫂嫂sɔu^{35}sɔu^{0}

兄弟ɕioŋ^{11}ti^{213}弟弟

弟媳妇ti^{21}ɕi^{21}fu^{213}

姐姐tɕie^{35}tɕie^{0}

姐夫tɕie^{35}fu^{11}

妹子mei^{13}tsɿ^{0}

妹夫mei^{13}fu^{11}

堂弟兄t^{h}ã^{35}ti^{13}ɕioŋ^{11}

　叔伯弟兄su^{21}pe^{42}ti^{13}ɕioŋ^{11}堂兄弟（他们的父亲是亲兄弟）

表弟兄piɔu^{35}ti^{13}ɕioŋ^{11}表兄弟

叔伯母su^{21}pe^{21}mu^{35}妯娌

两姨夫liã^{35}i^{55}fu^{11}连襟

儿子ᴇ^{55}tsɿ^{0}

媳妇ɕi^{42}fu^{0}儿媳妇

女（儿）ȵy^{35} (ᴇ^{0})

女婿ȵy^{35}ɕi^{213}

孙子sən^{11}tsɿ^{0}

曾孙ts^{h}ən^{55}sən^{11}重孙子

侄子tsɿ^{42}tsɿ^{0}

外甥uɛ^{13}sən^{11}

外孙uɛ^{13}sən^{11}

夫妻两fu^{11}tɕ^{h}i^{11}liã^{35}夫妻

老公nɔu^{35}koŋ^{11}丈夫

老婆nɔu^{35}p^{h}o^{55}妻子

名字min^{55}tsɿ^{213}

外号uɛ^{13}xɔu^{213}

十　农工商文

做事tso^{13}sɿ^{213}干活儿

事sɿ^{213}

栽秧tsɛ^{11}iã^{11}插秧

割谷ko^{21}ku^{42}割稻子

兴菜ɕin^{11}ts^{h}ɛ^{213}种菜

犁li^{55}

锄头tɕ^{h}y^{55}t^{h}əu^{55}

镰刀liɛ̃^{55}tɔu^{11}割稻子用的刀，刃上有齿

把pa^{213}

扁担piɛ̃^{35}tã^{213}

谷箩ku^{21}no^{55}箩筐，装稻谷用的，上圆下方

筛子sɛ^{11}tsɿ^{0}

*粪箕fən^{13}tɕi^{11}

*簸箕po^{35}tɕi^{11}

手推车səu^{35}t^{h}ei^{11}ts^{h}e^{11}独轮车

轱子 ku^{35}tsɿ^{0} 轮子

水碓 ɕyei^{35}tei^{213} 碓

　脚碓 tɕio^{21}tei^{213}

碓臼 tei^{13}tɕiou^{213} 臼

　石臼 sɿ^{21}tɕiəu^{213}

磨 mo^{213}

收成 səu^{11}ts^{h}ən^{55}

跑江湖 p^{h}əu^{55}tɕiã^{11}fu^{55}

打工 ta^{35}koŋ^{11}

斧子 fu^{35}tsɿ^{0}

老虎钳 nəu^{35}fu^{55}tɕ^{h}iɛ̃^{55} 钳子

起子 tɕ^{h}i^{35}tsɿ^{0}

锤头 tɕ^{h}yei^{55}t^{h}əu^{55} 锤子

　铁锤 t^{h}ie^{21}tɕ^{h}yei^{55}

洋钉 iã^{55}tin^{11}

　钉子 tin^{11}tsɿ^{0}

索 so^{42} 粗绳

棍子 kuən^{213}tsɿ^{0}

做生意 tso^{213}sən^{11}i^{213}

店 tiɛ̃^{213}

饭店 fã^{13}tiɛ̃^{213} 饭馆

旅店 ly^{35}tiɛ̃^{213}

贵 kuei^{213}

巧 tɕ^{h}iəu^{35} 便宜

划得来 fa^{42}tə^{0}lɛ^{55}

　划算 fa^{21}sɔ̃^{213}

折 tse^{42} 折扣

折本 se^{21}pən^{35}

　亏本 k^{h}uei^{11}pən^{35}

钞票 ts^{h}əu^{35}p^{h}iəu^{213}

　钱 tɕ^{h}iɛ̃^{55}

小钱 ɕiəu^{35}tɕ^{h}iɛ̃^{55}

　零散钱 lin^{55}sã^{35}tɕ^{h}iɛ̃^{55}

角子 ko^{42}tsɿ^{0} 硬币

本 pən^{35}

　本钱 pən^{35}tɕ^{h}iɛ̃^{55}

工钱 koŋ^{11}tɕ^{h}iɛ̃^{55}

　工资 koŋ^{11}tsɿ^{11}

盘缠 p^{h}ã^{55}ts^{h}ã^{55}

用 ioŋ^{213} ～钱

赚 tɕyɛ̃^{213} ～钱

搞 kəu^{35} ～钱：挣钱

差 ts^{h}a^{11} 欠：～他十块钱

　该 kɛ^{11}

算盘 sɔ̃^{21}p^{h}ã^{55}

秤 ts^{h}ən^{213}

称 ts^{h}ən^{11} 用秤～

　约 io^{42}

学堂 ɕio^{21}t^{h}ã^{55} 学校；教室

学堂 ɕio^{21}thã^{55}

　课室 k^{h}o^{13}sɿ^{42}

　教室 tɕiəu^{13}sɿ^{42}

上学 ɕio^{42}

放学 fã^{13}ɕio^{42}

　散学 sã^{35}ɕio^{42}

考试 k^{h}əu^{35}sɿ^{13}

书包 ɕy^{11}pəu^{11}

簿老 p^{h}u^{35}

　本子 pən^{35}tsɿ^{0}

铅笔 k^{h}ã^{11}pi^{42}

水笔 ɕyei^{35}pi^{42} 钢笔

油笔 iou^{55}pi^{42} 圆珠笔

毛笔 məu^{55}pi^{42}

墨 mi^{42} 墨锭，墨块

砚池 ȵiɛ̃^{21}ts^{h}ɿ^{55}

信 ɕin^{213} 一封～

小人书 ɕiɔu^{35}zən^{55}ɕy^{11} 连环画

躲猫 to^{55}miɔu^{11} 捉迷藏

跳绳 t^{h}iɔu^{21}sən^{55}

毽子 tɕiɛ̃^{213}tsɿ^{0}

风筝 foŋ^{11}tsən^{11}

舞狮 u^{35}sɿ^{11}

火炮 xo^{35}p^{h}ɔu^{213} 包括爆竹、鞭炮

　炮竹 p^{h}ɔu^{13}tsu^{42}

唱歌 ts^{h}ã^{13}ko^{11}

唱戏 ts^{h}ã^{13}ɕi^{213} 演戏

锣鼓 no^{55}ku^{35}

胡琴 fu^{55}tɕ^{h}in^{55}

笛子 ti^{42}tsɿ^{0}

猜拳 ts^{h}ɛ^{11}tɕ^{h}yɛ̃^{55} 划拳

走棋 tsəu^{35}tɕ^{h}i^{55}

　下棋 ɕia^{21}tɕ^{h}i^{55}

打扑克 ta^{35}p^{h}u^{21}k^{h}e^{42}

搓麻将 ts^{h}o^{11}ma^{55}tɕiã^{213} 打麻将

变魔术 piɛ̃^{21}mo^{35}su^{42}

讲古 kã^{35}ku^{35}

　讲故事 kã^{35}ku^{213}sɿ^{0}

猜谜 ts^{h}ɛ^{11}mi^{213}

嬉 ɕi^{11} 玩儿：到街上去～

打闹铃 ta^{35}nɔu^{21}lin^{55} 串门

走亲戚 tsəu^{35}tɕ^{h}in^{11}tɕ^{h}i^{42}

十一　动作行为

看 k^{h}ã^{213} ～电影

听 t^{h}in^{213} ～戏

嗅 foŋ^{213} 闻

　闻 uən^{55}

吸 ɕi^{42} ～气

开 k^{h}ɛ^{11} 睁：～眼

眙 ka^{42} 闭：～眼睛

眙 ka^{42} 眨：～眼睛

□ tsa^{11} 张：～嘴

闭 pi^{213} ～嘴

咬 ŋɔu^{35} 狗～人

嚼 tɕio^{42} ～碎

吞 t^{h}ən^{11} 咽：～下去

舔 t^{h}iɛ̃^{35}

含 k^{h}ã^{55} ～在嘴里

痛嘴 t^{h}oŋ^{21}tsei^{35} 接吻，亲嘴

□ ko^{42} 吮，吮吸

　欶 so^{42}

吐 t^{h}u^{213} 吃葡萄不～葡萄皮

吐 t^{h}u^{213} 呕吐：喝～了

打□ ta^{35}ts^{h}ei^{213} 打喷嚏

□ nən^{11} 拿：～过来

　□ ke^{11}

给 ke^{35} ～他十块钱；～狗咬了

　把 pa^{35}

摸 mo^{11} ～头

伸 tɕ^{h}yn^{11} ～手

爬 p^{h}a^{55} ～痒：挠痒痒

掐 k^{h}a^{42} ～人中

走 tsəu^{35} 拧（螺丝）

　转 tɕyɛ̃^{213}

□ ȵiou^{11} 拧（毛巾）

□ miɛ̃^{35} 捻：～碎

□ me^{11} 掰：～开；～苞芦（给玉米脱粒）

剥 po^{42} ～花生；～皮

□ lie^{11} 把纸～碎

□ tɕ^{h}ye^{35} 折（断）

拔pa^{42} ～萝卜

摘tse^{42} ～花；～茶：采茶；～奶：断奶

站tsã^{213} ～起来

靠kʰɔu^{213} 倚，斜靠：把梯子～在墙上

□tɕʰyɛ^{55} 蹲：～倒吃

坐tso^{213} ～下

蹦poŋ^{213} 单脚～

跨kʰua^{213}

□tɕʰyɛ^{35} 踩：～到水里去了

　踏tʰa^{42}

架ka^{213} 翘（腿）

弯uã^{11} ～腰

挺tʰin^{35} ～胸

扑pʰu^{42} ～倒睏：趴着睡

爬pʰa^{55} ～山，在地上～

走tsəu^{35} 慢慢～

跑pʰɔu^{55} 慢慢走，[不要]～

跑pʰɔu^{55} 逃：小偷～走了

撵ȵiɛ̃^{35}

逮tɛ^{35} 抓：～小偷

驮tʰo^{55} ～妹：抱孩子

背pei^{213} 放在背上：～孩子

扶fu^{55} 搀：～倒他

搡 soŋ^{35} ～出去，～车

跌tie^{42} ～倒：摔倒

碰pʰoŋ^{213} 撞：～到电线杆上了

遮tse^{11} 挡：～倒他

躲to^{35} ～在床底下

园kʰã^{213} 放，藏：把钱～好

搁ko^{42} 把碗～台桌上

码ma^{35} 摞：～砖

□uoŋ^{11} 埋：～到地里

盖kɛ^{213} 把茶杯～起来

压ŋa^{42} 用石头～倒：用石头压着

　□kʰa^{42}

捺na^{42} 按，摁：～门铃，～图钉

戳tsʰo^{42} 捅：～鸟窠

插tsʰa^{42} ～进去，～队，～座

戳tsʰo^{42} ～一个洞

倒tɔu^{35}

　砍kʰã^{35} ～树

簪$^{=}$tsã^{11} 剁：～肉

削ɕio^{42} ～苹果

开拆kʰɛ^{11}tsʰe^{42} 裂开：田干～了

　裂拆lie^{42}tsʰe^{42}

打皱ta^{35}tsəu^{213} 皱：皮～了

烂nã^{213} ①（饭煮得）软，（肉煮得）烂；②腐烂：死鱼～了

抹ma^{42} 擦，揩：～手

倒丢tɔu^{13}tiou^{11} 倒：把饭～掉

甩ɕyɛ^{35} ①丢弃，扔：把破烂～掉；②投掷：～手榴弹

抛pʰɔu^{11} 投掷

　甩ɕyɛ^{35}

落no^{42} 掉落：树上～下来一个苹果

落no^{42}

　滴ti^{42}

掉tiɔu^{213} 丢失：东西～了

寻tɕʰin^{55} 锁匙～倒了

捡tɕiɛ̃^{35} ～到十块钱

拎nən^{11} 把篮子～起来

　提tʰi^{55}

挑tʰiɔu^{11} ～水，～担

驮 t^{h}o^{55} ～树

抬 t^{h}ɛ^{55} 两个和尚～水吃

举 tɕy^{35} ～旗子

撑 ts^{h}ən^{11} ～伞：打伞

□ ŋɔu^{213} 撬：把门～开

选 ɕiɛ̃^{35}

　拣 tɕiɛ̃^{35} 选择，挑选：～个好看的

收捡 sɔu^{11}tɕiɛ̃^{35} 收拾：～东西

卷 tɕyɛ̃^{35} ～袖子：挽袖子

洗 ɕie^{35} 涮：～杯子

洗 ɕie^{35} ～衣裳

捞 nɔu^{11} ～鱼

系 tɕi^{213} 拴

捆 k^{h}uən^{35} ～起来

解 kɛ^{35} ～开绳子

挪 na^{11} ～台桌：挪桌子

捧 p^{h}oŋ^{35} 端：～碗；吹～

打 ta^{35} 摔：碗～碎了

兑 tei^{213} ～水

　掺 ts^{h}ã^{11}

烧 sɔu^{11} ～柴，～火

拆 ts^{h}e^{42} ～屋：拆房子

转 tɕyɛ̃^{213} 转圈儿

捶 tɕ^{h}yei^{55} 用拳头～，～背

打 ta^{35} 他～了我一下

打架 ta^{35}tɕia^{213}

歇 ɕie^{42} 休息：～下子

　歇火 ɕie^{21}xo^{35}

打阿□ ta^{35}a^{11}mu^{0} 打哈欠

打春 ta^{35}tsoŋ^{11} 打瞌睡

睏 k^{h}uən^{213} 睡

打鼾 ta^{55}xã^{11}

发梦天 fa^{21}moŋ^{13}t^{h}iɛ̃^{11} 做梦

起来 tɕ^{h}i^{35}nɛ^{55} ～ tɕ^{h}iɛ^{55} 起床

洗嘴 ɕie^{35}tsei^{35} 刷牙

洗澡 ɕie^{35}tsɔu^{35}

想 ɕiã^{35} 思索：让我～一下

想 ɕiã^{35} 想念：～家

准备 tɕyn^{55}pei^{213} 打算：我～开个店

记得倒 tɕi^{213}te^{0}tɔu^{35} 记得

忘 uã^{213} 我～了

　忘记 uã^{213}tɕi^{213}

　不记得 pu^{21}tɕi^{213}te^{0}

吓 xe^{42} 害怕：你别～

相信 ɕiã^{11}ɕin^{213} 我～你

　信 ɕin^{213}

焦心 tɕiɔu^{11}ɕin^{11} 发愁

当心 tã^{11}ɕin^{11} 留神：过马路要～

爱 ŋɛ^{213}

　喜欢 ɕi^{35}fã^{11}

讨厌 t^{h}ɔu^{35}iɛ̃^{213}

　讨嫌 t^{h}ɔu^{35}ɕiɛ̃^{55}

快活 k^{h}uɛ^{13}xo^{42} 舒服

难受 nã^{55}sɔu^{213} 痛得～

难过 nã^{55}ko^{213} 心里～

开心 k^{h}ɛ^{11}ɕin^{11} 高兴

见气 tɕiɛ̃^{13}tɕ^{h}i^{213} 生气

怪 kuɛ^{213} 责怪

后悔 xɔu^{21}fei^{35}

妒□ tu^{13}ȵie^{42} 忌妒

　眼红 ŋã^{35}foŋ^{55}

怕丑 p^{h}a^{21}ts^{h}ɔu^{35} 害羞：这个女妹好～

丢人 tiou^{11}zən^{55} 丢脸

　跌古子 tie^{21}ku^{35}tsɿ^{0}

出洋相 tɕʰy^{21}iã^{55}ɕiã^{213}

欺负 tɕʰi^{11}fu^{213}

装 tɕyã^{11} ～病

痛 tʰoŋ^{213} 心疼，疼爱

心痛 ɕin^{11}tʰoŋ^{213}

要 iɔu^{213} 我～这本书

有 iou^{35} 我～一个孩子

［没有］的 miou^{35}ti^{0} 没有：他～孩子

是 sɿ^{213} 我～老师

不是 pu^{21}sɿ^{213} 他～老师

在 tsɛ^{213} 他～家

不在 pu^{21}tsɛ^{213} 他～家

晓得 ɕiɔu^{35}te^{42} 知道：我～这件事

不晓得 pu^{21}ɕiɔu^{35}te^{42} 不知道

［不晓］得 pʰiɔu^{35}te^{42}

懂 toŋ^{35}

不懂 pu^{21}toŋ^{35}

晓得 ɕiɔu^{35}te^{42} 会：～开车

［不晓］得 pʰiɔu^{35}te^{42} 不会：～开车

认得 zən^{213}te^{42} 认识：这个人我～

不认得 pu^{21}zən^{21}te^{42} 不认识：那个人我～

认不得 zən^{21}pu^{21}te^{42}

照⁼ tsɔu^{213} 行，可以：这样就～

不照⁼ pu^{21}tsɔu^{213} 不行

肯 kʰən^{35} ～不～

该 kɛ^{11} 应该

可以 ko^{35}i^{35} ～开始了；饭好了，～吃了

讲 kã^{35} ～军话

话 fa^{213} 讲～

谈白 tʰã^{55}pe^{42} 聊天，闲聊

谈天 tʰã^{55}tʰiẽ^{11}

说白 so^{21}pe^{42}

讲白 kã^{35}pe^{42}

吆 ŋɔu^{11} ① 叫（作）：把太阳～日头；② 叫，喊，吆喝：～他一声

哭 kʰu^{42}

骂 ma^{213} ～人

争嘴 tsən^{11}tsei^{35} 吵架

吵死 tsʰɔu^{55}sɿ^{213}

哄 foŋ^{35} ～人：骗人

哄 foŋ^{35} ～小鬼：哄小孩

扯谎 tsʰe^{35}fã^{35} 撒谎

吹牛屄 tɕʰyei^{11}ȵiou^{55}pi^{11} 吹牛

呵卵脬 xo^{11}nɔ̃^{35}pʰɔu^{11} 拍马屁

开玩笑 kʰɛ^{11}uã^{55}ɕiɔu^{213}

搞好嬉 kɔu^{35}xɔu^{35}ɕi^{11}

讲好嬉 kã^{35}xɔu^{35}ɕi^{11}

跟……讲 kən^{11}…kã^{35} 告诉

难为 nã^{55}uei^{55} 谢谢：～你了

对不住 tei^{213}pu^{21}tɕy^{213}

十二　性质状态

大 ta^{213} 苹果～

小 ɕiɔu^{35} 苹果～

粗 tsʰu^{11} ～索

细 ɕi^{213} ～线

长 tsʰã^{55} ～短，线～

短 tɔ̃^{35} ～ tã^{35} 线～

长 tsʰã^{55} 时间～

久 tɕiou^{35}

短 tɔ̃^{35} ～ tã^{35} 时间～

阔 kʰo^{42} 路很～

宽敞 kʰuã^{11}tsʰã^{213} 他家屋～

窄 tse^{42} 路～

高 kɔu^{11} 飞得～

低 ti^{11} 飞得～

长 tsʰã^{55} 他比我～

低 ti^{11} 他比我～

远 yɛ̃^{35} 路～

　长 tsʰã^{55}

近 tɕin^{213} 路～

深 sən^{11} 水～

浅 tɕʰiɛ̃^{35} 水～

清 tɕʰin^{11} 水～

浑 fən^{55} 水～

圆 yɛ̃^{55}

　团 tʰɔ̃^{55}

扁 piɛ̃^{35}

方 fã^{11}

尖 tɕiɛ̃^{11}

平 pʰin^{55}

肥 fei^{55} 肉很～

腈 tɕin^{11} ～肉：瘦肉

壮 tɕyã^{213}（指动物）

　肥 fei^{55}

胖 pʰã^{213}（指人）

瘦 səu^{213}（指人）

乌 u^{11} 黑：～云

　黑 xe^{42}

白 pe^{42} ～雪

红 foŋ^{55} ～旗

黄 fã^{55}

蓝 nã^{55}

绿 nu^{42}

紫 tsɿ^{35}

灰 fei^{11}

多 to^{11}

少 səu^{35}

重 tsoŋ^{213}

轻 tɕʰin^{11}

直 tsɿ^{42} ～路；性格～

陡 təu^{35} 坡～

弯 uã^{11} 路是～的

歪 uɛ^{11} 帽子～了

厚 xəu^{213} 板～

枵 ɕiɔu^{11} 薄：～薄

硬 ŋən^{213} 稠（水分少）：粥太～了

稀 ɕi^{11}（稀饭）水分多

密 mi^{42} 菜种得～

稀 ɕi^{11} 稀疏：菜种得～

亮 liã^{213} 光线～

黑 xe^{42} 暗，黑（一点看不见）

热 ze^{42} 天气～

暖乎 nɔ̃^{35}fu^{11} 暖和

凉 liã^{55}

冷 nən^{35} 天气～

滚 kuən^{35} ～水

冷 nən^{35} ～水：凉水

干 kã^{11} 晒～

湿 tsʰɿ^{42} 衣服沤～了

干净 kã^{11}tɕin^{213}

邋遢 na^{21}tʰa^{42} 肮脏，不干净

锋快 foŋ^{11}kʰuɛ^{213} 刀子～

□ tɕyɛ^{11}（刀子）钝

快 kʰuɛ^{213} 走得～

憨 xã^{11} 走得～

　慢 mã^{213}

早 tsɔu^{35} 来得～

晏 ŋã^{213} 来～了：来晚了

　迟 ts^{h}ɿ^{55}

黑 xe^{42} 晚：天色～

　夜 ie^{213}

松 soŋ^{11} 捆得～

紧 tɕin^{35} 松～；很～

简单 tɕiɛ̃^{35}tã^{11} 容易：这个题目～

难 nã^{55} 这个题目～

新 ɕin^{11} 衣裳～

旧 tɕiou^{213} 衣裳～

年纪大 ȵiɛ̃^{55}tɕi^{11}ta^{213} 老

年纪轻 ȵiɛ̃^{55}tɕi^{11}tɕ^{h}in^{11}

　年轻 ȵiɛ̃^{55}tɕ^{h}in^{11}

软 yɛ̃^{35} ～糖

硬 ŋən^{213} 骨头～

烂 lɛ̃^{213} 肉煮得～

　熟 su^{42}

焦 tɕiɔu^{11} 物体受热后失去水分，呈现黄黑色并发硬、发脆：饭烧～了

扎实 tsa^{21}sɿ^{42} 结实、坚固、牢固：家具很～

　牢 nɔu^{55}

破 p^{h}o^{213} 衣裳～了

　烂 nã^{213}

有钱 iou^{35}tɕ^{h}iɛ̃^{55} 富：他家很～

苦 k^{h}u^{35} 穷：他家很～

忙 mã^{55} 他很～

空闲 k^{h}oŋ^{21}ɕiɛ̃^{55} 闲：最近比较～

累 nei^{213} 走路走～了

痛 t^{h}oŋ^{213} 疼：跌～了

痒 iã^{35} 身上～

闹热 nɔu^{13}ze^{42} 热闹

熟 su^{42} 熟悉：这个地方我很～

生疏 sən^{11}su^{11} 陌生

味道 uei^{13}tɔu^{213}

味道 uei^{13}tɔu^{213} 气味

咸 xã^{55}

淡 tã^{213}

酸 sɔ̃^{11}

甜 t^{h}iɛ̃^{55}

苦 k^{h}u^{35}

辣 na^{42}

鲜 ɕiɛ̃^{11} 汤很～

香 ɕiã^{11}

臭 ts^{h}əu^{213}

馊 səu^{11} 饭～了

腥 ɕin^{11} 鱼～

好 xɔu^{35} 人～

坏 fɛ^{213}

　孬 nɔu^{11} 坏：人～

　要不得 iɔu^{21}pu^{0}te^{42}

差 ts^{h}a^{11} 次：东西质量～

对 tei^{213} 算～了

　不错 pu^{21}ts^{h}o^{213}

错 ts^{h}o^{213} 算～了

好看 xɔu^{35}k^{h}ã^{213} 漂亮

难看 nã^{55}k^{h}ã^{213}

　丑 ts^{h}əu^{35}

勤快 tɕ^{h}in^{55}k^{h}uɛ^{213}

懒 nã^{35}

乖 kuɛ^{11}

　停当 t^{h}in^{55}tã^{213} 这个小鬼～

　停干 t^{h}in^{55}kã^{213}

调皮 t^{h}iɔu^{55}p^{h}i^{55}（小孩子）顽皮、调皮、淘气

野 ie^{35}

老实 nɔu^{35}sʅ^{42}

呆 tɛ^{11}

呆 ŋɛ^{55} 笨，做事慢，反应慢

大方 ta^{13}fã^{11}

舍得 se^{35}te^{42}

尖$^{=}$ tɕiɛ̃^{11}

小气 ɕiɔu^{35}tɕ^{h}i^{213}

舍不得 se^{35}pu^{21}te^{42}

爽快 sã^{35}k^{h}uɛ^{213}（说话）不转弯抹角，直爽

倔 tɕye^{42} 脾气～

犟 tɕiã^{213}

十三　数量

一 i^{42}

二 ᴇ^{213}

三 sã^{11}

四 sʅ^{213}

五 u^{35}

六 nu^{42}

七 tɕ^{h}i^{42}

八 pa^{42}

九 tɕiou^{35}

十 sʅ^{42}

二十 ᴇ^{13}sʅ^{42}

三十 sã^{11}sʅ^{42}

一百 i^{21}pe^{42}

一千 i^{21}tɕ^{h}iɛ̃^{11}

一万 i^{21}uã^{213}

一百零五 i^{21}pe^{42}lin^{55}u^{35}

一百五（十）i^{21}pe^{21}u^{35} (sʅ^{42})

第一 ti^{13}i^{42}

二两 ᴇ^{21}liã^{35}

几个 tɕi^{35}ko^{213}

两（个）liã^{35} (ko^{213}) 你们～

三（个）sã^{11} (ko^{213}) 仨：你们～

个把 ko^{21}pa^{35}

个 ko^{213} 一～人

匹 p^{h}i^{55} 一～马

条 t^{h}iɔu^{55} 一～牛

个 ko^{213} 一～猪

头 t^{h}əu^{55}

条 t^{h}iɔu^{55} 一～狗

只 tsʅ^{42} 一～鸡

个 ko^{213} 一～蚊虫

条 t^{h}iɔu^{55} 一～鱼

条 t^{h}iɔu^{55} 一～蛇

张 tsã^{11} 一～嘴

张 tsã^{11} 一～桌子

床 tɕ^{h}yã^{55} 一～被窝

张 tsã^{11} 一～席子

双 ɕyã^{11} 一～鞋

把 pa^{35} 一～刀

把 pa^{35} 一～锁

条 t^{h}iɔu^{55} 一～索

根 kən^{11}

支 tsʅ^{11} 一～毛笔

副 fu^{213} 一～眼镜

个 ko^{213} 一～镜子

块 k^{h}uɛ^{213} 一～香皂

部 pu^{213} 一～车

个 ko^{213} 一～屋

个 ko^{213} 一～桥

座 tso^{213}

条tʰiɔu^{55}一～河
条tʰiɔu^{55}一～路
棵kʰo^{11}一～树（活着的）
　根kən^{11}一～树（砍下的）
朵to^{35}一～花
粒li^{42}一～珠子
粒li^{42}一～米
餐tsʰã^{11}一～饭
帖tʰie^{42}一～中药
股ku^{35}一～香味
排pʰɛ^{55}一～字
块kʰuɛ^{213}一～钱
角ko^{42}一～钱
件tɕiẽ^{213}一～事
点tiẽ^{35}一～东西
些ɕie^{11}一～东西
下xa^{213}打一～
下xa^{213}会儿：坐了一～
顿tən^{213}打一～
场tsʰã^{35}一～雨
回fei^{55}走一～

十四　代副介连词

我ŋo^{35}
你li^{35} ～ ȵi^{35}你；您
他tʰa^{11}
我们ŋo^{35}mən^{0}我们，咱们
你们li^{35} ～ ȵi^{35}mən^{0}
他们tʰa^{11}mən^{0}
大家ta^{13}ka^{11} ～一起去
自家tsɿ^{13}ka^{11}自己
　人家zən^{55}ka^{11}
别人pie^{42}zən^{0}这是～的东西
　人家zən^{55}ka^{11}
我大ŋo^{35}ta^{213}我爸爸：～今年七十岁了
你大li^{35} ～ ȵi^{35}ta^{213}你爸：～在家吗
他大tʰa^{11}ta^{213}他爸爸：～是老师
这个tse^{42}ko^{0}
那个na^{213}ko^{0}
哪个na^{35}ko^{213}哪一个
哪个na^{35}ko^{213}谁
这里tse^{21}li^{35}
那里na^{21}li^{35}
哪里na^{35}li^{35}
这样tse^{42}iã^{0} ～做
那样na^{213}iã^{0} ～做
么样mo^{0}iã^{213}怎样：你要～的
这么tse^{42}mo^{0} ～高
哪好的na^{35}xɔu^{35}ti^{0}怎么：这个字～写
么mo^{35}这是个～字
　么屌mo^{35}tiɔu^{35}
　什么sən^{35}mo^{0}
么东西mo^{35}toŋ^{11}ɕi^{11}你找～
　什么sən^{35}mo^{0}
怎么tsən^{35}mo^{0}为什么：你～不去
　做么事tso^{21}mo^{35}sɿ^{213}
做么事tso^{21}mo^{35}sɿ^{213}做什么（事）；干什么；为什么
几多tɕi^{35}to^{11}多少
　好多xɔu^{35}to^{11}
好xɔu^{35}今朝～热
　怪kuɛ^{213}
特别tʰe^{21}pie^{42}非常：今朝～热
　死sɿ^{35}

还 xɛ^{55} ～ xã^{55} 今朝比昨日～热

格外 ke^{21}uɛ^{213}

太 t^{h}ɛ^{213} ～贵了

最 tsei^{213} 弟兄三个他～高

顶 tin^{35}

都 tu^{11} ～来了

一起 i^{21}tɕ^{h}i^{35} ～十块钱

总共 tsoŋ^{35}koŋ^{213}

一起 i^{21}tɕ^{h}i^{35}

只 tsɿ^{35} 我～去过一回

就 tɕiou^{213}

刚 tɕiã^{11} 这双鞋我穿着～好

刚刚 tɕiã^{11}tɕiã^{11} 刚：我～来

再 tsɛ^{213} 才：到现在～来

就 tɕiou^{213} 马上～去

常 ts^{h}ã^{55} 我～去

又 iou^{213} 他～来了

还 xɛ^{55} ～没来家；～是老样子

再 tsɛ^{213} 明朝～来

也 ie^{35} 你去我～去；我～是老师

反正 fã^{35}tsən^{213} 不要急，～来得及

横直 fən^{55}tsɿ^{42}

横直里外里 fən^{55}tsɿ^{42}li^{35}uɛ^{21}li^{35}

［没有］miou^{35} 不曾，未：我～去

不 pu^{42} ～去

［不要］piɔu^{213} 你～去

［不要］piɔu^{213} 你～客气

快 k^{h}uɛ^{213} ～四十了；～天光了

差点 ts^{h}a^{11}tiɛ̃^{35} ～跌倒

宁愿 ȵin^{55}yɛ̃^{213} 宁可：～买贵的

情愿 tɕ^{h}in^{55}yɛ̃^{213}

特地 t^{h}e^{42}ti^{0} 故意：他～打了我一下

专为 tɕyɛ̃^{11}uei^{213}

随便 sei^{55}piɛ̃^{213} ～搞一下

冤枉 yɛ̃^{11}uã^{35} ～跑一趟

白 pe^{42}

空 k^{h}oŋ^{11}

肯定 k^{h}ən^{35}tin^{213} ～是他干的

也许 ie^{35}ɕy^{35} 可能：明朝～要下雨

恐怕 k^{h}oŋ^{35}p^{h}a^{213}

一边 i^{21}piɛ̃^{11} ～走，～讲

边 piɛ̃^{11}

带 tɛ^{213}

跟 kən^{11} 连词：我～你

和 xo^{55}

跟 kən^{11} 介词：我昨天～他到城里去了

和 xo^{55}

对 tei^{213} 他～我很好

朝 ts^{h}ɔu^{55} ～东走，～前看

问 uən^{213} ～他借一本书

照 tsɔu^{213} ～这样做

依 i^{11}

帮 pã^{11} 替：～大家办事

要是 iɔu^{13}sɿ^{213}

如果 y^{55}ko^{35}

管 kuã^{35} 不管：～你去不去，反正我要去

随 sei^{55}

第二节

《汉语方言词语调查条目表》

一　天文
二　地理
三　时令、时间
四　农业
五　植物
六　动物
七　房屋、器具
八　称谓
九　亲属
十　身体
十一　病痛、医疗
十二　衣服、穿戴
十三　饮食
十四　红白大事
十五　迷信
十六　讼事
十七　日常生活
十八　交际
十九　商业
二十　文化教育
二十一　游戏
二十二　动作
二十三　位置
二十四　代词等
二十五　形容词
二十六　副词等
二十七　次动词等
二十八　量词
二十九　数字等
三十　地名

一　天文

日头窠里 zɿ^{21}tʰəu^{55}kʰo^{11}li^{0} 太阳地儿

荫位子 in^{11}uei^{213}tsɿ^{0} 太阳照不到的地方

日头公长毛 zɿ^{21}tʰəu^{55}koŋ^{11}tsã^{35}mɔu^{55} 出现日晕，预示天要大旱

起山 tɕʰi^{35}sã^{11}（太阳、月亮）出来

朝阳 tsʰɔu^{55}iã^{55} 向阳

背阴 pei^{13}in^{11}

落山 no^{21}sã^{11}（太阳）落下去

鹅毛月 ŋo^{55}mɔu^{55}ye^{42} 新月，月牙

圆月 yɛ̃^{55}ye^{42} 满月

月亮窠里 ye^{21}liã^{213}kʰo^{11}li^{0} 月亮照到的地方

月亮婆长毛 ye^{21}liã^{213}pʰo^{55}tsã^{35}mɔu^{55} 出现月晕，预示着要下雨

流星 liou^{55}ɕin^{11}

牛郎星 ȵiou^{55}nã^{55}ɕin^{11}

织女星 tsɿ^{21}ȵy^{35}ɕin^{11}

北斗星 pe^{21}tɔu^{35}ɕin^{11}

启明星 tɕ^{h}i^{35}min^{55}ɕin^{11}

扫把星 sɔu^{21}pa^{35}ɕin^{11} 彗星

天河 t^{h}iɛ̃^{11}xo^{55}

　银河 in^{55}xo^{55}

微风 uei^{11}foŋ^{11} 小风

大风 ta^{13}foŋ^{11}

狂风 k^{h}uã^{55}foŋ^{11}

卷卷风 tɕyɛ̃^{13}tɕyɛ̃^{13}foŋ^{11} 旋风

发风 fa^{21}foŋ^{11}

　刮风 kua^{21}foŋ^{11}

迎风 in^{55}foŋ^{11} 顶风

顺风 ɕyn^{13}foŋ^{11}

风歇了 foŋ^{11}ɕie^{42}na^{0} 风停了

扯闪 ts^{h}e^{35}sã^{35} 打闪电

闷雷 mən^{21}nei^{55} 声音沉闷的雷

响雷 ɕiã^{35}nei^{55} 声音很响的雷

炸雷 tsa^{21}nei^{55} 声音响而脆的雷

雷公 nei^{55}koŋ^{11} 雷神

　雷婆 nei^{55}p^{h}o^{55}

打雷 ta^{35}nei^{55}

打 ta^{35}（雷）劈

化雪 fa^{13}ɕie^{42}

涨大水 tsã^{35}ta^{21}ɕyei^{35} 发洪水

出蛟 tɕ^{h}y^{21}tɕiɔu^{11} 山洪暴发

　□蛟 ua^{13}tɕiɔu^{11}

乌云 u^{11}yn^{55}

白云 pe^{21}yn^{55}

火烧天 xo^{35}sɔu^{11}t^{h}iɛ̃^{11} 彩霞

　红云 foŋ^{55}yn^{55}

早霞 tsɔu^{35}ɕia^{55}

晚霞 uã^{35}ɕia^{55}

沰雨 to^{21}y^{35} 淋雨

小雨 ɕiɔu^{35}y^{35}

蒙蒙雨 moŋ^{55}moŋ^{55}y^{35} 毛毛雨

掉雨点 tiɔu^{21}y^{35}tiɛ̃^{35} 掉点儿

大雨 ta^{21}y^{35}

□天倒 o^{55}t^{h}iɛ̃^{11}tɔu^{213} 倾盆大雨

　连天倒 liɛ̃^{55}t^{h}iɛ̃^{11}tɔu^{213}

打暴 ta^{35}pɔu^{213} 下暴雨

暴雨 pɔu^{21}y^{35} 时间长而大的雨

绵雨 miɛ̃^{55}y^{35} 连阴雨

阵雨 tsən^{21}y^{35}

雷（阵）雨 nei^{55} (tsən^{21}) y^{35}

雨歇了 y^{35}ɕie^{42}na^{0} 雨停了

　雨不落了 y^{35}pu^{21}no^{42}na^{0}

下雾露 xa^{21}u^{21}nu^{213}

　下雾 ɕia^{13}u^{213}

下露水 ɕia^{21}nu^{21}ɕyei^{35}

下霜 xa^{13}ɕyã^{11}

阴尸冻 in^{11}sʅ^{11}toŋ^{213} 冬天里的阴冷天

冻冰 toŋ^{13}pin^{11} 结冰

　起冰冻 tɕ^{h}i^{35}pin^{11}toŋ^{213}

　结冰冻 tɕie^{42}pin^{11}toŋ^{213}

琉$^{=}$璃$^{=}$ liou^{55}li^{55} 冰锥子

化冻 fa^{13}toŋ^{213} 冰融化

落雪 no^{21}ɕie^{42}

　下雪 ɕia^{13}ɕie^{42}

小雪 ɕiɔu^{35}ɕie^{42}

鹅毛雪 ŋo^{55}mɔu^{55}ɕie^{42}

大雪 ta^{13}ɕie^{42}

雪籽 ɕie^{21}tsʅ^{35} 雪珠子

干雪 kã^{11}ɕie^{42} 粉末状不容易捏成雪球的雪

　腊雪 na^{21}ɕie^{42}

水雪 ɕyei^{35}ɕie^{42} 下来即化的雪

春雪 tɕʰyn^{11}ɕie^{42}

雨夹雪 y^{35}ka^{21}ɕie^{42}

雪窠里 ɕie^{21}kʰo^{11}li^{0} 雪地里

雪球 ɕie^{21}tɕʰiou^{55}

滚雪球 kuən^{35}ɕie^{21}tɕʰiou^{55}

堆雪人 tei^{11}ɕie^{21}zən^{55}

打雪仗 ta^{35}ɕie^{21}tsã^{213}

出虹 tɕʰy^{21}kã^{213} 出彩虹

晴天 tɕʰin^{55}tʰiɛ̃^{11}

阴天 in^{11}tʰiɛ̃^{11}

作天变 tso^{21}tʰiɛ̃^{11}piɛ̃^{213} 身上的旧伤痛因为天气变化而发作

压人 ŋa^{21}zən^{55} 天气变化让人不舒服

伏天 fu^{21}tʰiɛ̃^{11}

进伏 tɕin^{13}fu^{42} 入伏

一伏 i^{21}fu^{42} 头伏

二伏 ᴇ^{13}fu^{42}

三伏 sã^{11}fu^{42} 末伏

出伏 tɕʰy^{21}fu^{42}

梅天 mei^{55}tʰiɛ̃^{11} 梅雨天

进梅 tɕin^{21}mei^{55} 入梅

出梅 tɕʰy^{21}mei^{55}

倒梅 təu^{21}mei^{55} 出梅后又连续下雨

晒梅 sɛ^{21}mei^{55} 梅雨季节结束之后，六月初六晒衣物

倒春寒 təu^{21}tɕʰyn^{11}xã^{55} 指春季后期气温较正常年份偏低

二　地理

海 xɛ^{35}

水库 ɕyei^{35}kʰu^{213}

河 xo^{55}

塌方 tʰa^{21}fã^{11}

河塝 xo^{55}pã^{213} 河堤

塝上 pã^{13}sã^{213} 坎子上

塝下 pã^{13}xa^{213} 坎子下

塝底 pã^{21}ti^{35} 坎子脚

河坝滩 xo^{55}pa^{13}tʰã^{11} 河滩

池 tsʰɿ^{55} 深水潭

　潭 tʰã^{55}

菜园 tsʰɛ^{21}yɛ̃^{55} 菜地

茶园 tsʰa^{55}yɛ̃^{55} 茶林

茶棵 tsʰa^{55}kʰo^{11} 茶的植株

山降⁼ sã^{11}kã^{213} 山脊

山崖 sã^{11}ŋɛ^{55} 悬崖

半山腰 pã^{21}sã^{11}iəu^{11}

山脚下 sã^{11}tɕio^{21}xa^{213}

山培⁼ sã^{11}pʰei^{55}

　山坡 sã^{11}pʰo^{11}

山头 sã^{11}tʰəu^{55}

　山顶 sã^{11}tin^{35}

　岭头 lin^{35}tʰəu^{55}

山洼 sã^{11}ua^{11} 山坳

草坪坦 tsʰəu^{35}pʰin^{55}tã^{213} 草坪

山洞 sã^{11}toŋ^{213} 隧道：穿～

山沟 sã^{11}kəu^{11} 山涧

山水 sã^{11}ɕyei^{35} 泉水

水眼 ɕyei^{35}ŋã^{35} 泉眼

水口 ɕyei^{35}kʰəu^{35} 村子的下游

源头 yɛ̃^{55}tʰəu^{55} 村子的上游

水道 ɕyei^{35}təu^{213} 人工引水渠

疄沟 lin^{13}kəu^{11} 畦间的沟

腰沟 iəu^{11}kəu^{11} 稻田中间的沟

背（水）沟 pei^{21} (ɕyei^{35}) kəu^{11} 油菜、麦田

里的水沟

子埂 tsɿ^{35}kən^{35} 过水丘里的沟埂

过水丘 ko^{21}ɕyei^{35}tɕʰiou^{11} 同一条引水渠灌溉的田，水流经的别人家的田叫过水丘

阴沟 in^{11}kəu^{11} 房子后面的排水沟

阳沟 iã^{55}kəu^{11} 天井里的排水沟

涵龙 xã^{55}noŋ^{55} 涵道，水塘下方的排水口

水闸 ɕyei^{35}tsa^{42} 水塘中通向排水口的几个放水口

底闸 ti^{35}tsa^{42} 水塘里最底部的水闸，用来将塘中的水排干

大石头 ta^{21}sɿ^{21}tʰəu^{55}

小石头 ɕiɔu^{35}sɿ^{21}tʰəu^{55}

石板 sɿ^{21}pã^{35}

石条 sɿ^{21}tʰiɔu^{55}

石片 sɿ^{21}pʰiɛ̃^{213}

青石 tɕʰin^{11}sɿ^{42}

麻石 ma^{55}sɿ^{42}

鹅卵石 ŋo^{55}nã^{35}sɿ^{42}

　河卵石 xo^{55}nã^{35}sɿ^{42}

大砖 ta^{13}tɕyɛ̃^{11}

小砖 ɕiɔu^{35}tɕyɛ̃^{11}

砖坯 tɕyɛ̃^{11}pʰei^{11}

做砖 tso^{13}tɕyɛ̃^{11}

挖黄泥 ua^{42}fã^{55}ȵi^{55} 挖用来做砖瓦的泥。做砖瓦要选好的土质，《天工开物》："皆以黏而不散，粉而不沙者为上。"

挑黄泥 tʰiɔu^{11}fã^{55}ȵi^{55} 挑用来做砖瓦的泥

□黄泥 tɕʰyɛ^{35}fã^{55}ȵi^{55} 驱使牛踩踏做砖瓦的泥

□砖泥 tɕʰyɛ^{35}tɕyɛ̃^{11}ȵi^{55} 驱使牛踩踏用来做砖的泥，《天工开物》："汲水滋土，人逐数牛错趾踏成稠泥。"

做瓦 tso^{21}ua^{35}

□瓦泥 tɕʰyɛ^{35}ua^{35}ȵi^{55} 驱使牛踩踏用来做瓦的泥

砖盒子 tɕyɛ̃^{11}xo^{42}tsɿ^{0} 做砖的木模子，"#"形

绷子 poŋ^{11}tsɿ^{0} 做砖时用来切泥的弓，底部有钢丝，将多余的泥块从砖模子上切下来

底板 ti^{35}pã^{35} 做砖时垫在模子下的木板，上面撒上沙子，可以防止模子里的泥沾在座上

刮 kua^{42} 做砖时切泥坯的弓形器具，底部有丝，切泥时将弓直立的部分插入泥中，转动弓体，底部的钢丝随之切出泥坯

瓦桶 ua^{35}tʰoŋ^{35} 做瓦用的圆木桶

搨子 tʰa^{42}tsɿ^{0} 将箍在瓦桶上的泥坯抹平的弧形用具

筒瓦 tʰoŋ^{55}ua^{35} 半圆筒状的瓦

瓦屑 ua^{35}se^{42} 碎瓦

沙土 sa^{11}tʰu^{35}

沙土地 sa^{11}tʰu^{35}ti^{213}

沙滩 sa^{11}tʰã^{11}

土坯 tʰu^{35}pʰei^{11}

　土块坯 tʰu^{35}kʰuɛ^{13}pʰei^{11}

土块 tʰu^{35}kʰuɛ^{213} 土疙瘩

砍槎 kʰã^{35}tsa^{11} 砍用来烧石灰、砖瓦的柴草，本地写作"砍槎"

挑槎 tʰiɔu^{11}tsa^{11} 挑用来烧石灰、砖瓦的柴草

堆槎 tei^{11}tsa^{11} 用来烧石灰、砖瓦的柴草堆放在窑前

矿山 kuã^{35}sã^{11} 开采石灰石的山

矿石 kuã^{35}sɿ^{42} 石灰石

做窑 tso^{21}iɔu^{55} 建窑

装窑 tɕyã^{11}iɔu^{55} 把石灰石、砖瓦坯装到窑中

装矿 tɕyã^{11}kuã^{35} 把石灰石装入石灰窑中

烧窑 sɔu^{11}iɔu^{55} 烧石灰三天三夜，烧砖瓦七天七夜

煤灰 mei^{55}fei^{11} 烧窑后出来的碎炭

冷窑 nən^{35}iɔu^{55} 将窑冷却，通常用特殊的淋水方式

开窑 kʰɛ^{11}iɔu^{55} 打开砖瓦窑的门

出窑 tɕʰy^{21}iɔu^{55} 将烧好的块状石灰、砖瓦等从窑里弄出来

石灰 sʅ^{21}fei^{11}

块灰 kʰuɛ^{13}fei^{11} 块状的石灰

　灰块 fei^{11}kʰuɛ^{213}

粉灰 fən^{35}fei^{11} 粉末状的石灰

蓬灰 pʰoŋ^{55}fei^{11} 最细的不含杂质的石灰

蓬 pʰoŋ^{55}（灰）扬（起来）

灰囤 fei^{11}tən^{213} 野外盛放石灰的小房子

滚水 kuən^{35}ɕyei^{35} 热水

阴阳水 in^{11}iã^{55}ɕyei^{35} 未烧开的水

屋倒了 u^{42}tɔu^{35}na^{0} 民间有“日倒房，夜倒山”的说法

金 tɕin^{11}

银 in^{55}

铜 tʰoŋ^{55}

铁 tʰie^{42}

锡 ɕi^{42}

水银 ɕyei^{35}in^{55}

汽油 tɕʰi^{21}iou^{55}

锈 ɕiou^{213}

起锈 tɕʰi^{35}ɕiou^{213} 生锈

铜青 tʰoŋ^{55}tɕʰin^{11} 铜锈

　铜绿 tʰoŋ^{55}nu^{42}

木虱药 mu^{21}sʅ^{21}io^{42} ～ mu^{21}se^{21}io^{42}

　樟脑丸 tsã^{11}nɔu^{35}uã^{55}

硫黄 liou^{55}fã^{55}

雄黄 ɕioŋ^{55}fã^{55}

城市 tsʰən^{55}sʅ^{213}

城墙 tsʰən^{55}tɕʰiã^{55}

城里 tsʰən^{55}li^{35}

城外 tsʰən^{55}uɛ^{213}

城门 tsʰən^{55}mən^{55}

老家 nɔu^{35}ka^{11} 家乡

山坞脑 sã^{11}u^{35}nɔu^{35} 偏僻的山村

大路 ta^{13}nu^{213}

小路 ɕiɔu^{35}nu^{213}

走路 tsəu^{35}nu^{213}

近路 tɕin^{13}nu^{213}

走近路 tsəu^{35}tɕin^{13}nu^{213} 抄近道

狐狸路 fu^{55}li^{55}nu^{213} 羊肠小道

码头 ma^{35}tʰəu^{55}

渡口 tu^{21}kʰəu^{35}

关卡 kuã^{11}kʰa^{35}

三　时令、时间

后了 xəu^{21}liɔu^{35} 后来

最近 tsei^{13}tɕin^{213}

先头 ɕiẽ^{11}tʰəu^{55} 起先，起初：我～不晓得，后了才晓得

老早的 nɔu^{35}tsɔu^{35}ti^{0} 最初；很早以前

　一开始 i^{21}kʰɛ^{11}sʅ^{35}

刚刚 tɕiã^{11}tɕiã^{11} 他～来的

　刚才 tɕiã^{11}tsʰɛ^{55}

春上 tɕʰyn^{11}sã^{0}

春天 tɕʰyn^{11}tʰiɛ̃^{11}
热天 ze^{21}tʰiɛ̃^{11} 夏天
秋天 tɕʰiou^{11}tʰiɛ̃^{11}
秋后 tɕʰiou^{11}xəu^{213}
冬天 toŋ^{11}tʰiɛ̃^{11}
当年 tã^{11}ȵiɛ̃^{55} 大年，果树结果的年份或结果多的年份
不当年 pu^{42}tã^{11}ȵiɛ̃^{55} 小年，果树不结果或结果少的年份
大后年 ta^{21}xəu^{21}ȵiɛ̃^{55}
望后年 uã^{21}xəu^{21}ȵiɛ̃^{55}
大前年 ta^{21}tɕʰiɛ̃^{55}ȵiɛ̃^{55}
现前年 ɕiɛ̃^{21}tɕʰiɛ̃^{55}ȵiɛ̃^{55}
前几年 tɕʰiɛ̃^{55}tɕi^{35}ȵiɛ̃^{55}
年年 ȵiɛ̃^{55}ȵiɛ̃^{55}
上半年 sã^{13}pã^{21}ȵiɛ̃^{55}
下半年 xa^{13}pã^{21}ȵiɛ̃^{55}
年中 ȵiɛ̃^{55}tsoŋ^{11}
一年到头 i^{21}ȵiɛ̃^{55}təu^{21}tʰəu^{55} 全年，整年
闰年 yn^{21}ȵiɛ̃^{55}
闰月 yn^{13}ye^{42}
五荒六月 u^{35}fã^{11}nu^{21}ye^{42} 青黄不接的月份
大月 ta^{13}ye^{42} 农历三十天的月份
小月 ɕiəu^{35}ye^{42} 农历二十九天的月份
月头 ye^{21}tʰəu^{55} 月初
月半 ye^{21}pã^{213} 月中
月尾 ye^{21}uei^{35} 月底
一个月 i^{42}ko^{0}ye^{42}
个把月 ko^{21}pa^{35}ye^{42} 一个月左右
个把两个月 ko^{21}pa^{35}liã^{35}ko^{13}ye^{42} 一两个月
上个月 sã^{213}ko^{0}ye^{42}
这个月 tse^{42}ko^{0}ye^{42}
下个月 xa^{213}ko^{0}ye^{42}
每月 mei^{35}ye^{42}
月份 ye^{21}fən^{213} 我是三～生的
大月份 ta^{13}ye^{21}fən^{213} 我们同岁，他比我～
小月份 ɕiəu^{35}ye^{21}fən^{213} 我们同岁，我比他～
几月 tɕi^{35}ye^{42}
几个月 tɕi^{35}ko^{13}ye^{42}
上旬 sã^{21}ɕyn^{55}
中旬 tsoŋ^{11}ɕyn^{55}
下旬 xa^{21}ɕyn^{55}
交春 tɕiəu^{11}tɕʰyn^{11} 立春
雨水 y^{35}ɕyei^{35}
惊蛰 tɕin^{11}tsɿ^{42}
春分 tɕʰyn^{11}fən^{11}
社日 se^{13}zɿ^{213} 旧时祭祀土神的日子，一般在立春、立秋之后的第五个戊日。按本地习俗，祭扫未满三年的新坟要在春社日之前，有“新坟不过社”之说
春社 tɕʰyn^{11}se^{213} 立春过后第五个戊日
秋社 tɕʰiou^{11}se^{213} 立秋过后第五个戊日
清明 tɕʰin^{11}min^{55}
谷雨 ku^{21}y^{35}
立夏 li^{21}ɕia^{213}
小满 ɕiəu^{35}mã^{35}
芒种 mã^{55}tsoŋ^{213}
夏至 ɕia^{13}tsɿ^{213}
小暑 ɕiəu^{35}ɕy^{35}
大暑 ta^{21}ɕy^{35}
交秋 tɕiəu^{11}tɕʰiou^{11} 立秋
处暑 tɕʰy^{21}ɕy^{35}
白露 pe^{21}nu^{213}
秋分 tɕʰiou^{11}fən^{11}

寒露 xã^{55}nu^{213}

霜降 ɕyã^{11}kã^{213}

立冬 li^{21}toŋ^{11}

小雪 ɕiɔu^{35}ɕie^{42}

大雪 ta^{13}ɕie^{42}

小寒 ɕiɔu^{35}xã^{55}

大寒 ta^{21}xã^{55}

日子 zɿ^{42}tsɿ^{0}

第二天 ti^{21}ᴇ^{13}tʰiɛ̃^{11}

前几天 tɕʰiɛ̃^{55}tɕi^{35}tʰiɛ̃^{11}

一个礼拜 i^{42}ko^{0}li^{35}pɛ^{213}

十几天 sɿ^{21}tɕi^{35}tʰiɛ̃^{11}

十来天 sɿ^{21}nɛ^{55}tʰiɛ̃^{11}

三□ sã^{11}sɔu^{11}

　半天 pã^{13}tʰiɛ̃^{11}

大半天 ta^{21}pã^{13}tʰiɛ̃^{11}

天把 tʰiɛ̃^{11}pa^{35} 一天（概数）

天把两天 tʰiɛ̃^{11}pa^{35}liã^{35}tʰiɛ̃^{11} 一两天（概数）

五更头 u^{35}kən^{11}tʰəu^{55} 天快亮的时候

中饭边 tsoŋ^{11}fã^{13}piɛ̃^{11} 中饭前后

中饭前 tsoŋ^{11}fã^{21}tɕʰiɛ̃^{55} 午前

中饭后 tsoŋ^{11}fã^{13}xəu^{213} 午后

上半夜 sã^{21}pã^{13}ie^{213}

下半夜 xa^{21}pã^{13}ie^{213}

一夜（到）天光 i^{21}ie^{213} (tɔu^{213}) tʰiɛ̃^{11}kuã^{11} 整夜

天天夜里 tʰiɛ̃^{11}tʰiɛ̃^{11}ie^{21}li^{35} 每天晚上

昨夜 tso^{21}ie^{213}

　昨日夜下 tso^{21}zɿ^{42}ie^{213}xa^{0}

万年历 uã^{21}ȵiɛ̃^{55}li^{42}

挂历 kua^{13}li^{42}

　日历 zɿ^{21}li^{42}

吃长寿面 tɕʰi^{42}tsʰã^{55}səu^{13}miɛ̃^{213}

吃糕 tɕʰi^{21}kɔu^{11} 吃糕点

拜年 pɛ^{21}ȵiɛ̃^{55}

二月二 ᴇ^{21}ye^{21}ᴇ^{213}

龙抬头 noŋ^{55}tʰɛ^{55}tʰəu^{55}

新坟不过社 ɕin^{11}fən^{55}pu^{21}ko^{13}se^{213} 本地习俗，祭扫未满三年的新坟要在春社日之前

插艾草 tsʰa^{42}ŋɛ^{21}tsʰɔu^{35}

吃雄黄酒 tɕʰi^{42}ɕioŋ^{55}fã^{55}tɕiou^{35}

六月六 nu^{21}ye^{21}nu^{42} 祭五谷神的日子，多在田埂上烧纸，无祭品

重阳 tsʰoŋ^{55}iã^{55} 过去会在这一天吃糍粑

　九月九 tɕiou^{35}ye^{21}tɕiou^{35}

腊八 na^{21}pa^{42}

腊八粥 na^{21}pa^{21}tsu^{42}

打扬尘 ta^{35}iã^{55}tsʰən^{55} 腊八或腊月二十四在房子里扫扬尘

小年 ɕiɔu^{35}ȵiɛ̃^{55} 腊月二十四

请祖宗 tɕʰin^{35}tsu^{35}tsoŋ^{11} 腊月二十八祭祖

敬酒 tɕin^{21}tɕiou^{35} 祭祖时将酒洒在地上

拜 pɛ^{213} 祭祖时揖拜

草纸 tsʰɔu^{35}tsɿ^{35} 祭祖时烧的淡黄色纸，做成钱的形状

黄表纸 fã^{55}piɔu^{35}tsɿ^{35} 上庙烧香、接灶祭灶时烧的纸

烧纸 sɔu^{35}tsɿ^{35}

金银 tɕin^{11}in^{55} 元宝形的纸钱，用锡箔叠成

年货 ȵiɛ̃^{55}xo^{213}

办年货 pã^{21}ȵiɛ̃^{55}xo^{213}

腊伏 na^{21}fu^{42} 吃完年夜饭以后关门睡觉

封门 foŋ^{11}mən^{55} 吃完年夜饭以后关门

贴对联 tʰie^{21}tei^{21}liɛ̃^{55}

送灶 soŋ^{13}tsɔu^{213} 腊月二十四送灶王爷上天，用果子盒装供品，多用素食

接灶 tɕie^{21}tsɔu^{213} 大年三十晚上接灶王爷回家

年饭 ȵiɛ̃^{55}fã^{213} 过小年、大年时晚上吃的饭

吃年饭 tɕʰi^{21}ȵiɛ̃^{55}fã^{213} 吃年夜饭

吃满了 tɕʰi^{21}mã^{35}na^{0} “吃完了”的讳称

压岁钱 ia^{21}sei^{21}tɕʰiɛ̃^{55}

点火 tiɛ̃^{35}xo^{35} 大年三十晚上打开家里所有的灯

　点灯 tiɛ̃^{35}tən^{11}

坐三十夜 tso^{21}sã^{11}sɿ^{21}ie^{213} 守岁

　坐三十晚 tso^{21}sã^{11}sɿ^{21}uã^{35}

出行 tɕʰy^{21}ɕin^{55} 大年初一凌晨的开门仪式，拜四方（按东南西北的方位来拜），放鞭炮，这些活动完成之前不能说话

四　农业

柴堆 tsʰɛ^{55}tei^{11} 柴火垛

　柴火堆 tsʰɛ^{55}xo^{35}tei^{11}

码柴 ma^{35}tsʰɛ^{55} 堆柴

茅司缸 mɔu^{55}sɿ^{11}kã^{11} 粪坑

春耕 tɕʰyn^{11}kən^{11}

夏收 ɕia^{13}səu^{11}

秋收 tɕʰiou^{11}səu^{11}

早秋 tsɔu^{35}tɕʰiou^{11}

晚秋 uã^{35}tɕʰiou^{11}

田畈 tʰiɛ̃^{55}fã^{213} 成片的水田

农$^{=}$田 noŋ^{55}tʰiɛ̃^{55} 一年四季都有水的田

阴阳田 in^{11}iã^{55}tʰiɛ̃^{55} 半边干半边湿，半边土质浅半边土质深的田

陷窟田 xã^{13}kʰue^{21}tʰiɛ̃^{55} 泥沼田

　陷党$^{=}$田 xã^{21}tã^{35}tʰiɛ̃^{55}

高板田 kɔu^{11}pã^{35}tʰiɛ̃^{55} 渗水快的田

沙窠田 sa^{11}kʰo^{11}tʰiɛ̃^{55} 沙土田

泥田 ȵi^{55}tʰiɛ̃^{55} 泥骨深的田

　死泥田 sɿ^{35}ȵi^{55}tʰiɛ̃^{55}

搭田塝 ta^{21}tʰiɛ̃^{55}pã^{213} 筑田埂

　做田塝 tso^{21}tʰiɛ̃^{55}pã^{213}

　搭田埂 ta^{21}tʰiɛ̃^{55}kən^{35}

　做田埂 tso^{21}tʰiɛ̃^{55}kən^{35}

做埂 tso^{21}kən^{35} 筑坝

做塝 tso^{13}pã^{213} 堆砌护坡

水缺 ɕyei^{35}tɕʰye^{42} 田边的排水口

平水石 pʰin^{55}ɕyei^{35}sɿ^{42} 水缺上安置的石头

教牛 kɔu^{21}ȵiou^{55} 驯牛耕田

□xe^{42} 驱赶牛继续向前走的声音

□□xe^{42}tɕʰi^{0} 牛停下来时，驱赶牛向前走的声音

□ua^{35} 让牛停下来的声音

□□pʰie^{21}tso^{42} 让牛向右转弯的声音

□□tɕʰiɛ̃^{11}tso^{42} 让牛向左转弯的声音

犁田 li^{55}tʰiɛ̃^{55} 耕田

耙田 pa^{21}tʰiɛ̃^{55} 用脚踏的齿耙把泥块弄碎

　踏田 tʰa^{21}tʰiɛ̃^{55}

耖田 tsʰɔu^{21}tʰiɛ̃^{55} 用手扶的齿耙把田弄平

□地 pʰei^{35}ti^{213} 整地，把地弄平

砍山 kʰã^{35}sã^{11} 砍伐林木，焚烧作为肥料，然后就地耕耨下种，即刀耕火种

　砍火子地 kʰã^{35}xo^{35}tsɿ^{0}ti^{213}

种山 tsoŋ^{13}sã^{11} 种山地

割草 ko^{21}tsʰɔu^{35}

砍柴 kʰã^{35}tsʰɛ^{55}

刜树桠 tiɔu^{11}ɕy^{13}ŋa^{11} 砍下树枝

挖树桩 ua^{21}ɕy^{13}tɕyã^{11}

捡柴火 tɕiɛ̃^{35}ts^{h}ɛ^{55}xo^{35} 拾柴火

挖地 ua^{21}ti^{213}

分疄 fən^{11}lin^{55} 种菜时在菜地里分畦

□沟 tsɔu^{35}kəu^{11} 在麦田里开沟

谷种 ku^{21}tsoŋ^{35} 稻种

下种 xa^{21}tsoŋ^{35} 撒种、播种

牙籽 ŋa^{55}tsɿ^{35} 发了芽的稻谷（用来育秧）

铁籽新 t^{h}ie^{21}tsɿ^{35} 直接用稻谷育秧

选种 ɕiɛ̃^{35}tsoŋ^{35} 选择供繁殖用的优良品种

浸种 tɕin^{21}tsoŋ^{35} 用水浸泡种子

催芽 ts^{h}ei^{11}ŋa^{55} 让种子发芽

洒谷籽 sa^{35}ku^{21}tsɿ^{35} 将发了芽的谷种撒播到秧田里

开秧门 k^{h}ɛ^{11}iã^{11}mən^{55} 第一天拔秧时的祭祀活动，吃茶叶蛋、粽子、米酒、糍粑、糕点等

发秧疯 fa^{21}iã^{11}foŋ^{11} 迷信认为，栽秧时不能接别人手中的秧苗，否则手会肿

拔秧 pa^{21}iã^{11}

秧船 iã^{11}tɕ^{h}yɛ̃^{55} 拔秧时坐的凳子，船形

捆秧 k^{h}un^{35}iã^{11} 将笋壳撕成条用来捆秧苗

挑秧 t^{h}iɔu^{11}iã^{11} 用粪箕或木头架子挑秧苗，秧不容易受损

抛秧 p^{h}ɔu^{11}iã^{11} 插秧方法，直接把秧苗抛到田里

打尖 ta^{35}tɕiɛ̃^{11} 插秧时先栽出一条直线，然后沿着直线来栽，以免栽得不齐

破赛$^{=}$ p^{h}o^{13}sɛ^{213} 插秧时，先在大田的中间栽六路，然后沿着这六路开栽，以免栽得不齐

打秧盅 ta^{35}iã^{11}tsoŋ^{11} 一块田栽完之后，将手中剩余的所有秧苗一把插入稻田中叫打秧盅，缺苗时可以用来补种

洒麦种 sa^{35}me^{21}tsoŋ^{35} 把麦籽撒播到地里

秧薯种 iã^{11}tɕ^{h}y^{55}tsoŋ^{35} 育红薯种

扦红薯 tɕ^{h}iɛ̃^{11}foŋ^{55}tɕ^{h}y^{55} 扦插红薯

  插红薯 ts^{h}a^{21}foŋ^{55}tɕ^{h}y^{55}

打菜秧 ta^{35}ts^{h}ɛ^{13}iã^{11} 育菜苗

栽油菜 tsɛ^{11}iou^{55}ts^{h}ɛ^{213} 种油菜

洒油菜 sa^{35}iou^{55}ts^{h}ɛ^{213} 撒播油菜籽

打党$^{=}$ ta^{35}tã^{35} 挖坑（以便下种子）

点萝卜种 tiɛ̃^{35}no^{55}pu^{21}tsoŋ^{35} 点种萝卜

戽萝卜种 fu^{35}no^{55}pu^{21}tsoŋ^{35} 撒萝卜籽

打辣椒秧 ta^{35}na^{21}tɕiɔu^{11}iã^{11} 育辣椒苗

挖草 ua^{21}ts^{h}ɔu^{35} 用锄头锄草

拔草 pa^{21}ts^{h}ɔu^{35} 用手锄草

看野猪的 k^{h}ã^{11}ie^{35}tɕy^{11}ti^{0} 稻草人

戽石灰 fu^{35}sɿ^{21}fei^{11} 撒石灰

灰撮 fei^{11}ts^{h}o^{42} 撒石灰用的工具，由牛骨头制成

拢灰 noŋ^{35}fei^{11} 用耙子将撒在水田中的石灰推匀

灰钯 fei^{11}p^{h}a^{55} 推灰用的六齿耙

耘田 yn^{55}t^{h}iɛ̃^{55} 用手去除稻田中的杂草

打农药 ta^{35}noŋ^{55}io^{42} 喷洒农药

薅草 xɔu^{11}ts^{h}ɔu^{35} 锄草

  挖草 ua^{21}ts^{h}ɔu^{35}

靠$^{=}$田 k^{h}ɔu^{21}t^{h}iɛ̃^{55} 将稻田中的水排干，以利于稻子分蘖

发棵 fa^{21}k^{h}o^{11} 稻子分蘖

扬花 iã^{55}fa^{11} 稻子自体授粉

□苗 ɕiɛ̃^{21}miɔu^{55} 间苗，按一定的株距留下

作物幼苗，将多余的苗除去

割麦 ko^{21}me^{42} 割麦子

打麦 ta^{35}me^{42} 给麦子脱粒

起沟 tɕʰi^{35}kəu^{11} 稻子收割之前，疏通田中水路将水排干

谷秆脑 ku^{21}kã^{35}nɔu^{35} 割完稻子后剩下的稻茬

谷秆桩 ku^{21}kã^{35}tɕyã^{11}

谷把子 ku^{21}pa^{35}tsɿ^{0} 割下的成把稻谷，脱粒时握在手里

打谷 ta^{35}ku^{42} 打稻子，给稻子脱粒

*捆（稻）草 kʰuən^{35} (təu^{21}) tsʰɔu^{35}

*锁（稻）草 so^{35} (təu^{21}) tsʰɔu^{35}

草□ tsʰɔu^{35}tɕʰiɛ̃^{35} 稻草堆

草尖心 tsʰɔu^{35}tɕiɛ̃^{11}ɕin^{11} 稻草堆中间的木柱子，稻草围绕这根柱子摞起来

*□苞芦 me^{21}pɔu^{11}nu^{55}

*苞芦撬 pɔu^{11}nu^{55}tɕʰiɔu^{213}

*斩芦穄 tsã^{35}nu^{55}tɕi^{213}

*斩葵花 tsã^{35}kʰuei^{55}fa^{11}

*挖红薯 ua^{21}foŋ^{55}tɕʰy^{55}

*斩芝麻 tsã^{35}tsɿ^{11}ma^{55}

*倒芝麻 təu^{13}tsɿ^{11}ma^{55}

*挖花生 ua^{21}fa^{11}sən^{11}

*□豆 ɕya^{21}təu^{213}

簸 po^{35} 用簸箕颠动米粮，扬去糠秕和灰尘

下肥料 xa^{21}fei^{55}liɔu^{213} 施肥

下粪 xa^{13}fən^{213} 把猪粪、牛粪撒在田地里

□牛粪 iɛ̃^{11}ȵiou^{55}fən^{213} 把下到田地里的牛粪弄均匀

□猪粪 iɛ̃^{11}tɕy^{11}fən^{213} 把下到田地里的猪粪弄均匀

粪池 fən^{21}tsʰɿ^{55} 粪坑

□肥料 toŋ^{35}fei^{55}liɔu^{213} 把肥料堆起来

□垃圾 toŋ^{35}no^{21}so^{42} 把垃圾堆成堆

出猪粪 tɕʰy^{21}tɕy^{11}fən^{213} 将猪粪从猪圈中拉出来

出牛粪 tɕʰy^{21}ȵiou^{55}fən^{213} 将牛粪从牛圈中拉出来

沤粪 ŋo^{13}fən^{213} 将猪牛粪沤制发酵

沤绿肥 ŋo^{13}nu^{21}fei^{55} 将绿肥堆在一起发酵

捡粪 tɕiɛ̃^{35}fən^{213} 拾粪

挑粪 tʰiɔu^{11}fən^{213} 用粪桶挑人粪肥，用粪箕挑猪粪、牛粪

浇粪 tɕiɔu^{11}fən^{213}

泼粪 pʰo^{21}fən^{213}

农家肥 noŋ^{55}ka^{11}fei^{55}

茶枯 tsʰa^{55}kʰu^{11} 茶籽饼，油茶种子榨油后被压成的饼状渣滓，可用作肥料

菜籽饼 tsʰɛ^{21}tsɿ^{35}pin^{35} 菜籽榨油后被压成的饼状渣滓，可用作肥料

麻饼 ma^{55}pin^{35} 芝麻榨油后压成的饼状渣滓，可以做肥料，也可以用来喂猪

草肥 tsʰɔu^{35}fei^{55} 割来的青草作为有机肥料

压肥 ŋa^{21}fei^{55} 把青草放在植物的空行里作为肥料

□草 tɕʰyɛ^{35}tsʰɔu^{35} 把青草用脚踩到田里作为肥料

底肥 ti^{35}fei^{55} 踩到田里作为肥料的青草或枯饼等

追肥 tɕyei^{11}fei^{55} 追加施肥

水花生 ɕyei^{35}fa^{11}sən^{11} 长在稻田的一种野草，可以用来喂猪

破铜钱 pʰo^{21}tʰoŋ^{55}tɕʰiɛ̃^{55} 空心莲子草，长在稻田里，可以用来喂猪

竹叶青tsu^{21}ie^{21}tɕʰin^{11} 稻田里长的杂草，叶子长形

水浮莲ɕyei^{35}fu^{55}liɛ̃^{55} 浮萍，可用来喂猪

薸 pʰiɔu^{35} 绿色的浮萍

　青薸 tɕʰin^{11}pʰiɔu^{35}

红薸 foŋ^{55}pʰiɔu^{35} 比青薸大而厚的浮萍

鸭舌草 ŋa^{21}se^{21}tsʰɔu^{35} 稻田里长的一种杂草，形状像鸭舌，可以用来喂猪

鸭舌头 ŋa^{21}se^{21}tʰəu^{55} 稻田里长的一种杂草，可以喂猪

土火灰 tʰu^{35}xo^{35}fei^{11}

　草木灰 tsʰɔu^{35}mu^{21}fei^{11}

鸡屎肥 tɕi^{11}sɿ^{35}fei^{55} 鸡粪肥

小便 ɕiɔu^{35}pʰiɛ̃^{55} 人尿肥

粪肥 fən^{21}fei^{55} 作为肥料的大便

泥肥 ȵi^{55}fei^{55} 作为肥料的淤泥

化肥 fa^{21}fei^{55}

　尿素 sei^{11}su^{213}

　碳铵 tʰã^{13}ŋã^{11}

　过磷酸钙 ko^{21}lin^{55}sɔ̃^{11}kɛ^{213}

　复合肥 fu^{21}xo^{21}fei^{55}

　钾肥 tɕia^{21}fei^{55}

　氮肥 tã^{21}fei^{55}

农药 noŋ^{55}io^{42}

　六六粉 nu^{21}nu^{21}fən^{35}

　敌敌畏 ti^{21}ti^{21}uei^{213}

　钾氨磷 tɕia^{21}ŋã^{11}lin^{55}

　乐果 no^{21}ko^{35}

　叶蝉散 ie^{21}tsʰã^{55}sã^{35}

稻包虫 tɔu^{13}pɔu^{11}tsʰoŋ^{55} 稻子的害虫

　卷叶螟 tɕyɛ̃^{35}ie^{21}min^{35}

　钻心虫 tsɔ̃^{11}ɕin^{11}tsʰoŋ^{55}

　稻飞虱 tɔu^{13}fei^{11}sɿ^{42}

　稻□蚂 tɔu^{13}tɕie^{21}ma^{35}

浇水 tɕiɔu^{11}ɕyei^{35}

放水 fã^{21}ɕyei^{35} 灌水

挖水 ua^{21}ɕyei^{35} 排水

□水 nɔu^{11}ɕyei^{35} 察看稻田水情，以确定是排水还是灌水

看水 kʰã^{11}ɕyei^{35} 守水，干旱季节往田里灌水时，人守在田边

车水 tsʰe^{11}ɕyei^{35} 用水车往田里灌水

抽水 tsʰəu^{11}ɕyei^{35} 用抽水机灌水或排水

水车 ɕyei^{35}tsʰe^{11} 手摇、脚踩的提水工具

脚车 tɕio^{21}tsʰe^{11} 脚蹬的水车

手车 səu^{35}tsʰe^{11} 手摇的水车

龙骨 noŋ^{55}ku^{42} 水车的主体构件

水叶子 ɕyei^{35}ie^{42}tsɿ^{0} 水车龙骨上的薄板

车手 tsʰe^{11}səu^{35} 水车上的拉手

撩车 liɔu^{55}tsʰe^{11} 提水工具，在河溪旁的急流处安装木制或竹制转轮和竹筒，顺水转动，竹筒将水带到高处灌溉农田

*水枧 ɕyei^{35}tɕiɛ̃^{35}

水轮机 ɕyei^{35}nən^{55}tɕi^{11}

　水轮泵 ɕyei^{35}nən^{55}pã^{213}

挑水 tʰiɔu^{11}ɕyei^{35}

水井 ɕyei^{35}tɕin^{35}

一口井 i^{21}kʰəu^{35}tɕin^{35}

吊水 tiɔu^{21}ɕyei^{35} 从井里汲水

水桶 ɕyei^{35}tʰoŋ^{35}

井钩 tɕin^{35}kəu^{11}

板车 pã^{35}tsʰe^{11} 双轮车

车把 tsʰe^{11}pa^{35} 车把手

板车架子 pã^{35}tsʰe^{11}ka^{213}tsɿ^{0} 车斗

车尾子 tsʰe^{11}uei^{35}tsɿ^{0} 车拖

车脚 tsʰe^{11}tɕio^{42} 板车前的支地的两根木柱子

骑车 tɕʰi^{55}tsʰe^{11}

上车 sã^{13}tsʰe^{11}

煞车 sa^{21}tsʰe^{11}

开车 kʰɛ^{11}tsʰe^{11}

坐车 tso^{13}tsʰe^{11}

搭车 ta^{21}tsʰe^{11}

骑马 tɕʰi^{55}ma^{35}

车胎 tsʰe^{11}tʰɛ^{11} 轮胎

气嘴子 tɕʰi^{21}tsei^{35}tsɿ^{0}

气门芯 tɕʰi^{21}mən^{55}ɕin^{11}

拉车 na^{11}tsʰe^{11}

推车 tʰei^{11}tsʰe^{11}

装车 tɕyã^{11}tsʰe^{11}

下车 xa^{13}tsʰe^{11} ① 卸车；② 从车上下来

牛轭 ȵiou^{55}ŋe^{42}

牛笼兜 ȵiou^{55}noŋ^{55}təu^{11} 牛笼嘴

牛鼻桊 ȵiou^{55}pi^{21}tɕʰyɛ̃^{213} 穿在牛鼻子里的木棍或铁环

牛鼻圈 ȵiou^{55}pi^{21}tɕʰyɛ̃^{11}

*风扇 foŋ^{11}sã^{213}

风斗 foŋ^{11}təu^{35}

*风扇斗 foŋ^{11}sã^{21}təu^{35}

*风扇叶 foŋ^{11}sã^{13}ie^{42}

*风扇鼓 foŋ^{11}sã^{21}ku^{35}

*大口 ta^{21}kʰəu^{35}

*籽口 tsɿ^{35}kʰəu^{35}

*中口 tsoŋ^{11}kʰəu^{35}

*风扇喉 foŋ^{11}sã^{21}xəu^{55}

*连枷 liɛ̃^{55}kɛ^{11}

打连枷 ta^{35}liɛ̃^{55}kɛ^{11} 甩动连枷（给农作物脱粒）

犁冲 li^{55}tsʰoŋ^{11} 犁上呈弯曲形的木头，前端连接牛轭及其配件

犁尾梢 li^{55}uei^{35}sɔu^{11} 犁把

犁壁 li^{55}pi^{42} 犁镜

犁头 li^{55}tʰəu^{55} 犁铧

犁股盘 li^{55}ku^{35}pʰã^{55} 犁上连接牛轭的活动木条或铁条

犁鼓槌 li^{55}ku^{35}tɕʰyei^{55} 固定犁股盘的铁轴

犁□ li^{55}ka^{11} 犁上用来调节耕地深浅的装置

千金柱 tɕʰiɛ̃^{11}tɕin^{11}tɕy^{213} 犁轴，安装在犁上与犁冲垂直的一根木棍

犁屌 li^{55}tiɔu^{35} 用来把犁提起来的短木棍

犁鞋 li^{55}xɛ^{55} 犁上装犁尖的尖状物

犁底 li^{55}ti^{35} 犁的底部

牛索 ȵiou^{55}so^{42} 牵牛绳

牛皮条 ȵiou^{55}pʰi^{55}tʰiɔu^{55} 驱赶牛的竹枝或木条

牛筋 ȵiou^{55}tɕin^{11} 拴牛轭的铁链子

踏 tʰa^{42} 一种耙，下有两排铁齿，用来平地，人踩在上面，牛牵引

耖 tsʰɔu^{213} 一种耙，下有齿，用来平田，手扶的，牛牵引

踏齿 tʰa^{21}tsʰɿ^{35} 踏耙上的齿，生铁或熟铁制

踏板 tʰa^{21}pã^{35} 踏耙上的两块平行的木板

耖齿 tsʰɔu^{21}tsʰɿ^{35} 耖耙上的齿，熟铁制

耖□ tsʰɔu^{13}tʰin^{11} 耖最下面的木头

锄头孔 tɕʰy^{55}tʰəu^{55}kʰoŋ^{35} 锄头上装柄的孔

锄头把 tɕʰy^{55}tʰəu^{55}pa^{213}

锄头□ tɕʰy^{55}tʰəu^{55}kʰa^{55} 装锄头的铁构件，用来塞紧锄头把儿

锄头榩 tɕʰy^{55}tʰəu^{55}tɕiɛ̃^{11} 塞紧锄头的木楔子

洋镐 iã^{55}kɔu^{11}

草钯 tsʰɔu^{35}pʰa^{55} 三角形的锄头，锄草用的

小抓子 ɕiɔu^{35}tsɔu^{11}tsɿ^{0} 种菜用的小锄头

阔嘴锄 kʰo^{21}tsei^{35}tɕʰy^{55} 锄面比较宽的锄头

条锄 tʰiɔu^{55}tɕʰy^{55} 锄面比较长的锄头

大锄 ta^{21}tɕʰy^{55} 大锄头

茶角 tsʰa^{55}ko^{42} 锄茶草的锄头

挖草 ua^{21}tsʰɔu^{35} 锄草

挖麦草 ua^{21}me^{21}tsʰɔu^{35} 锄麦子

挖豆草 ua^{21}təu^{21}tsʰɔu^{35} 锄豆子

挖苞芦草 ua^{21}pɔu^{11}nu^{55}tsʰɔu^{35} 锄玉米

挖菜草 ua^{21}tsʰɛ^{21}tsʰɔu^{35} 锄菜地里的草

草筢 tsʰɔu^{35}pʰa^{55} 扒草、树叶等用的筢子

□谷筢 xa^{11}ku^{21}pʰa^{55} 晒稻子时用来翻稻谷的木筢

拢灰钯 noŋ^{35}fei^{11}pʰa^{55} 将撒在稻田里的石灰弄均匀的铁齿钯，有长木柄

铡刀 tsa^{21}tɔu^{11}

铡刀凳 tsa^{21}tɔu^{11}tən^{213} 安放铡刀的木凳

铡刀卡 tsa^{21}tɔu^{11}kʰa^{35} 铡刀槽

铡草 tsa^{21}tsʰɔu^{35} 用铡刀切草

砻 noŋ^{55} ① 去掉稻壳的农具；② 用农具去掉稻壳

砻谷壳 noŋ^{55}ku^{21}kʰo^{42} 用砻去掉稻壳

磨盘 mo^{21}pʰã^{55}

磨凳 mo^{13}tən^{213} 放石磨的木凳

磨耳朵 mo^{21}ᴇ^{35}to^{35} 安装在石磨上的木柄，一端有孔

磨担抓 mo^{13}tã^{11}tsɔu^{11} 插在磨耳朵里，用来推动磨扇的橛，前端有个钩子

磨窿 mo^{21}noŋ^{55} 磨眼儿，磨扇上用来放置所要加工的粮食的小孔

磨心 mo^{13}ɕin^{11} 磨扇中心的轴

磨齿 mo^{21}tsʰɿ^{35} 磨扇上一道道凸起的东西

钉钯 tin^{11}pʰa^{55} 捞泥巴、筑田埂用的四齿钯

刀 tɔu^{11}

柴刀 tsʰɛ^{55}tɔu^{11} 砍柴用的刀

　弯刀 uã^{11}tɔu^{11}

半砍刀 pã^{21}kʰã^{35}tɔu^{11} 砍烧石灰、砖瓦用的柴草的刀

草刀 tsʰɔu^{35}tɔu^{11} 割草用的刀

铲子 tsʰã^{35}tsɿ^{0} 铲猪草用的小铲子

刀口 tɔu^{11}kʰəu^{35} 刀刃

刀背 tɔu^{11}pei^{213}

刀嘴 tɔu^{11}tsei^{35} 弯的刀尖

放血条 fã^{21}ɕye^{21}tʰiɔu^{55} 杀猪用的尖刀

剐毛刀 kʰua^{35}mɔu^{55}tɔu^{11} 杀猪时刮毛用的刀

屠刀 tʰu^{55}tɔu^{11} 剁肉用的刀，刀口是半圆形的

刀鞘 tɔu^{11}ɕiɔu^{213}

锹子 tɕʰiɔu^{11}tsɿ^{0} 铁锹

　洋锹子 iã^{55}tɕʰiɔu^{11}tsɿ^{0}

羊角插 iã^{55}ko^{21}tsʰa^{42} 插在地里供豇豆藤攀缘的长木棍或竹棍

　羊角扦 iã^{55}ko^{21}tɕʰiɛ̃^{11}

黄瓜插 fã^{55}kua^{11}tsʰa^{42} 插在地里供黄瓜藤攀缘的长木棍或竹棍

　黄瓜扦 fã^{55}kua^{11}tɕʰiɛ̃^{11}

碧瓜插 pi^{21}kua^{11}tsʰa^{42} 插在地里供南瓜藤攀缘的长木棍或竹棍

　引藤插 in^{35}tʰən^{55}tsʰa^{42}

糖锹 tʰã^{55}tɕʰiɔu^{11} 做糖时用的锹，木制

糖架 tʰã^{55}ka^{213} 过滤糖渣用的木架子

糖桩 tʰã^{55}tɕyã^{55} 用来拔糖稀的木桩，固定在屋柱上，将糖稀冷成的饼套在糖桩上，

不停地拉拽（叫“拔糖”），以使糖变白

拔糖pa21tʰã55为了使糖变白，将糖稀在糖桩上反复拔

糖板tsʰã35pã35加工糖的木板

*粪箕夹fən13tɕi11ka42

*粪箕口fən13tɕi11kʰəu35

*挑tʰiəu35

菜篮tsʰɛ21nã55装菜、猪草等的篮子

*晒簟sɛ13tiɛ̃213

晒簟夹sɛ13tiɛ̃13ka42晒簟两头的篾条

卷晒簟tɕyɛ̃35sɛ13tiɛ̃213将晒簟卷起来

铺晒簟pʰu11sɛ13tiɛ̃213摊开晒簟

*晒谷场sɛ13ku21tsʰã35

箩□no55tɕʰiã213加固在箩筐、篓子帮上的掌：谷箩～

*圆箕yɛ̃55tɕi11

　*团筐tʰã55tɕʰiã11

*摊米□tʰã11mi35no35

*畚筲pən11səu11

*筲箕səu11tɕi11

　*饭箩fã21no55

提箩tʰi55no55可以手提的小竹篓，上圆下方，有提梁

背箩pei11no55可斜挎在肩上或背在背上的竹箩，多为扁圆形，口在底小

*饭盆fã21pʰən55

*烘罩foŋ11tsəu213

扁担齿piɛ̃35tã11tsʰɿ35扁担两头用来固定绳子的两个短竹片

扁担马piɛ̃35tã11ma35扁担下方用来歇担的铁片

扁担钩piɛ̃35tã11kəu11挑水用的扁担，两头有垂下来的铁钩

　水担钩ɕyei35tã11kəu11

扦担tɕʰiɛ̃11tã213两头尖的扁担，用来挑草、茅草柴火

草篙tsʰəu35kəu11挑稻草的扁担

柴□tsʰɛ55ka42挑柴用的簸箕，竹制

打杵ta35tɕʰy35用来帮助挑担的、与肩齐高的木棍，挑担时放在另一肩膀上以分担重量，休息时可用来撑住扁担

挑担tʰiəu11tã213挑担子

米筛mi35sɛ11筛米的筛子

　□米筛tʰi55mi35sɛ11

筛箩sɛ11no55筛粉的箩

　粉筛fən35sɛ11

铜丝箩tʰoŋ55sɿ11no55细铜丝制成的粉箩

朗筛nã35sɛ11孔眼较大的筛子，割稻子时筛稻谷用

*斛柜fu13kuei213

斛柜耳朵fu13kuei213ᴇ35to35斛柜上用于拖动的把手

拖泥tʰo11ȵi55斛柜下面的两根圆形木头

打稻机ta35təu13tɕi11给稻子或麦子脱粒用的机械，脚踏的

五　植物

树林ɕy21lin55

树窠ɕy13kʰo11小树林

接tɕie42嫁接

一棵树i21kʰo11ɕy213

　一根树i21kən11ɕy213

树秧ɕy13iã11树苗

树身 ɕy^{13}sən^{11} 树干

树杪 ɕy^{21}miɔu^{35} 树梢

树根 ɕy^{13}kən^{11}

树叶 ɕy^{13}ie^{42}

树桠 ɕy^{13}ŋa^{11} 树枝

树杈 ɕy^{13}tsʰa^{11} 树木的分枝处

树脑□ ɕy^{21}nɔu^{35}kue^{42}

　树桩 ɕy^{13}tɕyã^{11}

　树蔸 ɕy^{13}təu^{11}

树□ ɕy^{13}nu^{42} 树段

栽树 tsɛ^{11}ɕy^{213} 种树

扦树 tɕʰiẽ^{11}ɕy^{213} 扦插树苗

砍树 kʰã^{35}ɕy^{213}

松毛 tsʰoŋ^{55}mɔu^{55} 松针

松树球 tsʰoŋ^{55}ɕy^{21}tɕʰiou^{55} 松果

松香 soŋ^{11}ɕiã^{11} 松脂，拉二胡时用的

松光油 tsʰoŋ^{55}kuã^{11}iou^{55} 松香，松脂

松光 tsʰoŋ^{55}kuã^{11} 松树多油脂，劈成细条，燃以照明，即“松明”

松光火 tsʰoŋ^{55}kuã^{11}xo^{35} 松明火

刺柏 tsʰɿ^{13}pe^{42} 叶刺形的柏树

扁柏 piẽ^{35}pe^{42} 侧柏

杉木球 sa^{11}mu^{21}tɕʰiou^{55} 杉果

杉木刺 sa^{11}mu^{21}tsʰɿ^{213} 杉针

红豆杉 foŋ^{55}təu^{13}sa^{11}

檀树 tʰã^{55}ɕy^{213}

　黄檀 fã^{55}tʰã^{55} 木材为黄色

　白檀 pe^{21}tʰã^{55} 木材为白色

板栎棵 pã^{35}li^{21}ɕy^{213} 橡树

板栎籽 pã^{35}li^{21}tsɿ^{35} 橡树的果实

栎檵树 li^{21}tɕʰi^{21}ɕy^{213} 檵木

肥皂树 fei^{55}tsɔu^{13}ɕy^{213} 皂荚树

白果树 pe^{21}ko^{35}ɕy^{213} 银杏树

　公孙树 koŋ^{11}sən^{11}ɕy^{213}

白果树叶 pe^{21}ko^{35}ɕy^{13}ie^{42} 银杏树叶，中医用于入药

白果肉 pe^{21}ko^{35}zu^{42} 白果仁

樱桃树 in^{11}tʰɔu^{55}ɕy^{213}

樱桃 in^{11}tʰɔu^{55}

山茶树 sã^{11}tsʰa^{55}ɕy^{213}

　油茶树 iou^{55}tsʰa^{55}ɕy^{213}

野茶条 ie^{35}tsʰa^{55}tʰiɔu^{55} 形似山茶树，茶籽可用于榨油

茶籽花 tsʰa^{55}tsɿ^{35}fa^{11} 山茶花

茶籽 tsʰa^{55}tsɿ^{35}

大茶树 ta^{21}tsʰa^{55}ɕy^{213} 野茶树，叶子可以泡水喝，有清凉降压的功效

大茶 ta^{21}tsʰa^{55} 大茶树叶子泡的茶

香椿树 ɕiã^{11}tɕʰyn^{11}ɕy^{213} 椿树的一种，嫩芽可食用

椿苗 tɕʰyn^{11}miɔu^{55} 香椿芽

臭椿树 tsʰəu^{13}tɕʰyn^{11}ɕy^{213} 椿树的一种，嫩芽不能食用

漆树 tɕʰi^{21}ɕy^{213} 可割取生漆作为涂料的树

野漆树 ie^{35}tɕʰi^{21}ɕy^{213} 木蜡树。果皮含蜡质，可制蜡烛；种子油可制肥皂

榆树 y^{55}ɕy^{213}

榆树皮 y^{55}ɕy^{213}pʰi^{55} 榆树的皮，旧时可用于果腹

榧子树 fei^{35}tsɿ^{0}ɕy^{213} 乔木，树皮灰绿色，叶针形，种子有硬壳，两端尖，仁可吃，木质坚硬

楝子树 liẽ^{21}tsɿ^{35}ɕy^{213} 苦楝树，其皮、叶、花、果实均可入药

苦楝子 kʰu^{35}liẽ^{21}tsɿ^{35} 苦楝树的果实

芦皮树 nu^{55}pʰi^{55}ɕy^{213} 一种树，树皮韧性大，篾匠常用来绑扎竹器

芦皮 nu^{55}pʰi^{55} 韧性强，篾匠用来扎器具的边沿，或用来做提手

芦皮叶 nu^{55}pʰi^{55}ie^{42} 叶大，可放在蒸笼里用来蒸包子

槐树 fɛ^{55}ɕy^{213}

鬼柳树 kuei^{35}liou^{35}ɕy^{213} 大的柳树

垂丝柳 ɕyei^{55}sɿ^{11}liəu^{35} 垂柳

黄栀树 fã^{55}tsɿ^{11}ɕy^{213} 黄栀子树，果实可入药，用于清热泻火

黄栀 fã^{55}tsɿ^{11} 黄栀子树的果实，可入药，小孩子贴在肚脐上可驱寒

桐子树 tʰoŋ^{55}tsɿ^{35}ɕy^{213} 油桐树

桐子 tʰoŋ^{55}tsɿ^{35} 油桐树的种子

桐油 tʰoŋ^{55}iou^{55}

泡桐树 pʰɔu^{11}tʰoŋ^{55}ɕy^{213}

梧桐树 u^{55}tʰoŋ^{55}ɕy^{213}

桑树 sã^{11}ɕy^{213}

桑叶 sã^{11}ie^{42}

桑果 sã^{11}ko^{35} 桑葚

□子树 moŋ^{213}tsɿ^{0}ɕy^{213} 长野草莓的灌木

□ moŋ^{213} 野草莓

地□ ti^{13}moŋ^{213}

蛇□ se^{55}moŋ^{213}

奶□ nɛ^{35}moŋ^{213}

树□ ɕy^{13}moŋ^{213} 山莓

楮树 tɕy^{11}ɕy^{213} 常绿乔木，叶长椭圆形，花黄绿色，果实球形。木材坚硬，可制家具

曹⁼楮树 tsʰɔu^{55}tɕy^{11}ɕy^{213} 甜楮树

苦楮树 kʰu^{35}tɕy^{11}ɕy^{213}

□树 se^{21}ɕy^{213} 栎树

马□ ma^{35}se^{42}

青□ tɕʰin^{11}se^{42} 青冈栎

铁□ tʰie^{21}se^{42} 木质坚硬的栎树

奤□ pʰɔu^{11}se^{42} 木质比较松的栎树

竹叶□ tsu^{21}ie^{21}se^{42}

樟树 tsã^{11}ɕy^{213}

枫树 foŋ^{11}ɕy^{213}

蜡梅树 na^{21}mei^{55}ɕy^{213}

杨梅树 iã^{55}mei^{55}ɕy^{213}

杨梅 iã^{55}mei^{55}

老鼠刺 nɔu^{35}tɕʰy^{35}tsʰɿ^{213} 一种盆景木，长红果

狗骨头树 kəu^{35}ku^{21}tʰəu^{55}ɕy^{213} 枸骨树，形似十大功劳，其根、皮、果实均可入药

香叶子树 ɕiã^{11}ie^{42}tsɿ^{0}ɕy^{213} 香叶树

香叶子 ɕiã^{11}ie^{42}tsɿ^{0} 香叶子树的叶子，可入药，解毒消肿，散淤止痛

金刚刺 tɕin^{11}kã^{11}tsʰɿ^{213} 金刚藤

枇杷刺 pʰi^{55}pʰa^{55}tsʰɿ^{213}

黄荆条 fã^{55}tɕin^{11}tʰiɔu^{55}

黄荆树 fã^{55}tɕin^{11}ɕy^{213}

黄枝隐⁼ fã^{55}tsɿ^{11}in^{35}

黄心树 fã^{55}ɕin^{11}ɕy^{213} 肉白心黄的一种树

杜仲树 tu^{13}tsoŋ^{13}ɕy^{213} 落叶乔木，皮、枝、叶均含胶质，皮是滋补药材

厚朴树 xəu^{13}po^{21}ɕy^{213}

桂皮树 kuei^{21}pʰi^{55}ɕy^{213}

白杨树 pe^{21}iã^{55}ɕy^{213}

大叶黄杨 ta^{13}ie^{42}fã^{55}iã^{55}

小叶黄杨 ɕiɔu^{35}ie^{42}fã^{55}iã^{55}

千年矮 tɕʰiẽ^{11}ȵiẽ^{55}ŋɛ^{35} 长不高的盆景树

皮叶 p^{h}i^{55}ie^{42} 构树

棕树 tsoŋ^{11}ɕy^{213} 棕榈树

桠枫树 ŋa^{11}foŋ^{11}ɕy^{213} 一种枫树

桉楠树 ŋã^{11}nã^{55}ɕy^{213} 一种有刺的树，果实可食用

扎人刺 tsa^{21}ȵin^{55}ts^{h}ɿ^{213} 柘木

檫树 ts^{h}a^{21}ɕy^{213}

木子树 mu^{21}tsɿ^{35}ɕy^{213} 乌柏树，籽实可做点灯的青油

毛竹 məu^{55}tsu^{42}

水竹 ɕyei^{35}tsu^{42}

披毛竹 p^{h}i^{11}məu^{55}tsu^{42}

雷竹 nei^{55}tsu^{42}

苦竹 k^{h}u^{35}tsu^{42}

油竹 iou^{55}tsu^{42} 表面很光滑的竹子，竹节比较长

实心竹 sɿ^{21}ɕin^{11}tsu^{42}

竹篙 tsu^{21}kəu^{11} 竹竿

竹叶 tsu^{21}ie^{42}

马鞭 ma^{35}piɛ̃^{11} 竹鞭

竹桠丝 tsu^{21}ŋa^{11}sɿ^{11} 竹枝

竹杪 tsu^{21}miəu^{35} 竹顶，竹梢

竹节 tsu^{21}tɕie^{42}

竹筒 tsu^{21}t^{h}oŋ^{55}

篾片 mie^{21}p^{h}iɛ̃^{213}

青篾 tɕ^{h}in^{11}mie^{42} 篾青

黄篾 fã^{55}mie^{42} 篾黄

雷笋 nei^{55}sən^{35} 雷竹的笋

水笋 ɕyei^{35}sən^{35} 水竹的笋

苦笋 k^{h}u^{35}sən^{35} 苦竹的笋

笋鞭头 sən^{35}piɛ̃^{11}t^{h}əu^{55} 嫩竹鞭的头，可以炒着吃

　竹鞭笋 tsu^{21}piɛ̃^{11}sən^{35}

笋奶 sən^{35}nɛ^{35} 长在竹鞭上的很小的笋

冬笋 toŋ^{11}sən^{35}

春笋 tɕ^{h}yn^{11}sən^{35}

大笋 ta^{21}sən^{35} 毛竹的笋

　毛笋 məu^{55}sən^{35}

小笋 ɕiəu^{35}sən^{35} 小竹笋的总称

笋衣 sən^{35}i^{11}

笋干 sən^{35}kã^{11}

笋壳 sən^{35}k^{h}o^{42}

箬皮竹 ȵio^{21}p^{h}i^{55}tsu^{42} 箬竹

箬皮 ȵio^{21}p^{h}i^{55} 箬叶

灯芯草 tən^{11}ɕin^{11}ts^{h}əu^{35}

龙须草 noŋ^{55}ɕi^{11}ts^{h}əu^{35}

乌饭树 u^{11}fã^{13}ɕy^{213} 南烛，因旧时用其叶蒸乌饭食用而得名

乌饭籽 u^{11}fã^{21}tsɿ^{35} 乌饭树的籽，可以用来煎饭

野辣椒 ie^{35}la^{21}tɕiəu^{11} 天泡子，灯笼泡

花椒树 fa^{11}tɕiəu^{11}ɕy^{213}

枇杷树 p^{h}i^{55}p^{h}a^{55}ɕy^{213}

野杷树 ie^{35}p^{h}a^{55}ɕy^{213}

野葡萄 ie^{35}p^{h}u^{55}t^{h}əu^{55}

四季青 sɿ^{13}tɕi^{13}tɕ^{h}in^{11} 冬青，根叶可入药

葛藤 ko^{21}t^{h}ən^{55} 野葛藤，嫩茎可炒食，块根可制淀粉

葛（根）ko^{42} (kən^{11})

红藤 foŋ^{55}t^{h}ən^{55} 大血藤

凉粉藤 liã^{55}fən^{35}t^{h}ən^{55} 薜荔，其瘦果可制作凉粉

凉粉团 liã^{55}fən^{35}t^{h}ã^{55} 凉粉藤上的果实，可以用来做豆腐

□□藤 na^{11}tsa^{11}t^{h}ən^{55} 木通的藤

□□果 na^{11}tsa^{11}ko^{35} 木通的长圆形果实

　□□ na^{11}tsa^{11} 木通

天竹 t^{h}iɛ̃^{11}tsu^{42} 南天竹

葵花秆 k^{h}uei^{55}fa^{11}kã^{35}

葵花蒲 k^{h}uei^{55}fa^{11}p^{h}u^{55} 葵花盘

葵花籽 k^{h}uei^{55}fa^{11}tsɿ^{35}

庄稼 tɕyã^{11}ka^{11}

粮食 liã^{55}sɿ^{42}

五谷 u^{35}ku^{42}

稻（子）tɔu^{213} (tsɿ^{0})

老麻谷 nɔu^{35}ma^{55}ku^{42} 金包银，旧时水稻品种

　铜壳麻 t^{h}oŋ^{55}k^{h}o^{21}ma^{55} 颜色略黄的水稻品种

　铁壳麻 t^{h}ie^{21}k^{h}o^{21}ma^{55} 颜色略黑的水稻品种

柳西 liou^{35}ɕi^{11} 水稻品种之一

三百粒 sã^{11}pe^{21}li^{42} 水稻品种之一

叶里缩 ie^{21}li^{35}so^{42} 水稻品种之一

白壳糯 pe^{21}k^{h}o^{21}no^{213} 水稻品种之一

红壳糯 foŋ^{55}k^{h}o^{21}no^{213} 水稻品种之一

重阳糯 ts^{h}oŋ^{55}iã^{55}no^{213} 水稻品种之一

白九选 pe^{21}tɕiou^{35}ɕiɛ̃^{35} 水稻品种之一

秧棵 iã^{11}k^{h}o^{11} 稻子的植株：～长得好

　稻棵 tɔu^{13}k^{h}o^{11}

谷禾 ku^{21}xo^{55} 稻子的秆叶

谷叶 ku^{21}ie^{42} 稻子叶

早稻 tsɔu^{35}tɔu^{213}

晚稻 uã^{35}tɔu^{213}

双晚 ɕyã^{11}uã^{35} 双季稻里的晚稻

谷刁⁼子 ku^{21}tiɔu^{11}tsɿ^{0}

　稻穗 tɔu^{13}se^{213}

谷 ku^{42} 稻谷

早谷 tsɔu^{35}ku^{42} 早稻谷

晚谷 uã^{35}ku^{42} 晚稻谷

草□ ts^{h}ɔu^{35}tɕiou^{11} 扭成环状的稻草，用来烧火

米 mi^{35}

糯米 no^{21}mi^{35}

粳米 kən^{35}mi^{35}

籼米 ɕiɛ̃^{11}mi^{35}

早米 tsɔu^{35}mi^{35} 早稻米

晚米 uã^{35}mi^{35} 晚稻米

囵米 nən^{55}mi^{35} 糙米

熟米 su^{21}mi^{35} 白米

糠 k^{h}ã^{11}

粗糠 ts^{h}u^{11}k^{h}ã^{11} 轧稻谷下来的糠

皮糠 p^{h}i^{55}k^{h}ã^{11} 轧糙米下来的糠

谷壳 ku^{21}k^{h}o^{42} 稻谷的外壳

稗（草）子 pa^{21} (ts^{h}ɔu^{35}) tsɿ^{35} 稗草籽

瘪□ pie^{21}iɛ̃^{213} 秕子，空的或不饱满的籽粒

　瘪谷 pie^{21}ku^{42}

籽口□ tsɿ^{35}k^{h}ɔu^{35}iɛ̃^{213} 半饱满的籽粒

　半演⁼□ pã^{21}iɛ̃^{35}iɛ̃^{213}

壮 tɕyã^{213} 籽粒饱满

麦（子）me^{42} (tsɿ^{0})

蜈蚣条 y^{55}koŋ^{11}t^{h}iɔu^{55} 小麦品种之一

和尚头 xo^{55}sã^{21}t^{h}əu^{55} 小麦品种之一

荞麦 tɕ^{h}iɔu^{55}me^{42}

甜荞麦 t^{h}iɛ̃^{55}tɕ^{h}iɔu^{55}me^{42}

　苦荞麦 k^{h}u^{35}tɕ^{h}iɔu^{55}me^{42}

麦芒 me^{21}uã^{55}

麦刁⁼子 me^{21}tiɔu^{11}tsɿ^{0} 麦穗

麦桩 me^{21}tɕyã^{11} 麦子收割后，遗留在地里的根和茎部

麦□ me^{21}tɕiou^{11} 扭成环状的麦秆，烧火用

麦麸 me^{21}pʰu^{11} ～ me^{21}fu^{11} 麸子

麦壳 me^{21}kʰo^{42} 包裹麦粒的外壳

粟米 su^{21}mi^{35} 小米，指籽实

高秆芦穄 kɔu^{11}kã^{35}nu^{55}tɕi^{213} 秆子较高的高粱

矮秆芦穄 ŋɛ^{35}kã^{35}nu^{55}tɕi^{213} 秆子较矮的高粱

芦穄秆 nu^{55}tɕi^{21}kã^{35} 高粱秆

芦穄脑□ nu^{55}tɕi^{21}nɔu^{35}kue^{42} 高粱砍后剩下的桩

芦穄杪 nu^{55}tɕi^{21}miɔu^{35} 高粱的顶穗

白苞芦 pe^{21}pɔu^{11}nu^{55} 籽粒白色的玉米

黄苞芦 fã^{55}pɔu^{11}nu^{55} 籽粒黄色的玉米

苞芦秆 pɔu^{11}nu^{55}kã^{35} 玉米秆

苞芦须 pɔu^{11}nu^{55}ɕi^{11} 玉米须

天花 tʰiɛ̃^{11}fa^{11} 玉米的花

苞芦□ pɔu^{11}nu^{55}pʰu^{213} 玉米芯儿

苞芦衣 pɔu^{11}nu^{55}i^{11} 玉米的包皮

苞芦脑□ pɔu^{11}nu^{55}nɔu^{35}kue^{42} 玉米砍后剩下的桩

苞芦杪 pɔu^{11}nu^{55}miɔu^{35} 玉米梢

棉花桃子 miɛ̃^{55}fa^{11}tʰɔu^{55}tsɿ^{0}

大粒黄 ta^{13}li^{21}fã^{55} 黄豆品种之一

中粒黄 tsoŋ^{11}li^{21}fã^{55} 黄豆品种之一

小粒黄 ɕiɔu^{35}li^{21}fã^{55} 黄豆品种之一

大粒青 ta^{13}li^{21}tɕʰin^{11} 黄豆品种之一

小粒青 ɕiɔu^{35}li^{21}tɕʰin^{11} 黄豆品种之一

九月黄 tɕiou^{35}ye^{21}fã^{55} 黄豆品种之一

八月黄 pa^{21}ye^{21}fã^{55} 黄豆品种之一

黄豆萁 fã^{55}təu^{21}tɕʰi^{55} 黄豆秆

红豆 foŋ^{55}təu^{213} 红小豆

黑豆 xe^{21}təu^{213}

豌豆藤 uã^{11}təu^{21}tʰən^{55} 豌豆的蔓儿

白嘴 pe^{21}tsei^{35} 豌豆的一个品种

扁荚 piɛ̃^{35}tɕie^{42} 刀豆，半月形

月亮菜 ye^{21}liã^{13}tsʰɛ^{213}

扁荚藤 uã^{35}tɕie^{21}tʰən^{55} 刀豆藤

羊角藤 iã^{55}ko^{42}tʰən^{55} 豆角的藤

梅豆 mei^{55}təu^{213} 芸豆，四季豆

黑芝麻 xe^{21}tsɿ^{11}ma^{55}

白芝麻 pe^{21}tsɿ^{11}ma^{55}

黄芝麻 fã^{55}tsɿ^{11}ma^{55}

麻芝麻 ma^{55}tsɿ^{11}ma^{55} 花芝麻

芝麻萁 tsɿ^{11}ma^{55}tɕʰi^{55} 芝麻秆

麻 ma^{55} 苎麻

野麻 ie^{35}ma^{55} 野生的麻

麻秆 ma^{55}kã^{35}

花生米 fa^{11}sən^{11}mi^{35}

花生衣 fa^{11}sən^{11}i^{11} 花生仁的外皮

花生壳 fa^{11}sən^{11}kʰo^{42}

红薯藤 foŋ^{55}tɕʰy^{55}tʰən^{55} 红薯蔓

红薯叶 foŋ^{55}tɕʰy^{55}ie^{42}

白红薯 pe^{21}foŋ^{55}tɕʰy^{55} 皮、心都是白的

紫薯 tsɿ^{35}tɕʰy^{55}

黄心薯 fã^{55}ɕin^{11}tɕʰy^{55}

粉薯 fən^{35}tɕʰy^{55}

红心薯 foŋ^{55}ɕin^{11}tɕʰy^{55}

红薯爪子 foŋ^{55}tɕʰy^{55}tsɔu^{35}tsɿ^{0} 红薯叶的梗，可拿来做菜

红薯梗 foŋ^{55}tɕʰy^{55}kən^{35}

红薯角 foŋ^{55}tɕʰy^{55}ko^{42} 用石英砂炒过的红薯干，条状

红薯干 foŋ^{55}tɕʰy^{55}kã^{11} 整个红薯晒干或烤干制成的食品

红薯片 foŋ^{55}tɕʰy^{55}pʰiɛ̃^{213} 切成片的红薯晒干或烤干做成的食品

洋芋禾 iã^{55}y^{21}xo^{55} 马铃薯的植株

芋头禾 y^{21}tʰəu^{55}xo^{55} 芋头的植株

鬼芋 kuei^{35}y^{213} 魔芋，蒟蒻

蔬菜 su^{11}tsʰɛ^{213}

高杆白 kɔu^{11}kã^{35}pe^{42} 梗很长、叶子很少的菜，做腌菜用

青菜 tɕʰin^{11}tsʰɛ^{213} 绿叶菜的统称

菜秧 tsʰɛ^{13}iã^{11} 油菜，小青菜

打菜秧 ta^{35}tsʰɛ^{13}iã^{11} 育菜秧

油菜花 iou^{55}tsʰɛ^{13}fa^{11}

油菜薹 iou^{55}tsʰɛ^{21}tʰɛ^{55}

（油）菜籽 (iou^{55}) tsʰɛ^{21}tsɿ^{35}

兰花籽 nã^{55}fa^{11}tsɿ^{35} 油菜品种之一

小菜籽 ɕiɔu^{35}tsʰɛ^{21}tsɿ^{35} 油菜品种之一

瓢菜 pʰiɔu^{55}tsʰɛ^{213} 君荙菜，叶子瓢形

冬苋菜 toŋ^{11}xã^{13}tsʰɛ^{213} 冬葵

蓬蒿 pʰoŋ^{55}xɔu^{11} 茼蒿

碧瓜瓤 pi^{21}kua^{11}iã^{55} 南瓜瓤

碧瓜藤 pi^{21}kua^{11}tʰən^{55} 南瓜藤

碧瓜藤叶 pi^{21}kua^{11}tʰən^{55}ie^{42} 南瓜叶

碧瓜花 pi^{21}kua^{11}fa^{11} 南瓜花

碧瓜种 pi^{21}kua^{11}tsoŋ^{35} 做种用的南瓜

碧瓜籽 pi^{21}kua^{11}tsɿ^{35} 南瓜籽

冬瓜 toŋ^{11}kua^{11}

冬瓜藤 toŋ^{11}kua^{11}tʰən^{55}

冬瓜白灰 toŋ^{11}kua^{11}pe^{21}fei^{11} 冬瓜霜

黄瓜藤 fã^{55}kua^{11}tʰən^{55}

黄瓜籽 fã^{55}kua^{11}tsɿ^{35}

西瓜 ɕi^{11}kua^{11}

西瓜藤 ɕi^{11}kua^{11}tʰən^{55}

西瓜皮 ɕi^{11}kua^{11}pʰi^{55}

西瓜籽 ɕi^{11}kua^{11}tsɿ^{35}

瓜子 kua^{11}tsɿ^{35}

吃瓜子 tɕʰi^{21}kua^{11}tsɿ^{35} 嗑瓜子

丝瓜藤 sɿ^{11}kua^{11}tʰən^{55}

丝瓜□ sɿ^{11}kua^{11}pʰu^{213} 丝瓜络

菜瓜 tsʰɛ^{13}kua^{11}

甜瓜 tʰiɛ̃^{55}kua^{11}

香瓜 ɕiã^{11}kua^{11}

葫□ fu^{55}nu^{213} 葫芦

瓠子 fu^{213}tsɿ^{0}

苦瓜 kʰu^{35}kua^{11}

萝卜菜 no^{55}pu^{0}tsʰɛ^{213} 萝卜缨儿

空心萝卜 kʰoŋ^{11}ɕin^{11}no^{55}pu^{0} 糠了的萝卜

萝卜干 no^{55}pu^{0}kã^{11}

萝卜□ no^{55}pu^{0}pʰiɛ̃^{55} 萝卜片儿

萝卜丝 no^{55}pu^{0}sɿ^{11}

萝卜丁 no^{55}pu^{0}tin^{11}

茭笋 kɔu^{11}sən^{35} 茭白

苋菜 xã^{13}tsʰɛ^{213}

红苋菜 foŋ^{55}xã^{13}tsʰɛ^{213} 红苋，叶片紫红色

青苋菜 tɕʰin^{55}xã^{13}tsʰɛ^{213} 绿苋，叶片绿色

花苋菜 fa^{11}xã^{13}tsʰɛ^{213} 彩苋，叶片边缘绿色，叶脉附近紫色

马齿甲 ma^{35}tsʰɿ^{35}ka^{42} 马齿苋，野生，可以做菜

莴笋叶 o^{11}sən^{35}ie^{42}

莴苣 o^{11}tɕy^{213} 叶子供食用

苦马菜 kʰu^{35}ma^{35}tsʰɛ^{213} 山莴苣，吃叶子，不吃杆子

水芹 ɕyei^{35}tɕʰin^{55} 水芹菜

木耳菜 mu^{21}ᴇ^{35}tsʰɛ^{213}

空心菜 kʰoŋ^{11}ɕin^{11}tsʰɛ^{213} 蕹菜

黄心菜 fã^{55}ɕin^{11}tsʰɛ^{213} 卷心菜

芥菜kɛ^{13}ts^{h}ɛ^{213}

上海青sã^{21}xɛ^{35}tɕ^{h}in^{11}

小白菜ɕiɔu^{35}pe^{21}ts^{h}ɛ^{213}

黑大头xe^{21}ta^{21}t^{h}əu^{55}上海青的一种，略显黑色

花芥菜fa^{11}kɛ^{13}ts^{h}ɛ^{213}

雪里蕻ɕie^{21}li^{35}foŋ^{55}

窝菜o^{11}ts^{h}ɛ^{213}荠菜

马兰芹ma^{35}nã^{55}tɕ^{h}in^{55}马兰头

蒲公英p^{h}u^{55}koŋ^{11}in^{11}

刺芥菜ts^{h}ɿ^{13}kɛ^{13}ts^{h}ɛ^{213}小蓟，刺儿菜

蛤蟆叶k^{h}a^{55}ma^{55}ie^{42}车前草

白术pe^{21}tɕye^{42}

红叶术foŋ^{55}ie^{21}tɕye^{42}

竹叶术tsu^{21}ie^{21}tɕye^{42}

芭茅pa^{11}mɔu^{55}一种茅草，六月收割，做扫帚用

□花moŋ^{55}fa^{11}芭茅的穗儿，扎笤帚用

河□xo^{55}moŋ^{55}一种茅草，用来搭茅草棚或篱笆的，不能扎笤帚

艾草ŋɛ^{21}ts^{h}ɔu^{35}

番茄fã^{11}tɕ^{h}ie^{55}

大蒜□□ta^{13}sɔ̃^{213}po^{11}no^{11}

大蒜头ta^{13}sɔ̃^{21}t^{h}əu^{55}

蒜苗sɔ̃^{21}miɔu^{55}蒜薹

蒜泥sɔ̃^{21}ȵi^{55}

韭黄tɕiou^{35}fã^{55}

小蒜ɕiɔu^{35}sɔ̃^{213}

小蒜□□ɕiɔu^{35}sɔ̃^{213}po^{11}no^{11}小蒜头

葱叶ts^{h}oŋ^{11}ie^{42}

葱白ts^{h}oŋ^{11}pe^{42}

洋葱头iã^{55}ts^{h}oŋ^{11}t^{h}əu^{55}

藠头kəu^{35}t^{h}əu^{55}似小葱，鳞茎可做蔬菜，一般制作成酱菜

洋生姜iã^{55}sən^{11}tɕiã^{11}菊芋，根茎块状，形如生姜，可制酱菜

莲花姜liẽ^{55}fa^{11}tɕiã^{11}襄荷，嫩芽、嫩茎供食用

菜椒ts^{h}ɛ^{13}tɕiɔu^{11}柿子椒

朝天椒ts^{h}ɔu^{55}t^{h}iẽ^{11}tɕiɔu^{11}

红辣椒foŋ^{55}na^{21}tɕiɔu^{11}

辣椒酱na^{21}tɕiɔu^{11}tɕiã^{213}

胡椒fu^{55}tɕiɔu^{11}

花椒fa^{11}tɕiɔu^{11}

干果kã^{11}ko^{35}

核桃蒲xe^{21}t^{h}ɔu^{55}p^{h}u^{55}核桃的外壳

葡萄p^{h}u^{55}t^{h}ɔu^{55}

枇杷p^{h}i^{55}p^{h}a^{55}

桃核t^{h}ɔu^{55}fu^{42}桃子的核

苦李子k^{h}u^{35}li^{35}tsɿ^{35}李子的核

枣子子tsɔu^{35}tsɿ^{0}tsɿ^{35}枣核

栗子蒲li^{42}tsɿ^{0}p^{h}u^{55}栗子外面带刺的壳斗

栗子壳li^{42}tsɿ^{0}k^{h}o^{42}

甘蔗芦kã^{11}tse^{21}nu^{55}甜高粱，秆子是甜的

红花foŋ^{55}fa^{11}杜鹃花

桂花kuei^{13}fa^{11}

菊花tɕiou^{21}fa^{11}

指甲花tsɿ^{35}k^{h}a^{21}fa^{11}凤仙花

鸡子花tɕi^{11}tsɿ^{35}fa^{11}颜色像鸡蛋黄的花

狗尾草kəu^{35}uei^{35}ts^{h}ɔu^{35}狗尾巴草

荷叶xo^{55}ie^{42}

水仙花ɕyei^{35}ɕiẽ^{11}fa^{11}

勾兰花kəu^{11}nã^{55}fa^{11}一种兰花，一般只长一朵，比较矮

树兰花ɕy^{21}nã^{55}fa^{11}兰花的一种，比勾兰花

开得迟

含羞草 xã^{55}çiou^{11}tsʰɔu^{35}

喇叭花 na^{35}pa^{11}fa^{11} 牵牛花

芙蓉花 fu^{55}ioŋ^{55}fa^{11}

菖蒲草 tsʰã^{11}pʰu^{55}tsʰɔu^{35}

百□花 pe^{21}xã^{35}fa^{11}

百合花 pe^{21}xo^{21}fa^{11}

百□ pe^{21}xã^{35} 百合的块茎

万年青 uã^{21}ȵiɛ̃^{55}tçʰin^{11}

四季青 sɿ^{13}tçi^{13}tçʰi^{11}

仙人掌 çiɛ̃^{11}zən^{55}tsã^{35}

芍药 so^{21}io^{42}

月月红 ye^{21}ye^{21}foŋ^{55}

月季花 ye^{21}tçi^{13}fa^{11}

蔷薇花 tçʰiã^{55}uei^{55}fa^{11}

萝卜藤花 no^{55}pu^{11}tʰən^{55}fa^{11}

迎春花 in^{55}tçʰyn^{11}fa^{11}

老虎爪花 nɔu^{35}fu^{35}tsɔu^{35}fa^{11} 凌霄花

金银花 tçin^{11}in^{55}fa^{11} 忍冬，可清热解毒

美人蕉 mei^{35}zən^{55}tçiɔu^{11}

鸡公花 tçi^{11}koŋ^{11}fa^{11} 鸡冠花

茉莉花 mu^{21}li^{13}fa^{11}

蕨 tçye^{42} 蕨菜，指蕨的嫩芽

山蕨 sã^{11}tçye^{42}

水蕨 çyei^{35}tçye^{42} 生于池沼、水田或水沟的淤泥中，鲜薹或嫩叶可炒食，全草可入药

蕨萁禾 tçye^{21}tçi^{11}xo^{55} 蕨，草本植物

（野）苦菜 (ie^{35}) kʰu^{35}tsʰɛ^{213} 山苦菜，野菜，可食用

花片 fa^{11}pʰiɛ̃^{213} 花瓣

花心 fa^{11}çin^{11} 花蕊

芦苇 nu^{55}uei^{55}

青苔 tçʰin^{11}tʰɛ^{55} 水生苔藓植物

纹苔 uən^{55}tʰɛ^{55} 石头上、墙上长的青苔

红花草 foŋ^{55}fa^{11}tsʰɔu^{35} 紫云英

蒲勾搭 pʰu^{55}kəu^{11}ta^{42} 野生的紫云英

杨桃 iã^{55}tʰɔu^{55} 猕猴桃

麻楂 ma^{55}tsa^{11} 山楂

橘子皮 tçy^{42}tsɿ^{0}pʰi^{55}

橘筋 tçy^{21}tçin^{11} 橘络

橙子 tsʰən^{55}tsɿ^{0}

柑子 kã^{11}tsɿ^{0}

桂圆 kuei^{21}yɛ̃^{55}

圆眼 yɛ̃^{55}ŋã^{35} 桂圆干

荔枝 li^{55}tsɿ^{11}

杧果 mã^{55}ko^{35}

菠萝 po^{11}no^{55}

橄榄 kã^{35}nã^{35}

榛子 tsən^{11}tsɿ^{0}

榧子 fei^{35}tsɿ^{0}

香榧 çiã^{11}fei^{35}

吊柿 tiɔu^{35}sɿ^{213} 一种不能吃的柿子

柿馃 sɿ^{21}ko^{35}

柿饼 sɿ^{21}pin^{35}

莲子 liɛ̃^{55}tsɿ^{35}

莲蓬 liɛ̃^{55}pʰoŋ^{55}

菱角 lin^{55}ko^{42}

冬香菇 toŋ^{11}çiã^{11}ku^{11} 冬菇

金针菇 tçin^{11}tsən^{11}ku^{11}

牛屎菇 ȵiou^{55}sɿ^{35}ku^{11} 牛粪上长的蘑菇

银耳 in^{55}ᴇ^{35}

石耳 sɿ^{21}ᴇ^{35} 生长在悬崖峭壁阴湿石缝中的真菌，因形似耳朵，故名

摘石耳 tse^{42}sɿ^{21}ᴇ^{35} 采摘石耳

放索 fã^{13}so^{42} 从崖顶将（固定在石头上的）绳子放下来，人再从绳子上爬下来（采摘）

灵芝 lin^{55}tsɿ^{11}

摘灵芝 tse^{21}lin^{55}tsɿ^{11}

采灵芝 tsʰɛ^{35}lin^{55}tsɿ^{11}

六　动物

畜生 tsʰu^{21}sən^{11}

牲口 sən^{11}kʰəu^{35}

豹子 pəu^{21}tsɿ^{0}

狮子 sɿ^{11}tsɿ^{0}

狼 nã^{55}

豺狗 tsʰɛ^{55}kəu^{35} 豺

狐狸 fu^{55}li^{55}

果子狸 ko^{35}tsɿ^{0}li^{55}

鹿 nu^{42}

野人婆 ie^{35}zən^{55}pʰo^{55} 类人猿；野人

兔子 tʰu^{213}tsɿ^{0}

兔子窝 tʰu^{213}tsɿ^{0}o^{11}

老鼠洞 nəu^{35}tɕʰy^{35}toŋ^{213}

地老鼠 ti^{21}nəu^{35}tɕʰy^{35} 田鼠

刺猬 tsʰɿ^{13}uei^{213}

球起来 tɕʰiəu^{55}tɕʰi^{0}nɛ^{0}（刺猬）蜷起来

黄鼬 fã^{55}ɕiou^{213} 黄鼠狼

黄鼬屁 fã^{55}ɕiou^{13}pʰi^{213} 黄鼠狼排出的臭气

黄鼬拉鸡 fã^{55}ɕiou^{213}na^{11}tɕi^{11} 黄鼠狼偷鸡

松鼠 soŋ^{11}tɕʰy^{35}

貂鼠 tiəu^{11}tɕʰy^{35}

貂佬 tiəu^{11}nəu^{35}

貂□ tiəu^{11}lin^{55} 比貂佬小的一种貂

穿山甲 tɕʰyɛ̃^{11}sã^{11}ka^{42}

黄牛 fã^{55}ȵiou^{55}

水牛 ɕyei^{35}ȵiou^{55}

老牯牛 nəu^{35}ku^{35}ȵiou^{55} 老公牛

水牯 ɕyei^{35}ku^{35} 公水牛

黄牯 fã^{55}ku^{35} 公黄牛

骚牯兜$^{=}$ səu^{11}ku^{35}təu^{11} 阉过的公牛

种牛 tsoŋ^{35}ȵiou^{55} 未阉过的公牛

黄牸 fã^{55}sa^{11} 母黄牛

水牸 ɕyei^{35}sa^{11} 母水牛

小牛 ɕiəu^{35}ȵiou^{55} 牛犊

力牛 li^{21}ȵiou^{55} 可以干活的牛（不论公母）

叫 tɕiəu^{213} 母猪、母牛等发情

挂窠 kua^{13}kʰo^{11} 牛、狗等交配

赶窠 kã^{35}kʰo^{11} 猪交配

赶猪斗 kã^{35}tɕy^{11}təu^{35} 驱赶种公猪去和发情的母猪配种

牛角 ȵiou^{55}ko^{42}

牛郎$^{=}$当$^{=}$ ȵiou^{55}nã^{55}tã^{11} 黄牛脖子下面拖下来的部分

牛嘴 ȵiou^{55}tsei^{35}

牛脚 ȵiou^{55}tɕio^{42} 牛腿

牛蹄 ȵiou^{55}tʰi^{55}

牛尾巴 ȵiou^{55}uei^{35}pa^{11}

摆尾巴 pɛ^{35}uei^{35}pa^{11}（牛）摇尾巴

牛背 ȵiou^{55}pei^{213}

擂人 nei^{55}zən^{55} 牛以角抵人

打角 ta^{35}ko^{42} 牛以角相抵

打蹄子 ta^{35}tʰi^{55}tsɿ^{0} 尥蹶子

□ mã^{55} 唤黄牛的声音

□ ŋã^{55} 唤水牛的声音

野牛 ie^{35}ȵiou^{55}

小马 ɕiəu^{35}ma^{35} 马驹

野马 ie^{35}ma^{35}

公驴子 koŋ^{11}li^{55}tsɿ^{0}

母驴子 mu^{35}li^{55}tsɿ^{0}

骆驼 no^{21}tʰo^{55}

绵羊 miɛ̃^{55}iã^{55}

山羊 sã^{11}iã^{55}

公羊 koŋ^{11}iã^{55}

母羊 mu^{35}iã^{55}

小羊 ɕiəu^{35}iã^{55}

肉猪 zu^{21}tɕy^{11}

猪□ tɕy^{11}məu^{55} 用来生小猪的母猪

母猪 mu^{35}tɕy^{11}

做窠 tso^{13}kʰo^{11} 母猪生小猪前做窝

下小猪 xa^{21}ɕiəu^{35}tɕy^{11} 生小猪

出窠 tɕʰy^{21}kʰo^{11} 小猪出栏

出窝 tɕʰy^{21}o^{11}

小养猪 ɕiəu^{35}iã^{35}tɕy^{11} 中等大小的猪，二三十斤重

猪坯 tɕy^{11}pʰei^{11} 比小养猪大，百把斤重

猪条子 tɕy^{11}tʰiəu^{55}tsɿ^{0} ～好：猪的身坯子好，不挑食，容易养大

猪坯子 tɕy^{11}pʰei^{11}tsɿ^{0}

草口 tsʰəu^{35}kʰəu^{35} ～好：（家畜）不挑食

胃口 uei^{21}kʰəu^{35} ～好：（人）不挑食

拱 koŋ^{35} 猪～门

割卵子 ko^{21}nɔ̃^{35}tsɿ^{35} 阉公猪

猪鬃 tɕy^{11}tsoŋ^{11}

猪毛 tɕy^{11}məu^{55}

□ no^{55} 唤猪声

小狗 ɕiəu^{35}kəu^{35}

狼狗 nã^{55}kəu^{35}

猎狗 lie^{21}kəu^{35}

□□ o^{35}no^{55} 唤狗声

□ səu^{55} 唆使狗（咬人）

狗撵人 kəu^{35}ȵiɛ̃^{35}zən^{55}

哈巴狗 xa^{11}pa^{11}kəu^{35}

班狗 pã^{11}kəu^{35} 成群的野狗

疯狗 foŋ^{11}kəu^{35}

狗疯了 kəu^{35}foŋ^{11}na^{0}

小猫 ɕiəu^{35}miəu^{11}

（猫）叫春 (miəu^{11}) tɕiəu^{13}tɕʰyn^{11} 母猫发情

□ miəu^{35} 唤猫声

翻恶 fã^{11}ŋo^{42}（人、猫）呕吐

猫捉老鼠 məu^{11}tso^{42}nəu^{35}tɕʰy^{35}

鸟毛 ȵiəu^{35}məu^{55} 鸟的羽毛

鸟嘴 ȵiəu^{35}tsei^{35} 鸟的喙

鸟蛋 ȵiəu^{35}tã^{213}

老鹰 nəu^{35}in^{11}

猫头鹰 məu^{11}tʰəu^{55}in^{11}

夜鹰 ie^{13}in^{11}

鹞 iəu^{213} 鹞鹰

雁 ŋã^{213}

燕子 iɛ̃^{213}tsɿ^{0}

燕子窠 iɛ̃^{213}tsɿ^{0}kʰo^{11} 燕子的窝

鸳鸯 yɛ̃^{11}iã^{11}

黄眉 fã^{55}mi^{55} 画眉

沙和尚 sa^{11}xo^{55}sã^{213} 一种鸟，比画眉大，眼圈周围一圈是白的

百灵鸟 pe^{21}lin^{55}ȵiəu^{35}

孔雀 kʰoŋ^{35}tɕʰio^{42}

野鸡 ie^{35}tɕi^{11} 长在低山上

山鸡 sã^{11}tɕi^{11} 长在高山上

竹鸡 tsu^{21}tɕi^{11} 生长在竹林里，比野鸡小

田鸡 tʰiɛ̃^{55}tɕi^{11} 经常出没于田里的野鸡

野鸭 ie^{35}ŋa^{42}

水老□ ɕyei^{35}nɔu^{35}ua^{11} 鸬鹚

鹭鸶鸟 nu^{13}sɿ^{11}ȵiɔu^{35} 鹭鸶

白鹭 pe^{21}nu^{213}

□鸠 pʰu^{55}kəu^{11} 斑鸠

□鸠鸟 pʰu^{55}kəu^{11}ȵiɔu^{35}

鹌鹑 ŋã^{11}tɕʰyn^{55}

布谷鸟 pu^{13}ku^{21}ȵiɔu^{35}

□木鸟 tsɔu^{11}mu^{21}ȵiɔu^{35}

啄木鸟 tso^{21}mu^{21}ȵiɔu^{35}

八八 pa^{42}pa^{0} 八哥

八钩⁼ pa^{21}kəu^{11}

仙鹤 ɕiɛ̃^{11}xo^{42}

仔鸡 tsɿ^{35}tɕi^{11} 鸡角

小养鸡 ɕiɔu^{35}iã^{35}tɕi^{11} 鸡娘，未成年的小母鸡

小鸡 ɕiɔu^{35}tɕi^{11}

开啼 kʰɛ^{11}tʰi^{55} 公鸡第一次打鸣儿

开窝 kʰɛ^{11}o^{11} 母鸡第一次下蛋

伏了 pu^{213}na^{0}（母鸡）发情

伏鸡壳 pu^{13}tɕi^{11}kʰo^{42} 抱窝鸡

打水 ta^{35}ɕyei^{35} 鸡交配

踩水 tsʰɛ^{35}ɕyei^{35}

鸡冠 tɕi^{11}kuã^{11}

鸡眼睛 tɕi^{11}ŋã^{35}tɕin^{11} ① 鸡的眼睛；② 鸡眼儿，足部皮肤长的肉刺

鸡眯眼 tɕi^{11}mi^{55}ŋã^{35} 天黑时鸡找不到进窝的路

鸡嘴 tɕi^{11}tsei^{35}

□ tsɔu^{11}（鸡）啄（食、人）

□ kʰue^{11} 鸡用爪子扒食

鸡爪 tɕi^{11}tɕya^{35}

鸡翅膀 tɕi^{11}tsʰɿ^{21}pã^{35}

鸡食弯 tɕi^{11}sɿ^{21}uã^{11} 鸡嗉子

鸡心 tɕi^{11}ɕin^{11}

鸡肫 tɕi^{11}tsən^{11} 鸡的胃

鸡肫皮 tɕi^{11}tsən^{11}pʰi^{55} 鸡内金

鸡屎 tɕi^{11}sɿ^{35}

软壳蛋 yɛ̃^{35}kʰo^{21}tã^{213} 鸡肚子尚未成形的鸡蛋

子黄 tsɿ^{35}fã^{55}

蛋黄 tã^{21}fã^{55} 鸡蛋黄

喂鸡 uei^{13}tɕi^{11}

公鸭 koŋ^{11}ŋa^{42}

母鸭 mu^{35}ŋa^{42}

小鸭 ɕiɔu^{35}ŋa^{42}

鸭□ ŋa^{21}ka^{35} 鸭蛋

鸭子 ŋa^{21}tsɿ^{35}

鹅□ ŋo^{55}ka^{35} 鹅蛋

鹅子 ŋo^{55}tsɿ^{35}

小鹅 ɕiɔu^{35}ŋo^{55}

□ tso^{11}（鹅）吃（东西）、咬（人）

□ tʰən^{55} 一种像鸭但较小的家禽

野兽 ie^{35}səu^{213}

野味 ie^{35}uei^{213} 野兽的肉

野猪 ie^{35}tɕy^{11}

独猪 tu^{21}tɕy^{11} 单独出来活动的野猪

窠猪 kʰo^{11}tɕy^{11} 成群结队的野猪

撩人 ȵiɔu^{55}zən^{55} 野猪受伤之后撞人

豪猪 xɔu^{55}tɕy^{11}

豪猪针 xɔu^{55}tɕy^{11}tsən^{11} 豪猪身上的刺

野兔 ie^{35}tʰu^{213}

野山羊 ie^{35}sã^{11}iã^{55}

獐子 tsã^{11}tsɿ^{0}

豹子 pɔu^{213}tsɿ^{0}

金钱豹tɕin^{11}tɕʰiɛ̃^{55}pɔu^{213}

分$^{=}$猪fən^{11}tɕy^{11} 獾子

麂子tɕi^{35}tsɿ^{0}

黄麂fã^{55}tɕi^{35} 黄色的麂子

乌金麂u^{11}tɕin^{11}tɕi^{35} 黑色的麂子

泥鳅爬$^{=}$ȵi^{55}tɕʰiou^{11}pʰa^{55} 吃泥鳅的一种动物，形似猫，红鼻子

蟹黄xɛ^{35}fã^{55}

夹子ka^{42}tsɿ^{0} 蟹螯

□壳fu^{21}kʰo^{42} 蛤蜊，蚌

蛤蟆子kʰa^{55}ma^{55}tsɿ^{35} 青蛙的卵

伏子pu^{21}tsɿ^{35} 青蛙产卵

蛤蟆□kʰa^{55}ma^{55}ȵiɛ̃^{11} 蝌蚪

水鳖$^{=}$ɕyei^{35}pie^{42} 水马、水爬虫，水面上走的长腿虫

石鸡sɿ^{21}tɕi^{11} 棘胸蛙

水獭ɕyei^{35}tsʰa^{42}

獭猫tsʰa^{21}miɔu^{11}

乌龟u^{11}kuei^{11}

王八uã^{55}pa^{42}

乌龟壳u^{11}kuei^{11}kʰo^{42}

山乌龟sã^{11}u^{11}kuei^{11}

干螺蛳kã^{11}no^{55}sɿ^{11} 蜗牛

水螺蛳ɕyei^{35}no^{55}sɿ^{11} 螺蛳，田螺

蚰蜒螺iou^{55}iɛ̃^{55}no^{55} 鼻涕虫，蛞蝓，像没有壳的蜗牛

地龙ti^{21}noŋ^{55} 干蚯蚓，中医用于入药

供蚕tɕioŋ^{11}tsʰã^{55}

养蚕iã^{35}tsʰã^{55}

蚕子tsʰã^{55}tsɿ^{35} 蚕卵

蚕帘tsʰã^{55}liɛ̃^{55} 养蚕用的蚕匾，篾制

蚕屎tsʰã^{55}sɿ^{35} 蚕沙，可以用来做枕头

蚕蛹tsʰã^{55}ioŋ^{35}

蚕蛾tsʰã^{55}ŋo^{55}

眠了miɛ̃^{55}na^{0} 蚕～

吐丝tʰu^{13}sɿ^{11}

做茧tso^{21}tɕiɛ̃^{35} 结茧

牛蜂ȵiou^{55}foŋ^{11} 马蜂

土牛蜂tʰu^{35}ȵiou^{55}foŋ^{11}

长脚蜂tsʰã^{55}tɕio^{21}foŋ^{11} 胡蜂

黑长脚蜂xe^{42}tsʰã^{55}tɕio^{21}foŋ^{11}

黄长脚蜂fã^{55}tsʰã^{55}tɕio^{21}foŋ^{11}

蜂窠foŋ^{11}kʰo^{11} 蜂窝

蜂桶foŋ^{11}tʰoŋ^{35} 养蜂用的圆木桶

蜂箱foŋ^{11}ɕiã^{11} 养蜂用的方木箱

蜂列foŋ^{11}lie^{42} 蜂箱里若干排酿的蜜

蜂蜡foŋ^{11}na^{42} 从蜂巢中提取出的黄色蜡质

分笼fən^{11}noŋ^{35} 蜜蜂数量多了之后分成不同的群

蝎子ɕie^{42}tsɿ^{0}

柴蜱子tsʰɛ^{55}pi^{11}tsɿ^{0} 野兽身上长的一种吸血的虫子。蜱，《集韵》宾弥切

□蛉壳tʰoŋ^{55}lin^{55}kʰo^{42} 蝉蜕

油虫iou^{55}tsʰoŋ^{55}

蟑螂tsã^{11}nã^{55}

蟋蟋ɕi^{21}ɕi^{42} 蟋蟀

灶马子tsɔu^{21}ma^{35}tsɿ^{0} 灶蟋蟀

火焰婆xo^{35}iɛ̃^{21}pʰo^{55} 一种蟋蟀，吃蚊子，像蚂蚱，会飞也会蹦

□□xəu^{11}xəu^{11} 螳螂

蝗虫fã^{55}tsʰoŋ^{55}

蚱蚂tsa^{21}ma^{35} 蚂蚱，会蹦

屁打虫pʰi^{21}ta^{35}tsʰoŋ^{55} 臭大姐，椿象

量尺虫liã^{55}tsʰɿ^{21}tsʰoŋ^{55} 尺蠖

滚屎虫 kuən^{35}sɿ^{35}tsʰoŋ^{55} 屎壳郎

毛虫 mɔu^{55}tsʰoŋ^{55} 毛毛虫

米虫 mi^{35}tsʰoŋ^{55} 米里生的白色虫

牛 ȵiou^{55} 麦子里生的小黑虫

青虫 tɕʰin^{11}tsʰoŋ^{55} 吃菜叶的一种虫子

牛虻 ȵiou^{55}mã^{55} 像苍蝇而稍大的昆虫，雌虫吸牛等牲畜的血液

火夜虫 xo^{35}ie^{21}tsʰoŋ^{55} 萤火虫

火焰虫 xo^{35}iɛ̃^{21}tsʰoŋ^{55}

扑火蛾 pʰu^{21}xo^{35}ŋo^{55} 灯蛾

阳⁼燕 iã^{55}iɛ̃^{213} 一种蛾，长在稻谷里

铁壳虫 tʰie^{21}kʰo^{21}tsʰoŋ^{55} 天牛儿

瓢虫 pʰiɔu^{55}tsʰoŋ^{55}

泥鳅 ȵi^{55}tɕʰiou^{11}

黄鳝 fã^{55}sã^{213}

鳗鲢 mã^{55}liɛ̃^{55} 鳗鱼

红鲤鱼 foŋ^{55}li^{35}y^{55} 锦鲤

石斑鱼 sɿ^{21}pã^{11}y^{55} 一种淡水小鱼，因鱼身有条纹和斑点而得名

四脚鱼 sɿ^{21}tɕio^{21}y^{55}

娃娃鱼 ua^{55}ua^{0}y^{55}

鱼刺 y^{55}tsʰɿ^{213}

鱼泡 y^{55}pʰɔu^{213} 鱼鳔儿

鱼扇 y^{55}sã^{213} 鱼鳍

海鳃 xɛ^{35}sɛ^{11} 鱼鳃

鱼子 y^{55}tsɿ^{35} 鱼的卵

鱼苗 y^{55}miɔu^{55}

鱼秧 y^{55}iã^{11}

草混 tsʰɔu^{35}fən^{213} 草鱼

青混 tɕʰin^{11}fən^{213} 青鱼

混子 fən^{213}tsɿ^{0} 草鱼、青鱼的统称

黄鱼 fã^{55}y^{55}

桂⁼鱼巴 kuei^{21}y^{55}pa^{11} 鳜鱼

臭鳜鱼 tsʰəu^{21}kuei^{11}y^{55} 徽菜里的一道名菜

带鱼 tɛ^{21}y^{55}

鲇鱼 ȵiɛ̃^{55}y^{55}

鲢子 liɛ̃^{55}tsɿ^{35} 鲢鱼

边鱼 piɛ̃^{11}y^{55} 鳊鱼

乌鱼 u^{11}y^{55} 黑鱼

牙齿钉 ŋa^{55}tsʰɿ^{35}tin^{11} 黄颡鱼

金鱼 tɕin^{11}y^{55}

钓鱼 tiɔu^{21}y^{55}

钓鱼杆 tiɔu^{21}y^{55}kã^{35} 钓鱼竿

鱼钩 y^{55}kəu^{11}

倒钩 tɔu^{13}kəu^{11} 有倒刺儿的鱼钩

鱼线 y^{55}ɕiɛ̃^{213}

鱼食 y^{55}sɿ^{42} 鱼饵

水浮 ɕyei^{35}fu^{55} 钓鱼时用的浮标

鱼兜 y^{55}təu^{11} 鱼篓

渔网 y^{55}uã^{35}

打鱼 ta^{35}y^{55} 用渔网捕鱼

网鱼 uã^{35}y^{55}

电鱼 tiɛ̃^{21}y^{55} 用带电设备捕鱼

虾仁 xa^{11}zən^{55}

虾米 xa^{11}mi^{35}

蚂蟥 ma^{35}fã^{55} 水蛭

叮 tin^{11} 蚂蟥、蝎子、蚊子等咬人

五骨□ u^{35}ku^{21}li^{35} 本地的一种剧毒蛇

祁蛇 tɕʰi^{55}se^{55}

五步龙 u^{35}pu^{21}noŋ^{55}

五步蛇 u^{35}pu^{21}se^{55}

乌梢蛇 u^{11}sɔu^{11}se^{55} 一种无毒的蛇

松花蛇 soŋ^{11}fa^{11}se^{55} 一种无毒的蛇

菜花蛇 tsʰɛ^{13}fa^{11}se^{55}

蝮蛇 fu^{21}se^{55}

土斑□ t^{h}u^{35}pã^{11}tsã^{213} 蛇的一种

青竹□ tɕ^{h}in^{11}tsu^{21}nã^{213} 竹叶青

青竹蛇 tɕ^{h}in^{11}tsu^{21}se^{55}

金环蛇 tɕin^{11}fã^{55}se^{55}

银环蛇 in^{55}fã^{55}se^{55}

竹节蛇 tsu^{21}tɕie^{21}se^{55}

水蛇 ɕyei^{35}se^{55} 有水生或半水生习性的蛇

麻蜂蛇 ma^{55}foŋ^{11}se^{55} 一种无毒的蛇

　蛇王 se^{55}uã^{55}

两头蛇 liã^{35}t^{h}əu^{55}se^{55}

打□ ta^{35}k^{h}əu^{55} 蛇交配

□ liã^{11} 蛇快速爬行

蛇口□ se^{55}k^{h}əu^{35}mi^{35} 蛇的唾液

蛇咬人 se^{55}ŋəu^{35}zən^{55}

打蛇 ta^{35}se^{55}

捉蛇 tso^{21}se^{55} 抓蛇

蛇子 se^{55}tsɿ^{35} 蛇卵

蛇毒 se^{55}tu^{42}

蛇干 se^{55}kã^{11}

蛇肉 se^{55}zu^{42}

蛇胆 se^{55}tã^{35}

蛇皮 se^{55}p^{h}i^{55} 蛇蜕

蛇蜕皮 se^{55}t^{h}ei^{21}p^{h}i^{55}

□蛇 p^{h}iɛ̃^{35}se^{55} 蜥蜴

　观音带 kuã^{11}in^{11}tɛ^{213}

　山（泥）鳅 sã^{11} (ȵi^{55}) tɕ^{h}iou^{11}

　四脚蛇 sɿ^{13}tɕio^{21}se^{55}

蚂蚁窠 ma^{35}ȵi^{35}k^{h}o^{11} 蚂蚁窝

红蚂蚁 foŋ^{55}ma^{35}ȵi^{35}

黑蚂蚁 xe^{21}ma^{35}ȵi^{35}

白蚁 pe^{21}ȵi^{35}

夹蚁 ka^{21}ȵi^{35} 会咬人的蚂蚁

飞蚁 fei^{11}ȵi^{35} 会飞的蚂蚁

想思蚁 ɕiã^{35}sɿ^{11}ȵi^{35} 细长的黑蚂蚁，被咬过后会疼

绿头苍蝇 nu^{21}t^{h}əu^{55}ts^{h}ã^{11}in^{11}

苍蝇子 ts^{h}ã^{11}in^{11}tsɿ^{35} 苍蝇卵

□ pa^{11} 苍蝇落在食物上

打鼓虫 ta^{35}ku^{35}ts^{h}oŋ^{55} 孑孓，蚊子的幼虫

　跟头虫 kən^{11}t^{h}əu^{55}ts^{h}oŋ^{55}

　阴蛆 in^{11}tɕ^{h}i^{11}

木虱 mu^{21}se^{42} ～ mu^{21}sɿ^{42} 臭虫

虮子 tɕi^{35}tsɿ^{0} 虱子的卵

土狗 t^{h}u^{35}kəu^{35} 蝼蛄，田地里的一种害虫

土鳖 t^{h}u^{35}pie^{42} 地鳖虫，常在墙根的土里活动，雌虫可入药

绵虫 miɛ̃^{55}ts^{h}oŋ^{55} 蛀蚀书卷的蠹鱼

红蜘蛛 foŋ^{55}tsɿ^{11}tɕy^{11}

花蜘蛛 fa^{11}tsɿ^{11}tɕy^{11}

蛛蛛网 tɕy^{11}tɕy^{11}uã^{35} 蜘蛛网

蛛蛛做网 tɕy^{11}tɕy^{11}tso^{21}uã^{35} 蜘蛛结网

蟢蟢 ɕi^{35}ɕi^{0} 蟢蛛

　蟢子 ɕi^{35}tsɿ^{0}

蟢蟢窠 ɕi^{35}ɕi^{35}k^{h}o^{11} 蟢蛛在墙上或板壁上结的网状窝

蜈蚣 y^{55}koŋ^{11}

百脚虫 pe^{21}tɕio^{21}ts^{h}oŋ^{55} 钱串子，蚰蜒

巴壁虎 pa^{11}pi^{21}fu^{35} ① 壁虎（动物）；② 爬山虎（植物）

蹄 t^{h}i^{55} 蹄子

七　房屋、器具

*屋宇 u^{21}y^{35}

*做屋 tso^{13}u^{42}

*竖屋 ɕy^{13}u^{42}

*煞脊 sa^{21}tɕi^{42}

*封墙 foŋ^{11}tɕ^{h}iã^{55}

粉墙 fən^{35}tɕ^{h}iã^{55} 刷墙

线陀 ɕiɛ̃^{21}t^{h}o^{55} 砌墙时用来看是否垂直的吊线

吊线 tiɔu^{13}ɕiɛ̃^{213} 瓦工、木工工作时，用线吊重物形成垂线，借以取直

平水尺 p^{h}in^{55}ɕyei^{35}ts^{h}ɿ^{42} 水平尺，用来检测或测量水平和垂直度

打相浇 ta^{35}ɕiã^{11}tɕiɔu^{11} 浇筑混凝土

*左青龙 tso^{35}tɕ^{h}in^{11}noŋ^{55}

*右白虎 iou^{21}pe^{21}fu^{35}

*前朱雀 tɕiɛ̃^{55}tɕy^{11}tɕ^{h}io^{42}

*后玄武 xəu^{21}ɕyɛ̃^{55}u^{35}

*三间 sã^{11}kã^{11}

*明三间 min^{55}sã^{11}kã^{11}

*暗三间 ŋã^{13}sã^{11}kã^{11}

*三间两厢 sã^{11}kã^{11}liã^{35}ɕiã^{11}

*前后厅三间 tɕ^{h}iɛ̃^{55}xəu^{13}t^{h}in^{11}sã^{11}kã^{11}

*四正 sɿ^{13}tsən^{213}

*五间 u^{35}kã^{11}

两进 liã^{35}tɕin^{213} 前厅后楼

前厅 tɕ^{h}iɛ̃^{55}t^{h}in^{11} 两进房子的前部

后楼 xəu^{21}nəu^{55} 两进房子的后部

进深 tɕi^{13}sən^{11} 房子前后墙的距离

开间 k^{h}ɛ^{11}kã^{11} 房子的面宽，即横的宽度

升高 sən^{11}kɔu^{11} 房子从地面到楼板的距离

正屋 tsən^{13}u^{42} 正房

*辟邪 pi^{21}ɕie^{55}

弄埠 noŋ^{13}p^{h}u^{213} 房子里的过道

余屋 y^{55}u^{42} 正房边上的小房子，包括厨房、杂物间等

敞口 ts^{h}ã^{35}k^{h}əu^{35} 偏厦，正房边搭的小房子

平房 p^{h}in^{55}fã^{55}

楼房 nəu^{55}fã^{55}

洋房 iã^{55}fã^{55}

闺房 kuei^{11}fã^{55}

屋脊 u^{21}tɕi^{42} 屋顶相对的斜坡或相对的两边之间顶端的交会线

脊瓦 tɕi^{21}ua^{35} 屋脊上的瓦

屋顶 u^{21}tin^{35} 房顶

两披水 liã^{35}p^{h}i^{11}ɕyei^{35} 两面坡的房顶

一披水 i^{21}p^{h}i^{11}ɕyei^{35} 一面坡的房顶

屋檐 u^{21}iɛ̃^{55}

檐口瓦 iɛ̃^{55}k^{h}əu^{35}ua^{35} 比正常尺寸略宽以便与屋檐砌合的瓦片

滴水瓦 ti^{21}ɕyei^{35}ua^{35} 一端带着下垂边儿的瓦，可以保护墙壁的洁净

亮瓦 liã^{21}ua^{35} 房顶上的透光瓦片，采光用

　明瓦 min^{55}ua^{35}

　玻璃瓦 po^{11}li^{55}ua^{35}

帽子瓦 məu^{213}tsɿ^{0}ua^{35} 房顶上弧面朝上的瓦片

沟瓦 kəu^{11}ua^{35} 房顶上弧面朝下的瓦片

竹笕 tsu^{21}tɕiɛ̃^{35} 竹子破开去掉竹节用以通水的工具

铁笕 t^{h}ie^{21}tɕiɛ̃^{35} 白铁制的通水工具

槛子台 k^{h}ã^{35}tsɿ^{0}t^{h}ɛ^{55} 窗台

槛子栅 k^{h}ã^{35}tsɿ^{0}se^{42} 窗户上的栅栏

槛子框 k^{h}ã^{35}tsɿ^{0}k^{h}uã^{11} 窗框

小槛子 ɕiɔu^{35}k^{h}ã^{35}tsɿ^{0} 小窗户

槛子帘 k^{h}ã^{35}tsɿ^{0}liɛ̃^{55} 窗帘

门 mən^{55}

楼上 nəu^{55}sã^{213}

楼下 nəu^{55}xa^{213}

□壁 pəu^{35}pi^{42} 客厅后面的板壁

楼梯弄 nəu^{55}tʰe^{11}noŋ^{213} 楼梯下的空间

楼梯档 nəu^{55}tʰe^{11}tã^{213} 楼梯阶

楼梯□ nəu^{55}tʰe^{11}tʰin^{11} 楼梯两边的长木杠

扶手 fu^{55}səu^{35}

架手 ka^{21}səu^{35} 动词，指手放在扶手上

正房 tsən^{21}fã^{55} 父母住的房间

厢房 ɕiã^{11}fã^{55} 儿女住的房间

里间 li^{35}kã^{11}

外间 uɛ^{13}kã^{11}

院子 yẽ^{213}tsɿ^{0}

院墙 yẽ^{21}tɕʰiã^{55}

围墙 uei^{55}tɕʰiã^{55}

篱笆 li^{55}pa^{11}

架篱笆 ka^{21}li^{55}pa^{11} 围篱笆

篱笆桩 li^{55}pa^{11}tɕyã^{11}

桩 tɕyã^{11}

打桩 ta^{35}tɕyã^{11}

*天井 tʰiɛ̃^{11}tɕin^{35}

明堂 min^{55}tʰã^{55} 旧式房子客厅前低于地面的部分，沿天井下来的雨水流在其中：四水归～

*四水归明堂 sɿ^{21}ɕyei^{35}kuei^{11}min^{55}tʰã^{55}

*朝门 tsʰəu^{55}mən^{55}

*八字门 pa^{21}tsɿ^{21}mən^{55}

门楣 mən^{55}mei^{55}

耳门 ᴇ^{35}mən^{55} 边门

房门 fã^{55}mən^{55} 房间的门

两厢门 liã^{35}ɕiã^{11}mən^{55} 两个门扇

重门 tsoŋ^{21}mən^{55} 屏风门，大门里面设置的门

有心门 iou^{35}ɕin^{11}mən^{55}

*狗缺 kəu^{35}tɕʰye^{42}

门闩 mən^{55}ɕyẽ^{11}

顶门棍 tin^{35}mən^{55}kuən^{213} 顶门杠

门背后 mən^{55}pei^{13}xəu^{213} 门后

*门方 mən^{55}fã^{11}

*门桥 mən^{55}tɕʰiəu^{55}

*门斗 mən^{55}təu^{35}

门帘 mən^{55}liɛ̃^{55}

*门款$^{=}$ mən^{55}kʰuã^{35}

*门搭 mən^{55}ta^{42}

*门听 mən^{55}tʰin^{213}

*五□ u^{35}tsən^{213}

*门贴 mən^{55}tʰie^{42}

*茶壶□ tsʰa^{55}fu^{55}kʰuã^{213}

*五彩 u^{35}tsʰɛ^{35}

门神 mən^{55}sən^{55}

*海底 xɛ^{35}ti^{35}

*门耳朵 mən^{55}ᴇ^{35}to^{35}

*踏底石 tʰa^{21}ti^{35}sɿ^{42}

*石鼓 sɿ^{21}ku^{35}

*骑鼓 tɕʰi^{55}ku^{35}

平坦 pʰin^{55}tã^{213} 平地，特指大门口的平地

阳台 iã^{55}tʰɛ^{55}

雨罩 y^{35}tsəu^{213} 窗罩，可防雨

正墙 tsən^{21}tɕʰiã^{55} 屋墙

照壁墙 tsəu^{13}pi^{21}tɕʰiã^{55} 影壁

上墙 sã^{21}tɕʰiã^{55} 接近屋檐的那部分墙

山墙 sã^{11}tɕʰiã^{55} 沿建筑物短轴方向布置的墙

前檐墙 tɕʰiɛ̃^{55}iɛ̃^{55}tɕʰiã^{55} 前墙

后檐墙 xəu^{21}iɛ̃^{55}tɕʰiã^{55} 后墙

土墙 tʰu^{35}tɕʰiã^{55} 泥巴墙

砖墙 tɕyɛ̃^{11}tɕʰiã^{55} 砖砌的墙

石头墙 sɿ^{21}tʰəu^{55}tɕʰiã^{55} 石头垒起来的墙

墙脚 tɕʰiã^{55}tɕio^{42} 墙根

板壁 pã^{35}pi^{42} 板墙

地板栿 ti^{21}pã^{35}fu^{42} 地梁

堂前 tʰã^{55}tɕʰiɛ̃^{55} 客厅

*屋角 u^{21}ko^{42}

　*墙角 tɕʰiã^{55}ko^{42}

梁 liã^{55}

冬瓜梁 toŋ^{11}kua^{11}liã^{55}

　正梁 tsən^{21}liã^{55}

老鼠梁 nəu^{35}tɕʰy^{35}liã^{55} 横梁

驮龙 tʰo^{55}noŋ^{55} 承载不接地的柱子的梁

　驮子 tʰo^{55}tsɿ^{0}

椽子 tɕʰyɛ̃^{55}tsɿ^{0}

*磉墩 sã^{35}tən^{35}

墩子 tən^{35}tsɿ^{0} 石墩，放在大门两边，可以坐人

柴墩子 tsʰɛ^{55}tən^{35}tsɿ^{0} 木头墩，用来劈柴火

同⁼柱 tʰoŋ^{55}tɕy^{213} 楼上的柱子

通梢柱 tʰoŋ^{11}səu^{11}tɕy^{213} 从地面直通到屋顶的柱子

　脊柱 tɕi^{21}tɕy^{213}

天花板 tʰiɛ̃^{11}fa^{11}pã^{35}

楼板 nəu^{55}pã^{35}

阁栅 ko^{21}se^{42} 架楼板的横梁

　楼栅 nəu^{55}se^{42}

档 tã^{213} 台阶

巴骑⁼ pa^{11}tɕʰi^{55} 两头钉

　卡钉 kʰa^{35}tin^{11}

键子 tɕiɛ̃^{213}tsɿ^{0} 楔子

榫头 sən^{35}tʰəu^{55}

公榫 koŋ^{11}sən^{35} 榫，凸出的部分

母榫 mu^{35}sən^{35} 卯，凹进的部分

　卯眼 məu^{35}ŋã^{35}

斗榫头 təu^{21}sən^{35}tʰəu^{55} 榫卯对接

打眼 ta^{35}ŋã^{35} 石匠在石头上凿出的眼儿，用来将大石头分开

角落 ko^{21}no^{42}

锅门口 ko^{11}mən^{55}kʰəu^{35} 灶前人坐着烧火的地方

风炉 foŋ^{11}nu^{55}

　炉子 nu^{55}tsɿ^{0}

风板 foŋ^{11}pã^{35} 炉门儿

锅炉栅 ko^{11}nu^{55}se^{42} 炉条

扒火钩 pʰa^{55}xo^{35}kəu^{11} 扒炭、灰所用的铁钩

通火棍 tʰoŋ^{11}xo^{35}kuən^{213}

　烧火棍 səu^{11}xo^{35}kuən^{213}

火钳 xo^{35}tɕʰiɛ̃^{55} 厨房里烧火用的铁钳子

　火夹钳 xo^{35}ka^{21}tɕʰiɛ̃^{55}

□火 xa^{11}xo^{35} 拨拉火

火撮 xo^{35}tsʰo^{42} 火铲

　铁撮 tʰie^{21}tsʰo^{42}

火叉 xo^{35}tsʰa^{11} 拨火用的铁叉子

吹火筒 tɕʰyei^{11}xo^{35}tʰoŋ^{55}

锅笼 ko^{11}noŋ^{55} 炉道儿，烧火的地方

吊罐 tiəu^{13}kuã^{213} 用铁链吊起来的罐子，旧时烧水用

井⁼罐 tɕin^{35}kuã^{213} 装在锅台里的水罐，烧饭时可同时烧水

吸风灶 ɕi^{21}foŋ^{11}tsəu^{213} 炉底有通风口的灶

灶司庙 tsəu^{13}sɿ^{11}miəu^{213} 灶王爷神位、灶王龛

茅司姑姑 məu^{55}sɿ^{11}ku^{11}ku^{11} 传说中厕所里的神

鸡赛⁼ tɕi^{11}sɛ^{213} 鸡住的地方

上赛⁼ sã^{13}sɛ^{213} 鸡进窝

鸡罩 tɕi^{11}tsɔu^{213} 罩鸡用的罩子，篾制

鸡笼 tɕi^{11}noŋ^{55} 关鸡的竹笼子

鸡食桶 tɕi^{11}sɿ^{21}t^{h}oŋ^{35} 狗气杀

鸡站桶 tɕi^{11}tsã^{21}t^{h}oŋ^{35}

鸡□桶 tɕi^{11}tsɔu^{11}t^{h}oŋ^{35}

鸡食盆 tɕi^{11}sɿ^{21}p^{h}ən^{55}

狗窠 kəu^{35}k^{h}o^{11} 狗窝

狗食盆 kəu^{35}sɿ^{21}p^{h}ən^{55}

猪栏门 tɕy^{11}nã^{55}mən^{55} 猪圈的门

猪食槽 tɕy^{11}sɿ^{21}ts^{h}ɔu^{55} 喂猪食用的石槽或木槽

猪草 tɕy^{11}ts^{h}ɔu^{35}

打猪草 ta^{35}tɕy^{11}ts^{h}ɔu^{35}

猪食 tɕy^{11}sɿ^{42}

煮猪食 tɕy^{35}tɕy^{11}sɿ^{42} 熬猪食

猪食盆 tɕy^{11}sɿ^{21}p^{h}ən^{55}

牛栏 ȵiou^{55}nã^{55} 牛圈

牛食 ȵiou^{55}sɿ^{42}

牛草 ȵiou^{55}ts^{h}ɔu^{35} 割来的喂牛的草

割牛草 ko^{21}ȵiou^{55}ts^{h}ɔu^{35}

晒（谷）场 sɛ^{13} (ku^{21}) ts^{h}ã^{35}

谷仓 ku^{21}ts^{h}ã^{11} 像柜子的仓，有门，底部有放粮口

套仓 t^{h}ɔu^{13}ts^{h}ã^{11} 分层的粮柜

瓮缸 uoŋ^{13}kã^{11} 装粮食的大缸

碓屋 tei^{13}u^{42} 放脚碓的房子，比磨坊小

磨坊 mo^{21}fã^{55} 碓房

脚碓 tɕio^{21}tei^{213} 用脚踩的碓

水轱 ɕyei^{35}ku^{35} 带动水碓的大木轮子

碓□ tei^{13}t^{h}in^{11} 碓杵

碓打 tei^{21}ta^{35} 轮番往下压碓梃的两根木头

碓头 tei^{21}t^{h}əu^{55}

碓嘴 tei^{21}tsei^{35}

碓桩 tei^{13}tɕyã^{11} 固定碓梃的两个木桩

碓葫芦 tei^{21}fu^{55}nu^{42} 固定碓梃的轴

碓租 tei^{13}tsu^{11} 加工粮食的人家交给碓主的租钱

磨坊主 mo^{21}fã^{55}tɕy^{35}

水磨 ɕyei^{35}mo^{213} 水碓里的石磨

打箩筛 ta^{35}no^{55}sɛ^{11} 在水碓里踏脚带动筛子筛粉

粉柜 fən^{35}kuei^{213} 水碓里盛放面粉或米粉的柜子

碾子 ȵiɛ̃^{35}tsɿ^{0} 牛牵引的工具，用于碾米、榨油

石灰窑 sɿ^{21}fei^{11}iɔu^{55}

砖瓦窑 tɕyɛ̃^{11}ua^{35}iɔu^{55}

倒□ tɔu^{13}ɕi^{11} 竹制捕鱼用具，即渔笼，安装在河中，一端迎着水流为进口，鱼被水冲入之后不容易出来

路亭 nu^{21}t^{h}in^{55} 旧时建在路旁供行人歇脚的亭子或房子

茶亭 ts^{h}a^{55}t^{h}in^{55}

亭栏 t^{h}in^{55}nã^{55} 凉亭

卷桥 tɕyɛ̃^{35}tɕ^{h}iɔu^{55} 拱桥

石板桥 sɿ^{21}pã^{35}tɕ^{h}iɔu^{55}

板桥 pã^{35}tɕ^{h}iɔu^{55} 木板桥，由若干块桥板连接而成

桥脚 tɕ^{h}iɔu^{55}tɕio^{42} 架木板桥的架子

桥墩 tɕ^{h}iɔu^{55}tən^{11}

桥板 tɕ^{h}iɔu^{55}pã^{35} 架桥的木板

桥链 tɕ^{h}iɔu^{55}liɛ̃^{213} 用来固定桥板以防被水冲走的铁链子

桥底下 tɕ^{h}iɔu^{55}ti^{35}xa^{0} 桥下

桥洞 tɕ^{h}iɔu^{55}toŋ^{213}

*洗衣埠ɕie^{35}i^{11}p^{h}u^{213}

浇墙脚tɕiɔu^{11}tɕ^{h}iã^{55}tɕio^{42}浇筑墙根

地脚梁ti^{13}tɕio^{21}liã^{55}地梁

圈梁tɕ^{h}yẽ^{11}liã^{55}新式楼房第二、三层的主梁

　腰梁iɔu^{11}liã^{55}

驮梁t^{h}o^{55}liã^{55}承受楼板的房梁

打三干土ta^{35}sã^{11}kã^{11}t^{h}u^{35}将黄泥巴、石灰、沙加水搅拌后铺在地面上，然后弄平实

打地坪ta^{35}ti^{21}p^{h}in^{55}打地面

夯xã^{11}

打夯ta^{35}xã^{11}

方桌fã^{11}tso^{42}

圆桌yẽ^{55}tso^{42}

八仙桌pa^{21}ɕiẽ^{11}tso^{42}

四仙桌sɿ^{13}ɕiẽ^{11}tso^{42}一种比八仙桌略小略矮的方桌，每个方向只能坐一个人

火炉桌xo^{35}nu^{55}tso^{42}下面可放火盆供取暖的桌子

办公桌pã^{13}koŋ^{11}tso^{42}

　三屉桌sã^{11}t^{h}i^{13}tso^{42}

　马鞍桌ma^{35}ŋã^{11}tso^{42}

饭桌fã^{13}tso^{42}

自鸣钟tsɿ^{21}min^{55}tsoŋ^{11}座钟

砍凳k^{h}ã^{35}tən^{213}木匠做工时用的案子

屠凳t^{h}u^{55}tən^{213}屠夫剁肉的案子

茶儿ts^{h}a^{55}tɕi^{35}

桌布tso^{21}pu^{213}

桌围tso^{21}uei^{55}桌裙

台桌面t^{h}ɛ^{55}tso^{21}miẽ^{213}桌面

台桌脚t^{h}ɛ^{55}tso^{21}tɕio^{42}桌子腿儿

马蹄脚ma^{35}t^{h}i^{55}tɕio^{42}形状像马蹄的桌子脚

梳妆台su^{11}tɕyã^{11}t^{h}ɛ^{55}

梳妆盒su^{11}tɕyã^{11}xo^{42}过去妇女用于梳妆的盒子，里面有镜子、梳子等

前头柜tɕ^{h}iẽ^{55}t^{h}əu^{55}kuei^{213}放在卧室里的长条桌

躺椅t^{h}ã^{35}i^{35}

太师椅t^{h}ɛ^{13}sɿ^{11}i^{35}

椅子背i^{35}tsɿ^{0}pei^{213}椅背

椅子档i^{35}tsɿ^{0}tã^{213}椅子掌

椅子脚i^{35}tsɿ^{0}tɕio^{42}

方凳fã^{11}tən^{213}

　杌子凳u^{42}tsɿ^{0}tən^{213}

　骨牌凳ku^{21}p^{h}ɛ^{55}tən^{213}

圆凳yẽ^{55}tən^{213}

长板凳ts^{h}ã^{55}pã^{35}tən^{213}长凳

小凳ɕiɔu^{35}tən^{213}

　小板凳ɕiɔu^{35}pã^{35}tən^{213}

□马tsã^{35}ma^{35}马扎

蒲团p^{h}u^{55}t^{h}ã^{55}

草饼团ts^{h}ɔu^{35}pin^{35}t^{h}ã^{55}草墩儿，稻草编的坐垫

上把位sã^{21}pa^{35}uei^{213}上座

下把位xa^{21}pa^{35}uei^{213}下座

床头柜tɕ^{h}yã^{55}t^{h}əu^{55}kuei^{213}

香橱ɕiã^{11}tɕ^{h}y^{55}衣橱

　大香橱ta^{13}ɕiã^{11}tɕ^{h}y^{55}

　小香橱ɕiɔu^{35}ɕiã^{11}tɕ^{h}y^{55}

　大衣橱新ta^{13}i^{11}tɕ^{h}y^{55}

*碗橱uã^{35}tɕ^{h}y^{55}

高低橱kɔu^{11}ti^{11}tɕ^{h}y^{55}新式衣橱，一边高一边低

书橱ɕy^{11}tɕ^{h}y^{55}

□橱t^{h}o^{35}tɕ^{h}y^{55}由上下两部分组合起来的橱子

屏风p^{h}in^{55}foŋ^{11}

床头tɕ^{h}yã^{55}t^{h}əu^{55}

床顶tɕ^{h}yã^{55}tin^{35}

床匾tɕ^{h}yã^{55}piɛ̃^{35}床前上部前倾的木匾

床□tɕ^{h}yã^{55}t^{h}in^{11}床前的横木

床架tɕ^{h}yã^{55}ka^{213}床前面用来搭衣服的架子

床板tɕ^{h}yã^{55}pã^{35}

床铺草tɕ^{h}yã^{55}p^{h}u^{21}ts^{h}əu^{35}铺在床上的稻草，以使床温暖、柔软

绷子床poŋ^{11}tsɿ^{0}tɕ^{h}yã^{55}棕绷床

棕床tsoŋ^{11}tɕ^{h}yã^{55}

凉床liã^{55}tɕ^{h}yã^{55}竹床

铺床铺p^{h}u^{11}tɕ^{h}yã^{55}p^{h}u^{213}铺床

上床sã^{21}tɕ^{h}yã^{55}

下床xa^{21}tɕ^{h}yã^{55}

盖被kɛ^{21}p^{h}i^{35}盖在身上的被子

被窝里p^{h}i^{35}o^{11}li^{35}被里

被窝面p^{h}i^{35}o^{11}miɛ̃^{213}被面

被窝笼p^{h}i^{35}o^{11}noŋ^{55}被窝

焐被窝笼u^{21}p^{h}i^{35}o^{11}noŋ^{55}暖被窝

坐褥tso^{13}zu^{42}椅子上的坐垫

毛毯məu^{55}t^{h}ã^{35}

草席ts^{h}əu^{35}ɕi^{42}

簟子tiɛ̃^{213}tsɿ^{0}竹席

竹簟tsu^{21}tiɛ̃^{213}

轿子tɕiəu^{213}tsɿ^{0}

圆轿yɛ̃^{55}tɕiəu^{213}

方轿fã^{11}tɕiəu^{213}

枕头套tsən^{35}t^{h}əu^{55}t^{h}əu^{213}

枕头胆tsən^{35}t^{h}əu^{55}tã^{35}枕芯

枕头巾tsən^{35}t^{h}əu^{55}tɕin^{11}枕巾

帐钩tsã^{13}kəu^{11}

帐牙tsã^{21}ŋa^{55}帐顶前部下垂的纱帐

摇窝iəu^{55}o^{11}摇篮

摇窠iəu^{55}k^{h}o^{11}

镜子tɕin^{213}tsɿ^{0}

箱子ɕiã^{11}tsɿ^{0}

皮箱p^{h}i^{55}ɕiã^{11}手提箱

衣架i^{11}ka^{213}衣服架子

*火桶xo^{35}t^{h}oŋ^{35}

*半边月（火桶）pã^{21}piɛ̃^{11}ye^{42} (xo^{35}t^{h}oŋ^{35})

火桶栅xo^{35}t^{h}oŋ^{35}tse^{42}用在火桶里的屉子，脚踩在上面

火夹子xo^{35}ka^{42}tsɿ^{0}抽烟时夹炭火用的火钳子

火箸xo^{35}tɕy^{213}火筷子，用在火桶上

*火盆xo^{35}p^{h}ən^{55}

*手炉səu^{35}nu^{55}

*火钵xo^{35}po^{42}

*火球xo^{35}tɕ^{h}iou^{55}

风箱foŋ^{11}ɕiã^{11}

拉风箱na^{11}foŋ^{11}ɕiã^{11}

大锅ta^{13}ko^{11}做豆腐用，直径2.4尺或1.9尺

中锅tsoŋ^{11}ko^{11}烧饭、烧猪食用，直径1.5—1.7尺

二条锅ᴇ^{21}t^{h}iəu^{55}ko^{11}烧饭用，比中锅小

煮饭锅tɕy^{35}fã^{21}ko^{11}

对心tei^{13}ɕin^{11}直径

炒锅ts^{h}əu^{35}ko^{11}带把的小锅，用来炒菜

白铁锅pe^{21}t^{h}ie^{21}ko^{11}

炖钵tən^{13}po^{42}

砂锅sa^{11}ko^{11}

锅盖ko^{11}kɛ^{213}

平锅盖 $p^hin^{55}ko^{11}k\varepsilon^{213}$ 平的锅盖

□锅盖 $p^ho\eta^{13}ko^{11}k\varepsilon^{213}$ 鼓起来的锅盖

锅箍 $ko^{11}k^hu^{11}$ 锅圈儿，竹篾或草编成，垫锅底用

炊子 $ts^hei^{11}ts\eta^{0}$ 烧开水的壶

饭甑 $f\tilde{a}^{13}ts\text{ə}n^{213}$ 蒸饭用的木桶

药筒罐 $io^{21}t^ho\eta^{55}ku\tilde{a}^{213}$ 熬药的砂锅

锅铲 $ko^{11}ts^h\tilde{a}^{35}$

刮子 $kua^{42}ts\eta^{0}$ 刮皮刀

锉子 $ts^ho^{213}ts\eta^{0}$ 礤床

碾槽 $\eta i\tilde{\varepsilon}^{35}ts^h\text{ɔ}u^{55}$ 研船

刀板 $t\text{ɔ}u^{11}p\tilde{a}^{35}$ 砧板，切菜用

大刀板 $ta^{21}t\text{ɔ}u^{11}p\tilde{a}^{35}$ 案板，做面食用

馃印 $ko^{35}in^{213}$ 做馒头或米饼的木模子，里面刻有吉祥图案。将和好的面或粉填进去压紧，再倒出来，馒头或饼上就印出了图案

花馃 $fa^{11}ko^{35}$ 用馃印出来的馒头或饼

印馃 $in^{21}ko^{35}$

面汤棍 $mi\tilde{\varepsilon}^{13}t^h\tilde{a}^{11}ku\text{ə}n^{213}$ 擀面杖，两头一样粗

擀面棍 $k\tilde{a}^{35}mi\tilde{\varepsilon}^{13}ku\text{ə}n^{213}$

面汤槌 $mi\tilde{\varepsilon}^{13}t^h\tilde{a}^{11}t\text{ɕ}^hyei^{55}$ 擀面杖，两头细中间粗

侉碗 $k^hua^{35}u\tilde{a}^{35}$ 最大的碗

汤碗 $t^h\tilde{a}^{11}u\tilde{a}^{35}$

蓝边碗 $n\tilde{a}^{55}pi\tilde{\varepsilon}^{11}u\tilde{a}^{35}$ 吃饭、装菜用的碗，比侉碗小

可二碗 $k^ho^{35}\text{ᴇ}^{21}u\tilde{a}^{35}$ 吃饭用的，比蓝边碗小

盏子 $ts\tilde{a}^{35}ts\eta^{0}$ 装豆腐乳、辣椒等的小碗，比可二碗小

筒 $t^ho\eta^{55}$ 小孩儿用的竹制碗

饭筒 $f\tilde{a}^{21}t^ho\eta^{55}$

盘子 $p^h\tilde{a}^{55}ts\eta^{0}$

碟子 $tie^{42}ts\eta^{0}$

酒杯 $t\text{ɕ}iou^{35}pei^{11}$

酒壶 $t\text{ɕ}iou^{35}fu^{55}$

茶盅 $ts^ha^{55}tso\eta^{11}$ 上下一样粗的茶碗

茶碗 $ts^ha^{55}u\tilde{a}^{35}$

茶托 $ts^ha^{55}t^ho^{42}$

盖碗 $k\varepsilon^{21}u\tilde{a}^{35}$

碗盖 $u\tilde{a}^{35}k\varepsilon^{213}$ 盖碗上面的盖儿

茶缸 $ts^ha^{55}k\tilde{a}^{11}$

筷子筒 $k^hu\varepsilon^{213}ts\eta^{0}t^ho\eta^{55}$ 筷笼

暖水袋 $n\tilde{\text{ɔ}}^{35}\text{ɕ}yei^{35}t\varepsilon^{213}$ 热水袋、汤婆子，放在被窝里取暖用

瓢 $p^hi\text{ɔ}u^{55}$ 舀饭、舀水用的勺子

把桶 $pa^{35}t^ho\eta^{35}$ 有把的水勺，桶形，木制

笊篱 $ts\text{ɔ}u^{35}li^{55}$

饭桶 $f\tilde{a}^{21}t^ho\eta^{35}$ 装饭用的木桶

蒸笼 $ts\text{ə}n^{11}no\eta^{55}$ 笼屉

蒸笼片 $ts\text{ə}n^{11}no\eta^{55}p^hi\tilde{\varepsilon}^{213}$ 蒸笼里铺的土布

屉子 $t^hi^{213}ts\eta^{0}$ 箅子

水筒 $\text{ɕ}yei^{35}t^ho\eta^{55}$ 舀水的竹筒

水缸 $\text{ɕ}yei^{35}k\tilde{a}^{11}$

浓水桶 $no\eta^{55}\text{ɕ}yei^{35}t^ho\eta^{35}$ 泔水桶

泔水 $k\tilde{a}^{11}\text{ɕ}yei^{35}$

浓水 $no\eta^{55}\text{ɕ}yei^{35}$

瓶塞子 $p^hin^{55}se^{42}ts\eta^{0}$

粪桶 $f\text{ə}n^{21}t^ho\eta^{35}$ 尿桶

粪瓢 $f\text{ə}n^{21}p^hi\text{ɔ}u^{55}$ 舀粪用的勺子

尿壶 $sei^{11}fu^{55}$ 夜壶

子孙桶 $ts\eta^{35}s\text{ə}n^{11}t^ho\eta^{35}$ 作为嫁妆之一的马桶

马桶柜 $ma^{35}t^ho\eta^{35}kuei^{213}$ 装马桶的木箱子

闭臊 $pi^{13}s\text{ɔ}u^{11}$ 马桶放在柜里，可以封住尿

臊气

牙膏 ŋa^{55}kɔu^{11}

挤牙膏 tɕi^{35}ŋa^{55}kɔu^{11}

牙刷 ŋa^{55}ɕya^{42}

香肥皂 ɕiã^{11}fei^{55}tsɔu^{213} 香皂

破柴 pʰo^{21}tsʰɛ^{55} 劈柴（动词）

片柴 pʰiɛ̃^{21}tsʰɛ^{55} 劈成块状的柴火

茅柴 mɔu^{55}tsʰɛ^{55} 连枝带叶的柴火

稻草 tɔu^{21}tsʰɔu^{35} 作为柴火的稻秆

麦秆 me^{21}kã^{35} 作为柴火的麦草

豆萁 tɔu^{21}tɕʰi^{55} 作为柴火的豆秸

梗子柴 kən^{35}tsɿ^{0}tsʰɛ^{55} 杆状的柴火

柴墩 tsʰɛ^{55}tən^{35} 劈柴用的木墩子

柴屑子 tsʰɛ^{55}se^{42}tsɿ^{0} 碎的柴火

锯屑 tɕy^{13}ɕie^{42} 锯末

刨花 pʰɔu^{55}fa^{11}

柿 pʰei^{213} 木匠加工木头时砍下来的碎木块，烧火用

火屎 xo^{35}sɿ^{35} 燃着的碎炭

历炭 li^{21}tʰã^{213} 炭窑烧出来的炭

硬炭 ŋən^{13}tʰã^{213}

煞火炭 sa^{21}xo^{35}tʰã^{213} 烧饭时炭火放在煞火坛里冷却成的炭

煞火坛 sa^{21}xo^{35}tʰã^{55} 使燃着的柴火炭化并储存木炭的坛子

锅㞘灰 ko^{11}tu^{21}fei^{11} 锅烟子，锅底的灰

　烟煤 iɛ̃^{11}mei^{55}

洋线 iã^{55}ɕiɛ̃^{213}

　棉线 miɛ̃^{55}ɕiɛ̃^{213}

洋布 iã^{55}pu^{213} 机织的布

土布 tʰu^{35}pu^{213} 手工织的布

洋刀 iã^{55}tɔu^{11} 小的裁纸刀

烟囱 iɛ̃^{11}tsʰoŋ^{11}

汽灯 tɕʰi^{13}tən^{11}

煤油灯 mei^{55}iou^{55}tən^{11}

台灯 tʰɛ^{55}tən^{11} 美孚灯，可以调节亮度的煤油灯

马灯 ma^{35}tən^{11} 一种可以手提的、能防风雨的煤油灯

灯盏 tən^{11}tsã^{35} 旧时用的碗形油灯

灯芯 tən^{11}ɕin^{11}

灯草 tən^{11}tsʰɔu^{35} 旧时灯盏里用来点火的东西

掭火拍 tʰiɛ̃^{21}xo^{35}pʰe^{42} 拨火棍儿、灯掭

灯罩 tən^{11}tsɔu^{213} 煤油灯上的玻璃罩子

灯笼 tən^{11}noŋ^{55}

青油 tɕʰin^{11}iou^{55} 过去点灯盏用的油

火把 xo^{35}pa^{35} 用晒干的黄篾、葵花秆等做成

糊 fu^{55} ～槛子：糊窗户

糨糊 tɕiã^{11}fu^{55}

钱筒 tɕʰiɛ̃^{55}tʰoŋ^{55} 竹筒做的存钱罐，类似于扑满

喷水壶 pʰən^{11}ɕyei^{35}fu^{55} 喷壶，浇花用

手提包 səu^{35}tʰi^{55}pɔu^{11}

皮夹 pʰi^{55}ka^{42} 钱包

洗衣板 ɕie^{35}i^{11}pã^{35} 搓衣板

*榔槌 nã^{55}tɕʰyei^{55}

鞋巴箩 xɛ^{55}pa^{11}no^{35} 针线筐

穿针 tɕʰyɛ̃^{11}tsən^{11}

针杪 tsən^{11}miɔu^{35} 针尖

针屁股 tsən^{11}pʰi^{21}ku^{35} 针鼻儿，针头上的小孔，用于穿线

针脚 tsən^{11}tɕio^{42}

抵针箍 ti^{35}tsən^{11}kʰu^{11} 顶针

　顶针箍 tin^{35}tsən^{11}kʰu^{11}

锥钻 tɕyei^{11}tsɔ̃^{213} 锥子，纳鞋底用

引针 in^{35}tsən^{11}

拔子 pa^{42}tsɿ^{0} 纳鞋底时用来拔针的工具

破片 pʰo^{13}pʰiɛ̃^{213} 打补丁用的布片或旧布

破片条 pʰo^{13}pʰiɛ̃^{21}tʰiɔu^{55} 用来打鞋底的碎布片

填鞋底 tʰiɛ̃^{55}xɛ^{55}ti^{35} 用破布条一层层地叠起来（用来做鞋底）

幔底布 mã^{21}ti^{35}pu^{213} 蒙在鞋底上的整块的布

补巴 pu^{35}pa^{11} 补丁

死□ sɿ^{35}tɕyɛ^{213} 死疙瘩

活□ xo^{42}tɕyɛ^{213} 活疙瘩

鞋底线 xɛ^{55}ti^{35}ɕiɛ̃^{213} 纳鞋底的线

底线 ti^{35}ɕiɛ̃^{213}

线陀 ɕiɛ̃^{21}tʰo^{55} 线轴儿

剃头刀 tʰi^{21}tʰəu^{55}tɔu^{11} 剃刀

推剪 tʰei^{11}tɕiɛ̃^{35} 推子

电推 tiɛ̃^{13}tʰei^{11} 电推子

鐾刀布 pʰi^{13}tɔu^{11}pu^{213}

荡刀片 tã^{13}tɔu^{11}pʰiɛ̃^{213}

刮刀布 kua^{21}tɔu^{11}pu^{213}

荡刀 tã^{13}tɔu^{11} 鐾刀，将刀刃在布、皮或石头等物上反复摩擦使锋利

刀石 tɔu^{11}sɿ^{42} 磨刀石

刀石夹 tɔu^{11}sɿ^{21}tɕia^{42} 固定磨刀石的木夹子

磨刀 mo^{55}tɔu^{11}

剃头椅 tʰi^{21}tʰəu^{55}i^{35}

裁缝机 tsʰɛ^{55}foŋ^{55}tɕi^{11} 缝纫机

烙铁 no^{21}tʰie^{42} 烧热后可以烫平衣服的铁器，底面平滑，上面或一头有柄

烫斗 tʰã^{21}tɔu^{35} 把烧红的木炭放在熨斗里，等底部热得烫手以后用来熨衣服

熨斗 yn^{21}tɔu^{35}

棉花弓 miɛ̃^{55}fa^{11}koŋ^{11} 弹棉花用的弓

棉花槌 miɛ̃^{55}fa^{11}tɕʰyei^{55} 弹棉花用的木槌

弹棉花 tʰã^{55}miɛ̃^{55}fa^{11}

磨絮 mo^{55}ɕi^{213} 将棉絮与棉纱压实

走盘 tsəu^{35}pʰã^{55} 弹花匠使用的将棉絮压实磨平的木磨

棉纱 miɛ̃^{55}sa^{11} 棉纱线

纺车 fã^{35}tsʰe^{11}

织布机 tsɿ^{21}pu^{13}tɕi^{11}

梭子 so^{11}tsɿ^{0}

扇 sã^{213} 扇子

芭蕉扇 pa^{11}tɕiɔu^{11}sã^{213}

棕皮扇 tsoŋ^{11}pʰi^{55}sã^{213} 用棕叶做的扇子

纸扇 tsɿ^{35}sã^{213}

折扇 tse^{21}sã^{213}

麦秆扇 me^{21}kã^{35}sã^{213} 用麦秆编的扇子

蒲扇 pʰu^{55}sã^{213}

伞 sã^{35}

雨伞 y^{35}sã^{35}

阳伞 iã^{55}sã^{35}

拐 kuɛ^{35} 拐杖

草纸 tsʰɔu^{35}tsɿ^{35}

红蜡烛 foŋ^{55}na^{21}tsu^{42}

白蜡烛 pe^{21}na^{21}tsu^{42}

蜡烛台 na^{21}tsu^{21}tʰɛ^{55}

脸盆架 liɛ̃^{35}pʰən^{55}ka^{213}

洗脸架 ɕie^{35}liɛ̃^{35}ka^{213}

倒洗脸水 tɔu^{21}ɕie^{35}liɛ̃^{35}ɕyei^{35}

脚盆 tɕio^{21}pʰən^{55} 洗脚用的盆

洗脚（手）巾 ɕie^{35}tɕio^{21} (səu$^{35-55}$) tɕin^{11} 擦脚布

脚布 tɕio^{21}pu^{213} 擦脚布

澡盆tsɔu^{35}pʰən^{55}浴盆

站桶tsã^{21}tʰoŋ^{35}喇叭形木桶，一米多高，中有隔板，供周岁左右的小孩站立在里面

抹布ma^{21}pu^{213}擦桌子、锅台的布

抹台布ma^{21}tʰɛ^{55}pu^{213}擦桌子用的抹布

拖把tʰo^{11}pa^{35}墩布

竹椏帚tsu^{21}ŋa^{11}tsəu^{35}竹枝扎的扫帚

棕帚tsoŋ^{11}tsəu^{35}棕毛扎的扫帚

鸡毛帚tɕi^{11}mɔu^{55}tsəu^{35}鸡毛掸子

洗锅帚ɕie^{35}ko^{11}tsəu^{35}刷锅用的帚

洗碗布ɕie^{35}uã^{35}pu^{213}

晒衣篙sɛ^{13}i^{11}kɔu^{11}晒衣服用的竹竿

晒衣篙子sɛ^{13}i^{11}kɔu^{11}tsɿ^{0}

竹杈tsu^{21}tsʰa^{11}架晒衣竿的竹竿

腰绞iɔu^{11}tɕiɔu^{35}背小孩的背带

草鞋扒tsʰɔu^{35}xɛ^{55}pʰa^{55}做草鞋的工具

果子盒ko^{35}tsɿ^{0}xo^{42}装瓜子、花生、糖果等的盒子，篾制

果子盘ko^{35}tsɿ^{0}pʰã^{55}装瓜子、花生、糖果的盘子，塑料制

小巴箩ɕiɔu^{35}pa^{11}no^{55}装瓜子、糕点等用的竹制器具，浅圆形

洋铁箱iã^{55}tʰie^{21}ɕiã^{11}旧时装煤油的铁箱子

茶筒tsʰa^{55}tʰoŋ^{55}装茶叶的铁筒

猪篓tɕy^{11}nəu^{35}竹制器具，装小猪用

锛子pən^{11}tsɿ^{0}

镊子ȵie^{42}tsɿ^{0}

锯tɕy^{213}锯子

镩锯kɛ^{13}tɕy^{213}横着锯木板用的锯子，二人对拉

直锯tsɿ^{21}tɕy^{213}

绵锯miɛ̃^{55}tɕy^{213}

龙锯noŋ^{55}tɕy^{213}大锯，二人操作

绷锯poŋ^{11}tɕy^{213}用弓绷紧的锯

手锯səu^{35}tɕy^{213}单手操作的锯子

横锯fən^{55}tɕy^{213}锯断木头的锯子

钢丝锯kã^{11}sɿ^{11}tɕy^{213}线锯

爬锯pʰa^{55}tɕy^{213}上山砍柴用的锯子，单手操作，有柄

油锯iou^{55}tɕy^{213}电动或烧油的锯子，锯木板用

电锯tiɛ̃^{13}tɕy^{213}

舞钻u^{35}tsɔ̃^{213}木匠用于钻孔的工具

推刨tʰei^{11}pɔu^{213}

刨子pɔu^{213}tsɿ^{0}

滚刨kuən^{35}pɔu^{213}刨圆棱的刨子

短刨tã^{35}pɔu^{213}

长刨tsʰã^{55}pɔu^{213}

凿子tso^{42}tsɿ^{0}木匠凿孔用的工具

方凿fã^{11}tso^{42}用于凿方孔的工具

圆凿yɛ̃^{55}tso^{42}凿圆孔的工具

锉tsʰo^{213}木工用具；～平

墨斗mi^{21}təu^{35}木工在木头弹线的工具

墨斗线mi^{21}təu^{35}ɕiɛ̃^{213}用墨斗画的线

弹线tʰã^{55}ɕiɛ̃^{213}用墨斗画线

篾签mie^{21}tɕʰiɛ̃^{11}画墨斗线时用的竹签，用来在木料上做标记

麂子角tɕi^{35}tsɿ^{0}ko^{42}固定墨斗线末端的锥子

锥子tɕyei^{11}tsɿ^{0}

线锥ɕiɛ̃^{13}tɕyei^{11}

线盘ɕiɛ̃^{21}pʰã^{55}墨斗上用来转动斗筒的摇把儿

绞车tɕiɔu^{35}tsʰe^{11}

六角车 nu^{21}ko^{21}ts^{h}e^{11}

斗筒 təu^{35}t^{h}oŋ^{55} 墨斗的主体部分，里面装墨和线

墨斗瓢 mi^{21}təu^{35}zã^{55} 墨斗里装的海绵一类的东西，用来濡湿墨线

马场 ma^{35}ts^{h}ã^{55} 将树锯成木板的场所

人字马 zən^{55}tsɿ^{21}ma^{35} 木匠做活时用的一种工具，用两根木料做成“×”形，“×”形中央安上一个与“×”形相垂直的长木柄，“×”下端与木柄一端着地，“×”的上端可以放木料

马 ma^{35}

尺子 ts^{h}ɿ^{42}tsɿ^{0}

尺 ts^{h}ɿ^{42}

木尺 mu^{21}ts^{h}ɿ^{42} 木制的尺子

竹尺 tsu^{21}ts^{h}ɿ^{42} 竹制的尺子

皮尺 p^{h}i^{55}ts^{h}ɿ^{42}

卷尺 tɕyɛ̃^{35}ts^{h}ɿ^{42}

拐尺 kuɛ^{35}ts^{h}ɿ^{42} 角尺

折尺 tse^{21}ts^{h}ɿ^{42} 可以折叠的木尺

五尺竿 u^{35}ts^{h}ɿ^{42}kã^{11} 木匠用的长度为五尺的木条

砖刀 tɕyɛ̃^{11}təu^{11} 瓦刀

□子 tɕ^{h}iəu^{11}tsɿ^{0} 篾匠用来引篾的金属用具

赶刀 kã^{35}təu^{11} 把篾削成同样宽度的刀，由两片斜插着的刀片组成

赶篾 kã^{35}mie^{42} 把篾削成同样的宽度

篾夹 mie^{21}ka^{42} 赶篾时用来压住竹篾的竹片

刮刀 kua^{21}təu^{11} 把篾刮光滑的刀

刮篾 kua^{21}mie^{42} 把篾刮光滑

刮青 kua^{21}tɕ^{h}in^{11} 刮去竹片外面的皮

竹刀 tsu^{21}təu^{11} 篾匠用刀

破篾 p^{h}o^{13}mie^{42} 将竹子破成竹篾

搨子 t^{h}a^{42}tsɿ^{0} 抹子，瓦工涂抹灰泥的工具

砖搨 tɕyɛ̃^{11}t^{h}a^{42}

擦板 ts^{h}a^{21}pã^{35} 把墙面弄平的板

泥板 ȵi^{55}pã^{35} 盛放泥灰的板子

腻子 ȵi^{42}tsɿ^{0} 新型的抹墙材料

泥桶 ȵi^{55}t^{h}oŋ^{35} 灰斗子，装泥灰用的桶

錾子 tsã^{213}tsɿ^{0} 石匠凿石头用的铁锥子

铁□子 t^{h}ie^{21}ɕyɛ̃^{213}tsɿ^{0} 石匠打石头时用的铁制楔子

钢钎 kã^{11}tɕ^{h}iɛ̃^{11} 尖头钢棒，在岩石之类硬物上凿孔的工具

炮钎 p^{h}əu^{13}tɕ^{h}iɛ̃^{11} 打炮眼用的钢钎

撬棍 tɕ^{h}iəu^{13}kuən^{213} 利用杠杆原理让重物克服地心引力，将重物从地面掀起并发生位移的木棍

钩子 kəu^{11}tsɿ^{0}

土钉 t^{h}u^{35}tin^{11} 铁匠打的钉子

棺材钉 kuã^{11}ts^{h}ɛ^{55}tin^{11} 钉棺材用的钉子

钉钉 tin^{11}tin^{11} 钉钉子

龙桩 noŋ^{55}tɕyã^{11} 铰链

门扣 mən^{55}k^{h}əu^{213} 锁扣

门搭子 mən^{55}ta^{42}tsɿ^{0}

马尾钳 ma^{35}uei^{35}tɕ^{h}iɛ̃^{55} 木匠加工木料时用的铁钳，有两个齿钉在案桌上，用以固定木料

卡钉 k^{h}a^{35}tin^{11} 木匠用于固定木头的“X”形钉子；两头钉（钉在两块木板上将木板合在一起）

老虎钳 nəu^{35}fu^{35}tɕ^{h}iɛ̃^{55}

钉锤 tin^{11}tɕ^{h}yei^{55} 用来钉钉子、拔钉子的锤子

手锤 səu^{35}tɕ^{h}yei^{55} 石匠凿石头时用的锤子

八磅锤 $pa^{21}pã^{21}tɕ^{h}yei^{55}$ 重量为八磅的铁锤，钻炮眼用

六磅锤 $nu^{21}pã^{21}tɕ^{h}yei^{55}$ 重量为六磅的铁锤，钻炮眼用

矿锤 $kuã^{21}tɕ^{h}yei^{55}$ 开采石灰石时用的铁锤

铁锹 $t^{h}ie^{21}tɕ^{h}iɔu^{11}$

锹子 $tɕ^{h}iɔu^{11}tsɿ^{0}$ 铲子

油榨 $iou^{55}tsa^{213}$ 榨油的工具

榨油 $tsa^{21}iou^{55}$ 压榨植物籽取油

油槌 $iou^{55}tɕ^{h}yei^{55}$ 榨油用的大木槌子

油坊 $iou^{55}fã^{11}$

印 in^{213} 盖～（大的）

章 $tsã^{11}$ 盖～（小的）

私章 $sɿ^{11}tsã^{11}$

公章 $koŋ^{11}tsã^{11}$

秋千 $tɕ^{h}iou^{11}tɕ^{h}iẽ^{11}$

孔明灯 $k^{h}oŋ^{35}min^{55}tən^{11}$

叫子 $tɕiɔu^{213}tsɿ^{0}$ 哨子

八　称谓

城市人 $ts^{h}ən^{55}sɿ^{21}zən^{55}$ 城里人

乡下人 $ɕiã^{11}xa^{0}zən^{55}$

乡巴佬 $ɕiã^{11}pa^{11}nɔu^{35}$（贬义）

老虎婆 $nɔu^{35}fu^{35}p^{h}o^{55}$ 让人害怕的妇女（不含贬义）

老头子 $nɔu^{35}t^{h}əu^{55}tsɿ^{0}$ 老汉

老太婆 $nɔu^{35}t^{h}ɛ^{21}p^{h}o^{55}$

老太太 $nɔu^{35}t^{h}ɛ^{13}t^{h}ɛ^{213}$

毛妹 $mɔu^{55}mei^{213}$ 女婴

一家人 $i^{21}ka^{11}zən^{55}$ 一家子

本家人 $pən^{35}ka^{11}zən^{55}$

一棵菜 $i^{21}k^{h}o^{11}ts^{h}ɛ^{213}$ 直系亲属的一支

自家人 $tsɿ^{13}ka^{11}zən^{55}$

外人 $uɛ^{21}zən^{55}$

己亲 $tɕi^{35}tɕ^{h}in^{11}$

血亲 $ɕye^{21}tɕ^{h}in^{11}$

本地人 $pən^{35}ti^{21}zən^{55}$

当地人 $tã^{11}ti^{21}zən^{55}$

外乡人 $uɛ^{13}ɕiã^{11}zən^{55}$ 外地人

外国佬 $uɛ^{13}kue^{21}nɔu^{35}$ 对外国人的蔑称

日本佬 $zɿ^{21}pən^{35}nɔu^{35}$ 对日本人的蔑称

祁门佬 $tɕ^{h}i^{55}mən^{55}nɔu^{35}$ 对祁门人的戏称或蔑称，军家原属石台县

祁门猴子 $tɕ^{h}i^{55}mən^{55}xəu^{55}tsɿ^{0}$

对头 $tei^{21}t^{h}əu^{55}$ 冤家

内行 $nei^{21}xã^{55}$ 他是个～；很～

外行 $uɛ^{21}xã^{55}$ 他是个～；很～

半油篓 $pã^{21}iou^{55}nəu^{55}$ 半瓶醋，比喻一知半解

半篓子 $pã^{21}nəu^{35}tsɿ^{0}$

同年 $t^{h}oŋ^{55}ȵiẽ^{55}$ 同庚

同年哥 $t^{h}oŋ^{55}ȵiẽ^{55}ko^{11}$ 庚兄

同年弟 $t^{h}oŋ^{55}ȵiẽ^{55}ti^{213}$ 庚弟

后生家 $xəu^{213}zən^{0}$（← $sən^{11}$）ka^{11} 小伙子

小花子 $ɕiɔu^{35}fa^{11}tsɿ^{0}$

小伙子 $ɕiɔu^{35}xo^{35}tsɿ^{0}$

青头男 $tɕ^{h}in^{11}t^{h}əu^{55}nã^{55}$ 未婚的成年男子，兼指光棍

姑娘 $ku^{11}ȵiã^{0}$

青头女 $tɕ^{h}in^{11}t^{h}əu^{55}ȵy^{35}$ 未婚的成年女子，兼指老姑娘

童养媳 $t^{h}oŋ^{55}iã^{35}ɕi^{0}$

亮子 $liã^{213}tsɿ^{0}$ 明眼人，与“盲人”相对

大喉咙 $ta^{21}xəu^{55}noŋ^{55}$ 大嗓子

结（巴）子 $tɕie^{21}$ (pa^{11}) $tsɿ^{0}$ 结巴

缺嘴 tɕʰye^{21}tsei^{35} 豁唇子

破嘴 pʰo^{21}tsei^{35}

缺牙齿 tɕʰye^{21}ŋa^{55}tsʰɿ^{35} 豁牙子

麻子 ma^{55}tsɿ^{0}

打杵叉 ta^{35}tɕʰy^{35}tsʰa^{11} 六指儿，长在大拇指处

六个手指头 nu^{42}ko^{0}səu^{35}tsɿ^{35}tʰəu^{55} 六指儿，长在小拇指处

六拇指 nu^{21}mu^{35}tsɿ^{35}

反手撇子 fã^{35}səu^{35}pʰie^{42}tsɿ^{0} 左撇子

白虎 pe^{21}fu^{35} 老公嘴儿，不长胡须的男人：男怕～女怕青龙

老憨头子 nɔu^{35}xã^{11}tʰəu^{55}tsɿ^{0} 说话、做事很慢的人，慢性子

大脓包 ta^{21}noŋ^{55}pɔu^{11} 比喻无用的人

大草包 ta^{21}tsʰɔu^{35}pɔu^{11}

□包 soŋ^{55}pɔu^{11}

孬种 nɔu^{11}tsoŋ^{35} 无能的人

□人 xa^{35}zən^{55} 能力弱、没有主见的人

难剃头 nã^{55}tʰi^{21}tʰəu^{55} 难说话、不好沟通的人

工人 koŋ^{11}zən^{55}

雇工 ku^{13}koŋ^{11}

长工 tsʰã^{55}koŋ^{11}

短工 tã^{35}koŋ^{11}

出工 tɕʰy^{21}koŋ^{11} 上工，出勤

歇骚$^{=}$ ɕie^{21}sɔu^{11} 休息，劳动过程中歇气儿

歇气 ɕie^{21}tɕʰi^{213}

歇力 ɕie^{21}li^{42}

歇伙 ɕie^{21}xo^{35} 收工；散伙

落地骚$^{=}$ no^{21}ti^{13}sɔu^{11} 到劳动场所后，先歇会儿（然后开始干活）

歇工 ɕie^{21}koŋ^{11} 收工：长工短工，腊月二十四～

下工 xa^{13}koŋ^{11}

敨气 tʰəu^{35}tɕʰi^{213} 喘气，呼吸

临时工 lin^{55}sɿ^{55}koŋ^{11}

老板 nɔu^{35}pã^{35}

工头 koŋ^{11}tʰəu^{55}

老板娘 nɔu^{35}pã^{35}ȵiã^{55}

老板嫂 nɔu^{35}pã^{35}sɔu^{35}（年轻的）

东家 toŋ^{11}ka^{11} 佣工称雇主为～

朝奉 tsʰɔu^{55}foŋ^{213} 旧指店员

伙计 xo^{35}tɕi^{213}

学徒 ɕio^{21}tʰu^{55}

顾客 ku^{13}kʰe^{42}

买东西的 mɛ^{35}toŋ^{11}ɕi^{11}ti^{0}

同学 tʰoŋ^{55}ɕio^{42}

机司 tɕi^{11}sɿ^{11}

开车的 kʰɛ^{11}tsʰe^{11}ti^{0}

驾驶员 tɕia^{21}sɿ^{35}yɛ̃^{55}

老农 nɔu^{35}noŋ^{55} 老农民

大木 ta^{13}mu^{42} 盖房子、做水碓的木匠

小木 ɕiɔu^{35}mu^{42} 做家具的木匠

桶匠 tʰoŋ^{35}tɕiã^{213} 箍桶的木匠

箍桶 kʰu^{11}tʰoŋ^{35} 用箍将做桶的板捆在一起，使其成为所需形状并接缝严实

桶箍 tʰoŋ^{35}kʰu^{11} 桶上的篾箍

桶催 tʰoŋ^{35}tsʰei^{11} 用来把箍弄紧的木制工具

催箍 tsʰei^{11}kʰu^{11} 用“桶催”向下敲打，将桶上的箍弄紧

锵匠 kɛ^{13}tɕiã^{213} 把树锯成木板的工匠

窑匠 iɔu^{55}tɕiã^{213} 制作砖瓦、烧窑的工匠

做砖的 tso^{13}tɕyɛ̃^{11}ti^{0} 制砖的工匠

竹匠 tsu^{21}tɕiã^{213}

篾匠 mie^{21}tɕiã^{213}

铁匠 tʰie^{21}tɕiã^{213}

铁匠铺 $t^hie^{21}tɕiã^{13}p^hu^{213}$

锡匠 $ɕi^{21}tɕiã^{213}$ 焊锡的工匠

铜匠 $t^hoŋ^{55}tɕiã^{213}$ 用铜板制作各种器具或修理各种铜器的工匠

石匠 $sʅ^{21}tɕiã^{213}$

弹匠 $t^hã^{55}tɕiã^{213}$ 弹棉花的

棕匠 $tsoŋ^{11}tɕiã^{213}$ 织棕绳、蓑衣的工匠

扳匠 $pã^{11}tɕiã^{213}$ 用竹子、杉木扳竹床、躺椅的工匠

漆匠 $tɕ^hi^{21}tɕiã^{213}$ 油漆匠

皮匠 $p^hi^{55}tɕiã^{213}$ 用皮革制作物件或修理皮货的工匠

接犁头（补锅）的 $tɕie^{21}li^{55}t^həu^{55}$ $(pu^{35}ko^{11})$ ti^0 补接断了半截的犁头、锢露锅的工匠

打洋铁的 $ta^{35}iã^{55}t^hie^{42}ti^0$ 用洋铁制作生活用具的工匠

杀猪佬 $sa^{21}tɕy^{11}nəu^{35}$ 屠夫

□猪佬 $tɕiɛ̃^{11}tɕy^{11}nəu^{35}$ 阉割牲畜的工匠：一□[$tɕiɛ̃^{11}$]猪，二打铁，三接犁头四插鳖（旧时指四种赚钱的职业）

摘石耳的 $tse^{21}sʅ^{21}ᴇ^{35}ti^0$ 在悬崖上采摘石耳的人

摘香菇 $tse^{21}ɕiã^{11}ku^{11}$ 采香菇

佣人 $ioŋ^{21}zən^{55}$ 受雇用的人；仆役

保姆 $pəu^{35}mu^{35}$ 家政服务员

女佣人 $ȵy^{35}ioŋ^{21}zən^{55}$

男佣人 $nã^{55}ioŋ^{21}zən^{55}$

丫鬟 $ŋa^{11}fã^{55}$

吹喇叭的 $tɕ^hyei^{11}na^{35}pa^{11}ti^0$ 吹鼓手

小胡佬 $ɕiəu^{35}fu^{55}nəu^{35}$

卖唱的 $mɛ^{13}ts^hã^{213}ti^0$

打猎的 $ta^{35}lie^{42}ti^0$ 猎人

打猎 $ta^{35}lie^{42}$

安铁夹 $ŋã^{11}t^hie^{21}ka^{42}$ 下铁夹诱捕野兽

安夹子 $ŋã^{11}ka^{42}tsʅ^0$

铁夹 $t^hie^{21}ka^{42}$ 安放在野外夹野兽的夹子

夹野兽 $ka^{21}ie^{35}səu^{213}$

吊弓 $tiəu^{13}koŋ^{11}$ 捕捉野兽的弓，安放在野兽出没的路上

陷阱 $ɕiɛ̃^{21}tɕin^{35}$

奶娘 $nɛ^{35}ȵiã^{55}$ 奶妈

接生婆 $tɕie^{21}sən^{11}p^ho^{55}$

辈分 $pei^{13}fən^{213}$

老辈 $nəu^{35}pei^{213}$ 祖辈

长辈 $tsã^{35}pei^{213}$

平辈 $p^hin^{55}pei^{213}$

晚辈 $uã^{35}pei^{213}$

小辈 $ɕiəu^{35}pei^{213}$

排行 $p^hɛ^{55}xã^{55}$ 他～老三

寡妇 $kua^{35}fu^{213}$

寡妇奶 $kua^{35}fu^{21}nɛ^{35}$ 老寡妇

寡妇奶奶 $kua^{35}fu^{21}nɛ^{35}nɛ^{35}$

鳏夫 $kuã^{11}fu^{11}$

二婚头 $ᴇ^{13}fən^{11}t^həu^{55}$ 再嫁的妇女

飞来子 $fei^{11}nɛ^{55}tsʅ^{35}$ 旧时妇女改嫁带来的前夫所生的子女

飞来种 $fei^{11}nɛ^{55}tsoŋ^{35}$

拖油瓶 $t^ho^{11}iou^{55}p^hin^{55}$

姘头 $p^hin^{11}t^həu^{55}$

相好的 $ɕiã^{11}xəu^{35}ti^0$

打姘（头）$ta^{35}p^hin^{11}$ $(t^həu^{55})$ 轧姘头

遗腹子 $i^{55}fu^{21}tsʅ^{35}$ 怀孕妇人于丈夫死后所生的孩子，即出生时父亲已经过世的孩子

私胞子 $sʅ^{11}pəu^{11}tsʅ^{35}$

私生子 sɿ^{11}sən^{11}tsɿ^{35}

老来子 nɔu^{35}nɛ^{55}tsɿ^{35} 老生子，老生儿

劳改犯 nɔu^{55}kɛ^{35}fã^{213}

暴发户 pɔu^{13}fa^{21}fu^{213}

小气鬼 ɕiɔu^{35}tɕʰi^{21}kuei^{35} 吝啬鬼

败家子 pɛ^{13}ka^{11}tsɿ^{35}

败子 pɛ^{21}tsɿ^{35}

跑江湖的 pʰɔu^{55}tɕiã^{11}fu^{55}ti^{0} 旧时以卖艺、算卦、相面、卖药等为职业，来往各地谋生的人

骗子 pʰiẽ^{213}tsɿ^{0}

二流子货 ᴇ^{21}liou^{55}tsɿ^{0}xo^{213} 二流子

痞子货 pʰi^{35}tsɿ^{0}xo^{213}

地痞 ti^{21}pʰi^{35}

拐子 kuɛ^{35}tsɿ^{0} 拐骗小孩子的人

土匪 tʰu^{35}fei^{35}

强盗 tɕʰiã^{55}tɔu^{213}

扒手 pʰa^{55}səu^{35}

三只手 sã^{11}tsɿ^{21}səu^{35}

教书先生 kɔu^{11}ɕy^{11}ɕiẽ^{11}sən^{11} 旧时指教员

先生 ɕiẽ^{11}sən^{11}

老师 nɔu^{35}sɿ^{0}

学生 ɕio^{21}sən^{11}

郎中 nã^{55}tsoŋ^{11} 中医

医生 i^{11}sən^{11} 从事疾病预防和治疗的专业人员，兼指中医、西医

人客 zən^{55}kʰe^{42}

客（人）kʰe^{42} (zən^{0})

地理先 ti^{21}li^{35}ɕiẽ^{11} 地理先生，以看风水为职业的人

卜卦先生 pʰu^{21}kua^{213}ɕiẽ^{11}sən^{11} 算卦先生

出吓的 tɕʰy^{21}xe^{42}ti^{0} 民间给受惊吓的小孩“收魂”的巫婆

挑夫 tʰiɔu^{11}fu^{11} 以挑运货物、行李谋生的人

管家 kuã^{35}ka^{11}

搭伙的 ta^{21}xo^{35}ti^{0} 自己不做饭，在别人家搭伙的人

供饭 tɕioŋ^{11}fã^{213} 供匠人吃饭

吃供饭 tɕʰi^{21}tɕioŋ^{11}fã^{213} 指匠人在东家吃饭

派饭 pʰɛ^{13}fã^{213} 指派农户给临时来村工作的干部提供饭食

水画师 ɕyei^{35}fa^{13}sɿ^{11} 在建筑上画画的人

九　亲属

老太 nɔu^{35}tʰɛ^{213} 曾祖父母，不分男女。如要区分，就叫“男老太”“女老太”

太公 tʰɛ^{13}koŋ^{11} 曾祖父

男老太 nã^{55}nɔu^{35}tʰɛ^{213}

太婆 tʰɛ^{21}pʰo^{55} 曾祖母

女老太 ȵy^{35}nɔu^{35}tʰɛ^{213}

家公老 ka^{11}koŋ^{11} 外祖父

家婆老 ka^{11}pʰo^{55} 外祖母

老姑婆 nɔu^{35}ku^{11}pʰo^{55} 姑奶奶

姑婆 ku^{11}pʰo^{55}

老姨婆 nɔu^{35}i^{55}pʰo^{55} 姨奶奶

干老子 kã^{11}nɔu^{35}tsɿ^{0}

干爹 kã^{11}tie^{11}

干妈 kã^{11}ma^{11}

干儿子 kã^{11}ᴇ^{55}tsɿ^{0}

丈人佬 tsã^{21}zən^{55}nɔu^{35} 岳父（背称）

小妾 ɕiɔu^{35}tɕʰie^{42}

叔 su^{42} 小叔子

伯 pe^{42} 大伯子

大姑娘 ta^{13}ku^{11}ȵiã^{55} 大姑子

小姑娘 ɕiɔu^{35}ku^{11}ȵiã^{55} 小姑子

老婆舅 nɔu^{35}pʰo^{55}tɕiou^{213} 内兄弟

大老婆舅 ta^{213}nɔu^{35}pʰo^{55}tɕiou^{213} 内兄

小老婆舅 ɕiɔu^{35}nɔu^{35}pʰo^{55}tɕiou^{213} 内弟

姨姐 i^{55}tɕie^{35} 大姨子

姨妹 i^{55}mei^{213} 小姨子

堂兄弟 tʰã^{55}ɕioŋ^{11}ti^{213}

叔伯哥 su^{21}pe^{42}ko^{11}

堂哥 tʰã^{55}ko^{11}

叔伯弟 su^{21}pe^{42}ti^{213}

堂弟 tʰã^{55}ti^{213}

叔伯姊妹 su^{21}pe^{42}tsɿ^{35}mei^{213} 叔伯兄弟姐妹的合称

堂姊妹 tʰã^{55}tsɿ^{35}mei^{213} 堂兄弟、堂姐妹的合称

叔伯姐妹 su^{21}pe^{42}tɕie^{35}mei^{213}

叔伯姐 su^{21}pe^{42}tɕie^{35}

堂姐 tʰã^{55}tɕie^{35}

叔伯妹 su^{21}pe^{42}mei^{213}

堂妹 tʰã^{55}mei^{213}

表哥 piɔu^{35}ko^{11}

表嫂 piɔu^{35}sɔu^{35}

表弟 piɔu^{35}ti^{213}

表姊妹 piɔu^{35}tsɿ^{35}mei^{213} 表兄弟、表姐妹的合称

表姐妹 piɔu^{35}tɕie^{35}mei^{213}

表姐 piɔu^{35}tɕie^{35}

表妹 piɔu^{35}mei^{213}

大儿子 ta^{21}ᴇ^{55}tsɿ^{0}

　长子 tsã^{35}tsɿ^{35}

侄女 tsɿ^{21}ȵy^{35}

内侄 nei^{13}tsɿ^{42}

内侄女 nei^{13}tsɿ^{21}ȵy^{35}

孙媳妇 sən^{11}ɕi^{21}fu^{213}

孙女 sən^{11}ȵy^{35}

孙女婿 sən^{11}ȵy^{35}ɕi^{213}

曾孙女 tsʰən^{55}sən^{11}ȵy^{35} 重孙女

外孙女 uɛ^{13}sən^{11}ȵy^{35}

外甥女 uɛ^{13}sən^{11}ȵy^{35}

姐妹 tɕie^{35}mei^{0}

儿女 ᴇ^{55}ȵy^{35} 子女

　儿子女 ᴇ^{55}tsɿ^{0}ȵy^{35}

过继儿子 ko^{13}tɕi^{21}ᴇ^{55}tsɿ^{0} 过继来的儿子

　继子 tɕi^{21}tsɿ^{35}

亲家公 tɕʰin^{11}ka^{11}koŋ^{11} 男女一方父母对另一方父亲的称呼

亲翁 tɕʰin^{11}uoŋ^{11} 婚姻关系中对女方父亲的称呼；姻伯

　亲家 tɕʰin^{11}ka^{11}

亲家婆 tɕʰin^{11}ka^{11}pʰo^{55} 女方父母对男方母亲的称呼

亲家母 tɕʰin^{11}ka^{11}mu^{35} 男方父母对女方母亲的称呼

娘家 ȵiã^{55}ka^{11}

婆家 pʰo^{55}ka^{11}

外婆家 uɛ^{21}pʰo^{55}ka^{11}

丈母家 tsã^{21}mu^{35}ka^{11} 岳父家

共天不共地 koŋ^{13}tʰiɛ̃^{11}pu^{21}koŋ^{13}ti^{213} 同父异母

十　身体

身体 sən^{11}tʰi^{35}

个子 ko^{213}tsɿ^{0} 个头

长子 tsʰã^{55}tsɿ^{0} 高个子

矮子 ŋɛ^{35}tsɿ^{0}

打赤膊 ta^{35}tsʰɿ^{21}po^{42} 光膀子

打赤屌 ta^{35}tsʰɿ^{21}tiɔu^{35} 赤裸（男）

打赤肶 ta^{35}tsʰɿ^{21}pʰi^{42} 赤裸（女）

沟积 kəu^{11}tɕi^{42} 洗澡时身上搓下来的泥垢

　头发 tʰəu^{55}fa^{42}

　头发顶 tʰəu^{55}fa^{42}tin^{35}

双顶 ɕyã^{11}tin^{35} 双旋儿

光头 kuã^{11}tʰəu^{55}

光头屌 kuã^{11}tʰəu^{55}tiɔu^{35} 光头的人

沰赤膊头 to^{42}tsʰɿ^{21}po^{21}tʰəu^{55} 秃头（不打伞）淋雨

秃顶 tʰu^{21}tin^{35} 谢顶

　葫芦瓢 fu^{55}nu^{55}pʰiɔu^{55}

头顶 tʰəu^{55}tin^{35} 头顶心

头皮屑 tʰəu^{55}pʰi^{55}ɕie^{42}

落头毛 no^{21}tʰəu^{55}mɔu^{55} 掉头发

　落头发 no^{21}tʰəu^{55}fa^{42}

少年白 sɔu^{21}ȵiɛ̃^{55}pe^{42} 少白头

辫子 piɛ̃^{213}tsɿ^{0}

羊角辫 iã^{55}ko^{21}piɛ̃^{213}

三股辫 sã^{11}ku^{35}piɛ̃^{213} 三股的麻花辫

五股辫 u^{35}ku^{35}piɛ̃^{213} 五股的麻花辫

巴巴鬏 pa^{11}pa^{11}tɕiou^{11} 髻

招招毛 tsɔu^{11}tsɔu^{11}mɔu^{55} 刘海儿

　刘海 liou^{55}xɛ^{35}

滴水毛 ti^{21}ɕyei^{35}mɔu^{55} 鬓角

□□门 ɕi^{35}ɕi^{0}mən^{55} 囟门

　风门 foŋ^{11}mən^{55}

饼颈 pin^{35}tɕin^{35} 后脑勺儿

懒颈窝 nã^{35}tɕin^{35}o^{11} 后脑窝

　后脑窠 xəu^{21}nɔu^{35}kʰo^{11}

太阳筋 tʰɛ^{21}iã^{55}tɕin^{11} 太阳穴

产=骨 tsʰã^{35}ku^{42}

　颧骨 tɕʰyɛ̃^{55}ku^{42}

脸蛋 liɛ̃^{35}tã^{213}

海腮 xɛ^{35}sɛ^{11} 腮帮子

　脸腮 liɛ̃^{35}sɛ^{11}

眼睛泡 ŋã^{35}tɕin^{11}pʰɔu^{11} 上眼皮包着的部分

黑珠子 xe^{21}tɕy^{11}tsɿ^{0} 黑眼珠

白珠子 pe^{21}tɕy^{11}tsɿ^{0} 白眼珠

菩萨佬 pʰu^{55}sa^{21}nɔu^{35} 瞳人

　菩萨头 pʰu^{55}sa^{21}tʰəu^{55}

眼睛屎 ŋã^{35}tɕin^{11}sɿ^{35} 眼眵

眼圈 ŋã^{35}tɕʰyɛ̃^{11}

眼睛皮 ŋã^{35}tɕin^{11}pʰi^{55} 眼皮儿

上眼皮 sã^{21}ŋã^{35}pʰi^{55}

下眼皮 xa^{21}ŋã^{35}pʰi^{55}

单眼皮 tã^{11}ŋã^{35}pʰi^{55}

双眼皮 ɕyã^{11}ŋã^{35}pʰi^{55}

眼睛毛 ŋã^{35}tɕin^{11}mɔu^{55} 眼睫毛

眼角 ŋã^{35}ko^{42}

皱眉毛 tsou^{21}mei^{55}mɔu^{55}

鼻子窿 pi^{42}tsɿ^{0}noŋ^{55} 鼻子眼儿

　鼻眼 pi^{21}ŋã^{35}

鼻孔屎 pi^{21}kʰoŋ^{35}sɿ^{35} 鼻垢

　鼻子屎 pi^{42}tsɿ^{0}sɿ^{35}

鼻子毛 pi^{42}tsɿ^{0}mɔu^{55} 鼻毛

鼻子梁 pi^{42}tsɿ^{0}liã^{55} 鼻梁

鼻子尖 pi^{42}tsɿ^{0}tɕiɛ̃^{11} 鼻尖儿

鼻子叶 pi^{42}tsɿ^{0}ie^{42} 鼻翅儿

塌鼻子 tʰa^{42}pi^{42}tsɿ^{0} 蒜头鼻子

红鼻子 foŋ^{55}pi^{42}tsɿ^{0} 酒糟鼻子

耳朵窿 ᴇ^{35}to^{35}noŋ^{55} 耳朵眼儿

　耳朵眼 ᴇ^{35}to^{35}ŋã^{35}

耳朵垂 ᴇ^{35}to^{35}tɕʰyei^{55} 耳垂

耳丝洞ᴇ^{35}sɿ^{11}toŋ^{213}耳朵眼儿，指穿耳环的孔

耳巴ᴇ^{35}pa^{11}耳光：给他一个～

耳朵松$^{=}$ᴇ^{35}to^{35}soŋ^{11}耳根，耳后

耳朵屎ᴇ^{35}to^{35}sɿ^{35}耳垢

闭耳pi^{21}ᴇ^{35}耳背（听不清）

耳朵竖［起来］（听）ᴇ^{35}to^{35}ɕy^{213}tɕʰiɛ^{0} (tʰin^{213}) 侧着耳朵听

上嘴皮sã^{21}tsei^{35}pʰi^{55}上嘴唇

下嘴皮xa^{21}tsei^{35}pʰi^{55}下嘴唇

□嘴mi^{21}tsei^{35}抿嘴

口□kʰəu^{35}mi^{35}唾沫

口沫kʰəu^{35}mo^{42}

痰tʰã^{55}

夹舌（条）ka^{21}se^{42} (tʰiəu^{55}) 大舌头；说话口齿不清

咬口ŋəu^{35}kʰəu^{35}不顺口

门牙mən^{55}ŋa^{55}

板牙pã^{35}ŋa^{55}大牙

虎牙fu^{35}ŋa^{55}

牙齿□ŋa^{55}tsʰɿ^{35}in^{55}牙垢

牙床ŋa^{55}tɕʰyã^{55}

牙痕ŋa^{55}xən^{55}牙龈

牙齿缝ŋa^{55}tsʰɿ^{35}foŋ^{213}牙缝

牙齿签ŋa^{55}tsʰɿ^{35}tɕʰiɛ̃^{11}剔牙用，银制

刮子kua^{42}tsɿ^{0}刷牙时刮舌头用，银制

耳朵瓢ᴇ^{35}to^{35}pʰiəu^{55}掏耳朵用，银制

挖耳瓢ua^{21}ᴇ^{35}pʰiəu^{55}

夹子ka^{42}tsɿ^{0}夹牙齿缝中杂物的夹子，银制

草口tsʰəu^{35}kʰəu^{35}牙口：～好

捡嘴tɕiɛ̃^{35}tsei^{35}挑食，挑嘴

虫牙tsʰoŋ^{55}ŋa^{55}蛀牙

火牙xo^{35}ŋa^{55}牙齿上火肿痛

咽喉iɛ̃^{11}xəu^{55}小舌儿

下□壳xa^{21}pʰa^{55}kʰo^{42}下巴颏儿

酒窝tɕiou^{35}o^{11}

人中zən^{55}tsoŋ^{11}

兜梢胡子təu^{11}səu^{11}fu^{55}tsɿ^{0}络腮胡

八须胡pa^{21}ɕi^{11}fu^{55}八字胡

八八须pa^{21}pa^{21}ɕi^{11}

喉结xəu^{55}tɕie^{42}

抹肩膀ma^{21}tɕiɛ̃^{11}pã^{35}溜肩

肩胛骨tɕiɛ̃^{11}ka^{21}ku^{42}

锁骨so^{35}ku^{42}锁子骨

□胁窝tsʰa^{21}ɕie^{21}o^{11}腋下

□胁kʰa^{21}ɕie^{42}

痴tsʰɿ^{11}呵痒：怕～

手产$^{=}$səu^{35}tsʰã^{35}胳膊肘

大手股ta^{21}səu^{35}ku^{35}上臂

小手股ɕiəu^{35}səu^{35}ku^{35}下臂

手颈səu^{35}tɕin^{35}手腕

手颈骨səu^{35}tɕin^{35}ku^{42}手腕处突起的骨头

手窝子səu^{35}o^{11}tsɿ^{0}手掌窝成的窝

虎口fu^{35}kʰəu^{35}大拇指和食指的连接处

腡no^{55}圆形的指纹：一手～，卖老婆

箕tɕi^{11}簸箕形的指纹：一手～，有得嬉

手印səu^{35}in^{213}指纹，打在纸上的指印

指甲盖tsɿ^{35}kʰa^{21}kɛ^{213}

指甲篷tsɿ^{35}kʰa^{21}pʰoŋ^{55}指甲盖与指尖肌肉连接处

指甲缝tsɿ^{35}kʰa^{21}foŋ^{213}

手指节səu^{35}tsɿ^{35}tɕie^{42}指关节

手指缝səu^{35}tsɿ^{35}foŋ^{213}指头之间的缝隙

手心səu^{35}ɕin^{11}

手板心səu^{35}pã^{35}ɕin^{11}

手掌 səu^{35}tsã^{35}

巴掌 pa^{11}tsã^{35} 打一～

通关手 tʰoŋ^{11}kuã^{11}səu^{35} 两条掌横褶合并为一条的手：男～，打死人，女～，做福人

茧子 tɕiɛ̃^{35}tsɿ^{0} 手上的老茧

手背 səu^{35}pei^{213}

胸脯 ɕioŋ^{11}pʰu^{55} 拍～

胸口 ɕioŋ^{11}kʰəu^{35}

心口 ɕin^{11}kʰəu^{35}

胸脯党⁼ ɕioŋ^{11}pʰu^{55}tã^{35} 胸口凹进的部分

奶盘 nɛ^{35}pʰã^{55} 胸部鼓起的部分

肋骨 ne^{21}ku^{42}

肋条骨 ne^{21}tʰiɔu^{55}ku^{42}

腰 iɔu^{11}

腰子 iɔu^{11}tsɿ^{35} 肾

小肚子 ɕiɔu^{35}tu^{213}tsɿ^{0} 肚子的下部

背脊骨 pei^{13}tɕi^{21}ku^{42} 脊梁骨

磕膝弯 kʰe^{21}ɕi^{21}uã^{11} 大腿与小腿的连接处

大腿 ta^{21}tʰei^{35}

大腿□ ta^{21}tʰei^{35}kʰa^{42} 裆部，胯部

小腿 ɕiɔu^{35}tʰei^{35}

脚肚子 tɕio^{21}tu^{213}tsɿ^{0} 腿肚子

穷骨头 tɕʰioŋ^{55}ku^{21}tʰəu^{55} 迎面骨

直脚拍 tsɿ^{21}tɕio^{21}pʰe^{42} 腿肚子的反面，包括“穷骨头”

胯骨 kʰua^{35}ku^{42}

腿□ tʰei^{35}kʰa^{42} 胯下

□里 no^{55}li^{0}

脚颈 tɕio^{21}tɕin^{35} 脚腕子

螺丝骨 no^{55}sɿ^{11}ku^{42} 踝骨

赤脚 tsʰɿ^{21}tɕio^{42} ～ tsʰe^{21}tɕio^{42}

脚背 tɕio^{21}pei^{213}

脚板 tɕio^{21}pã^{35}

脚洼 tɕio^{21}ua^{11} 脚掌凹进去的地方

鸭板脚 ŋa^{21}pã^{35}tɕio^{42} 扁平足

脚后跟 tɕio^{21}xəu^{13}kən^{11}

脚趾头 tɕio^{21}tsɿ^{35}tʰəu^{55}

脚趾甲 tɕio^{21}tsɿ^{35}kʰa^{42}

脚板银⁼ tɕio^{21}pã^{35}in^{55} 脚底的污垢

脚迹 tɕio^{21}tɕi^{42}

脚印 tɕio^{21}in^{213}

寒毛 xã^{55}mɔu^{55}

汗毛 xã^{21}mɔu^{55}

（寒）毛孔 (xã^{55}) mɔu^{55}kʰoŋ^{35}

筋脉 tɕin^{11}me^{42}

血管 ɕye^{21}kuã^{35}

心肝五脏 ɕin^{11}kã^{11}u^{35}tsã^{213}

心 ɕin^{11}

肝 kã^{11}

胆 tã^{35}

脾 pʰi^{55}

肺 fei^{213}

肚肠 tu^{21}tsʰã^{55} 肠子

大肠 ta^{21}tsʰã^{55}

小肠 ɕiɔu^{35}tsʰã^{55}

阑尾 nã^{55}uei^{35}

阑尾炎 nã^{55}uei^{35}iɛ̃^{55}

十一　病痛、医疗

打□ ta^{35}tsʰa^{11} 生小病

急病 tɕi^{21}pin^{213}

大病 ta^{13}pin^{213} 重病

病凶了 pin^{13}ɕioŋ^{11}na^{0} 病重了

病好了 pin^{21}xɔu^{35}na^{0}

开药方 kʰɛ^{11}io^{21}fã^{11}

　开单方 kʰɛ^{11}tã^{11}fã^{11}

土单方 tʰu^{35}tã^{11}fã^{11} 偏方儿

药引 io^{21}in^{35} 药引子

药罐 io^{21}kuã^{213}

中药店 tsoŋ^{11}io^{21}tiɛ̃^{213}

西药房 ɕi^{11}io^{21}fã^{55}

碓嘴糖 tei^{21}tsei^{35}tʰã^{55} 小儿服用的疳积糖，健胃消食，去积驱虫

　宝塔糖 pɔu^{35}tʰa^{21}tʰã^{55}

捡药 tɕiɛ̃^{35}io^{42} 抓中药

　抓药 tɕya^{11}io^{42}

买药 mɛ^{35}io^{42} 买西药

膏药 kɔu^{11}io^{42}

贴膏药 tʰie^{21}kɔu^{11}io^{42}

搨药膏 tʰa^{21}io^{21}kɔu^{11} 搽药膏

　擦药膏 tsʰa^{21}io^{21}kɔu^{11}

巴药 pa^{11}io^{42}

　敷药 fu^{11}io^{42}

煎药 tɕiɛ̃^{11}io^{42} 熬中药

拔火罐 pa^{21}xo^{35}kuã^{213}

伤风 sã^{11}foŋ^{11} 感冒

流鼻□ liou^{55}pi^{21}tʰin^{213} 流鼻涕

伤寒 sã^{11}xã^{55}

气⿱祀土 tɕʰi^{13}tsu^{42}

　哮喘 ɕiɔu^{21}tɕʰyɛ̃^{35}

气管炎 tɕʰi^{21}kuã^{35}iɛ̃^{55}

退烧 tʰei^{13}sɔu^{11}

发寒 fa^{21}xã^{55} 发冷

打鸡皮皱 ta^{35}tɕi^{11}pʰi^{55}tsəu^{213} 起鸡皮疙瘩

发酒寒 fa^{21}tɕiou^{35}xã^{55} 喝酒后发冷发寒

挂耳瘪$^{=}$ kua^{21}ᴇ^{35}pi^{42} 腮腺炎

上火 sã^{21}xo^{35}

夹食 ka^{21}sɿ^{42} 积滞，不消化

打三脚村 ta^{35}sã^{11}tɕio^{21}tsʰən^{11} 像疟疾但症状比疟疾严重的一种病，三天发一次烧

头晕 tʰəu^{55}yn^{11}

　发昏 fa^{21}fən^{11}

晕车 yn^{13}tsʰe^{11}

晕船 yn^{21}tɕʰyɛ̃^{55}

跌伤 tie^{21}sã^{11}

　跌打损伤 tie^{21}ta^{35}sən^{35}sã^{11}

碰伤 pʰoŋ^{13}sã^{11}

剐破皮 kʰua^{35}pʰo^{21}pʰi^{55} 蹭破皮儿

割个口子 ko^{42}ko^{0}kʰəu^{35}tsɿ^{0} 拉个口子

皮破血流 pʰi^{55}pʰo^{213}ɕye^{21}liou^{55} 皮开肉绽

恶心 ŋo^{21}ɕin^{11}

　□恶 fã^{11}ŋo^{42}

吐 tʰu^{213} 呕吐

翻心 fã^{11}ɕin^{11} 干哕

出麻 tɕʰy^{21}ma^{55} 出麻疹

出水痘 tɕʰy^{21}ɕyei^{35}təu^{213} 出痘

出（黄）痘 tɕʰy^{21} (fã^{55}) təu^{213} 出天花

种牛痘 tsoŋ^{21}ȵiou^{55}təu^{213} 种痘

隔食痨 ke^{21}sɿ^{21}nɔu^{55} ①肺结核；②想吃吃不到

痨病 nɔu^{55}pin^{213} 肺结核

胃病 uei^{13}pin^{213}

黄疸 fã^{55}tã^{35}

黄肿 fã^{55}tsoŋ^{35}

水鼓胀 ɕyei^{35}ku^{35}tsã^{213} 肝腹水

浮肿 fu^{55}tsoŋ^{35}

肿毒 tsoŋ^{35}tu^{42} 肿瘤

小胀气 ɕiɔu^{35}tsã^{13}tɕʰi^{213} 疝气

绞肠痧 $kəu^{35}ts^hã^{55}sa^{11}$ 病名，表现为心腹绞痛

痕 $xən^{55}$ 鞭打后皮上起的伤痕

出血 $tɕ^hy^{21}ɕye^{42}$

淌鼻血 $t^hã^{35}pi^{21}ɕye^{42}$ 流鼻血

瘀血 $y^{11}ɕye^{42}$ 因外力作用使皮下毛细血管破裂出血

生疮 $sən^{11}tɕ^hyã^{11}$

鱼⁼ y^{55} 腿根长的瘤子

兴⁼夫⁼ $ɕin^{13}fu^{11}$ 肿大的淋巴结

兴兴⁼夫⁼ $ɕin^{11}ɕin^{13}fu^{11}$ 淋巴结肿大

生疔疮 $sən^{11}tin^{11}tɕ^hyã^{11}$ 长疔疮

阳疔 $iã^{55}tin^{11}$ 长在身体前面的疔疮

阴疔 $in^{11}tin^{11}$ 长在身体后面的疔疮

□背 $mo^{21}pei^{213}$ 长在脊梁上的疔疮

搭背 $ta^{21}pei^{213}$ 脊背上部长的疮

漆疮 $tɕ^hi^{21}tɕ^hyã^{11}$ 因接触漆树、漆液、漆器，或仅嗅及漆气而引起的常见皮肤病

生漆疮 $sən^{11}tɕ^hi^{42}tɕ^hyã^{11}$ 长漆疮

收疤 $səu^{11}pa^{11}$ 结痂

刀疤 $təu^{11}pa^{11}$

痔疮 $tsɿ^{13}tɕ^hyã^{11}$

湿疹 $ts^hɿ^{21}tsən^{35}$ 疥疮

风湿 $foŋ^{11}tɕ^hi^{42}$

□子 $tɕ^hiou^{11}tsɿ^{0}$ 痱子，炎热环境下的炎症性皮肤病

汗斑 $xã^{13}pã^{11}$

狗屎斑 $kəu^{35}sɿ^{35}pã^{11}$

鸟雀斑 $ȵiəu^{35}tɕ^hio^{21}pã^{11}$

雀斑 $tɕ^hio^{21}pã^{11}$

老年斑 $nəu^{35}ȵiɛ̃^{55}pã^{11}$

酒刺 $tɕiou^{35}ts^hɿ^{213}$ 痤疮

胎记 $t^hɛ^{11}tɕi^{213}$ 痦子

□□ $xəu^{11}xəu^{11}$ 瘊子

葫芦颈 $fu^{55}nu^{55}tɕin^{35}$ 大脖子，由碘缺乏症引起

嘴臭 $tsei^{35}ts^həu^{213}$ 口臭

哑沙沙 $ŋa^{35}sa^{11}sa^{11}$ 公鸭嗓

独眼龙 $tu^{21}ŋã^{35}noŋ^{55}$ 一只眼儿

近视眼 $tɕin^{13}sɿ^{21}ŋã^{35}$

老花眼 $nəu^{35}fa^{11}ŋã^{35}$

鼓眼泡 $ku^{35}ŋã^{35}p^həu^{11}$

对眼 $tei^{21}ŋã^{35}$ 斗鸡眼儿

齉鼻子 $noŋ^{55}pi^{42}tsɿ^{0}$ 鼻塞或慢性鼻炎，说话含混不清，鼻子通气不畅

瘸子手 $tɕ^hye^{55}tsɿ^{0}səu^{35}$ 手残，有残疾的手或臂

一只脚 $i^{21}tsɿ^{21}tɕio^{42}$ 一条腿儿

杨柳腰 $iã^{55}liou^{35}iəu^{11}$ 水蛇腰

细腰 $ɕi^{13}iəu^{11}$

掉大蒜头 $tiəu^{213}ta^{13}suã^{21}t^həu^{55}$ 脱肛

猪头疯 $tɕy^{11}t^həu^{55}foŋ^{11}$ 癫痫

瘫 $t^hã^{11}$ 瘫痪

疯 $foŋ^{11}$ 神经错乱，精神失常

中风 $tsoŋ^{13}foŋ^{11}$

半边疯 $pã^{13}piɛ̃^{11}foŋ^{11}$ 半身不遂

发惊 $fa^{21}tɕin^{11}$ 惊风

抽筋 $ts^həu^{11}tɕin^{11}$ 抽风

基⁼痧 $tɕi^{11}sa^{11}$ 揪痧，一种除痧方法，将中指和食指弯曲如钩状，蘸水夹揪颈、背部皮肤，造成局部瘀血

刮痧 $kua^{21}sa^{11}$ 一种除痧方法，用铜钱等物蘸水或油刮患者的胸背等处，使局部皮肤充血，减轻病情

食虫 $sɿ^{21}ts^hoŋ^{55}$ 蛔虫

头痛 $t^həu^{55}t^hoŋ^{213}$ 头疼

心口痛 çin^{11}k^{h}əu^{35}t^{h}oŋ^{213} 心口疼

发瘟 fa^{21}uən^{11} 霍乱

□尿 tçi^{21}sei^{11} 尿床

除火 tç^{h}y^{55}xo^{35} 去火

出汗 tç^{h}y^{21}xã^{213} 发汗

消食 çiɔu^{11}sɿ^{42} 消化食物

柴胡 ts^{h}ɛ^{55}fu^{55} 一种中药，是常用解表药

前胡 tç^{h}iɛ̃^{55}fu^{55} 一种中药，可解热、祛痰，治感冒咳嗽、支气管炎及疖肿

黄杞 fã^{55}tçi^{35} 一种中药，可治中暑、发痧

黄芪 fã^{55}tç^{h}i^{55} 一种中药，能增强机体免疫功能，有保肝、利尿、抗衰老和较广泛的抗菌作用

半夏 pã^{13}çia^{213} 一种中药，用于镇咳祛痰、抗溃疡、抗心律失常等

杂草 tsa^{21}ts^{h}ɔu^{35} 鱼腥草，一种中药，能清热解毒，利尿消肿

黄连 fã^{55}liɛ̃^{55} 一种中药，清热燥湿，泻火解毒等

茯苓 fu^{21}lin^{55} 一种中药，用于水肿尿少、脾虚食少、心神不安、惊悸失眠等

枣皮树 tsɔu^{35}p^{h}i^{55}çy^{213} 山茱萸树，果实供药用，是收敛性强壮药，能补肝肾、止汗

七叶一枝花 tç^{h}i^{21}ie^{21}i^{21}tsɿ^{11}fa^{11} 草河车，中药，用于毒蛇咬伤等

十大功劳 sɿ^{21}ta^{13}koŋ^{11}nɔu^{55} 一种中药，用于清热解毒、消肿、腹泻、痢疾、黄疸肝炎、烧伤、烫伤和疮毒

巴草籽 pa^{11}ts^{h}ɔu^{35}tsɿ^{35} 苍耳子，中药名，能发散风寒，通鼻窍，祛风湿，止痛

麦冬 me^{21}toŋ^{11} 多年生常绿草本植物，小块根是中药，能生津解渴、润肺止咳

大麦冬 ta^{13}me^{21}toŋ^{11}

小麦冬 çiɔu^{35}me^{21}toŋ^{11}

五倍子 u^{35}pei^{21}tsɿ^{35} 一种中药，防治水田皮炎、盗汗等

五倍子苗 u^{35}pei^{21}tsɿ^{35}miɔu^{55} 五倍子树

当归 tã^{11}kuei^{11} 常用中药之一，有补血活血、润燥滑肠、免疫功能

五加皮 u^{35}tçia^{11}p^{h}i^{55} 中药名，能祛风湿，补益肝肾，强筋壮骨，利水消肿

甘草 kã^{11}ts^{h}ɔu^{35} 一种补益中草药，有多种药用价值

何首乌 xo^{55}səu^{35}u^{11} 常见中药材，块根入药，可安神、养血、活络，解毒、消痈

破铜钱 p^{h}o^{21}t^{h}oŋ^{55}tç^{h}iɛ̃^{55} 天胡荽，能清热利湿，解毒消肿

蓼草 liɔu^{35}ts^{h}ɔu^{35} 红蓼，观赏植物。果实入药，有活血、止痛、消积、利尿功效

辣草 na^{21}ts^{h}ɔu^{35}

马兰头 ma^{35}nã^{55}t^{h}əu^{55} 多年生草本植物，生于路边、田野、山坡上，可食用

紫苏草 tsɿ^{35}su^{11}ts^{h}ɔu^{35} 一种中药，能理气，舒郁，止痛，安胎

桔梗 tçi^{21}kən^{35} 多年生草本植物，根可入药，有止咳祛痰、宣肺、排脓等作用，是中医常用药

陈皮 ts^{h}ən^{55}p^{h}i^{55} 中药名，用于脘腹胀满，食少吐泻，咳嗽痰多

牛黄 ȵiəu^{55}fã^{55} 牛的胆囊结石，中医入药，可用于解热、解毒、定惊

乌药 u^{11}io^{42} 中药名，能行气止痛，温肾散寒

野鸡公花 ie^{35}tɕi^{11}koŋ^{11}fa^{11} 青葙子，种子、全草可入药，用于清热利湿

黄精 fã^{55}tɕin^{11} 药用植物，能补脾，润肺生津

□公草 səu^{11}koŋ^{11}tsʰɔu^{35} 蒺藜，草本植物，茎平卧，果实有刺，可入药，主治头痛、风痒等

□□□ kã^{11}ma^{55}tɕin^{11} 合欢树，落叶乔木，羽状复叶，花淡红色，荚果扁平

夏枯草 ɕia^{13}kʰu^{11}tsʰɔu^{35} 多年生草本植物，匍匐根茎，节上生须根，其果穗入药，能清热泻火，明目，散结消肿

淡竹（叶）tã^{13}tsu^{21} (ie^{42}) 多年生草本植物，根状茎可药用，能清凉解热、利尿及催产

天麻 tʰiɛ̃^{11}ma^{55} 名贵中药，治疗头晕目眩、肢体麻木、小儿惊风等

水□竹 ɕyei^{35}na^{42}tsu^{42} 蒲黄，中药名，能止血，化瘀，通淋

蛇苞芦 se^{55}pɔu^{11}nu^{55} 天南星，草本植物，块茎入药，能解毒消肿、祛风定惊、化痰散结，外用治疗毒蛇咬伤

穿心莲 tɕʰyɛ̃^{11}ɕin^{11}liɛ̃^{55} 草本药用植物，能清热解毒、消炎、消肿止痛

枸杞子 kəu^{35}tɕi^{35}tsɿ^{35} 植物枸杞的成熟果实，药食两用，有多种保健功效

青木香 tɕʰin^{11}mu^{21}ɕiã^{11} 中药名，能平肝止痛，解毒消肿

巴豆 pa^{11}təu^{213} 泻药

野辣椒 ie^{35}la^{21}tɕiɔu^{11} 挂金灯，中药名，能清肺利咽，化痰利水

人参 zən^{55}sən^{11}

水菖蒲 ɕyei^{35}tsʰã^{11}pʰu^{55} 中药名，是植物菖蒲的根茎，能化痰开窍，除湿健胃，杀虫止痒

干菖蒲 kã^{11}tsʰã^{11}pʰu^{55}

蒂 ti^{213} 黄瓜～、茄子～

十二　衣服、穿戴

打扮 ta^{35}pã^{213}

大襟衣 ta^{13}tɕin^{11}i^{11} 纽扣偏在一侧的中式上衣

开襟衣 kʰɛ^{11}tɕin^{11}i^{11} 对襟衣

开胸衣 kʰɛ^{11}ɕioŋ^{11}i^{11}

衣襟 i^{11}tɕin^{11}

下摆 xa^{21}pɛ^{35}

制服 tsɿ^{13}fu^{42}

中山装 tsoŋ^{11}sã^{11}tɕyã^{11}

西装 ɕi^{11}tɕyã^{11}

褂子 kua^{213}tsɿ^{0}

长袍 tsʰã^{55}pʰɔu^{55} 长衫

旗袍 tɕʰi^{55}pʰɔu^{55}

包袄衣 pɔu^{11}ŋɔu^{35}i^{11} 保护其他衣服而穿的外衣

罩衣 tsɔu^{13}i^{11}

外套 uɛ^{13}tʰɔu^{213}

贴身衣 tʰie^{21}sən^{11}i^{11} 内衣

汗衫 xã^{13}sã^{11}

单袄 tã^{11}ŋɔu^{35}

夹袄 ka^{21}ŋɔu^{35} 夹衣、夹褂

皮袄 pʰi^{55}ŋɔu^{35}

背褡 pei^{13}ta^{42} 坎肩

絮背褡 ɕi^{21}pei^{13}ta^{42} 棉坎肩

大衣 ta^{13}i^{11}

二五大衣 ᴇ^{21}u^{35}ta^{13}i^{11} 短大衣

包肚pɔu^{11}tu^{213}肚兜

胎衣tʰɛ^{11}i^{11}婴儿穿的衣服，不缲边的

奶罩nɛ^{35}tsɔu^{213}文胸

垫肩tiɛ̃^{13}tɕiɛ̃^{11}挑东西、扛东西时垫在肩上的

雨衣y^{35}i^{11}

单裤tã^{11}kʰu^{213}

夹裤ka^{21}kʰu^{213}

开裆裤kʰɛ^{11}tã^{11}kʰu^{213}

闷裆裤mən^{11}tã^{11}kʰu^{213}死裆裤

兜裆裤təu^{11}tã^{11}kʰu^{213}裤裆比较短的裤子

裤裆kʰu^{13}tã^{11}

上腰裤sã^{13}iɔu^{11}kʰu^{213}腰比较宽的裤子

裤带kʰu^{13}tɛ^{213}腰带

　裤腰带kʰu^{13}iɔu^{11}tɛ^{213}

虎口fu^{35}kʰəu^{35}男裤前面的开口处

　龙口noŋ^{55}kʰəu^{35}

裤腰kʰu^{13}iɔu^{11}

裤款⁼kʰu^{21}kʰuã^{35}固定裤带的布条

裤（脚）筒kʰu^{21} (tɕio^{42}) tʰoŋ^{55}裤腿的筒

裤兜kʰu^{13}təu^{11}贴身穿的短裤

絮鞋ɕi^{21}xɛ^{55}棉鞋

皮鞋pʰi^{55}xɛ^{55}

球鞋tɕʰiou^{55}xɛ^{55}

解放鞋kɛ^{35}fã^{21}xɛ^{55}

水鞋ɕyei^{35}xɛ^{55}雨鞋

水靴ɕyei^{35}ɕye^{11}靴子

深统靴sən^{11}tʰoŋ^{35}ɕye^{11}

浅统靴tɕʰiɛ̃^{35}tʰoŋ^{35}ɕye^{11}

浅统tɕʰiɛ̃^{35}tʰoŋ^{35}

深统sən^{11}tʰoŋ^{35}

拖鞋tʰo^{11}xɛ^{55}

踏鞋tʰa^{21}xɛ^{55}趿拉着鞋，把鞋后帮踩在脚后跟下

木屐mu^{21}tɕi^{11}木拖鞋

　木头踏mu^{21}tʰəu^{55}tʰa^{42}

小脚鞋ɕiɔu^{35}tɕio^{21}xɛ^{55}弓鞋

布鞋pu^{21}xɛ^{55}

鞋底xɛ^{55}ti^{35}

鞋面xɛ^{55}miɛ̃^{213}鞋帮子

鞋带xɛ^{55}tɛ^{213}

系鞋带tɕi^{21}xɛ^{55}tɛ^{213}

鞋楦xɛ^{55}ɕyɛ̃^{213}

　鞋楦头xɛ^{55}ɕyɛ̃^{21}tʰəu^{55}

鞋拔xɛ^{55}pa^{42}鞋拔子

纱袜sa^{11}ua^{42}

尼龙袜ȵi^{55}noŋ^{55}ua^{42}

长袜子tsʰã^{55}ua^{42}tsɿ^{0}

短袜子tã^{35}ua^{42}tsɿ^{0}

袜带子ua^{21}tɛ^{213}tsɿ^{0}旧时系袜子所用的带子

裹脚布ko^{35}tɕio^{21}pu^{213}旧时妇女缠足用的布

裹脚绷ko^{35}tɕio^{21}poŋ^{11}裹腿

腰带iɔu^{11}tɛ^{213}干活时围在腰间的布带，也可以拿来擦汗

蓑衣so^{11}i^{11}用棕毛编织成的遮雨用具，劳作时穿着防雨

箬笠ȵio^{13}li^{42}斗笠

草帽tsʰɔu^{35}mɔu^{213}

　凉帽liã^{55}mɔu^{213}

帽子索mɔu^{213}tsɿ^{0}so^{42}草帽上的绳子。绞肠痧发作的时候，可以用帽子索煮水喝

皮帽pʰi^{55}mɔu^{213}

礼帽li^{35}mɔu^{213}

瓜皮壳帽kua^{11}pʰi^{55}kʰo^{21}mɔu^{213}瓜皮帽

三块瓦帽 sã^{11}k^{h}uɛ^{21}ua^{35}mɔu^{213} 可以遮耳，护额、后脑的帽子

猴子兜 xəu^{55}tsɿ^{0}təu^{11} 罩住整个头部只露出眼睛的帽子

　猴子帽 xəu^{55}tsɿ^{0}mɔu^{213}

　一把抓 i^{21}pa^{35}tɕya^{11}

线帽 ɕiɛ̃^{13}mɔu^{213} 毛线织的帽子

帽子招 mɔu^{213}tsɿ^{0}tsɔu^{11} 帽檐儿

耳朵帽 ᴇ^{35}to^{35}mɔu^{213}

　耳朵套 ᴇ^{35}to^{35}t^{h}ɔu^{213}

手捏子 səu^{35}n̥ie^{42}tsɿ^{0} 手帕

　手帕子 səu^{35}p^{h}e^{42}tsɿ^{0}

手巾 səu^{35}tɕin^{11} 劳动时擦汗用的毛巾

别针 pie^{21}tsən^{11}

簪子 tsã^{11}tsɿ^{0}

裙子 tɕ^{h}yn^{55}tsɿ^{0}

口围 k^{h}əu^{35}uei^{55} 围嘴儿

颈领 tɕin^{35}lin^{35}

　领子 lin^{35}tsɿ^{0}

　衣领 i^{11}lin^{35}

领口 lin^{35}k^{h}əu^{35}

长袖 ts^{h}ã^{55}ɕiou^{213}

短袖 tã^{35}ɕiou^{213}

袖口 ɕiou^{21}k^{h}əu^{35}

荷包银$^{=}$ xo^{55}pɔu^{11}in^{55} 衣兜里的灰垢

布扣子 pu^{13}k^{h}əu^{213}tsɿ^{0} 旧式布做的扣子

扣子眼 k^{h}əu^{213}tsɿ^{0}ŋã^{35}

捺扣 na^{21}k^{h}əu^{213} 子母扣儿

封领扣 foŋ^{11}lin^{35}k^{h}əu^{213} 风纪扣

钱褡子 tɕ^{h}iɛ̃^{55}ta^{42}tsɿ^{0} 褡裢，过去用的钱袋子

眼镜 ŋã^{35}tɕin^{213}

手表 səu^{35}piɔu^{35}

首饰 səu^{35}sɿ^{42}

项链 ɕiã^{13}liɛ̃^{213}

颈箍 tɕin^{35}k^{h}u^{11} 项圈

长命锁 ts^{h}ã^{55}min^{21}so^{35} 天官锁

　百岁锁 pe^{21}sei^{21}so^{35}

　护身锁 fu^{13}sən^{11}so^{35}

耳丝 ᴇ^{35}sɿ^{11} 耳环

金耳丝 tɕin^{11}ᴇ^{35}sɿ^{11} 金耳环

银耳丝 in^{55}ᴇ^{35}sɿ^{11} 银耳环

挖耳瓢 ua^{11}ᴇ^{35}p^{h}iɔu^{55} 耳挖子

胭脂 iɛ̃^{11}tsɿ^{11}

水粉 ɕyei^{35}fən^{35}

十三　饮食

伙食 xo^{35}sɿ^{42}

（家常）便饭 (ka^{11}ts^{h}ã^{55}) piɛ̃^{13}fã^{213}

早饭 tsɔu^{35}fã^{213}

中饭 tsoŋ^{11}fã^{213}

点心 tiɛ̃^{35}ɕin^{11} 农忙时下午三四点钟吃的饭，吃粽子、鸡蛋等

夜饭 ie^{13}fã^{213} 晚饭

半夜餐 pã^{21}ie^{21}ts^{h}ã^{11} 夜宵

冷饭 nən^{35}fã^{213}

　剩饭 sən^{13}fã^{213}

煠饭 sa^{21}fã^{213} 泡饭，剩饭加水煮成的饭

炒饭 ts^{h}ɔu^{35}fã^{213} ① 炒出来的饭；② 做动词

现饭 ɕiɛ̃^{13}fã^{213} 剩饭

饮汤 in^{35}t^{h}ã^{11} 米汤

米糊 mi^{35}fu^{55} 米粉煮成的糊状食品

面（粉）糊 miɛ̃^{21} (fən^{35}) fu^{55}

　大麦糊 ta^{13}me^{21}fu^{55}

　小麦糊 ɕiɔu^{35}me^{21}fu^{55}

苞芦糊 $pəu^{11}nu^{55}fu^{55}$ 玉米糊糊

苞芦饭 $pəu^{11}nu^{55}fã^{213}$ 用碎玉米煮的饭

□面 $suã^{13}miẽ^{213}$

挂面 $kua^{13}miẽ^{213}$

面皮 $miẽ^{21}p^{h}i^{55}$ 面片儿

螺丝头 $no^{55}sɿ^{11}t^{h}əu^{55}$ 面鱼儿

煠馃汤 $sa^{21}ko^{35}t^{h}ã^{11}$ 一种食品，麦面、玉米面、荞麦面等调成的疙瘩

小炒 $ɕiəu^{35}ts^{h}əu^{35}$ 臊子

浇头 $tɕiəu^{11}t^{h}əu^{55}$

清汤面 $tɕ^{h}in^{11}t^{h}ã^{11}miẽ^{213}$

馃 ko^{35} 馅饼，用面做薄皮，包上肉、菜等拌成的馅，在锅上烙熟

搨馃 $t^{h}a^{21}ko^{35}$

□馃 $xã^{21}ko^{35}$ 烙饼（动词）

苞芦馃 $pəu^{11}nu^{55}ko^{35}$ 玉米粉做的馅饼

米粉馃 $mi^{35}fən^{35}ko^{35}$ 米粉做的馅饼

荞麦馃 $tɕ^{h}iəu^{55}me^{21}ko^{35}$ 荞麦粉做的馅饼

糯米馃 $no^{21}mi^{35}ko^{35}$ 糯米粉做的馅饼

糯米□ $no^{13}mi^{35}xã^{213}$ 糯米粉弄成团，拍扁之后包上甜的或咸的芝麻粉做成的食品

饼馃 $pin^{35}ko^{35}$ 没有馅儿的馃

菜包馃 $ts^{h}ɛ^{13}pəu^{11}ko^{35}$ 有馅儿的馃

蒿蒿馃 $xəu^{11}xəu^{11}ko^{35}$ 用艾蒿叶做的馅饼

清明馃 $tɕ^{h}in^{11}min^{55}ko^{35}$ 清明节的特色小吃，用艾的嫩叶和糯米粉制成

烧饼 $səu^{11}pin^{35}$

月饼 $ye^{21}pin^{35}$

饼干 $pin^{35}kã^{11}$

花卷 $fa^{11}tɕyẽ^{35}$

烧卖 $səu^{11}mɛ^{213}$

蛋糕 $tã^{13}kəu^{11}$

锅巴 $ko^{11}pa^{11}$

裹蒜 $ko^{35}sɔ̃^{213}$ 麻花

盘馓 $p^{h}ã^{55}sã^{35}$ 馓子，一种油炸食品，细条相连，拧成各种花样

羊角皮 $iã^{55}ko^{21}p^{h}i^{55}$ 油炸的片状面食

糍粑 $ts^{h}ɿ^{55}pa^{11}$

苞芦粉 $pəu^{11}nu^{55}fən^{35}$ 玉米面儿

辣椒粉 $na^{21}tɕiəu^{11}fən^{35}$ 辣椒面儿

黏粉 $ȵiẽ^{55}fən^{35}$ 芡粉

红薯粉 $foŋ^{55}tɕ^{h}y^{55}fən^{35}$

洗红薯粉 $ɕie^{35}foŋ^{55}tɕ^{h}y^{55}fən^{35}$ 过滤红薯的淀粉

粉丝 $fən^{35}sɿ^{11}$

粉条 $fən^{35}t^{h}iəu^{55}$ 粗的、宽的粉丝

面筋 $miẽ^{13}tɕin^{11}$

凉粉 $liã^{55}fən^{35}$ 凉粉草、米粉和豌豆粉凉拌而成，蘸酱油、醋、辣椒油而食

藕粉 $ŋəu^{35}fən^{35}$

葛粉 $ko^{21}fən^{35}$

鸡血 $tɕi^{11}ɕye^{42}$

鸡杂 $tɕi^{11}tsa^{42}$

炒鸡□ $ts^{h}əu^{35}tɕi^{11}ka^{35}$

炒鸡子 $ts^{h}əu^{35}tɕi^{11}tsɿ^{35}$

炒鸡蛋 $ts^{h}əu^{35}tɕi^{11}tã^{213}$

鸡子糕 $tɕi^{11}tsɿ^{35}kəu^{11}$ 鸡蛋羹

荷包蛋 $xo^{55}pəu^{11}tã^{213}$

流糖子 $liou^{55}t^{h}ã^{55}tsɿ^{35}$

咸鸡□ $xã^{55}tɕi^{11}ka^{35}$ 咸鸡蛋，腌过的鸡蛋

腌鸡□ $iẽ^{11}tɕi^{11}ka^{35}$

咸鸭□ $xã^{55}ŋa^{21}ka^{35}$ 咸鸭蛋

腌鸭□ $iẽ^{11}ŋa^{21}ka^{35}$

千层锅 $tɕ^{h}iẽ^{11}ts^{h}ən^{55}ko^{11}$ 本地的一道菜，做法是：先把各种配料烧至半熟，分层

铺在一只两耳铁锅中，最底下一层是萝卜或干豆角、笋衣、冬笋，之上依次是猪肉、豆腐泡、鸭子、肉圆、鸡块、野味等。铺好后，用猛火煮沸后再用温火慢炖

石膏 sɿ^{21}kɔu^{11}

点膏 tiɛ̃^{35}kɔu^{11} 点石膏

点卤 tiɛ̃^{35}nu^{35}

豆腐乳 təu^{21}fu^{21}y^{35}

泥豆腐 n̡i^{55}təu^{13}fu^{213}

豆腐花 təu^{21}fu^{21}fa^{11} 豆花儿

豆腐皮 təu^{21}fu^{21}p^{h}i^{55}

毛豆腐 mɔu^{55}təu^{21}fu^{213} 通过人工发酵法，使豆腐表面生长出一层白色茸毛，煎炸或红烧着吃

煎豆腐 tɕiɛ̃^{11}təu^{21}fu^{213} 豆腐切成小块之后油炸

豆腐泡 təu^{21}fu^{21}p^{h}ɔu^{213} 油豆腐

千张 tɕ^{h}iɛ̃^{11}tsã^{11}

豆腐筒 təu^{21}fu^{21}t^{h}oŋ^{55} 腐竹

豆干 təu^{13}kã^{11} 豆腐干

香干 ɕiã^{11}kã^{11} 加了香料的豆腐干

豆豉 təu^{21}sɿ^{55} 黄豆煮熟发酵后晒干，放上作料做成的食品

酱豆 tɕiã^{13}təu^{213} 黄豆炒熟后发酵制成，通常用来做酱

酱馃 tɕiã^{21}ko^{35} 用蚕豆、豌豆或黄豆粉做成饼，再发酵做成的酱

豆腐箱 təu^{21}fu^{21}ɕiã^{11} 装豆花、过滤豆腐的匣子

豆腐夹 təu^{21}fu^{21}ka^{42} 用来滤豆腐的木架子

团篮 t^{h}ã^{55}nã^{55} 过滤豆腐用的竹篮子

炒米 ts^{h}ɔu^{35}mi^{35} 冻米，煮熟晒干的米。一个手指钳～：形容轻而易举，说来简单

炒米泡 ts^{h}ɔu^{35}mi^{35}p^{h}ɔu^{213} 炒过的冻米

糖片 t^{h}ã^{55}p^{h}iɛ^{213} 炒米泡、芝麻和糖稀混合成的片状食品

爆米花 pɔu^{21}mi^{35}fa^{11}

苞芦花 pɔu^{11}nu^{55}fa^{11} 玉米爆出来的米花

金针菜 tɕin^{11}tsən^{11}ts^{h}ɛ^{213}

黄花菜 fã^{55}fa^{11}ts^{h}ɛ^{213}

零嘴 lin^{55}tsei^{35} 零食

搭嘴食 ta^{21}tsei^{35}sɿ^{42}

吃 tɕ^{h}i^{42} ～饭，～烟

吃散嘴 tɕ^{h}i^{21}sã^{35}tsei^{35} 吃零食

吃零嘴 tɕ^{h}i^{21}lin^{55}tsei^{35}

素菜 su^{13}ts^{h}ɛ^{213}

荤菜 fən^{11}ts^{h}ɛ^{213}

咸菜 xã^{55}ts^{h}ɛ^{213}

腌菜 iɛ̃^{11}ts^{h}ɛ^{213}

小菜 ɕiɔu^{35}ts^{h}ɛ^{213}

剩菜 sən^{13}ts^{h}ɛ^{213}

腌齑菜 iɛ̃^{11}tɕi^{11}ts^{h}ɛ^{213} 白菜腌制后晒干而成

霉干菜 mei^{55}kã^{11}ts^{h}ɛ^{213}

干羊角 kã^{11}iã^{55}ko^{42} 煮熟晒干的豇豆

笋干 sən^{35}kã^{11}

干笋 kã^{11}sən^{35}

笋衣 sən^{35}i^{11}

干鱼 kã^{11}y^{55} 鲞

海带（皮）xɛ^{35}tɛ^{213} (p^{h}i^{55})

海参 xɛ^{35}sən^{11}

海蚂蟥 xɛ^{35}ma^{35}fã^{55}

牛舌挑 n̡iou^{55}se^{21}t^{h}iɔu^{11} 牛舌头

牛肚 n̡iou^{55}tu^{35}

草肚 ts^{h}ɔu^{35}tu^{35} 牛的瘤胃

百叶肚 pe^{21}ie^{21}u^{35}

猪肉 tɕy^{11}zu^{42}

腊肉 na^{21}zu^{42}

□蹄包 k^{h}u^{55}t^{h}i^{55}pɔu^{11} 猪肘子

排骨 p^{h}ɛ^{55}ku^{42}

里脊 li^{35}tɕi^{42}

肉丁 zu^{21}tin^{11}

肉片 zu^{21}p^{h}iɛ̃^{213}

肉丝 zu^{21}sɿ^{11}

肉泥 zu^{21}ȵi^{55}

肉冻 zu^{21}toŋ^{213} 肉汤凝成的冻

粉蒸肉 fən^{35}tsən^{11}zu^{42} 米粉肉

红烧肉 foŋ^{55}sɔu^{11}zu^{42}

猪蹄子 tɕy^{11}t^{h}i^{55}tsɿ^{0} 猪蹄儿的前端

猪嘴□ tɕy^{11}tsei^{35}ts^{h}oŋ^{213} 猪的嘴

槽头 ts^{h}ɔu^{55}t^{h}əu^{55} 指猪头与躯干连接部位的颈脖肉

颈圈 tɕin^{35}tɕ^{h}yɛ̃^{11}

猪尾巴 tɕy^{11}uei^{35}pa^{11}

前胛缝 tɕ^{h}iɛ̃^{55}ka^{21}foŋ^{213} 猪的前腿

猪腰 tɕy^{11}iɔu^{11}

猪心 tɕy^{11}ɕin^{11}

猪脑髓 tɕy^{11}nɔu^{35}ɕi^{35}

猪尿脬 tɕy^{11}sei^{11}p^{h}ɔu^{11}

猪肺 tɕy^{11}fei^{213}

猪皮 tɕy^{11}p^{h}i^{55}

拖拖皮 t^{h}o^{11}t^{h}o^{11}p^{h}i^{55} 猪肚子上下垂的皮肉

肥肉 fei^{55}zu^{42}

肥膘 fei^{55}piɔu^{11}

熬油 ŋɔu^{55}iəu^{55}

猪油□ tɕy^{11}iəu^{55}p^{h}u^{213} 油渣

猪大肠 tɕy^{11}ta^{21}ts^{h}ã^{55}

猪小肠 tɕy^{11}ɕiɔu^{35}ts^{h}ã^{55}

香肠 ɕiã^{11}ts^{h}ã^{55}

荤油 fən^{11}iou^{55}

板油 pã^{35}iou^{55} 猪的体腔内壁上呈板状的油脂

花油 fa^{11}iou^{55} 猪的肠肚外表上的油脂

菜油 ts^{h}ɛ^{21}iou^{55} 素油

菜籽油 ts^{h}ɛ^{21}tsɿ^{35}iou^{55}

茶油 ts^{h}a^{55}iou^{55} 茶籽油

细盐 ɕi^{21}iɛ̃^{55}

粗盐 ts^{h}u^{11}iɛ̃^{55}

芝麻酱 tsɿ^{11}ma^{55}tɕiã^{213} 麻酱

碧豆酱 pi^{21}təu^{21}tɕiã^{213} 蚕豆酱

黄豆酱 fã^{55}təu^{21}tɕiã^{213}

辣椒酱 na^{21}tɕiɔu^{11}tɕiã^{213}

吊酒 tiɔ^{21}tɕiou^{35} 酿酒

米酒煮鸡子 mi^{35}tɕiou^{35}tɕy^{35}tɕi^{11}tsɿ^{35} 酒酿煮荷包蛋，产妇吃的

香头 ɕiã^{11}t^{h}əu^{55}

作料 tso^{21}liɔu^{213}

五香 u^{35}ɕiã^{11}

八角茴 pa^{21}ko^{21}fei^{55}

小茴 ɕiɔu^{35}fei^{55}

桂皮 kuei^{21}p^{h}i^{55}

老面 nɔu^{35}miɛ̃^{213} 酵子，已经加入酵母的面团

酒曲 tɕiou^{35}tɕ^{h}iou^{42} 酒母，酿酒用的曲

生叶 sən^{11}ie^{42} 未经加工的茶叶

摘茶 tse^{21}ts^{h}a^{55} 采茶

独脚凳 tu^{21}tɕio^{21}tən^{213} 采茶时坐的单腿凳

茶叶篮 ts^{h}a^{55}ie^{21}lã^{55} 茶篓

茶叶箩 ts^{h}a^{55}ie^{21}no^{55}

红茶 foŋ^{55}ts^{h}a^{55}

*晒青 sɛ^{13}tɕʰin^{11}

绿茶 nu^{21}tsʰa^{55}

做红茶 tso^{21}foŋ^{55}tsʰa^{55}

炒青茶 tsʰɔu^{35}tɕʰin^{11}tsʰa^{55}

倒茶 tɔu^{21}tsʰa^{55} 续茶

红糖 foŋ^{55}tʰã^{55}

砂糖 sa^{11}tʰã^{55}

白（砂）糖 pe^{21} (sa^{11}) tʰã^{55}

冰糖 pin^{11}tʰã^{55}

糖精 tʰã^{55}tɕin^{11}

花生糖 fa^{11}sən^{11}tʰã^{55}

麦芽糖 me^{21}ŋa^{55}tʰã^{55}

烟筒 iɛ̃^{11}tʰoŋ^{55} 旱烟筒

烟袋 iɛ̃^{11}tɛ^{213} 装烟丝的袋子

烟盒 iɛ̃^{11}xo^{42} 装烟丝的盒子

烟筒杆 iɛ̃^{11}tʰoŋ^{55}kã^{35} 烟袋杆儿

烟筒嘴 iɛ̃^{11}tʰoŋ^{55}tsei^{35} 烟袋嘴儿

烟筒杯 iɛ̃^{11}tʰoŋ^{55}pei^{11} 烟筒上装烟丝的口

烟筒□ iɛ̃^{11}tʰoŋ^{55}se^{42} 通烟袋用的铁丝

烟叶 iɛ̃^{11}ie^{42}

烟丝 iɛ̃^{11}sɿ^{11}

纸煤 tsɿ^{35}mei^{55} 黄表纸卷成筒形，燃着后用来点旱烟

打火石 ta^{35}xo^{35}sɿ^{42}

　火石 xo^{35}sɿ^{42}

打火刀 ta^{35}xo^{35}tɔu^{11} 火镰，抽烟打火用的铁制用具，形状像镰刀

　火刀 xo^{35}tɔu^{11}

烟筒屎 iɛ̃^{11}tʰoŋ^{55}sɿ^{35} 烟油

烟火屎 iɛ̃^{11}xo^{35}sɿ^{35} 旱烟吸到最后吹出的部分

十四　红白大事

亲 tɕʰin^{11} 亲事

年纪 ȵiɛ̃^{55}tɕi^{11}

　年头 ȵiɛ̃^{55}tʰəu^{55} 几个～（问小孩子几岁）

*看日子 kʰã^{13}zɿ^{42}tsɿ^{0}

*合八字 xo^{21}pa^{21}tsɿ^{213}

*日子书 zɿ^{21}tsɿ^{35}ɕy^{11}

*日子钱 zɿ^{42}tsɿ^{0}tɕʰiɛ̃^{55}

*送日子书 soŋ^{21}zɿ^{21}tsɿ^{35}ɕy^{11}

尿屎钱 sei^{11}sɿ^{35}tɕʰiɛ̃^{55} 结婚时送给女方父母的辛苦钱

聘礼 pʰin^{21}li^{35} 订婚或结婚时男方送给女方的钱物

抬嫁妆 tʰɛ^{55}ka^{13}tɕyã^{11} 搬嫁妆

*大盒 ta^{13}xo^{42}

*挑大盒 tʰiɔu^{11}ta^{13}xo^{42}

*压篮金 ŋa^{21}nã^{55}tɕin^{11}

吃大盒 tɕʰi^{21}ta^{13}xo^{42} 女方将男方送来的大盒里的东西分送给血亲，顺便通知他们

吃糕点 tɕʰi^{21}kɔu^{11}tiɛ̃^{35} 女方将男方送来的大盒里的东西分送给其他关系略远一些的亲友，顺便通知他们

吃果子 tɕʰi^{21}ko^{35}tsɿ^{35} “果子”指瓜子、花生、糖等

五谷袋 u^{35}ku^{21}tɛ^{213} 装五谷的袋子，女方给男方回的礼物中必有的一种

*通家鞋 tʰoŋ^{11}ka^{11}xɛ^{55}

*接亲 tɕie^{21}tɕʰin^{11}

*闸门 tsa^{21}mən^{55}

*开门包 kʰɛ^{11}mən^{55}pɔu^{11}

*哭发达 kʰu^{21}fa^{21}ta^{42}

*催亲 tsʰei^{11}tɕʰin^{11}

*发亲 fa^{21}tɕʰin^{11}

*抛手捏子 pʰɔu^{11}səu^{35}ȵie^{42}tsɿ^{0}

*点满堂红 tiẽ^{35}mã^{35}tʰã^{55}foŋ^{55}

*俵糖 pʰiɔu^{21}tʰã^{55}

*俵烟 pʰiɔu^{13}iẽ^{11}

嫁女 ka^{21}ȵy^{35} 嫁闺女

*强盗过岭 tɕʰiã^{55}tɔu^{213}ko^{21}lin^{35}

*烈马归栏 lie^{21}ma^{35}kuei^{11}nã^{55}

*扯脸 tsʰe^{35}liẽ^{35}

*开脸 kʰɛ^{11}kiẽ^{35}

大日头公 ta^{13}zɿ^{21}tʰəu^{55}koŋ^{11} 喜期，办喜事的日子

礼簿 li^{35}pʰu^{35} 婚丧嫁娶、建房等活动中登记亲友礼金、礼品的红本子

*借堂前 tɕie^{21}tʰã^{55}tɕʰiẽ^{55}

*喜酒 ɕi^{35}tɕiou^{35}

*花轿 fa^{11}tɕiɔu^{213}

交杯酒 tɕiɔu^{11}pei^{11}tɕiou^{35}

新娘房 ɕin^{11}ȵiã^{55}fã^{55}

洞房 toŋ^{21}fã^{55}

*闹洞房 nɔu^{13}toŋ^{21}fã^{55}

牵新娘的 tɕʰiẽ^{11}ɕin^{11}ȵiã^{55}ti^{0} 伴娘

*回门 fei^{55}mən^{55}

催生 tshei^{11}sən^{11} 女儿临产前一个月左右，娘家要送去鸡蛋、红糖等食物和婴儿衣物，叫催生

催生馃 tsʰei^{11}sən^{11}ko^{35} 娘家送的催生礼，包括鸡蛋、早稻米做的馃、枣、糖、婴儿穿的衣服

送催生礼 soŋ^{13}tsʰei^{11}sən^{11}li^{35} 娘家给即将生产的女儿送的礼

接生 tɕie^{21}sən^{11}

洗三朝 ɕie^{35}sã^{11}tsɔu^{11} 婴儿出生后第三天，剃胎发，以艾草、花椒熬水洗身，用黄连、甘草熬水喂婴儿，叫洗三朝

送月子礼 soŋ^{13}ye^{42}tsɿ^{0}li^{35} 婴儿降生后，亲友送礼祝贺

过了月 ko^{213}na^{0}ye^{42} 晚产

头胎 tʰəu^{55}tʰɛ^{11} 第一胎

刮胎 kua^{21}tʰɛ^{11} 打胎

胞衣 pɔu^{11}i^{11} 胎盘

脐带 tɕʰi^{55}tɛ^{213}

剪脐带 tɕiẽ^{35}tɕʰi^{55}tɛ^{213}

铰脐带 kɔu^{11}tɕʰi^{55}tɛ^{213}

月子婆 ye^{42}tsɿ^{0}pʰo^{55} 产妇

喂奶 uei^{21}nɛ^{35}

奶头 nɛ^{35}tʰəu^{55}

奶嘴 nɛ^{35}tsei^{35}

□周 ma^{21}tsəu^{11} 小孩周岁时抓周

接发市 tɕie^{21}fa^{21}sɿ^{213} 接新生儿第一次上门来玩

长寿线 tsʰã^{55}səu^{13}ɕiẽ^{213} 给第一次上门的小孩棉纱线或麻线，棉线可以有各种颜色，但不能有绿色的（因为绿与六同音，寓意六亲无靠）

挂长寿线 kua^{21}tsʰã^{55}səu^{13}ɕiẽ^{213} 将长寿线挂在第一次上门的婴儿的衣服上

捡生 tɕiẽ^{35}sən^{11}（婴儿）认生

招亲 tsɔu^{11}tɕʰin^{11} 入赘

改嫁 kɛ^{35}ka^{213} 指寡妇改嫁

招夫养子 tsɔu^{11}fu^{11}iã^{35}tsɿ^{35} 寡妇招男子来家结婚

做生日 tso^{13}sən^{11}zɿ^{42} 过生日

老寿星 nɔu^{35}səu^{13}ɕin^{11}

*黄金归库 fã^{55}tɕin^{11}kuei^{11}kʰu^{213}

*打倒命 ta^{35}tɔu^{35}min^{213} 夭折

＊□挑 kʰã^{35}tʰiɔu^{35}

　＊□粪箕 kʰã^{35}fən^{13}tɕi^{11}

丧事 sã^{11}sɿ^{213}

　白喜事 pe^{21}ɕi^{35}sɿ^{213}

＊送终 soŋ^{13}tsoŋ^{213}

奔丧 pən^{11}sã^{11}

＊报讣 pɔu^{13}fu^{42}

　＊报丧 pɔu^{13}sã^{11}

＊腾下板 tʰən^{55}xa^{21}pã^{35} 把逝者从床上移到灵床上，用三块瓦做枕头，这三块瓦等逝者埋葬好之后要放在坟门前面

＊灵堂 lin^{55}tʰã^{55}

＊佛堂 fu^{21}tʰã^{55}

灵前 lin^{55}tɕʰiɛ̃^{55} 简易的灵堂，设在祠堂里

＊吊孝 tiɔu^{13}ɕiɔu^{213}

＊老衣 nɔu^{35}i^{11}

＊老鞋 nɔu^{35}xɛ^{55}

　＊寿鞋 səu^{21}xɛ^{55}

＊黄金帽 fã^{55}tɕin^{11}mɔu^{213}

＊五谷袋 u^{35}ku^{21}tɛ^{213}

＊九领五腰 tɕiou^{35}lin^{35}u^{35}iɔu^{11}

＊七领五腰 tɕʰi^{21}lin^{35}u^{35}iɔu^{11}

＊五领三腰 u^{35}lin^{35}sã^{11}iɔu^{11}

＊接气布 tɕie^{21}tɕʰi^{13}pu^{213}

＊锦被 tɕin^{35}pei^{213}

＊金钱灰 tɕin^{11}tɕʰiɛ̃^{55}fei^{11}

＊石灰包 sɿ^{21}fei^{11}pɔu^{11}

＊钉棺 tin^{11}kuã^{11}

＊子孙钉 tsɿ^{35}sən^{11}tin^{11}

＊驮钉 tʰo^{55}tin^{11}

＊守夜 səu^{35}ie^{213}

　＊坐夜 tso^{13}ie^{213}

＊阳尸帝 iã^{55}sɿ^{11}ti^{13}

＊做三朝 tso^{13}sã^{11}tsɔu^{11}

＊做七 tso^{13}tɕʰi^{42}

＊七七 tɕʰi^{42}tɕʰi^{42}

＊六七 nu^{21}tɕʰi^{42}

披麻 pʰi^{11}ma^{55}

戴孝 tɛ^{13}xɔu^{213}

孝帽 xɔu^{13}mɔu^{213}

孝片 xɔu^{13}pʰiɛ̃^{213} 胳膊上带的孝箍

孝鞋 xɔu^{21}xɛ^{55} 逝者的儿子、媳妇穿的鞋子，鞋帮上蒙白布

孝子 ɕiɔu^{21}tsɿ^{35}

孝孙 ɕiɔu^{13}sən^{11}

＊哭丧 kʰu^{21}sã^{11}

＊出柩 tɕʰy^{21}tɕiou^{213}

＊火把 xo^{35}pa^{35}

＊花圈 fa^{11}tɕʰyɛ̃^{11}

＊纸扎 tsɿ^{35}tsa^{42}

＊灵屋 lin^{55}u^{42}

＊装路祭 tɕyã^{11}nu^{13}tɕi^{213}

＊买路钱 mɛ^{35}nu^{21}tɕʰiɛ̃^{55}

＊捧香炉 pʰoŋ^{35}ɕiã^{11}nu^{55}

＊捧灵牌 pʰoŋ^{35}lin^{55}pʰɛ^{55}

＊捧遗像 pʰoŋ^{35}i^{55}ɕiã^{213}

＊压杠 ŋa^{21}kã^{213}

＊引魂竿 in^{35}fən^{55}kã^{11}

送葬 soŋ^{13}tsã^{213}

＊遥门 iɔu^{55}mən^{55}

＊长幡 tsʰã^{55}fã^{11}

＊上方宝盖 sã^{13}fã^{11}pɔu^{35}kɛ^{213}

宝盖 pɔu^{35}kɛ^{213} 送葬队伍中打的纸扎伞盖

＊下□ xa^{13}kʰã^{213}

*掩土 iɛ̃^{35}tʰu^{35}

挂钱 kua^{21}tɕʰiɛ̃^{55} 扫墓，挂五彩纸钱

　挂帛 kua^{13}pe^{42}

挂白 kua^{13}pe^{42} 给老坟扫墓，挂白纸

*挂新坟 kua^{13}ɕin^{11}fən^{55}

吆吓 ŋɔu^{11}xe^{42} 民间给受惊吓的小孩子收魂

　吆魂 ŋɔu^{11}fən^{55} 叫魂

出吓 tɕʰy^{21}xe^{42} 用碗装清水，三根筷子立在碗里，看筷子倒的方向判断受了什么惊吓，民间认为如果是受了不吉的东西所吓，则要将筷子剁断

坟地 fən^{55}ti^{213}

开土 kʰɛ^{11}tʰu^{35} 破土建坟

风水 foŋ^{11}ɕyei^{35} ① 坟墓老；② 住宅、村落、墓地等选址、建设的方法和原则

*金井 tɕin^{11}tɕin^{35}

古椁 ku^{35}ko^{42} 古墓

坟台 fən^{55}tʰɛ^{55} 坟前的平地

坟拜堂 fən^{55}pɛ^{21}tʰã^{55} 坟前的拜台

演板 iɛ̃^{35}pã^{35} 坟面，坟门

坟碑 fən^{55}pei^{11} 立在墓后方的碑

　碑 pei^{11}

□坟 tʰən^{55}fən^{55} 明棺，临时安葬

棺材套 kuã^{11}tsʰɛ^{55}tʰɔu^{213} 棺材罩

　披彩 pʰi^{11}tsʰɛ^{35}

棺材盖 kuã^{11}tsʰɛ^{55}kɛ^{213}

底板 ti^{35}pã^{35} 棺内盖底的板

牌位 pʰɛ^{55}uei^{213} 棺材头上刻的逝者姓名等的木牌

棺材板 kuã^{11}tsʰɛ^{55}pã^{35} 做棺材的木料

　棺材料 kuã^{11}tsʰɛ^{55}liɔu^{213}

合棺材 ko^{21}kuã^{11}tsʰɛ^{55} 做棺材

十合 sɿ^{21}ko^{42} 十块木料拼成的棺材，上好的棺材

囵棺材 nən^{55}kuã^{11}tsʰɛ^{55} 直接从整棵大树中用刀斧掏出来的棺材

跳水 tʰiɔu^{21}ɕyei^{35} 投水（自尽）

吊颈 tiɔu^{21}tɕin^{35}

　上吊 sã^{13}tiɔu^{213}

*黄金 fã^{55}tɕin^{11}

　*尸骨 sɿ^{11}ku^{42}

*捡黄金 tɕiɛ̃^{35}fã^{55}tɕin^{11}

　*捡骨 tɕiɛ̃^{35}ku^{42}

*函子 xã^{55}tsɿ^{0}

*招魂入墓 tsɔu^{11}fən^{55}zɿ^{21}mu^{213}

十五　迷信

珓 kɔu^{213} 旧时占卜用，通常用一反一正两片竹片制成

讨珓 tʰɔu^{35}kɔu^{213} 跌珓以占吉凶

阴珓 in^{11}kɔu^{213} 两个珓杯都朝下，主不吉

阳珓 iã^{55}kɔu^{213} 两个珓杯都朝上，主吉

圣珓 sən^{13}kɔu^{213} 一正一反，主大吉。圣珓吉于阳珓，阳珓吉于阴珓

测字 tsʰe^{21}tsɿ^{213} 离合汉字偏旁笔画，加以解释，以预卜吉凶的迷信活动

看风水 kʰã^{13}foŋ^{11}ɕyei^{35} 相地之术，临场校察地理以定吉凶

看门向 kʰã^{21}mən^{55}ɕiã^{213} 校察大门座向的吉凶

车向 tsʰe^{11}ɕiã^{213} 改变门的朝向，以求吉祥

看相 kʰã^{13}ɕiã^{213} 观察分析人的形体外貌、精神气质、举止情态等方面的特征以测定评判人的禀性和命运（迷信）

行运 ɕin^{55}yn^{213}

走运 tsəu^{35}yn^{213}
赶鬼 kã^{35}kuei^{35} 跳神驱鬼
过阴的 ko^{13}in^{11}ti^{0} 巫婆
许愿 ɕy^{35}yɛ̃^{213}
还愿 fã^{55}yɛ̃^{213}
抽签 tsʰəu^{11}tɕʰiɛ̃^{11}
求签 tɕʰiou^{55}tɕʰiɛ̃^{11}
签筒 tɕʰiɛ̃^{11}tʰoŋ^{55} 装占卜签子的筒
抽牌 tsʰəu^{11}pʰɛ^{55} 抽取灵牌以卜吉凶
土地庙 tʰu^{35}ti^{13}miɔu^{213}
财神庙 tsʰɛ^{55}sən^{55}miɔu^{213}
五猖 u^{35}tsʰã^{11} 做莲渡的时候表演五猖的五个人，画脸谱，四人手执钢叉，一人手握钢鞭
五猖庙 u^{35}tsʰã^{11}miɔu^{213} 传统祭祀神庙。五猖是五位邪神，代表恶煞，百姓祭五猖以表达敬畏并祈福
龙王庙 noŋ^{55}uã^{55}miɔu^{213}
碓臼庙 tei^{13}tɕiou^{13}miɔu^{213} 孝子庙
碓臼菩萨 tei^{13}tɕiou^{21}pʰu^{55}sa^{42} 传说中碓屋里的神
阎王老子 yɛ̃^{55}uã^{55}nɔu^{35}tsɿ^{0} 阎王爷
阎王簿 yɛ̃^{55}uã^{55}pʰu^{35} 生死簿
无常 u^{55}tsʰã^{55}
白无常 pe^{21}u^{55}tsʰã^{55}
黑无常 xe^{21}u^{55}tsʰã^{55}
判官 pʰã^{13}kuã^{11}
小鬼 ɕiɔu^{35}kuei^{35}
烂糊桥 nã^{21}fu^{55}tɕʰiɔu^{55} 奈何桥
迷魂汤 mi^{55}fən^{55}tʰã^{11} 孟婆汤
鬼门关 kuei^{35}mən^{55}kuã^{11}
鬼迷了魂 kuei^{35}mi^{55}na^{0}fən^{55} 传说中的鬼附身
□□鬼 tɕʰio^{21}po^{21}kuei^{35} 传说中的捉弄人的鬼；也指捉弄人的人
木鱼 mu^{21}y^{55}
长明灯 tsʰã^{55}min^{55}tən^{11} 庙里所点燃的烛火，燃上就不能吹灭，直到燃尽自行熄灭
香火钱 ɕiã^{11}xo^{35}tɕʰiɛ̃^{55} 庙宇中进香信徒布施的费用
做法事 tso^{13}fa^{21}sɿ^{213} 做道场
跪念 kuei^{13}ȵiɛ̃^{213}
跪大念 kuei^{13}ta^{13}ȵiɛ̃^{213} 旧俗，办丧事时和尚领着逝者的子孙围绕着棺材念经
跪小念 kuei^{21}ɕiɔu^{35}ȵiɛ̃^{213} 比跪大念手续简单一些
站灯 tsã^{13}tən^{11} 比跪大念更复杂的法事
做莲渡 tso^{21}liɛ̃^{55}tu^{213} 旧俗，和尚或道士专为过世妇女做法事
老鬼驮牌 nɔu^{35}kuei^{35}tʰo^{55}pʰɛ^{55} 旧俗，办丧事时，同族的一个命运坎坷的人（即“老鬼”）一手提石灰包，一手举纸扎的牌子
□石灰包 to^{21}sɿ^{21}fei^{11}pɔu^{11} “老鬼”边走边在地上用石灰包印上印子
下油锅 xa^{21}iou^{55}ko^{11} 旧时丧俗，将写有逝者名字的竹牌放在烧开的油锅里，和尚用手捞出来，然后放在边上装有冷水的大桶里，寓意帮逝者减罪
踩红砖 tsʰɛ^{35}foŋ^{55}tɕyɛ̃^{11} 旧时丧俗，和尚领着逝者的一个亲人穿草鞋踩烧红的砖，寓意帮逝者减罪
蹦火坑 poŋ^{21}xo^{35}kʰən^{11} 旧时丧俗，和尚、五猖、逝者亲人从燃着的火堆上跳过去，寓意帮逝者减罪

击木 tɕi^{21}mu^{42}（县令、和尚用的）惊堂木

香 ɕiã^{11} 线香

香桌 ɕiã^{11}tso^{42} 香案

　香台 ɕiã^{11}tʰɛ^{55}

香炉 ɕiã^{11}nu^{55}

烧香 sɔu^{11}ɕiã^{11}

装香 tɕyã^{11}ɕiã^{11} 祭拜后将燃着的香插在香炉里

赌咒 tu^{35}tsɔu^{213} 发誓

敬供 tɕin^{13}koŋ^{213} 上供

三牲 sã^{11}sən^{11} 开挖坟墓时用来祭山神的供品，一般是生的，有鱼、肉、鸡蛋等

斋饭碗 tsɛ^{11}fã^{21}uã^{35} 祭鬼神时的供品，一般是鱼、肉、蛋、饭、酒

桌面碗 tso^{21}miɛ̃^{21}uã^{35} 祭祖宗用的贡品，一般是熟的，有米饭、酒、肉、鱼、鸡蛋、糕等，比斋饭碗丰盛一些

念经 ȵiɛ̃^{13}tɕin^{11}

十六　讼事

打官司 ta^{35}kuã^{11}sɿ^{11}

告状 kɔu^{13}tɕyã^{213}

原告 yɛ̃^{55}kɔu^{213}

被告 pei^{13}kɔu^{213}

状纸 tɕyã^{21}tsɿ^{35}

坐堂 tso^{21}tʰã^{55}

退堂 tʰei^{21}tʰã^{55}

过堂 ko^{21}tʰã^{55}

证人 tsən^{21}zən^{55}

对质 tei^{13}tsɿ^{42}

家务事 ka^{11}u^{13}sɿ^{213} 清官难断～

打笔刀 ta^{35}pi^{21}tɔu^{11} 代书

苦打成招 kʰu^{35}ta^{35}tsʰən^{55}tsɔu^{11} 屈打成招

供词 koŋ^{21}tsʰɿ^{55}

同伙 tʰoŋ^{55}xo^{35}

同谋 tʰoŋ^{55}məu^{55}

诬告 u^{11}kɔu^{213}

连累 liɛ̃^{55}nei^{213} 连坐

保出来 pɔu^{35}tɕʰy^{42}nɛ^{0} 保释

解犯人 kɛ^{13}fã^{21}zən^{55} 押解犯人

青天大老爷 tɕʰin^{11}tʰiɛ̃^{11}ta^{21}nɔu^{35}ie^{55}

糊涂官 fu^{55}tʰu^{55}kuã^{11} 昏官

罚款 fa^{21}kʰuã^{35} 罚金

上刑罚 sã^{21}ɕin^{55}fa^{42}

　用刑 ioŋ^{21}ɕin^{55}

打屁股 ta^{35}pʰi^{21}ku^{35}

□杠 tɕʰyɛ^{35}kã^{213} 一种刑罚，用木杠压腿，“□ tɕʰyɛ^{35}”意为踩

夹手指 ka^{42}səu^{35}tsɿ^{35}

老虎凳 nɔu^{35}fu^{35}tən^{213}

上老虎凳 sã^{21}nɔu^{35}fu^{35}tən^{213}

拷打 kʰɔu^{35}ta^{35}

捺铁 na^{21}tʰie^{42} 把烧红的烙铁往犯人身上按

戴枷 tɛ^{13}ka^{11}（给犯人）上枷锁

驮枷 tʰo^{55}ka^{11}（犯人）戴着枷锁

砍头 kʰã^{35}tʰəu^{55} 斩首

生死牌 sən^{11}sɿ^{35}pʰɛ^{55}

枪崩 tɕʰiã^{11}poŋ^{11}

　枪决 tɕʰiã^{11}tɕye^{42}

　枪毙 tɕʰiã^{11}pi^{213}

上夹板 sã^{13}ka^{21}pã^{35}

铐子 kʰɔu^{213}tsɿ^{0} 手铐

脚镣 tɕio^{21}liɔu^{55}

捆［起来］kʰuən^{35}tɕʰiɛ^{0} 绑起来

关［起来］kuã^{11}tɕʰiɛ^{0} 囚禁

坐班房 tso^{21}pã^{11}fã^{55} 坐牢

探监 t^{h}ã^{13}tɕiɛ̃^{11}

立字据 li^{21}tsɿ^{13}tɕy^{213}

画押 fa^{13}ia^{42}

捺手印 na^{21}səu^{35}in^{213} 摁手印

地契 ti^{13}tɕ^{h}i^{213}

完税 uã^{55}ɕyei^{213}

交税 tɕiəu^{11}ɕyei^{213}

传票 tɕ^{h}yɛ̃^{55}p^{h}iəu^{213}

十七　日常生活

漱嘴 su^{21}tsei^{35} 漱口

脱鞋 t^{h}o^{21}xɛ^{55}

□裤子 ne^{21}k^{h}u^{213}tsɿ^{0} 帮小孩褪裤子

量衣裳 liã^{55}i^{11}sã^{55}

　量尺码 liã^{55}ts^{h}ɿ^{21}ma^{35}

　量尺寸 liã^{55}ts^{h}ɿ^{21}ts^{h}ən^{213}

做衣裳 tso^{13}i^{11}sã^{55}

贴扁 t^{h}ie^{21}piɛ̃^{35} 贴边

卷边 tɕyɛ̃^{35}piɛ̃^{11} 绲边

缲边 tɕ^{h}iəu^{11}piɛ̃^{11}

绱鞋 sã^{21}xɛ^{55}

缉鞋底 tɕ^{h}i^{21}xɛ^{55}ti^{35} 纳鞋底

剪鞋样 tɕiɛ̃^{35}xɛ^{55}iã^{213}

打壳子 ta^{35}k^{h}o^{42}tsɿ^{0} 将碎布片等贴成鞋底的粗坯

鞋壳 xɛ^{55}k^{h}o^{42} 鞋底的粗坯

鞋底坯 xɛ^{55}ti^{35}p^{h}ei^{11} 蒙了布的鞋底粗坯

鞋底圈 xɛ^{55}ti^{35}tɕ^{h}yɛ̃^{11} 鞋底坯上切下来的多余的部分

割底刀 ko^{21}ti^{35}təu^{11} 裁鞋底用的刀

订扣子 tin^{13}k^{h}əu^{213}tsɿ^{0}

绣花 ɕiou^{13}fa^{11}

打补巴 ta^{35}pu^{35}pa^{11}

　打补丁 ta^{35}pu^{35}tin^{11}

订被窝絮 tin^{21}p^{h}i^{35}o^{11}ɕi^{213} 订被子

□被窝絮 t^{h}oŋ^{55}p^{h}i^{35}o^{11}ɕi^{213} 把棉絮装进被套里

打绗针 ta^{35}xã^{55}tsən^{11} 用长线直缝，将棉絮与被里、被面缝在一起，针脚很大

　绗被窝絮 xã^{55}p^{h}i^{35}o^{11}ɕi^{213}

□絮袄 t^{h}oŋ^{55}ɕi^{21}ŋəu^{35} 把棉袄套在外套里作为一个整体，脱时一起脱，穿时一起穿

洗衣裳 ɕie^{35}i^{11}sã^{55} 统称，也特指漂洗衣服

擦肥皂 ts^{h}a^{21}fei^{55}tsəu^{213}

　打肥皂 ta^{35}fei^{55}tsəu^{213}

沤衣裳 ŋo^{13}i^{11}sã^{55} 衣服搓好肥皂之后放一段时间

摆衣裳 pɛ^{35}i^{11}sã^{55} 漂洗衣服

　漂洗 p^{h}iəu^{35}ɕie^{35}

洗一水 ɕie^{35}i^{21}ɕyei^{35}（衣物）洗一次

缩水 so^{21}ɕyei^{35}

晒衣裳 sɛ^{13}i^{11}sã^{55}

晾衣裳 nã^{13}i^{11}sã^{55} 把衣服放在通风透气的地方使变干

　阴干 in^{11}kã^{11}

浆衣裳 tɕiã^{11}i^{11}sã^{55} 洗净并用淘米水或米汤浆使衣服笔挺

炉灰水 nu^{55}fei^{11}ɕyei^{35} 灰水，柴火灰滤水而成，旧时洗衣服用

烫衣裳 t^{h}ã^{13}i^{11}sã^{55} 熨衣服

买米 mɛ^{35}mi^{35}

扯布 ts^{h}e^{35}pu^{213}

买布 mɛ^{35}pu^{213}

买肉 mɛ^{35}zu^{42}

称肉 tsʰən^{11}zu^{42}

淘芝麻 tʰəu^{55}tsɿ^{11}ma^{55} 洗芝麻

面头 miɛ̃^{21}tʰəu^{55} 酵子

发面 fa^{21}miɛ̃^{213} 用酵母使面团膨胀

和粉 xo^{55}fən^{35} 和面

□糊 uɛ^{55}fu^{55} 边往热水里放粉边搅拌

揉面 ȵiou^{55}miɛ̃^{213}

打面条 ta^{35}miɛ̃^{21}tʰiəu^{55}

擀面条 kã^{35}miɛ̃^{21}tʰiəu^{55}

下面 xa^{13}miɛ̃^{213} 煮面条

捞面 nəu^{11}miɛ̃^{213} 捞面条

做包子 tso^{13}pəu^{11}tsɿ^{0}

发包子 fa^{21}pəu^{11}tsɿ^{0}

做馃 tso^{21}ko^{35} 做馅饼

炒面 tsʰəu^{35}miɛ̃^{213} ① 将面条加油和作料一起炒；② 加油和作料炒出的面条

发馒头 fa^{21}mã^{55}tʰəu^{55} 做馒头

蒸馍馍 tsən^{11}mo^{55}mo^{55} 蒸馒头

蒸包子 tsən^{11}pəu^{11}tsɿ^{0}

烧锅 səu^{11}ko^{11} 生火

洗米 ɕie^{35}mi^{35} 淘米

焖饭 mən^{13}fã^{213} 盖紧锅盖，用小火把饭菜煮熟

滗汤 pi^{21}tʰã^{11} 煮米饭时，挡住米饭，把米汤倒出

蒸饭 tsən^{11}fã^{213} ① 用饭甑蒸米饭；② 用饭甑蒸出的米饭

煮粥 tɕy^{35}tsu^{42} 煮稀饭

捞饭坯 ləu^{11}fã^{13}pʰei^{11} 在煮稀饭的过程中，捞出一部分基本煮熟的米用来做干饭，然后继续把稀饭煮熟

拣菜 kã^{35}tsʰɛ^{213} 择菜

洗菜 ɕie^{35}tsʰɛ^{213}

切菜 tɕʰie^{21}tsʰɛ^{213}

蒸菜 tsən^{11}tsʰɛ^{213}

打汤 ta^{35}tʰã^{11} 烧汤

冲汤 tsʰoŋ^{11}tʰã^{11}

包饺子 pəu^{11}tɕiəu^{35}tsɿ^{0}

包馄饨 pəu^{11}fən^{11}tən^{213}

饭好了 fã^{21}xəu^{35}na^{0}

游饭碗 iou^{55}fã^{21}uã^{35} 捧着饭碗串门

剩饭碗 sən^{13}fã^{21}uã^{35} 饭没吃完剩在碗里

舀汤 iəu^{35}tʰã^{11}

肉［没有］烂 zu^{21}miou^{35}nã^{213} 肉不烂

咬不□ ŋəu^{35}pu^{0}ȵi^{42} 咬不动

嚼不动 tɕio^{42}pu^{0}toŋ^{213}

卡倒了 kʰa^{35}təu^{0}na^{0} 被鱼刺～

打嗝 ta^{35}ke^{42}

嗝气 ke^{21}tɕʰi^{213} 嗳气

胀死了 tsã^{21}sɿ^{35}na^{0} 撑着了

吃胀倒了 tɕʰi^{21}tsã^{213}təu^{0}na^{0} 吃撑着了

铰指甲 kəu^{11}tsɿ^{35}kʰa^{42}

剪指甲 tɕiɛ̃^{35}tsɿ^{35}kʰa^{42}

洗手 ɕie^{35}səu^{35}

洗脸 ɕie^{35}liɛ̃^{35}

打辫子 ta^{35}piɛ̃^{213}tsɿ^{0}

扎辫子 tsa^{21}piɛ̃^{213}tsɿ^{0}

梳辫子 su^{11}piɛ̃^{213}tsɿ^{0}

打巴巴鬏 ta^{35}pa^{11}pa^{11}tɕiou^{11} 把头发盘成结

扎巴巴鬏 tsa^{21}pa^{11}pa^{11}tɕiou^{11}

钗子 tsʰɛ^{11}tsɿ^{0}

抹澡 ma^{21}tsəu^{35} 擦澡

冲澡 tsʰoŋ^{11}tsɔu^{35} 冲凉

　　淋澡 lin^{55}tsɔu^{35}

洗脚 ɕie^{35}tɕio^{42}

倒洗脚水 tɔu^{21}ɕie^{35}tɕio^{21}ɕyei^{35}

铺床铺 pʰu^{11}tɕʰyã^{55}pʰu^{213} 铺床

睏倒 kʰuən^{21}tɔu^{35}

　　躺下 tʰã^{35}xa^{0}

睏着了 kʰuən^{13}tso^{42}na^{0} 睡着了

睏不着 kʰuən^{213}pu^{0}tso^{42} 睡不着

睏觉 kʰuən^{13}kɔu^{213} 睡觉

睏午觉 kʰuən^{21}u^{35}kɔu^{213} 睡午觉

　　睏中觉 kʰuən^{13}tsoŋ^{11}kɔu^{213}

张天困 tsã^{11}tʰiẽ^{11}kʰuən^{213} 仰天睡

侧身困 tse^{21}sən^{11}kʰuən^{213} 侧着睡

　　侧倒睏 tse^{42}tɔu^{0}kʰuən^{213}

扑倒困 pʰu^{42}tɔu^{0}kʰuən^{213} 趴着睡

撑脚睏 tsʰən^{11}tɕio^{21}kʰuən^{213} 支着腿睡

球倒睏 tɕʰiou^{55}tɔu^{0}kʰuən^{213} 蜷着睡

翻身 fã^{11}sən^{11}

睏迷了 kʰuən^{21}mi^{55}na^{0} 睡迷糊了

睏懒觉 kʰuən^{21}nã^{35}kɔu^{213} 睡懒觉

睏过了 kʰuən^{13}ko^{11}na^{0} 睡过头了

木=鹰=□了 mu^{21}in^{11}kʰa^{42}na^{0} 魇住了

睏醒了 kʰuən^{21}ɕin^{35}na^{0} 睡醒了

睏清醒了 kʰuən^{13}tɕʰin^{11}ɕin^{35}na^{0} 睡觉起来神清气爽

落枕 no^{21}tsən^{35}

讲梦话 kã^{35}moŋ^{13}fa^{213}

梦游 moŋ^{21}iou^{55}

游魂鬼 iou^{55}fən^{55}kuei^{35} 梦游的人

梦□ moŋ^{21}soŋ^{55} 形容没睡够而懵里懵懂的样子

熬夜 ŋɔu^{55}ie^{213}

打夜作 ta^{35}ie^{13}tso^{42} 开夜车

打漂流 ta^{35}pʰiəu^{11}liəu^{55} 好吃懒做，整天在外游荡

抠鼻子窿 kʰəu^{11}pi^{42}tsɿ^{0}noŋ^{55} 抠鼻子

掏耳朵屎 tʰəu^{11}ᴇ^{35}to^{35}sɿ^{35}

爬痒 pʰa^{55}iã^{35} 挠痒痒

上茅司 sã^{21}mɔu^{55}sɿ^{11} 上厕所

驮妹 tʰo^{55}mei^{213} 抱小孩儿

打马夹 ta^{35}ma^{35}ka^{42} 小孩骑坐在大人肩膀上

晒日头 sɛ^{13}zɿ^{21}tʰəu^{55} 晒太阳

乘凉 tsʰən^{55}liã^{55}

烘火 foŋ^{11}xo^{35} 烤火

十八　交际

来家 nɛ^{55}ka^{11} 回家来

　　家来 ka^{11}nɛ^{55}

家去 ka^{11}kʰi^{213} 回家去

逛街 kuã^{13}kɛ^{11}

荡路 tʰã^{13}nu^{213} 散步

　　晃晃 fã^{213}fã^{0}

　　转转 tɕyẽ^{213}tɕyẽ^{0}

碰着 pʰoŋ^{13}tso^{42} 遇见

请人 tɕʰin^{35}zən^{55} 雇人

供（匠）人 tɕioŋ^{11} (tɕiã^{21}) zən^{55} 雇佣工匠

来往 nɛ^{55}uã^{35}

请客 tɕʰin^{35}kʰe^{42}

招待 tsɔu^{11}tɛ^{213}

男客 nã^{55}kʰe^{42}

女客 ȵy^{35}kʰe^{42}

送礼 soŋ^{21}li^{35}

送贺礼 soŋ^{13}xo^{21}li^{35}

送烧香礼 $soŋ^{13}sɔu^{11}ɕiã^{11}li^{35}$ 送丧礼

送月子礼 $soŋ^{13}ye^{21}tsɿ^{0}li^{35}$

送彩 $soŋ^{21}ts^{h}ɛ^{35}$ 建新房、结婚时亲友送的被面

做客 $tso^{13}k^{h}e^{42}$

打平伙 $ta^{35}p^{h}in^{55}xo^{35}$

做礼 $tso^{21}li^{35}$

客气 $k^{h}e^{21}tɕ^{h}i^{213}$

待客 $tɛ^{13}k^{h}e^{42}$

陪客 $p^{h}ei^{55}k^{h}e^{42}$

送客 $soŋ^{13}k^{h}e^{42}$

摆酒席 $pɛ^{35}tɕiou^{35}ɕi^{42}$

上桌 $sã^{13}tso^{42}$

上菜 $sã^{13}ts^{h}ɛ^{213}$

干杯 $kã^{11}pei^{11}$

猜拳 $ts^{h}ɛ^{11}tɕ^{h}yɛ̃^{55}$

合不来 $ko^{42}pu^{0}nɛ^{55}$ 不和

诬栽 $u^{11}tsɛ^{11}$ 冤枉，动词

插嘴 $ts^{h}a^{21}tsei^{35}$

鸡□里面寻骨头 $tɕi^{11}ka^{35}li^{35}miɛ̃^{0}tɕ^{h}in^{55}ku^{21}t^{h}əu^{55}$ 吹毛求疵

摆架子 $pɛ^{35}ka^{213}tsɿ^{0}$

甩牌子 $ɕyɛ^{35}p^{h}ɛ^{55}tsɿ^{0}$

老屄老屌的 $nɔu^{35}pi^{11}nɔu^{35}tiɔu^{35}ti^{0}$

作死 $tso^{21}sɿ^{35}$ 指人不听话或变坏，詈语

装佯□相 $tɕyã^{11}iã^{55}tɕ^{h}i^{21}ɕiã^{213}$ 装傻

装□不折本 $tɕyã^{11}soŋ^{55}pu^{21}se^{42}pən^{35}$ 指主动示弱不吃亏

作醒$^{=}$ $tso^{21}ɕin^{35}$ 讲究，从事：二月二你们不～，我们～

不作醒$^{=}$ $pu^{21}tso^{21}ɕin^{35}$ 不讲究，不从事：～过二月二

看得起 $k^{h}ã^{13}te^{21}tɕ^{h}i^{35}$

看不起 $k^{h}ã^{13}pu^{21}tɕ^{h}i^{35}$

答应 $ta^{21}in^{213}$

不答应 $pu^{21}ta^{21}in^{213}$

撵出去 $ȵiɛ̃^{35}tɕ^{h}y^{21}k^{h}i^{213}$

十九　商业

货郎 $xo^{21}nã^{55}$ 旧时在农村流动贩卖日用杂货的商贩，有的兼收购土特产品

货郎担 $xo^{21}nã^{55}tã^{213}$ 货郎挑的杂货担

拨浪鼓 $po^{21}nã^{21}ku^{35}$ 货郎摇的小鼓，两侧缀有两枚弹丸，鼓下有柄，转动鼓柄，弹丸击鼓发出声音

官洋 $kuã^{11}iã^{55}$ 银圆

大鬼子头 $ta^{21}kuei^{35}tsɿ^{0}t^{h}əu^{55}$ 上有袁世凯头像的银圆

小鬼子头 $ɕiɔu^{35}kuei^{35}tsɿ^{0}t^{h}əu^{55}$ 上有蒋介石头像的银圆

龙洋 $noŋ^{55}iã^{55}$ 上有龙图纹的银圆

鹰洋 $in^{11}iã^{55}$ 上有鹰图纹的银圆

一分钱 $i^{21}fən^{11}tɕ^{h}iɛ̃^{55}$

一毛钱 $i^{21}mɔu^{55}tɕ^{h}iɛ̃^{55}$

一角钱 $i^{21}ko^{21}tɕ^{h}iɛ̃^{55}$

一块钱 $i^{21}k^{h}uɛ^{21}tɕ^{h}iɛ̃^{55}$

十块钱 $sɿ^{21}k^{h}uɛ^{21}tɕ^{h}iɛ̃^{55}$

十块头 $sɿ^{21}k^{h}uɛ^{21}t^{h}əu^{55}$ 一张十块的钱

一百块钱 $i^{21}pe^{21}k^{h}uɛ^{21}tɕ^{h}iɛ̃^{55}$

一张钞票 $i^{21}tsã^{11}ts^{h}ɔu^{35}p^{h}iɔu^{213}$

一个铜板 $i^{21}ko^{21}t^{h}oŋ^{55}pã^{35}$

铜钞 $t^{h}oŋ^{55}ts^{h}ɔu^{11}$ 中间无方孔的铜板

铜板 $t^{h}oŋ^{55}pã^{35}$ 上面有方孔但没有字的铜板

铜钱 $t^{h}oŋ^{55}tɕ^{h}iɛ̃^{55}$ 中间有眼的铜板

字号 $ts\textipa{1}^{13}x\text{ɔ}u^{213}$

招牌 tsɔu¹¹pʰɛ⁵⁵

开店 kʰɛ¹¹tiɛ̃²¹³

店面 tiɛ̃¹³miɛ̃²¹³ 商店；店的门面

店本 tiɛ̃²¹pən³⁵ 店面的本钱

铺板 pʰu²¹pã³⁵ 商店可以装卸的门板

摆摊 pɛ³⁵tʰã¹¹

倒卖 tɔu³⁵mɛ²¹³ 跑单帮

下馆子 xa²¹kuã³⁵tsɿ⁰ 去饭店吃饭

布店 pu¹³tiɛ̃²¹³

杂货店 tsa²¹xo¹³tiɛ̃²¹³

酒□ tɕiou³⁵tən¹¹ 酒端子、打酒器，多为竹制或金属制，下端为量斗，边沿连着一根竹篾做柄

油□ iou⁵⁵tən¹¹ 油提

米行 mi³⁵xã⁵⁵

米店 mi³⁵tiɛ̃²¹³

瓷器店 tsʰɿ⁵⁵tɕʰi¹³tiɛ̃²¹³

文具店 uən⁵⁵tɕy¹³tiɛ̃²¹³

茶馆 tsʰa⁵⁵kuã³⁵

剃头店 tʰi²¹tʰəu⁵⁵tiɛ̃²¹³ 理发铺

修脸 ɕiou¹¹liɛ̃³⁵

　刮脸 kua²¹liɛ̃³⁵

推平顶 tʰei¹¹pʰin⁵⁵tin³⁵ 推平头

剃和尚头 tʰi²¹xo⁵⁵sã²¹tʰəu⁵⁵ 剃光头

洗头 ɕie³⁵tʰəu⁵⁵

修眉毛 ɕiou¹¹mi⁵⁵mɔu⁵⁵

起耳 tɕʰi³⁵ᴇ³⁵ 掏耳朵

剪鼻毛 tɕiɛ̃³⁵pi²¹mɔu⁵⁵

刮胡子 kua²¹fu⁵⁵tsɿ⁰

肉案 zu²¹ŋã²¹³ 屠夫卖肉的案子

当铺 tã¹³pʰu²¹³

租屋 tsu¹¹u⁴²

开业 kʰɛ¹¹ȵie⁴²

歇业 ɕie²¹ȵie⁴² 停止经营、停止营业

　停业 tʰin⁵⁵ȵie⁴²

盘货 pʰã⁵⁵xo²¹³

　盘点 pʰã⁵⁵tiɛ̃³⁵

柜台 kuei²¹tʰɛ⁵⁵

站柜台 tsã¹³kuei²¹tʰɛ⁵⁵

开价 kʰɛ¹¹tɕia²¹³

讲价 kã³⁵tɕia²¹³

　出价 tɕʰy²¹tɕia²¹³

还价 fã⁵⁵tɕia²¹³

一把倒 i²¹pa³⁵tɔu³⁵ 包圆儿，把货物全部买下

找 tsɔu³⁵ ～零钱

利 li²¹³ 利息

差 tsʰa¹¹ ～五毛十块

押金 ia²¹tɕin¹¹ ～ ŋa²¹tɕin¹¹

账房 tsã²¹fã⁵⁵

账房先生 tsã²¹fã⁵⁵ɕiɛ̃¹¹sən¹¹

开支 kʰɛ¹¹tsɿ¹¹

保本 pɔu³⁵pən³⁵

赚钱 tɕyɛ̃²¹tɕʰiɛ̃⁵⁵ 赚；挣钱

扳本 pã¹¹pən³⁵ 扭亏为盈

进账 tɕin¹³tsã²¹³ 记收入的账

出账 tɕʰy²¹tsã²¹³ 记支出的账

　支出账 tsɿ¹¹tɕʰy²¹tsã²¹³

欠账 tɕʰiɛ̃¹³tsã²¹³

　差账 tsʰa¹¹tsã²¹³

讨账 tʰɔu³⁵tsã²¹³

死账 sɿ³⁵tsã²¹³

　呆账 tɛ¹¹tsã²¹³

赖账 nɛ¹³tsã²¹³

发票 fa^{21}p^{h}iɔu^{213}

收据 səu^{11}tɕy^{213}

存款 ts^{h}ən^{55}k^{h}uã^{35}

龙门秤 noŋ^{55}mən^{55}ts^{h}ən^{213} 大秤

盘秤 p^{h}ã^{55}ts^{h}ən^{213} 小秤

磅秤 pã^{13}ts^{h}ən^{213} 金属制，底座上有承重的金属板，用来衡量物体轻重的器具

秤杆 ts^{h}ən^{21}kã^{35}

秤盘 ts^{h}ən^{21}p^{h}ã^{55}

秤钩 ts^{h}ən^{13}kəu^{11}

秤纽 ts^{h}ən^{21}ȵiou^{35} 秤毫，秤杆上手提的部分，多以绳索或皮条制成

头纽 t^{h}əu^{55}ȵiou^{35} 称重物用的秤毫

二纽 ᴇ^{21}ȵiou^{35} 称轻物用的秤毫

秤星 ts^{h}ən^{13}ɕin^{11} 秤杆上所刻的小圆点标志，按距离的远近来计算轻重

秤砣 ts^{h}ən^{21}t^{h}o^{55}

戥 tən^{35}

　戥子 tən^{35}tsɿ^{0}

伙 xo^{35} 称重量时装东西的容器

连伙 liɛ̃^{55}xo^{35} 称东西时包括容器的重量：～ 90 斤

除伙 tɕ^{h}y^{55}xo^{35} 称东西时去掉器物的重量：～ 85 斤

净肉 tɕin^{13}zu^{42}（肉）净重：～ 100 斤

毛屎 məu^{55}sɿ^{35} 毛重：～ 160 斤

翘 tɕ^{h}iɔu^{213} 秤尾高，表示称的分量足

旺 uã^{213}

稳 uən^{35} 秤杆是平的

垂 ɕyei^{55} 秤尾下垂，表示称得不够分量

□板 xa^{11}pã^{35} 刮板，平斗用

小包车 ɕiɔu^{35}pɔu^{11}ts^{h}e^{11} 小轿车

汽车 tɕ^{h}i^{13}ts^{h}e^{11}

摩托卡 mo^{55}t^{h}o^{21}k^{h}a^{35} 摩托车

三轮卡 sã^{11}nən^{55}k^{h}a^{35} 三轮车

打□机 ta^{35}ia^{21}tɕi^{11} 载人三轮车

望远镜 uã^{21}yɛ̃^{35}tɕin^{213}

印花 in^{13}fa^{11}

　邮票 iou^{55}p^{h}iɔu^{213}

信壳 ɕin^{13}k^{h}o^{42}

　信封 ɕin^{13}foŋ^{11}

请帖 tɕ^{h}in^{35}t^{h}ie^{42}

发请帖 fa^{21}tɕ^{h}in^{35}t^{h}ie^{42}

二十　文化教育

躲学 to^{35}ɕio^{42} 逃学、旷课

赖学 nɛ^{13}ɕio^{42} 小孩赖在家里不去上学

私塾 sɿ^{11}su^{42}

学费 ɕio^{21}fei^{213}

放假 fã^{21}tɕia^{35}

暑假 ɕy^{35}tɕia^{35}

寒假 xã^{55}tɕia^{35}

茶假 ts^{h}a^{55}tɕia^{35} 采茶季节放的假

请假 tɕ^{h}in^{35}tɕia^{35}

上课 sã^{13}k^{h}o^{213}

下课 xa^{13}k^{h}o^{213}

讲台 kã^{35}t^{h}ɛ^{55}

粉笔 fən^{35}pi^{42}

黑板 xe^{21}pã^{35}

黑板擦 xe^{21}pã^{35}ts^{h}a^{42}

点名簿 tiɛ̃^{35}min^{55}p^{h}u^{35}

　花名册 fa^{11}min^{55}ts^{h}e^{42}

橡皮 ɕiã^{21}p^{h}i^{55}

　橡皮擦 ɕiã^{21}p^{h}i^{55}ts^{h}a^{42}

卷笔刀 tɕyɛ̃^{35}pi^{21}tɔu^{11}

圆规 yɛ̃^{55}kuei^{11}

三角板 sã^{11}ko^{21}pã^{35}

作文簿 tso^{21}uən^{55}pʰu^{35}

大字簿 ta^{13}tsɿ^{21}pʰu^{35}

描红簿 miɔu^{55}foŋ^{55}pʰu^{35}

墨盒 mi^{21}xo^{42} ① 用来放墨锭的盒子；② 用来放磨好的墨汁的盒子

墨汁 mi^{21}tsɿ^{42}

墨水 mi^{21}ɕyei^{35}

磨墨 mo^{55}mi^{42} 研墨

笔套 pi^{21}tʰɔu^{213} 笔帽，用以保护笔头的套子

笔筒 pi^{21}tʰoŋ^{55}

掭笔 tʰiɛ̃^{13}pi^{42} 毛笔蘸墨汁在砚台上弄均匀

白字 pe^{21}tsɿ^{213}

　别字 pie^{21}tsɿ^{213}

斗笔字 tɔu^{13}pi^{21}tsɿ^{213} 斗字，笔顺不对的字

　反笔字 fã^{35}pi^{21}tsɿ^{213}

念书人 ȵiɛ̃^{13}ɕy^{11}zən^{55} 读书人

识文化 sɿ^{21}uən^{55}fa^{213} 识字儿

不识文化 pu^{21}sɿ^{21}uən^{55}fa^{213} 不识字

念书 ȵiɛ̃^{13}ɕy^{11} 读书

看书 kʰã^{13}ɕy^{11} 温书

背书 pei^{13}ɕy^{11} 背诵读过的书

考试卷 kʰɔu^{35}sɿ^{13}tɕyɛ̃^{213}

　考卷 kʰɔu^{35}tɕyɛ̃^{213}

一百分 i^{21}pe^{21}fən^{11}

零蛋 lin^{55}tã^{213} 零分

　零□ lin^{55}ka^{35}

张榜 tsã^{11}pã^{35} ～公布

第一名 ti^{13}i^{21}min^{55}

背榜 pei^{21}pã^{35} 末名

　倒数第一名 tɔu^{21}su^{35}ti^{13}i^{21}min^{55}

毕业 pi^{21}ȵie^{42}

肄业 i^{13}ȵie^{42}

大楷 ta^{21}kʰɛ^{35}

小楷 ɕiɔu^{35}kʰɛ^{35}

中楷 tsoŋ^{11}kʰɛ^{35}

大写字 ta^{21}ɕie^{35}tsɿ^{213} 繁体字

小写字 ɕiɔu^{35}ɕie^{35}tsɿ^{213}

　简化字 tɕiɛ̃^{35}fa^{13}tsɿ^{213}

字帖 tsɿ^{13}tʰie^{42}

临帖 lin^{55}tʰie^{42}

涂掉 tʰu^{55}tiɔu^{0} 写错了～

□ mɔu^{35} 掉（字）

草稿 tsʰɔu^{35}kɔu^{35}

打草稿 ta^{35}tsʰɔu^{35}kɔu^{35}

誊抄 tʰən^{55}tsʰɔu^{11}

一点 i^{21}tiɛ̃^{35}

一横 i^{21}fən^{55}

一竖 i^{21}ɕy^{213}

一撇 i^{21}pʰie^{42}

一捺 i^{21}na^{42}

一勾 i^{21}kɔu^{11}

一笔 i^{21}pi^{42}

偏旁 pʰiɛ̃^{11}pʰã^{55}

单人旁 tã^{11}zən^{55}pʰã^{55} “亻”

　单立人 tã^{11}li^{21}zən^{55}

双人旁 ɕyã^{11}zən^{55}pʰã^{55} “彳”

弯弓张 uã^{11}koŋ^{11}tsã^{11} 指姓“张”

立早章 li^{21}tsɔu^{35}tsã^{11} 指姓“章”

禾塝程 xo^{55}pã^{21}tsʰən^{55} 指姓“程”

耳东陈 ᴇ^{35}toŋ^{11}tsʰən^{55} 指姓“陈”

大口框 ta^{21}kʰɔu^{35}kʰuã^{11} 四框栏儿“囗”

宝盖头 pɔu^{35}kɛ^{21}tʰəu^{55} “宀”

平宝盖 pʰin^{55}pɔu^{35}kɛ^{213} “冖”

　秃宝盖 tʰu^{21}pɔu^{35}kɛ^{213}

竖心旁 ɕy^{13}ɕin^{11}pʰã^{55} “忄”

披毛旁 pʰi^{11}mɔu^{55}pʰã^{55} “犭”

　反犬旁 fã^{35}tɕʰyɛ̃^{35}pʰã^{55}

单耳刀 tã^{11}ᴇ^{35}tɔu^{11} “卩”

　单刮耳 tã^{11}kua^{42}ᴇ^{35}

双耳刀 ɕyã^{11}ᴇ^{35}tɔu^{11} “阝”

　双刮耳 ɕyã^{11}kua^{21}ᴇ^{35}

反文旁 fã^{35}uən^{55}pʰã^{55} “攵”

斜王旁 ɕie^{55}uã^{55}pʰã^{55} 斜玉儿

提土旁 tʰi^{55}tʰu^{35}pʰã^{55} “地”的左边部首

提手旁 tʰi^{55}səu^{35}pʰã^{55} “扌”

竹字头 tsu^{21}tsɿ^{21}tʰəu^{55} “⺮”

草字头 tsʰɔu^{35}tsɿ^{21}tʰəu^{55} “艹”

火字旁 xo^{35}tsɿ^{21}pʰã^{55}

四点水底 sɿ^{21}tiɛ̃^{35}ɕyei^{35}ti^{35} “灬”

三点水（旁）sã^{11}tiɛ̃^{35}ɕyei^{35} (pʰã^{55}) “氵”

两点水（旁）liã^{35}tiɛ̃^{35}ɕyei^{35} (pʰã^{55}) “冫”

病字旁 pin^{13}tsɿ^{21}pʰã^{55} “疒”

走之旁 tsəu^{35}tsɿ^{11}pʰã^{55} “辶”

走字旁 tsəu^{35}tsɿ^{21}pʰã^{55} “廴”

绞丝旁 tɕiɔu^{35}sɿ^{11}pʰã^{55} “纟”

木字旁 mu^{21}tsɿ^{21}pʰã^{55}

口字旁 kʰəu^{35}tsɿ^{21}pʰã^{55}

金字旁 tɕin^{11}tsɿ^{21}pʰã^{55} “钅”

食字旁 sɿ^{21}tsɿ^{21}pʰã^{55} “饣”

十字旁 sɿ^{21}tsɿ^{21}pʰã^{55}

月字旁 ye^{21}tsɿ^{21}pʰã^{55}

目字旁 mu^{21}tsɿ^{21}pʰã^{55}

虫字旁 tsʰoŋ^{55}tsɿ^{21}pʰã^{55}

二十一　游戏

打蛋子 ta^{35}tã^{21}tsɿ^{35} 弹球儿

跳房子 tʰiɔu^{213}fã^{55}tsɿ^{0} 儿童游戏

跳皮筋 tʰiɔu^{21}pʰi^{55}tɕin^{11}

踢毽子 tʰi^{21}tɕiɛ̃^{213}tsɿ^{0}

吹泡泡 tɕʰyei^{11}pʰɔu^{13}pʰɔu^{213} 吹肥皂泡

翻绳 fã^{11}sən^{55} 儿童游戏，两个人轮流用绳子翻转出各种花样

不倒翁 pu^{21}tɔu^{35}uoŋ^{11}

推牌九 tʰei^{11}pʰɛ^{55}tɕiou^{35} 一种骨牌游戏，以骨牌点数大小分胜负

麻将 ma^{55}tɕiã^{213}

掷色子 tsɿ^{21}se^{42}tsɿ^{0}

起牌 tɕʰi^{35}pʰɛ^{55} 抓牌

杠牌 kã^{21}pʰɛ^{55}

和牌 fu^{55}pʰɛ^{55}

押宝 ŋa^{21}pɔu^{35}

放火炮 fã^{21}xo^{35}pʰɔu^{213} 放鞭炮

双响 ɕyã^{11}ɕiã^{35} 二踢脚

烟花 iɛ̃^{11}fa^{11} 烟火，花炮

放烟花 fã^{13}iɛ̃^{11}fa^{11} 放花炮

竖天星 ɕy^{13}tʰiɛ̃^{11}ɕin^{11} 倒立

打陀螺 ta^{35}tʰo^{55}no^{55}

　抽陀螺 tsʰəu^{11}tʰo^{55}no^{55}

抓子 tɕya^{11}tsɿ^{35} 拾子儿，将石子儿抛入空中，同时抓起地上的石子，再用手心或手背接住从空掉落的石子，接住者得分

　抓石子 tɕya^{11}sɿ^{21}sɿ^{35}

打水鳖 ta^{35}ɕyei^{35}pie^{42} 打水漂儿

宝一对 pɔu^{35}i^{21}tei^{213} 划拳时说“零”

一点高 i^{21}tiɛ̃^{35}kɔu^{11} 划拳时说“一”

二加喜 ᴇ^{13}tɕia^{11}ɕi^{35} 划拳时说“二”

三元及第 sã^{11}yɛ̃^{55}tɕi^{21}ti^{213} 划拳时说“三”

三星 sã^{11}ɕin^{11}

四季巧 sɿ^{13}tɕi^{21}tɕʰiɔu^{35} 划拳时说“四”

五子登科 u^{35}tsɿ^{35}tən^{11}kʰo^{11} 划拳时说“五”

五魁首 u^{35}kʰuei^{55}səu^{35}

六六大顺 nu^{21}nu^{21}ta^{13}ɕyn^{213} 划拳时说“六”

七巧 tɕʰi^{21}tɕʰiɔu^{35} 划拳时说“七”

八马 pa^{21}ma^{35} 划拳时说“八”

八仙过海 pa^{21}ɕiɛ̃^{11}ko^{21}xɛ^{35}

九子 tɕiou^{35}tsɿ^{35} 划拳时说“九”

满堂红 mã^{35}tʰã^{55}foŋ^{55} 划拳时说“十”

扳手劲 pã^{11}səu^{35}tɕin^{213} 掰手腕

斗鸡 təu^{13}tɕi^{11} 一种游戏，撞拐子，一脚独立，另一只脚用手扳成三角状，膝盖朝外，用膝盖去攻击对方，若对方双脚落地则赢得战斗

边$^{=}$跤 piɛ̃^{11}kɔu^{11} 摔跤，一种游戏

跌跤 tie^{21}kɔu^{11} 摔跤，摔倒

老鹰捉小狗 nɔu^{35}in^{11}tso^{21}ɕiɔu^{35}kəu^{35} 老鹰抓小鸡

老鹰抓小鸡 nɔu^{35}in^{11}tɕya^{11}ɕiɔu^{35}tɕi^{11}

打□ ta^{35}tɕʰi^{11}

拳头剪刀布 tɕʰyɛ̃^{55}tʰəu^{55}tɕiɛ̃^{35}tɔu^{11}pu^{213}

翻跟头 fã^{11}kən^{11}tʰəu^{55}

打翻车 ta^{35}fã^{11}tsʰe^{11} 侧翻

躲猫 to^{35}miɔu^{11} 蒙眼逮人

划水 fa^{55}ɕyei^{35} 游泳；蛙泳

漂洋 pʰiɔu^{11}iã^{55} 仰泳

踩水 tsʰɛ^{35}ɕyei^{35} 泅水，在深水中行走

钻水谜 tsõ^{11}ɕyei^{35}mi^{213} 扎猛子，头朝下迅速钻到水里

拔河 pa^{21}xo^{55}

丢手捏 tiou^{11}səu^{35}ȵie^{42} 丢手绢儿

舞龙 u^{35}noŋ^{55}

打莲花箱 ta^{35}liɛ̃^{55}fa^{11}ɕiã^{11} 演唱莲花落，一般是上门乞讨的人自说自唱

打莲花落 ta^{35}liɛ̃^{55}fa^{11}nɔu^{213}

踩高桥 tsʰɛ^{35}kɔu^{11}tɕʰiɔu^{55} 踩高跷

舞把子 u^{35}pa^{35}tsɿ^{0} 耍枪

土铳 tʰu^{35}tsʰoŋ^{213} 土枪

三门铳 sã^{11}mən^{55}tsʰoŋ^{213}

四门铳 sɿ^{21}mən^{55}tsʰoŋ^{213}

矛子枪 miɔu^{55}tsɿ^{0}tɕʰiã^{11} 红缨枪

絛 tʰɔu^{11} 红缨枪上的穗儿

硝 ɕiɔu^{11} 土铳用的火药

跳秧歌舞 tʰiɔu^{13}iã^{11}ko^{11}u^{35}

跳舞 tʰiɔu^{21}u^{35}

打腰鼓 ta^{35}iɔu^{11}ku^{35}

谜 mi^{213} 谜语

打谜 ta^{35}mi^{213} 出谜语

象棋 ɕiã^{21}tɕʰi^{55}

帅 ɕyɛ^{213}

老将 nɔu^{35}tɕiã^{213}

歪老将 uɛ^{11}nɔu^{35}tɕiã^{213} 出老将

车 tɕy^{11}

马 ma^{35}

壁$^{=}$马腿 pi^{21}ma^{35}tʰei^{35} 别马腿

马后炮 ma^{35}xəu^{13}pʰɔu^{213}

炮 pʰɔu^{213}

卒 tsu^{42}

卒子 tsu^{42}tsɿ^{0}

拱卒 koŋ^{35}tsu^{42}

卒子过河 tɕi^{42}tsɿ^{0}ko^{21}xo^{55}

叉士 tsʰa^{11}sɿ^{213} 士往上走一步

落士 no^{21}sɿ^{213} 士往下走一步

飞象 fei^{11}ɕiã^{213} 象往上走一步

落象 no^{21}ɕiã^{213} 象往下走一步

将军 tɕiã^{11}tɕyn^{11}

棋屎 tɕʰi^{55}sɿ^{35} 臭棋篓子，指棋艺差

围棋 uei^{55}tɕʰi^{55}

和棋 xo^{55}tɕʰi^{55}

梅花 mei^{55}fa^{11} 扑克花色之一

方块 fã^{11}kʰuɛ^{213} 扑克花色之一

　方片 fã^{11}pʰiɛ̃^{213}

红桃 foŋ^{55}tʰɔu^{55} 扑克花色之一

黑桃 xe^{21}tʰɔu^{55} 扑克花色之一

丁勾 tin^{11}kəu^{11} 扑克牌里的“J”

皮蛋 pʰi^{55}tã^{213} 扑克牌里的“Q”

老凯⁼ nɔu^{35}kʰɛ^{35} 扑克牌里的“K”

尖子 tɕiɛ̃^{11}tsɿ^{0} 扑克牌里的“A”

大王 ta^{213}uã^{55} 扑克牌里的王牌之一

　大鬼 ta^{21}kuei^{35}

小王 ɕiɔu^{35}uã^{55} 扑克牌里的王牌之一

　小鬼 ɕiɔu^{35}kuei^{35}

二子 ᴇ^{213}tsɿ^{0} 扑克牌里的“二”

三子 sã^{11}tsɿ^{0} 扑克牌里的“三”

四子 sɿ^{213}tsɿ^{0} 扑克牌里的“四”

五子 u^{35}tsɿ^{0} 扑克牌里的“五”

六子 nu^{42}tsɿ^{0} 扑克牌里的“六”

七子 tɕʰi^{42}tsɿ^{0} 扑克牌里的“七”

八子 pa^{42}tsɿ^{0} 扑克牌里的“八”

九子 tɕiəu^{35}tsɿ^{0} 扑克牌里的“九”

十子 sɿ^{42}tsɿ^{0} 扑克牌里的“十”

打球 ta^{35}tɕʰiou^{55}

台球 tʰɛ^{55}tɕʰiou^{55} 乒乓球

康乐球 kʰã^{11}no^{21}tɕʰiou^{55}

　桌球 tso^{21}tɕʰiou^{55}

篮球 nã^{55}tɕʰiou^{55}

跳高 tʰiɔu^{13}kɔu^{11}

跳远 tʰiɔu^{21}yɛ̃^{35}

赛跑 sɛ^{21}pʰɔu^{55} 短跑或长跑比赛

唱戏的 tsʰã^{13}ɕi^{213}ti^{0} 演员

目连戏 mu^{21}liɛ̃^{55}ɕi^{213} 以宗教故事“目莲救母”为题材，保存于民俗活动中的古老剧种

打目连 ta^{35}mu^{42}liɛ̃^{55} 表演目连戏

鬼脸壳 kuei^{35}liɛ̃^{35}kʰo^{42} 表演目连戏时用的面具

黄梅戏 fã^{55}mei^{55}ɕi^{213}

京戏 tɕin^{11}ɕi^{213}

脸谱 liɛ̃^{35}pʰu^{35}

越剧 ye^{21}tɕy^{213}

徽剧 fei^{11}tɕy^{213}

戏台 ɕi^{21}tʰɛ^{55}

文生 uən^{55}sən^{11}

武生 u^{35}sən^{11}

老旦 nɔu^{35}tã^{213}

花旦 fa^{11}tã^{213}

跑龙套的 pʰɔu^{55}noŋ^{55}tʰɔu^{213}ti^{0}

说书 ɕye^{21}ɕy^{11}

二十二　动作

爬起来 pʰa^{55}tɕʰi^{35}nɛ^{55}

　爬［起来］pʰa^{55}tɕʰiɛ^{55}

点头 tiɛ̃^{35}tʰəu^{55}

摇头 iɔu^{55}tʰəu^{55}

摆头 pε^{35}tʰəu^{55}

抬头 tʰε^{55}tʰəu^{55}

仰头 ȵiã^{35}tʰəu^{55}

低头 ti^{11}tʰəu^{55}

回头 fei^{55}tʰəu^{55}

脸车过去 liẽ^{35}tsʰe^{11}ko^{0}kʰi^{0} 脸转过去

瞪眼睛 tən^{11}ŋã^{35}tɕin^{11}

做嘴 tso^{21}tsei^{35} 努嘴

鼓嘴 ku^{35}tsei^{35} 噘嘴

举手 tɕy^{35}səu^{35}

摇手 iɔu^{55}səu^{35} 摆手

放手 fã^{21}səu^{35} 撒手

动手 toŋ^{21}səu^{35}

拍手 pʰe^{21}səu^{35}

□手 kʰɔu^{55}səu^{35} 叉着手儿

插手袖笼 tsʰa^{21}səu^{35}ɕiou^{21}noŋ^{55} 笼着手

□ kʰa^{11} 拿，抓，握

戽 fu^{35} ～水 ① 汲水灌田；② 用手互相把水往对方身洒泼

捂 u^{35} ～住

掀 ɕiẽ^{11} ～开

揪 tɕiəu^{11} 用手指扭人

钳 tɕʰiẽ^{55} 用手指钳人

□ to^{42} 往下重重地放（东西）

装屎 tɕyã^{11}sɿ^{35} 把屎

装尿 tɕyã^{11}sei^{11} 把尿

扶倒 fu^{55}tɔu^{0} 扶着，搀着

弹指头 tʰã^{55}tsɿ^{35}tʰəu^{55}

搉剥栗子 kʰo^{21}po^{21}li^{21}tsɿ^{35} 打栗暴，把手指弯曲起来打人头顶

捏拳头 ȵie^{21}tɕʰyẽ^{55}tʰəu^{55} 攥拳头

握拳头 u^{21}tɕʰyẽ^{55}tʰəu^{55}

□ nɔ̃^{35} 蘸：～酱油

跳脚 tʰiɔu^{13}tɕio^{42} 跺脚

□脚 ti^{35}tɕio^{42} 踮脚

踮脚后跟 tiẽ^{35}tɕio^{21}xəu^{13}kən^{11}

□脚 kʰɔu^{55}tɕio^{42} 蜷腿

架腿 ka^{21}tʰei^{35} 跷二郎腿

架二郎腿 ka^{13}ᴇ^{21}nã^{55}tʰei^{35}

抖脚 təu^{35}tɕio^{42} 抖腿

踢脚 tʰi^{21}tɕio^{42} 踢腿

伸懒 tɕʰyn^{11}nã^{35}

伸懒腰 tɕʰyn^{11}nã^{35}iɔu^{11}

叉腰 tsʰa^{11}iɔu^{11}

翘屁股 tɕʰiɔu^{13}pʰi^{21}ku^{35} 撅屁股

捶背（脊）tɕʰyei^{55}pei^{213} (tɕi^{42})

欶鼻□ so^{21}pi^{21}tʰin^{213} 吸溜鼻涕

抹 ma^{42} ～台桌

抹掉 ma^{42}tiɔu^{0} 擦掉

搨 tʰa^{42} 抹，搽：～香脂

碰到 pʰoŋ^{213}tɔu^{0} 遇见：在街上～李老师

啃 kʰən^{35} ～骨头

尝 sã^{55} ～一～味道

试 sɿ^{213}

扯 tsʰe^{35} ① 买：～布；② 说：～谎

□ iẽ^{213} 撒粉状物以覆盖：～灰

撵 ȵiẽ^{35} 追：他在前头跑，我在后头～

蹦 poŋ^{213} 双脚～

站起来 tsã^{21}tɕʰi^{35}nε^{55}

躺 tʰã^{35} 斜躺

睏 kʰuən^{213} 平躺

晾 nã^{213} ～衣裳：晾衣服

剪 tɕiẽ^{35} ～指甲

铰 kɔu^{11}

破 p^ho^{213} 劈（柴）

刀手 $tɔu^{11}səu^{35}$ 给杀猪匠折合工资的一块肉

吃杀猪饭 $tɕ^hi^{21}sa^{21}tɕy^{11}fã^{213}$ 过年杀猪时请左邻右舍或亲朋好友请的饭，通常是吃猪肉

泼 p^ho^{42} ～水，～粪

浇 $tɕiɔu^{11}$ ～水，～粪

点火 $tiẽ^{35}xo^{35}$ 点油灯

点灯 $tiẽ^{35}tən^{11}$

吹火 $tɕ^hyei^{11}xo^{35}$ 吹灭油灯

掀 $ɕiẽ^{11}$ 揭（锅盖）

□ lie^{11} 揭（膏药）

□ $k^hã^{35}$ 覆盖；倒扣

折 tse^{42} 叠，折叠：～纸

抠 $k^həu^{11}$ ～出来

□ to^{42} 重重地放下；～章：盖章

丢 $tiou^{11}$ 丢弃

□ nei^{11} 钻（动词）：～进去

落 no^{42} 水～下来

滴 ti^{42}

讲话 $kã^{35}fa^{213}$ 说话

出口腔 $tɕ^hy^{21}k^həu^{35}tɕ^hiã^{11}$ 口头禅：他的～真难听

□□ $tɕ^hio^{21}po^{42}$ 嘲笑

发火 $fa^{21}xo^{35}$ 发脾气

劝 $tɕ^hyẽ^{213}$ 你去～～他

伙伙 $ko^{21}xo^{35}$ ～做生意

合伙 $xo^{21}xo^{35}$

压酒 $ŋa^{21}tɕiou^{35}$ 劝酒

□ $xəu^{35}$ 等，等候：你～我一下

嫌弃 $ɕiẽ^{55}tɕ^hi^{213}$

估计 $ku^{35}tɕi^{213}$ ～有三十来岁吧

准备 $tɕyn^{35}pei^{213}$ 打算：我～开个店

想点子 $ɕiã^{35}tiẽ^{35}tsɿ^{0}$ 想主意，想办法

出点子 $tɕ^hy^{21}tiẽ^{35}tsɿ^{0}$

算定 $sɔ̃^{13}tin^{213}$ 料定：我～他不会来

主定 $tɕy^{35}tin^{213}$ 主张，动词

吓倒了 $xe^{42}tɔu^{0}na^{0}$ 吓着了

急 $tɕi^{42}$ 着急：你［不要］～

放心 $fã^{13}ɕin^{11}$ 你来了我就～了

巴不得 $pa^{11}pu^{0}te^{42}$ 他～现在就结婚

恨不得 $xən^{213}pu^{0}te^{42}$ ～现在就飞过去

想［起来］了 $ɕiã^{35}tɕ^hiɛ^{0}na^{0}$ 回忆起来了

想［起来］了 $ɕiã^{35}tɕ^hiɛ^{55}na^{0}$ 想起床了

偏心 $p^hiẽ^{11}ɕin^{11}$ 他对儿女从不～

怄气 $ŋəu^{13}tɕ^hi^{213}$ 不要跟小把戏～

（埋）怨 $(mɛ^{55})\ yẽ^{213}$

受气 $səu^{13}tɕ^hi^{213}$

惯 $kuã^{213}$ 娇惯：不能～子女

答话 $ta^{21}fa^{213}$ 搭茬儿

不做声 $pu^{21}tso^{13}sən^{11}$ 不说话，不言语

不吭声 $pu^{21}k^hən^{11}sən^{11}$

抬杠子 $t^hɛ^{55}kã^{213}tsɿ^{0}$ 抬杠

回嘴 $fei^{55}tsei^{35}$ 顶嘴

讲蛮理 $kã^{35}mã^{55}li^{35}$ 不讲道理，死搅蛮缠

驮骂 $t^ho^{55}ma^{213}$ 挨骂：今朝～了吧

驮讲 $t^ho^{55}kã^{35}$ 挨……说，挨……批评：他今朝驮老师讲了

驮打 $t^ho^{55}ta^{35}$ 挨打：你再不听话就要～了

嘱咐 $tsu^{21}fu^{213}$

啰唆 $no^{55}so^{11}$ 唠叨：他说话太～

不要 $pu^{21}iɔu^{213}$ 我～这本书

家去 $ka^{11}k^hi^{213}$ 回家去

家来 $ka^{11}nɛ^{55}$ 回家来

来家 nɛ^{55}ka^{11}

不照$^{=}$ pu^{21}tsɔu^{213} 不行：那样子～

没有吃头 me^{21}iou^{35}tɕ^{h}i^{21}t^{h}əu^{55} 不值得吃

没有看头 me^{21}iou^{35}k^{h}ã^{21}t^{h}ɛu^{55} 不值得看

二十三　位置

老上头 lɔu^{35}sã^{21}t^{h}əu^{0} 比“上边儿”更靠上

老高头 lɔu^{35}kɔu^{11}t^{h}əu^{0}

老下头 lɔu^{35}xa^{213}t^{h}əu^{0} 比“下边儿”更靠下

顺边 ɕyn^{13}piɛ̃^{11} 右边；正面

反边 fã^{35}piɛ̃^{11} 左边；反面

老前头 lɔu^{35}tɕ^{h}iɛ̃^{55}t^{h}əu^{0} 比“前边儿”更靠前

老后头 lɔu^{35}xəu^{213}t^{h}əu^{0} 比“后边儿”更靠后

打煞个 ta^{35}sa^{42}ko^{0} 到了儿，最后；末尾

老里头 lɔu^{35}li^{35}t^{h}əu^{0} 比“里边儿”更靠里

老外头 lɔu^{35}uɛ^{213}t^{h}əu^{0} 比“外边儿”更靠外

正中间 tsən^{13}tsoŋ^{11}kã^{11} 这条线的～

正中心 tsən^{13}tsoŋ^{11}ɕin^{11} 湖的～

地上 ti^{213}sã^{0} 掉～了

天上 t^{h}iɛ̃^{11}sã^{0}

山上 sã^{11}sã^{0} ～光秃秃的

路上 nu^{213}sã^{0}

街上 kɛ^{11}sã^{0}

墙上 tɕ^{h}iã^{55}sã^{0} ～挂着一把伞

墙高头 tɕ^{h}iã^{55}kɔu^{11}t^{h}əu^{0} ① 墙上：～有一幅画；② 墙的上方：～放着一盆花

门上 mən^{55}sã^{0} ～贴着对联

门高头 mən^{55}kɔu^{11}t^{h}əu^{0} ① 门上：～贴着对联；② 门的上方：～是门方

台桌上 t^{h}ɛ^{55}tso^{42}sã^{0} 桌子上：～放着几个杯子

台桌高头 t^{h}ɛ^{55}tso^{42}kɔu^{11}t^{h}əu^{0} ① 桌子上：～放着茶杯；② 桌子的上方：～安了一个风扇

床上 tɕ^{h}yã^{55}sã^{0} ～有两床被窝

床高头 tɕ^{h}yã^{55}kɔu^{11}t^{h}əu^{0} ① 床上；② 床的上方：～有蛛蛛网

手里 səu^{35}li^{0} ～拿着一本书

肚子里 tu^{213}tsɿ^{0}li^{0} ～不舒服

心里 ɕin^{11}li^{0}

地下 ti^{213}xa^{0} ～很邋遢；笔掉～了

舷 ɕiɛ̃^{55} 锅、碗、缸等的沿儿

野外 ie^{35}uɛ^{213}

大门外 ta^{21}mən^{55}uɛ^{213}

门外 mən^{55}uɛ^{213}

墙外 tɕ^{h}iã^{55}uɛ^{213}

槛子外（头）k^{h}ã^{35}tsɿ^{0}uɛ^{213} (t^{h}əu^{0}) 窗外

车上 ts^{h}e^{11}sã^{0}

车子里 ts^{h}e^{11}tsɿ^{0}li^{0}

车外（头）ts^{h}e^{11}uɛ^{213} (t^{h}əu^{0})

车前头 ts^{h}e^{11}tɕ^{h}iɛ̃^{55}t^{h}əu^{0}

车后头 ts^{h}e^{11}xəu^{213}t^{h}əu^{0}

山前 sã^{11}tɕ^{h}iɛ̃^{55}

山后 sã^{11}xəu^{213}

屋前 u^{21}tɕ^{h}iɛ̃^{55}

屋后 u^{21}xəu^{213}

屋背后 u^{21}pei^{13}xəu^{213}

以上 i^{35}sã^{213}

以下 i^{35}xa^{213}

从今以后 ts^{h}oŋ^{55}tɕin^{11}i^{35}xəu^{213}

东 toŋ^{11}

南 nã^{55}

西 ɕi^{11}

北 pe^{42}

东南 toŋ^{11}nã^{55}

东北toŋ^{11}pe^{42}

西南ɕi^{11}nã^{55}

西北ɕi^{11}pe^{42}

路边nu^{13}piɛ̃^{11}

床㞘底tɕʰyã^{55}tu^{21}ti^{35}球滚到～去了

　床底下tɕʰyã^{55}ti^{35}xa^{0}

楼底下nəu^{55}ti^{35}xa^{0}楼下

脚底下tɕio^{21}ti^{35}xa^{0}踩在～

碗㞘uã^{35}tu^{42}碗底：～朝上

碗底uã^{35}ti^{35} ～还有一点水

锅㞘ko^{11}tu^{42}锅底。～灰：锅烟子

锅底ko^{11}ti^{35} ～还有饭

缸㞘kã^{11}tu^{42} ～垫块板

缸底kã^{11}ti^{35} ～还有不少糠

水㞘下ɕyei^{35}tu^{42}xa^{0}掉到～去了

　水㞘底ɕyei^{35}tu^{42}ti^{35}

跟下kən^{11}xa^{0}附近；左右；前后：桌子～、田～、山～、手～、挨黑～、半夜～

望里走uã^{21}li^{35}tsəu^{35}往里走

　朝里走tsʰɔu^{55}li^{35}tsəu^{35}

望外走uã^{13}uɛ^{21}tsəu^{35}

　朝外走tsʰɔu^{55}uɛ^{21}tsəu^{35}

望东走uã^{13}toŋ^{11}tsəu^{35}

　朝东走tsʰɔu^{55}toŋ^{11}tsəu^{35}

望西走uã^{13}ɕi^{11}tsəu^{35}

　朝西走tsʰɔu^{55}ɕi^{11}tsəu^{35}

望回走uã^{21}fei^{55}tsəu^{35}往回走

望前走uã^{21}tɕʰiɛ̃^{55}tsəu^{35}

　朝前走tsʰɔu^{55}tɕʰiɛ̃^{55}tsəu^{35}

往东uã^{35}toŋ^{11}以东

往西uã^{35}ɕi^{11}以西

往南uã^{35}nã^{55}以南

往北uã^{35}pe^{42}以北

之内tsɿ^{11}nei^{213}一百～

　以内i^{35}nei^{213}

之外tsɿ^{11}uɛ^{213}一千～

　以外i^{35}uɛ^{213}

以来i^{35}nɛ^{55}解放～

之后i^{35}xəu^{213}

　以后i^{35}xəu^{213}

之前tsɿ^{11}tɕʰiɛ̃^{55}

　以前i^{35}tɕʰiɛ̃^{55}

之间tsɿ^{11}tɕiɛ̃^{11}两三点钟～；两座山～

之上tsɿ^{11}sã^{213}赤岭～；三十岁～

之下tsɿ^{11}xa^{213}赤岭～；三十岁～

以上i^{35}sã^{213}三十岁～；赤岭～（少）

以下i^{35}xa^{213}三十岁～；赤岭～（少）

二十四　代词等

人家zən^{55}ka^{0}别人：不能怪～，只能怪自己

我的ŋo^{35}ti^{0} ～书

你的ȵi^{35} ～ li^{35}ti^{0} ～笔

他的tʰa^{11}ti^{0} ～眼镜

我们的ŋo^{35}mən^{0}ti^{0}

你们的ȵi^{35} ～ li^{35}mən^{0}ti^{0}

他们的tʰa^{11}mən^{0}ti^{0}

我们两个ŋo^{35}mən^{0}liã^{35}ko^{0}

你们两个li^{35} ～ ȵi^{35}mən^{0}liã^{35}ko^{0}

他们两个tʰa^{11}mən^{0}liã^{35}ko^{0}

夫妻两个fu^{11}tɕʰi^{11}liã^{35}ko^{0}

母子两（个）mu^{35}tsɿ^{35}liã^{35} (ko^{0})

母女两（个）mu^{35}ȵy^{35}liã^{35} (ko^{0})

父子两（个）fu^{21}tsɿ^{35}liã^{35} (ko^{0})

父女两（个）fu^{21}ȵy^{35}liã^{35} (ko^{0})

爷孙两（个）ie^{55}sən^{11}liã^{35} (ko^{0})

公孙两（个）koŋ^{11}sən^{11}liã^{35} (ko^{0})

叔伯母两（个）su^{21}pe^{21}mu^{35}liã^{35} (ko^{0})

姑嫂两（个）ku^{11}səu^{35}liã^{35} (ko^{0})

婆媳两（个）p^{h}o^{55}ɕi^{21}liã^{35} (ko^{0})

弟兄两个 ti^{13}ɕioŋ^{11}liã^{35}ko^{0}

姐妹两个 tɕie^{35}mei^{21}liã^{35}ko^{0}

姊妹两个 tsɿ^{35}mei^{21}liã^{35}ko^{0}

姑侄两个 ku^{11}tsɿ^{21}liã^{35}ko^{0}

叔侄两个 su^{21}tsɿ^{21}liã^{35}ko^{0}

师徒两个 sɿ^{11}t^{h}u^{55}liã^{35}ko^{0}

叔伯母们 su^{21}pe^{21}mu^{35}mən^{0}

姑嫂们 ku^{11}səu^{35}mən^{0}

师徒们 sɿ^{11}t^{h}u^{55}mən^{0}

别的 pie^{42}ti^{0} 你还要～吗？

这些 tse^{21}ɕie^{11}

那些 na^{13}ɕie^{11}

哪些 na^{35}ɕie^{11}

那么 na^{213}mo^{0} ～高

几 tɕi^{35} ～个人

影子 in^{35}tsɿ^{0}

颜色 iɛ̃^{55}se^{42}

声音 sən^{11}in^{11}

　响动 ɕiã^{35}toŋ^{213}

　动静 toŋ^{13}tɕin^{213}

二十五　形容词

正经 tsən^{13}tɕin^{11} 正派

不差 pu^{21}ts^{h}a^{11} 不错

差不多 ts^{h}a^{11}pu^{21}to^{11} 这两个～

不怎么样 pu^{21}zən^{35}mo^{0}iã^{213} 那个人真～

不管用 pu^{21}kuã^{35}ioŋ^{213} 你这么说根本～

要不得 iəu^{213}pu^{0}te^{42} 你这种想法～

凑合 ts^{h}o^{213}xo^{0}

正气 tsən^{13}tɕ^{h}i^{213}（天气）好

调皮 t^{h}iəu^{55}p^{h}i^{55}

　死野 sɿ^{35}ie^{35} 很调皮，很淘气

缺德 tɕ^{h}ye^{21}te^{42}

巧 tɕ^{h}iəu^{35} 手～

糊涂 fu^{55}t^{h}u^{55}

哑屌 ŋa^{35}tiəu^{35} 死心眼儿

咬屌 ŋəu^{35}tiəu^{35} 固执

　死屌 sɿ^{35}tiəu^{35}

傻乎乎的 sa^{35}fu^{11}fu^{11}ti^{0}

野猪拱了坟 ie^{35}tɕu^{11}koŋ^{35}na^{0}fən^{55} 野猪拱坟是极少见的事儿，形容难得

一般化 i^{21}pã^{11}fa^{213} 寻常，一般

囵 nən^{55} 整个的：鸡是～的

□囵 k^{h}u^{11}nən^{55} ～吞：整个吞下去

　囫囵 fu^{55}nən^{55}

整 tsən^{35} 一百块～

全 tɕ^{h}yɛ̃^{55} ～身是汗

　满 mã^{35}

　一 i^{42}

□ p^{h}əu^{55} 凸

　拱 koŋ^{35}

窝 o^{11} 凹

　洼 ua^{11}

瘪党$^{=}$ pie^{21}tã^{35} 凹下去的浅窝

凉快 liã^{55}k^{h}uɛ^{213}

□ no^{35} 活络的、活动的，不稳的

□ tɕ^{h}iəu^{55}（木板）因风干而变形

正宗 tsən^{13}tsoŋ^{11} 地道，形容词：他的军话讲得很～

一扎子齐 i^{21}tsa^{42}tsɿ^{0}tɕʰi^{55} 码得～

整齐 tsən^{35}tɕʰi^{55}

顺心 ɕyn^{13}ɕin^{11}

老深的 nɔu^{35}sən^{11}ti^{0} 很深

浅浅的 tɕʰiɛ̃^{35}tɕʰiɛ̃^{35}ti^{0} 很浅

正 tsən^{213}

老大的 nɔu^{35}ta^{213}ti^{0} 很大

小小的 ɕiɔu^{35}ɕiɔu^{35}ti^{0} 很小

老高的 nɔu^{35}kɔu^{11}ti^{0} 很高

低低的 ti^{11}ti^{11}ti^{0} 很低

老长的 nɔu^{35}tsʰã^{55}ti^{0} 很长

短短的 tã^{35}tã^{35}ti^{0} 很短

老粗的 nɔu^{35}tsʰu^{11}ti^{0} 很粗

猛细的 moŋ^{35}ɕi^{213}ti^{0} 很细

老重的 nɔu^{35}tsoŋ^{213}ti^{0} 很重

痞⁼轻的 pʰi^{35}tɕʰin^{11}ti^{0} 很轻

老远的 nɔu^{35}yẽ^{35}ti^{0} 很远

近近的 tɕin^{13}tɕin^{213}ti^{0} 很近

老阔的 nɔu^{35}kʰo^{42}ti^{0} 很宽

开阔 kʰɛ^{11}kʰo^{42} 这个地方很～

稀⁼窄的 ɕi^{11}tse^{42}ti^{0} 很窄

老厚的 nɔu^{35}xəu^{213}ti^{0} 很厚

痞⁼枵的 pʰi^{35}ɕiɔu^{11}ti^{0} 很薄

纠古⁼暖⁼团的 tɕiəu^{11}ku^{35}nɔ̃^{35}tʰɔ̃^{55}ti^{0} 很圆

巴扁的 pa^{11}piẽ^{35}ti^{0} 很扁

四方的 sɿ^{13}fã^{11}ti^{0} 很方，正方

笔陡的 pi^{21}təu^{35}ti^{0} 很陡

笔直的 pi^{21}tsɿ^{42}ti^{0} 很直

笔直拢统的 pi^{21}tsɿ^{42}noŋ^{35}tʰoŋ^{35}ti^{0}（身体）直而僵硬

大亮的 ta^{13}liã^{213}ti^{0} 很亮

精光的 tɕin^{11}kuã^{11}ti^{0} 锃光瓦亮

彻亮的 tsʰe^{21}liã^{213}ti^{0} 透亮，很亮

毛□□的 mɔu^{55}so^{11}so^{11}ti^{0} 不光滑，摸上去有点刺手的

暗 ŋã^{213} 光线弱

漆黑的 tɕʰi^{21}xe^{42}ti^{0} 很黑，很暗

焦干的 tɕiɔu^{11}kã^{11}ti^{0} 很干

透湿的 tʰəu^{13}tsʰɿ^{42}ti^{0} 很湿

潮 tsʰɔu^{11} 墙～的（程度浅）

透潮的 tʰəu^{21}tsʰɔu^{55}ti^{0} 很潮

溜 liəu^{213} 滑

滑溜的 fa^{21}liəu^{213}ti^{0} 很滑

浓 noŋ^{55} 酽

稀⁼浓的 ɕi^{11}noŋ^{55}ti^{0} 很浓

清 tɕʰin^{11}（茶）不浓；水～

精淡的 tɕin^{11}tã^{213}ti^{0}（茶）很淡

生咸的 sən^{11}xã^{55}ti^{0} 很咸

精淡的 tɕin^{11}tã^{213}ti^{0}（菜）很淡

白鬇 pe^{21}tsã^{35} 没味儿，味淡

铁硬的 tʰie^{21}ŋən^{213}ti^{0} 很硬

毛□的 mɔu^{55}noŋ^{213}ti^{0} 很软的：柿子～

稀⁼烂的 ɕi^{11}nã^{213}ti^{0} 很软

稀⁼□的 ɕi^{11}ioŋ^{55}ti^{0} 很稠

老稀的 nɔu^{35}ɕi^{11}ti^{0} 很稀，水分很多

□□的 tsa^{21}mən^{213}ti^{0} 很密

稀⁼□的 ɕi^{11}mən^{213}ti^{0}

老稀的 nɔu^{35}ɕi^{11}ti^{0} 很稀疏

老 nɔu^{35} 不嫩

稀⁼老的 ɕi^{11}nɔu^{35}ti^{0} ① 不嫩；② 年岁大

嫩 nən^{213}

稀⁼嫩的 ɕi^{11}nən^{213}ti^{0} 很嫩

毛糙 mɔu^{55}tsʰɔu^{213} ① 粗糙；② 不细致，粗心大意，不细心

煞料sa^{21}liɔu^{213}（做事说话）又快又好

有料iɔu^{35}liɔu^{213}（做事）好，有头有尾

□ŋa^{35}脾气急躁、不讲理、固执、不明事理

轧死承判的ka^{21}sɿ^{35}ts^{h}ən^{55}p^{h}ã^{213}ti^{0}凑热闹

稀$^{=}$浑的ɕi^{11}fən^{55}ti^{0}很浑浊

锋快的foŋ^{11}k^{h}uɛ^{213}ti^{0}很锋利

许多ɕy^{35}to^{11}

慌fã^{11}不要～

搭浆ta^{21}tɕiã^{11}（事情）坏了：～！赶不上火车了

冷丝丝nən^{35}sɿ^{11}sɿ^{11}有点儿冷

冰冷的pin^{11}nən^{35}ti^{0}很冷：水～，手～

凉快liã^{55}k^{h}uɛ^{213}凉：这个风吹着很～

风丝丝的foŋ^{11}sɿ^{11}sɿ^{11}ti^{0}

干燥kã^{11}ts^{h}ɔu^{213}

稀$^{=}$燥的ɕi^{11}ts^{h}ɔu^{213}ti^{0}很干燥的，碰一下就碎了

铁结的t^{h}ie^{21}tɕie^{42}ti^{0}板结得很厉害，密度很大

奅p^{h}ɔu^{11}松，不紧致

稀$^{=}$奅的ɕi^{11}p^{h}ɔu^{11}ti^{0}很松

脆ts^{h}ei^{213}

酥su^{11}

稀$^{=}$脆的ɕi^{11}ts^{h}ei^{213}ti^{0}很脆

绷脆的poŋ^{11}ts^{h}ei^{213}ti^{0}

稀$^{=}$酥的ɕi^{11}su^{11}ti^{0}

焦tɕiɔu^{11}物体受热后失去水分，呈现黄黑色并发硬发脆：饭烧～了

稀$^{=}$焦的ɕi^{11}tɕiɔu^{11}ti^{0}很硬很脆

酸咪咪的sɔ̃^{11}mi^{11}mi^{11}ti^{0}较酸（好吃）

稀$^{=}$酸的ɕi^{11}sɔ̃^{11}ti^{0}很酸（不好吃）

稀$^{=}$辣的ɕi^{11}na^{42}ti^{0}很辣

稀$^{=}$臭的ɕi^{11}ts^{h}əu^{213}ti^{0}很臭

瘟臭的uən^{11}ts^{h}əu^{213}ti^{0}

起殕tɕ^{h}i^{35}p^{h}u^{35}发霉

长毛tsã^{35}məu^{55}

稀$^{=}$苦的ɕi^{11}k^{h}u^{35}ti^{0}很苦

瘟苦的uən^{11}k^{h}u^{35}ti^{0}

甜丝丝的t^{h}iɛ̃^{55}sɿ^{11}sɿ^{11}ti^{0}

甜咪咪的t^{h}iɛ̃^{55}mi^{11}mi^{11}ti^{0}

雪甜的ɕie^{21}t^{h}iɛ̃^{55}ti^{0}很甜

喷香的p^{h}oŋ^{13}ɕiã^{11}ti^{0}很香

满mã^{35}

拍满的p^{h}e^{21}mã^{35}ti^{0}很满

饱暖pɔu^{35}nɔ̃^{35}温饱

荒$^{=}$烫的fã^{11}t^{h}ã^{213}ti^{0}（物体、身体）很热，很烫

跑尖跑p^{h}ɔu^{55}tɕiɛ̃^{11}p^{h}ɔu^{55}（液体）沸腾，滚沸

麻嘴ma^{11}tsei^{35}

涩嘴se^{21}tsei^{35}

麻木ma^{55}mu^{42}

麻丝丝的ma^{55}sɿ^{11}sɿ^{11}ti^{0}有点儿麻

肥头大脑fei^{55}t^{h}əu^{55}ta^{21}nɔu^{35}肥头胖脑

稀$^{=}$胖的ɕi^{11}p^{h}ã^{213}ti^{0}很胖

稀$^{=}$壮的ɕi^{11}tɕyã^{213}ti^{0}很肥壮

硬性ŋən^{13}ɕin^{213}（食物主要是稻米）硬，不柔软，不黏

硬邦ŋən^{13}pã^{11}（身体）壮实

硬邦邦ŋən^{13}pã^{11}pã^{11}很硬

瘦精精的səu^{13}tɕin^{11}tɕin^{11}ti^{0}比较瘦

稀$^{=}$瘦的ɕi^{11}səu^{213}ti^{0}很瘦

松soŋ^{11}坐得～一点

开k^{h}ɛ^{11}

挤tɕi^{35}拥护：很～

铁紧的tʰie^{21}tɕin^{35}ti^{0}很紧

□xa^{11}松，有缝隙

散半$^{=}$sã^{35}pã^{213}分散，不集中：我家的地东一块西一块的，太～了

碍事ŋɛ^{13}sɿ^{213}碍手碍脚

划得来fa^{42}te^{0}nɛ^{55}

划算fa^{21}sɔ̃^{213}

值钱tsɿ^{21}tɕʰiɛ̃^{55}这个东西很～

精惜tɕin^{11}ɕi^{42}爱惜

发狠fa^{21}xən^{35}用心，用功，下功夫：～念书

下牙xa^{21}ŋa^{55}（做事）拼命，一刻不得闲

俭省tɕiɛ̃^{35}sən^{35}节约、节省

［没有］相miou^{35}ɕiã^{213}说话做事没有规矩，不合规范

憨xã^{11}性子慢

能干nən^{55}kã^{213}

省事sən^{35}sɿ^{213}方便，不费事儿

崭新的tsã^{35}ɕin^{11}ti^{0}很新

可怜kʰo^{35}liɛ̃^{55}

作孽tso^{21}ȵie^{42}

鬼头鬼脑kui^{35}tʰəu^{55}kui^{35}nɔu^{35}

经饿tɕin^{11}ŋo^{213}耐饿：吃年糕～

经邋遢tɕin^{11}na^{42}tʰa^{42}耐脏：这种布～

不经老pu^{21}tɕin^{11}nɔu^{35}容貌上显得比实际年龄老

歪衰衰的uɛ^{11}ɕyɛ^{11}ɕyɛ^{11}ti^{0}体质弱，没有大毛病

拆骨tsʰe^{21}ku^{42}形容小孩子无缘无故地害人

端正tã^{11}tsən^{213}正，不歪不斜

正tsən^{213}～的反的

反fã^{35}

倒tɔu^{213}颠倒：放～了

一顺i^{21}ɕyən^{213}与“颠倒”相对

听讲tʰin^{21}kã^{35}①听话：这个小鬼很～；②听说：～他到上海去了

青丝丝的tɕʰin^{11}sɿ^{11}sɿ^{11}ti^{0}衣服、菜等好看

淡红tã^{21}foŋ^{55}

大红ta^{21}foŋ^{55}

粉红fən^{35}foŋ^{55}

水红ɕyei^{35}foŋ^{55}

朱红tɕy^{11}foŋ^{55}

通红tʰoŋ^{11}foŋ^{55}

淡蓝tã^{21}nã^{55}

水蓝ɕyei^{35}nã^{55}

深蓝sən^{11}nã^{55}

碧蓝pi^{21}nã^{55}很蓝

天蓝tʰiɛ̃^{11}nã^{55}

淡绿tã^{13}nu^{42}浅绿

草绿tsʰɔu^{35}nu^{42}

水绿ɕyei^{35}nu^{42}

碧绿pi^{21}nu^{42}很绿

漆黑tɕʰi^{21}xe^{42}

漆乌tɕʰi^{21}u^{11}乌黑

灰白fei^{11}pe^{42}

苍白tsʰã^{11}pe^{42}

匝白tsa^{21}pe^{42}

雪白ɕie^{21}pe^{42}

漂白pʰiɔu^{35}pe^{42}动词

深灰sən^{11}fei^{11}

浅灰tɕʰiɛ̃^{35}fei^{11}

淡灰tã^{13}fei^{11}

银灰in^{55}fei^{11}

杏黄ɕin^{21}fã^{55}

淡黄 tã^{21}fã^{55}

浅黄 tɕʰiẽ^{35}fã^{55}

深黄 sən^{11}fã^{55}

通黄 tʰoŋ^{11}fã^{55} 很黄

藏青 tsã^{13}tɕʰin^{11}

鸭子青 ŋa^{21}tsɿ^{35}tɕʰin^{11}

茄子紫 tɕʰie^{55}tsɿ^{0}tsɿ^{35} 茄子皮那样的颜色

古铜 ku^{35}tʰoŋ^{55} ～色

二十六　副词等

刚好 tɕiã^{11}xəu^{35} 正好：～一百块钱

一向 i^{21}ɕiã^{213} 他～很老实

一贯来 i^{21}kuã^{21}nɛ^{55}

已经 i^{35}tɕin^{11}

攒紧 tsã^{35}tɕin^{35} ～去

赶紧 kã^{35}tɕin^{35}

赶快 kã^{35}kʰuɛ^{213}

趁早 tsʰən^{21}tsəu^{35} ～去

早晏 tsəu^{35}ŋã^{213}

迟早 tsʰɿ^{55}tsəu^{35}

随时 sei^{55}sɿ^{55}

管……哪时候 kuã^{35}...na^{35}sɿ^{0}xəu^{0} 随便什么时候

马上 ma^{35}sã^{213}

彼时 pi^{35}sɿ^{55}

几 tɕi^{35} 很（带感叹语气）：～重，～厉害

一起 i^{21}tɕʰi^{35} ～去；一共：～十块钱

偏 pʰiẽ^{11} 我～要去

独 tʰu^{42} 净：～吃菜不吃饭

光 kuã^{11}

净 tɕin^{213}

当面 tã^{11}miẽ^{213} 有话～说

背后 pei^{13}xəu^{213} 不要～瞎说

一个人 i^{21}ko^{21}zən^{55} 独自：我～去

顺带 ɕyn^{13}tɛ^{213} 顺便：～买点吃的

到最后 təu^{13}tsei^{13}xəu^{213} 到了儿：～他可走了

根本 kən^{11}pən^{35} 压根儿：这个事我～不晓得

确实 tɕʰio^{21}sɿ^{42} 实在：～好

非 fei^{11} 我～去：我一定要去

偏 pʰiẽ^{11} 你不让我去，我～去

瞎 xa^{42} ～讲：胡说

乱 nã^{213}

先 ɕiẽ^{11} 你～去

起 tɕʰi^{35} 你去～：你先去

另外 lin^{13}uɛ^{213}

得了 te^{42}na^{0} 幸亏：～他来了

幸好 ɕin^{21}xəu^{35}

大概 ta^{13}kɛ^{213} 他～三十来岁吧

不用 pu^{21}ioŋ^{213} ～去了

有点 iou^{35}tiẽ^{35} 天～冷

二十七　次动词等

把 pa^{35} ～衣服收回来

把……吆 pa^{35}...ŋəu^{11} 管……叫：把太阳吆日头

拿……当 na^{55}...tã^{11} 拿他当傻子

被 pei^{213} ～狗咬了

给 ke^{35}

在 tsɛ^{213} ～城里工作，坐～那里

从 tsʰoŋ^{55} ～哪里走？

从小 tsʰoŋ^{55}ɕiəu^{35} ～就吃得苦

比 pi^{35} ～他长：比他高

朝着 tsʰəu^{55}tso^{0} 对着：～我笑

顺着 ɕyn^{213}tso^{0} ～这条路朝前走

跟着kən^{11}tso^{0}

沿着iɛ̃^{55}tso^{0} ～河边走

朝ts^{h}ɔu^{55}往：～东走

向ɕiã^{213} ～他打听一下

到tɔu^{213} ～哪里去；～今朝为止；丢～水里

在tsɛ^{213}住～哪里

用ioŋ^{213} ～毛笔写字

给我ke^{35}ŋo^{35} ～吃干净

的ti^{0}我～东西

二十八　量词

分fən^{11}四～之三

　股ku^{35}

成ts^{h}ən^{55}三～：百分之三十

个ko^{213}一～猪、桥、灯盏、房间、客人、花瓣、镜子、屋

条t^{h}iɔu^{55}一～狗、席子、船、手巾

只tsɿ^{42}一～船、手

撮ts^{h}o^{42}一～米

筒t^{h}oŋ^{55}一～线：一子线

枝tsɿ^{11}一～花

根kən^{11}一～头毛

串tɕ^{h}yɛ̃^{213}一～鞭炮、葡萄

顶tin^{35}一～蚊帐、帽子

副fu^{213}一～药

帮pã^{11}一～人

种tsoŋ^{35}一～虫子

窝o^{11}一～蜂

把pa^{35}一～椅子、土铳、米、萝卜

本pən^{35}一～书

支tsɿ^{11}一～笔、墨

根kən^{11}一～烟、针

枚mei^{55}一～针、奖章

件tɕiɛ̃^{213}一～衣裳

通t^{h}oŋ^{11}身：一～棉衣

子tsɿ^{35}一～香

进tɕin^{213}一～屋

□fa^{11}一～墙：一堵墙

扇sã^{213}一～门

向ɕiã^{213}一～门：一个门扇

门mən^{55}一～亲

座tso^{213}一～坟墓

张tsã^{11}一～台桌、纸

桌tso^{42}一～酒席

盏tsã^{35}一～灯

盘p^{h}ã^{55}一～棋

盆p^{h}ən^{55}一～洗澡水

盒xo^{42}一～火柴

缸kã^{11}一～水

坛t^{h}ã^{55}一～酒

瓶p^{h}in^{55}一～酒

壶fu^{55}一～酒、茶

锅ko^{11}一～饭

笼noŋ^{55}一～包子

碗uã^{35}一～饭

杯pei^{11}一～茶

　盅tsoŋ^{11}

班pã^{11}一～车

架tɕia^{213}一～飞机

堆tei^{11}一～雪

包pɔu^{11}一～花生

卷tɕyɛ̃^{35}一～纸

捆k^{h}uən^{35}一～行李

打ta^{35}沓：一～纸

担tã^{213}一～米、水

对tei^{213}一～花瓶

关kuã^{11}一～坟

丘tɕ^{h}iou^{11}一～田：一块田

粒li^{42}一～豆

窑iɔu^{55}一～砖瓦

块k^{h}uɛ^{213}一～砖、瓦、肉、香皂

□to^{42}一～泥：一坨烂泥

磊nei^{35}

幅fu^{42}一～画

片p^{h}iɛ̃^{213}一～好心

面miɛ̃^{213}一～旗；见一～

层ts^{h}ən^{55}一～纸

尊tsən^{11}一～菩萨

脸liɛ̃^{35}一～泥巴

身sən^{11}一～泥巴

肚子tu^{35}tsɿ^{0}一～气

眼ŋã^{35}看一～

嘴tsei^{35}吃一～

滴ti^{42}一～水、雨

杆kã^{35}一～枪、秤

套t^{h}ɔu^{213}一～书

篇p^{h}iɛ̃^{11}一～文章

页ie^{42}一～书

排p^{h}ɛ^{55}一～桌子

句tɕy^{213}一～话

批p^{h}i^{11}一～人、货

场ts^{h}ã^{35}一～雨、戏

笔pi^{42}一～钱

分fən^{11}一～钱

骂$^{=}$ma^{213}大拇指与食指张开的长度

□ts^{h}a^{11}大拇指与中指张开的长度

大骂$^{=}$ta^{13}ma^{213}

庹t^{h}o^{42}两臂张开的长度

抱pɔu^{213}两臂合围的长度

回fei^{55}一～生二回熟

个把人ko^{21}pa^{35}zən^{55}一两个人

个把两个人ko^{21}pa^{35}liã^{35}ko^{21}zən^{55}一两个人

百把个pe^{21}pa^{35}ko^{213}一百个左右

千把人tɕ^{h}iɛ̃^{11}pa^{35}zən^{55}一千人左右

里把路li^{35}pa^{35}nu^{213}一里路左右

里把两里路li^{35}pa^{35}liã^{35}li^{35}nu^{213}一两里路

亩把两亩田mu^{35}pa^{35}liã^{35}mu^{35}t^{h}iɛ̃^{55}一两亩田

万把块钱uã^{21}pa^{35}k^{h}uɛ^{213}tɕ^{h}iɛ̃^{55}一万块钱左右

二十九　数字等

十一sɿ^{21}i^{42}

二十一ᴇ^{13}sɿ^{21}i^{42}

三十一sã^{11}sɿ^{21}i^{42}

四十sɿ^{13}sɿ^{42}

四十一sɿ^{13}sɿ^{21}i^{42}

五十u^{35}sɿ^{42}

五十一u^{35}sɿ^{21}i^{42}

六十nu^{21}sɿ^{42}

六十一nu^{21}sɿ^{21}i^{42}

七十tɕ^{h}i^{21}sɿ^{42}

七十一tɕ^{h}i^{21}sɿ^{21}i^{42}

八十pa^{21}sɿ^{42}

八十一pa^{21}sɿ^{21}i^{42}

九十tɕiou^{35}sɿ^{42}

九十一tɕiou^{35}sɿ^{21}i^{42}

一百一（十）i^{21}pe^{21}i^{21} (sɿ^{42})

一百一十一i^{21}pe^{21}i^{21}sɿ^{21}i^{42}

一百一十二i^{21}pe^{21}i^{21}sɿ^{21}ᴇ^{213}

一百二（十）i^{21}pe^{21}ᴇ^{13} (sɿ^{42})

一百三（十）i^{21}pe^{21}sã^{11} (sɿ^{42})

二百五（十）ᴇ^{13}pe^{21}u^{35} (sɿ^{42})

二百五ᴇ^{13}pe^{21}u^{35}傻子

三百三（十）sã^{11}pe^{21}sã^{11} (si^{42})

一千一（百）i^{21}tɕʰiɛ̃^{11}i^{42} (pe^{42})

三千sã^{11}tɕʰiɛ̃^{11}

一万二（千）i^{21}uã^{13}ᴇ^{213} (tɕʰiɛ̃^{11})

三万五千个sã^{11}uã^{21}u^{35}tɕʰiɛ̃^{11}ko^{213}

两斤liã^{35}tɕin^{11}

两分liã^{35}fən^{11}

两厘liã^{35}li^{55}

两丈liã^{35}tsã^{213}

两尺liã^{35}tsʰɿ^{42}

两寸liã^{35}tsʰən^{213}

两分liã^{35}fən^{11}

两里liã^{35}li^{35}

两年liã^{35}ȵiɛ̃^{55}

两升liã^{35}sən^{11}

两万两千两百二十二块二毛二liã^{35}uã^{213}liã^{35}tɕʰiɛ̃^{11}liã^{35}pe^{42}ᴇ^{13}sɿ^{21}ᴇ^{13}kʰuɛ^{213}ᴇ^{21}mɔu^{55}ᴇ^{213}～ᴇ^{13}uã^{213}ᴇ^{13}tɕʰiɛ̃^{11}ᴇ^{13}pe^{21}ᴇ^{13}sɿ^{21}ᴇ^{13}kʰuɛ^{213}ᴇ^{21}mɔu^{55}ᴇ^{213}

多少个to^{11}sɔu^{35}ko^{213}

好几个xɔu^{35}tɕi^{35}ko^{213}

一点i^{21}tiɛ̃^{35}～东西

一点点i^{21}tiɛ̃^{35}tiɛ̃^{35}

一□□i^{21}ti^{55}ti^{55}

一些i^{21}ɕie^{11}～东西

一大些i^{21}ta^{13}ɕie^{11}

好（一）些xɔu^{35} (i^{21}) ɕie^{11}这个比那个～

大（一）些ta^{13} (i^{21}) ɕie^{11}这个比那个～

十几个sɿ^{21}tɕi^{35}ko^{213}十多个

十来个sɿ^{21}nɛ^{55}ko^{213}十个左右

一百多个i^{21}pe^{21}to^{11}ko^{213}

半个pã^{13}ko^{213}

一半i^{21}pã^{213}

两半liã^{35}pã^{213}

一大半i^{21}ta^{13}pã^{213}

一个半i^{21}ko^{13}pã^{213}

左右tso^{35}iou^{213}三十岁～

一来二去i^{21}nɛ^{55}ᴇ^{13}kʰi^{213}

一清二白i^{21}tɕʰin^{11}ᴇ^{13}pe^{42}

一清二楚i^{21}tɕʰin^{11}ᴇ^{21}tsʰu^{35}

一干二净i^{21}kã^{11}ᴇ^{13}tɕin^{213}

一刀两断i^{21}tɔu^{11}liã^{35}tõ^{213}

一举两得i^{21}tɕy^{35}liã^{35}te^{42}

三番五次sã^{11}fã^{11}u^{35}tsʰɿ^{213}

三年五载sã^{11}ȵiɛ̃^{55}u^{35}tsɛ^{35}

三天两头sã^{11}tʰiɛ̃^{11}liã^{35}tʰəu^{55}

三长两短sã^{11}tsʰã^{55}liã^{35}tõ^{35}

三言两语sã^{11}iɛ̃^{55}liã^{35}y^{35}

三心二意sã^{11}ɕin^{11}ᴇ^{13}i^{213}

三三两两sã^{11}sã^{11}liã^{35}liã^{35}

四通八达sɿ^{13}tʰoŋ^{11}pa^{21}ta^{42}

四面八方sɿ^{13}miɛ̃^{213}pa^{21}fã^{11}

四邻八舍sɿ^{21}lin^{55}pa^{21}se^{213}

五湖四海u^{35}fu^{55}sɿ^{21}xɛ^{35}

五花八门u^{35}fa^{11}pa^{21}mən^{55}

七上八下tɕʰi^{21}sã^{213}pa^{21}ɕia^{213}

乱七八糟nõ^{13}tɕʰi^{42}pa^{21}tsɔu^{11}

乌七八糟u^{11}tɕʰi^{42}pa^{21}tsɔu^{11}

七手八脚tɕʰi^{21}səu^{35}pa^{21}tɕio^{42}

七嘴八舌tɕʰi^{21}tsei^{35}pa^{21}se^{42}

千辛万苦 tɕʰiɛ̃^{11}ɕin^{11}uã^{21}kʰu^{35}

千家万户 tɕʰiɛ̃^{11}ka^{11}uã^{13}fu^{213}

一号 i^{21}xɔu^{213}

二号 ᴇ^{13}xɔu^{213}

三号 sã^{11}xɔu^{213}

四号 sɿ^{13}xɔu^{213}

五号 u^{35}xɔu^{213}

六号 nu^{21}xɔu^{213}

七号 tɕʰi^{21}xɔu^{213}

八号 pa^{21}xɔu^{213}

九号 tɕiou^{35}xɔu^{213}

十号 sɿ^{21}xɔu^{213}

初一 tsʰu^{11}i^{42}

初二 tsʰu^{11}ᴇ^{213}

初三 tsʰu^{11}sã^{11}

初四 tsʰu^{11}sɿ^{213}

初五 tsʰu^{11}u^{35}

初六 tsʰu^{11}nu^{42}

初七 tsʰu^{11}tɕʰi^{42}

初八 tsʰu^{11}pa^{42}

初九 tsʰu^{11}tɕiou^{35}

初十 tsʰu^{11}sɿ^{42}

老大 nɔu^{35}ta^{213}

老二 nɔu^{35}ᴇ^{213}

老三 nɔu^{35}sã^{11}

老四 nɔu^{35}sɿ^{213}

老五 nɔu^{35}u^{35}

老六 nɔu^{35}nu^{42}

老七 nɔu^{35}tɕʰi^{42}

老八 nɔu^{35}pa^{42}

老九 nɔu^{35}tɕiou^{35}

老十 nɔu^{35}sɿ^{42}

老小 nɔu^{35}ɕiɔu^{35} 最小的儿子

大哥 ta^{13}ko^{11}

二哥 ᴇ^{13}ko^{11}

一个 i^{21}ko^{213}

两个 liã^{35}ko^{213}

三个 sã^{11}ko^{213}

四个 sɿ^{13}ko^{213}

五个 u^{35}ko^{213}

六个 nu^{21}ko^{213}

七个 tɕʰi^{21}ko^{213}

八个 pa^{21}ko^{213}

九个 tɕiou^{35}ko^{213}

十个 sɿ^{21}ko^{213}

第二 ti^{13}ᴇ^{213}

第三 ti^{13}sã^{11}

第四 ti^{13}sɿ^{213}

第五 ti^{21}u^{35}

第六 ti^{13}nu^{42}

第七 ti^{13}tɕʰi^{42}

第八 ti^{13}pa^{42}

第九 ti^{21}tɕiou^{35}

第十 ti^{13}sɿ^{42}

第一个 ti^{13}i^{21}ko^{213}

第二个 ti^{13}ᴇ^{13}ko^{213}

第三个 ti^{13}sã^{11}ko^{213}

第四个 ti^{13}sɿ^{13}ko^{213}

第五个 ti^{21}u^{35}ko^{213}

第六个 ti^{13}nu^{21}ko^{213}

第七个 ti^{13}tɕʰi^{21}ko^{213}

第八个 ti^{13}pa^{21}ko^{213}

第九个 ti^{21}tɕiou^{35}ko^{213}

第十个 ti^{13}sɿ^{21}ko^{213}

甲 ka^{42}

乙 i^{42}

丙 pin^{35}

丁 tin^{11}

戊 u^{213}

己 tɕi^{35}

庚 kən^{11}

辛 ɕin^{11}

壬 zən^{55}

癸 kuei^{213}

子 tsɿ^{35}

丑 tsʰəu^{35}

寅 in^{55}

卯 mɔu^{35}

辰 sən^{55}

巳 tsɿ^{213}

午 u^{35}

未 uei^{213}

申 sən^{11}

酉 iou^{35}

戌 ɕi^{42}

亥 xɛ^{213}

六十花甲子 nu^{21}sɿ^{42}fa^{11}ka^{21}tsɿ^{35}

三十　地名

赤岭口 tsʰɿ^{21}lin^{35}kʰəu^{35} ～ tsʰe^{21}lin^{35}kʰəu^{35}

操军坦 tsʰɔu^{11}tɕyn^{11}tã^{213}

倪村 ȵi^{55}tsʰən^{11}

上曾 sã^{13}tsən^{11}

下曾 xa^{13}tsən^{11}

陈家岭 tsʰən^{55}ka^{0}lin^{35}

城安 tsʰən^{55}ŋã^{11}

庙湾 miɔu^{13}uã^{11}

社堂下 se^{21}tʰã^{55}xa^{213}

牛栏基 ȵiou^{55}nã^{55}tɕi^{11}

雷湖 nei^{55}fu^{55}

箬坑 ȵio^{21}kʰən^{11}

考坑坞 kʰɔu^{35}kʰən^{11}u^{35}

栗树培$^{=}$ li^{21}ɕy^{21}pʰei^{55}

黄坪坑 fã^{55}pʰin^{55}kʰən^{11}

储家边 tɕʰy^{55}ka^{11}piɛ̃^{11}

西边谢家 ɕi^{11}piɛ̃^{11}ɕie^{13}ka^{11}

老屋里 nɔu^{35}u^{21}li^{35}

岩下 ŋɛ^{55}xa^{0} “岩”本字为“崖”，训读字，本地俗写作“岩”

鸭脚树 ŋa^{21}tɕio^{21}ɕy^{213}

琅田汪 nã^{21}tʰiɛ̃^{55}uã^{11}

潘家垄 pʰã^{11}ka^{11}noŋ^{55}

油沙岭脚 iou^{55}sa^{11}lin^{35}tɕio^{42}

粮仓坞 iã^{55}tsʰən^{55}u^{35}

相家 ɕiã^{213}ka^{0}

任家 zən^{55}ka^{0}

口外 kʰəu^{35}uɛ^{213}

天琅坞 tʰiɛ̃^{11}nã^{55}u^{35}

芦荔桥 nu^{55}li^{55}tɕʰiɔu^{55}

潘家垄 pʰã^{11}ka^{11}noŋ^{55}

竹棵 tsu^{21}kʰo^{11}

交屋里 tɕiɔu^{11}u^{21}li^{35}

河冲坞 xo^{55}tsʰoŋ^{11}u^{35}

枧下 tɕiɛ̃^{35}xa^{0}

凌龙降 lin^{55}noŋ^{55}kã^{213}

程家坦 tsʰən^{55}ka^{11}tã^{213}

社堂下 se^{21}tʰã^{55}xa^{213}

童儿山 tʰoŋ^{55}ȵin^{55}sã^{11} 今也写作“童林山”

龙池坡 noŋ^{55}tsʰɿ^{55}po^{11}

上破石 sã^{13}pʰo^{13}sɿ^{42}

蟹形 xɛ^{35}ɕin^{55}

道士屋 tɔu^{13}sɿ^{13}u^{42}

剪刀卡 tɕiẽ^{35}tɔu^{11}kʰa^{55}

栗许街 li^{21}ɕy^{35}kɛ^{11}

八都李 pa^{21}tu^{11}li^{35}

五里拐 u^{35}li^{35}kuɛ^{35}

第六章 语法

第一节

词 法①

一　重叠

（一）量词重叠

1. 单音节量词以AA式重叠表示遍指，意为“每一”，多与范围副词“都”配合使用，主要做主语、定语和状语。如：

他的儿女个个都有出息。tʰa^{11}ti^{0}ᴇ^{55}ȵy^{35}ko^{13}ko^{213}tu^{11}iou^{35}tɕʰy^{21}ɕi^{42}.

打麻将他回回赢。ta^{35}ma^{55}tɕiã^{213}tʰa^{11}fei^{55}fei^{55}in^{55}.

棉花兴得好，颗颗都结了籽。miɛ̃^{55}fa^{11}ɕin^{11}te^{0}xɔu^{35}, kʰo^{11}kʰo^{11}tu^{11}tɕie^{42}na^{0}tsɿ^{35}.

样样事都不上心。iã^{13}iã^{13}sɿ^{213}tu^{11}pu^{42}sã^{13}ɕin^{11}.

我把把都坐庄我每一把牌都做庄家。ŋo^{35}pa^{35}pa^{35}tu^{11}tso^{13}tɕyã^{11}.

2. 数量结构“一A”的重叠式“一AA”，做主语、定语时表示“每一A”，例如：

一个个都不讲话。i^{42}ko^{13}ko^{213}tu^{11}pu^{42}kã^{35}fa^{213}.

这些鱼一条条都不小。tse^{21}ɕie^{11}y^{55}i^{42}tʰiɔu^{55}tʰiɔu^{55}tu^{11}pu^{21}ɕiɔu^{35}.

办结婚证要过一道道（的）手续。pã^{213}tɕie^{21}fən^{11}tsən^{213}iɔu^{13}ko^{213}i^{21}tɔu^{13}tɔu^{213} (ti^{0}) səu^{35}su^{42}.

屋子里头是一堆堆（的）碧瓜南瓜。u^{42}tsɿ^{0}li^{35}tʰəu^{0}sɿ^{213}i^{42}tei^{11}tei^{11} (ti^{0}) pi^{21}kua^{11}.

“一AA”做状语有两种语义：量词是名量词时，表示“按次序逐一A”；量词是动量词，表示“反复A”，并且要带助词“地”。如：

饭要一口口地吃。fã^{213}iɔu^{213}i^{42}kʰəu^{35}kʰəu^{35}ti^{0}tɕʰi^{42}.

为了小鬼上学，老张一趟趟地跑教委。uei^{213}na^{0}ɕiɔu^{35}kuei^{35}sã^{13}ɕio^{42}, nɔu^{35}tsã^{11}i^{42}tʰã^{13}

---

① 本章描写祁门军话的主要语法特点，“动词的体”“动词的后置成分”由于主要与动词相关，本书归于“词法”一节。

tʰã^{213}ti^{0}pʰɔu^{55}tɕiɔu^{21}uei^{35}.

“一AA”做补语，表示动作完成后的状态，后面一般要加“地”。如：

切成一块块地，再腌下子。tɕʰie^{42}tsʰən^{55}i^{42}kʰuɛ^{13}kʰuɛ^{213}ti^{0}, tsɛ^{213}iɛ̃^{11}xa^{0}tsɿ^{0}.

先搓成一股股地，再几股合起来搓成绳子。ɕiɛ̃^{11}tsʰo^{11}tsʰən^{55}i^{42}ku^{35}ku^{35}ti^{0}, tsɛ^{213}tɕi^{35}ku^{35}xo^{42}tɕʰi^{0}nɛ^{0}tsʰo^{11}tsʰən^{55}sən^{55}tsɿ^{0}.

“一AA”重叠式均可以用“一A一A”重叠式替换，语法意义不变。口语中以说“一A一A”式为常，“一A一A”式后面必须出现助词“地”。

量词如果是不定量词，“一AA”重叠式表示“极小量”，如：

一点点就够了。i^{42}tiɛ̃^{35}tiɛ̃^{35}tɕiou^{13}kəu^{213}na^{0}.

我去一下下就家来。ŋo^{35}kʰi^{213}i^{42}xa^{0}xa^{0}tɕiou^{213}ka^{11}nɛ^{0}.

3. 军话中，有一些双音节临时名量词可以构成“一AB一AB”重叠式，一般做状语，表示“逐一”，后面须有助词“地”，如：

一麻袋一麻袋地装。i^{21}ma^{55}tɛ^{213}i^{21}ma^{55}tɛ^{213}ti^{0}tɕyã^{11}.

一圆箕一圆箕地晒。i^{21}yɛ̃^{55}tɕi^{11}i^{21}yɛ̃^{55}tɕi^{11}ti^{0}sɛ^{213}.

4. 军话量词后跟“把”构成“A把（+N）”式，表示概数“一”，如“天把”表示“大约一天”，例如：

点把就够了。tiɛ̃^{35}pa^{35}tɕiou^{13}kəu^{213}na^{0}.

这点事天把就干好了。tse^{42}tiɛ̃^{35}sɿ^{213}tʰiɛ̃^{11}pa^{35}tɕiou^{213}kã^{21}xəu^{35}na^{0}.

有个把坏的。iou^{35}ko^{21}pa^{35}fɛ^{213}ti^{0}.

他去了年把了。tʰa^{11}kʰi^{213}na^{0}ȵiɛ̃^{55}pa^{35}na^{0}.

百把块钱买不了什么东西。pe^{42}pa^{35}kʰuɛ^{213}tɕʰiɛ̃^{55}mɛ^{35}pu^{42}liəu^{35}sən^{35}mo^{0}toŋ^{11}ɕi^{11}.

量词还可以构成“A把A”，其中A可以是量词，也可以是数词，但仅限于“百、千、万”，意义与“量把”相同，例如：

亩把亩田，天把天就搞好了。mu^{42}pa^{35}mu^{35}tʰiɛ̃^{55}, tʰiɛ̃^{11}pa^{35}tʰiɛ̃^{11}tɕiou^{213}kəu^{35}xəu^{35}na^{0}.

点把点菜不够吃。tiɛ̃^{35}pa^{35}tiɛ̃^{35}tsʰɛ^{213}pu^{21}kəu^{13}tɕʰi^{42}.

他去了年把年了。tʰa^{11}kʰi^{213}na^{0}ȵiɛ̃^{55}pa^{35}ȵiɛ̃^{55}na^{0}.

一个月大概有千把千（块钱）。i^{21}ko^{13}ye^{42}ta^{13}kɛ^{213}iou^{35}tɕʰiɛ̃^{11}pa^{35}tɕʰiɛ̃^{11} (kʰuɛ^{213}tɕʰiɛ̃^{55}) .

这么多事个把个人要好多天才能弄完。tse^{42}mo^{0}to^{11}sɿ^{213}ko^{21}pa^{35}ko^{21}zən^{55}iəu^{213}xəu^{35}to^{11}tʰiɛ̃^{11}tsʰɛ^{55}nən^{55}noŋ^{21}uã^{55}.

到他家也就里把里路。təu^{213}tʰa^{11}ka^{11}ie^{35}tɕiou^{213}li^{35}pa^{35}li^{35}nu^{213}.

“量词＋把＋两＋量词”可以构成“A把两A＋N”式，比如：里把两里（路）、斤把两斤（油）、尺把两尺（布）、顿把两顿（饭）等，表示概数，相当“一两A”。

（二）动词重叠

军话动词重叠主要有以下几种形式。

1. AA式

由单音节动词A重叠构成，如“想想、走走、看看、写写”等，大部分单音节动词（非持续性动词、判断动词、能愿动词除外）都可以构成AA式，后面可以加“看[kʰã^{213}]”，表示“时量短、动量小”。

出去走走。tɕʰy^{21}kʰi^{213}tsəu^{35}tsəu^{0}.

坐火桶里暖暖。tso^{213}xo^{35}tʰoŋ^{35}li^{0}nɔ̃^{35}nɔ̃^{0}.

你再想想看。ȵi^{35}tsɛ^{213}ɕiã^{35}ɕiã^{35}kʰã^{213}.

饭要热热才能吃。fã^{213}iɔu^{213}ze^{42}ze^{0}tsʰɛ^{55}nən^{55}tɕʰi^{42}.

2. AAB式

由双音节动词或动词性结构AB重叠A部分构成。AB为动宾结构，重叠式表示“短时、尝试”，如：洗洗菜、做做饭、扫扫地、割割草、看看书。

3. ABAB式

并列式双音节动词AB可以重叠为ABAB式，表示“短时、尝试”意，例如：讨论讨论、商量商量、研究研究。这是一种后起的比较文的重叠式。

4. AABB式

由双音节动词AB分别重叠，或者由A、B分别重叠为AA、BB后叠加而成，表示两个动作反复、不断地交替进行，动作描述性强，和北京话相同。如：

A组：拉拉扯扯、洗洗刷刷、来来回回、指指点点

B组：出出进进、走走停停、吃吃喝喝

从构词形式上看，A组有基式AB，如“拉扯、指点”等，B组无基式AB，由AA＋BB构成，AB不成词，但以AABB式重叠后，逐渐词化，从而成为固定词语。

二　词缀

（一）前缀

军话名词前缀和北京话大致相同，有“老[nɔu^{35}]、初[tsʰu^{11}]、第[ti^{213}]”等。加“老”的词语有“老师、老虎、老鹰、老鼠”等。还有少数加“老”的词语和北京话不同，如：老鳖鳖、老蟹螃蟹、老□[ua^{11}]乌鸦；方位词前头加“老”表示“最”的意思，如：老前头最前面、老后头最后面、老里头最里面、老外头最外面、老高头最上面、老底下最底下、老边上最边上。

（二）后缀

1. 子[tsɿ^{0}]

军话没有儿化，也没有儿尾。“子”是军话中用得较多的后缀。

（1）“子”尾词的构成

① 附着在名词性语素后面，构成如下几类名词：

表人名词：头子、侄子、孙子、老子、拐子、麻子、疯子

表人体部位的名词：鼻子、辫子、肚子、脚肚子、颈子、手窝子、茧子

表动物的名词：豹子、狮子、猴子、兔子、灶马子

表植物的名词：麦刁⁼子、谷刁⁼子、瓠子、榧子、李子

表器具用品的名词：篦子、帐子、炊子、梭子、锛子、帚子

表食品的名词：心子、饺子、包子

时间名词：日子、月子

② 附着在动词性语素后面，主要构成指物名词：绷子、錾子、刮子、锉子、拔子、挑子。

③ 附着在形容词性语素后面，主要构成指人名词。如：聋子、瘫子、麻子、长子高个子、矮子、瞎子、亮子、驼子、疯子、孬子。

④ 数词加“子”

数词加“子”尾主要用于打扑克牌时，单音节数词“一”到“十”和“几”的后面可以加“子”，如：一子、三子、五子、十子、几子。打扑克牌时，从“尖子”（也叫“一子”）到“K 子”都可以加“子”，如：

我出七子，你出么东西？我出九子。ŋo^{35}tɕ^{h}y^{21}tɕ^{h}i^{42}tsɿ^{0}, ȵi^{35}tɕ^{h}y^{42}mo^{35}toŋ^{11}ɕi^{11}? ŋo^{35}tɕ^{h}y^{42} tɕiou^{35}tsɿ^{0}.

这种“子”尾词具有数词指称自身的功能，有时指数字的书写形式。如：

三子和五子哪个大？当然五子大。sã^{11}tsɿ^{0}xo^{55}u^{35}tsɿ^{0}na^{35}ko^{213}ta^{213}? tã^{11}zã^{55}u^{35}tsɿ^{0}ta^{213}.

你刚才讲的是几子？六子。ȵi^{35}tɕiã^{11}ts^{h}ɛ^{55}kã^{35}ti^{0}sɿ^{213}tɕi^{35}tsɿ^{0}?nu^{42}tsɿ^{0}.

（2）“子”尾词的功能

① 区分词性

“子”后缀最主要的功能是名词化，一些动词、形容词或量词加上“子”尾后，就变成与其词义有关联的名词或名词性短语。如：挑—挑子勺子、叫—叫子哨子。

② 区别词义

有些词加“子”尾后与原词词义有差别，这种差别有大有小，有的所指甚至完全不同，词义基本没有联系。如：火星行星名—火星子极小的火、心心脏—心子馅儿、炊—炊子烧水壶。

③ 增义功能

增义功能是有些“子”尾可以表达强烈的感情色彩，附在名词、动词、形容词性语素

之后，表示轻蔑、嫌恶之情。如称呼某些具有生理缺陷的人：麻子、矮子、聋子、跛子、瘫子、驼子、瞎子；如对具有某种特征的人的贬称或蔑称：痞子、疯子、拐子、厨子。

有些“子”尾词可以表示小称，或表示亲昵，如：明子、燕子、小三子、小四子。

2. 头[$t^{h}əu^{55}$ ～ $t^{h}əu^{0}$]

（1）附在名词性语素之后

① 构成具体名词或抽象名词，这时“头”多读本调。如：木头、石头、骨头、馒头、日头、由头缘由、势头、风头、钟头、拳头、个头、块头、零头。

② 与方位语素组合，构成方位名词，这时“头”读轻声，如：前头、后头、高头、上头、里头、外头、老高头、老外头。

（2）附在动词性语素之后

① 构成具体名词或抽象名词，如：锄头、枕头、来头、派头、折头折扣。

② 构成名词，“V头”表示“值得V”。如：看头、做头、吃头、搞头、想头、商量头。前加“有”“没有”分别表示肯定和否定，如：[没有][$miou^{35}$]吃头、有奔头、[没有]看头、[没有]去头、[没有]写头、有种头、[没有]讲头、有听头。

这个电影有点看头。$tse^{21}ko^{0}ti\tilde{ɛ}^{21}in^{35}iou^{35}ti\tilde{ɛ}^{35}k^{h}\tilde{a}^{21}t^{h}əu^{55}$.

那种饭[没有]吃头。$na^{21}tsoŋ^{35}f\tilde{a}^{213}miou^{35}tɕ^{h}i^{21}t^{h}əu^{55}$.

（3）附在形容词性语素之后，构成名词，如：甜头、苦头。

（4）“头”放在数量结构后面，表示前面的数量是作为一个整体的，例如：十块头、五块头、五十块头、一百块头。

3. 佬[$nəu^{35}$]

后缀“佬”附在名词、动宾词组后，构成指人名词，略带瞧不起或不喜欢的感情色彩。如：乡巴佬、日本佬、上海佬、北方佬、丈人佬、小胡佬吹喇叭的、剃头佬、杀猪佬、好吃佬、好哭佬。

4. 跟下[$kən^{11}xa^{0}$]

用在表示方位、时间的名词后面，意为“附近、前后、左右”。例如：桌子跟下、田跟下、山跟下、手跟下、当昼跟下、挨黑跟下、半夜跟下、九点跟下。

三　形容词生动形式

（一）AA式

由单音节形容词A重叠构成，通常后面加“的”，如：高高的、圆圆的、扁扁的、胖胖的、瘦瘦的、矮矮的、薄薄的、短短的、红红的、黄黄的。“AA的”做定语，表示程度适中，如：高高的个子、圆圆的脸、长长的脸、黄黄的皮肤等。

"AA的"做补语和谓语，表示程度加深，具有较强的描写性，如：

头毛梳得光光的。$t^hәu^{55}mɔu^{55}su^{11}te^0kuã^{11}kuã^{11}ti^0$.

小脸圆圆的，小手细细的。$ɕiɔu^{35}liẽ^{35}yε̃^{55}yε̃^{55}ti^0$, $ɕiɔu^{35}sәu^{35}ɕi^{13}ɕi^{213}ti^0$.

他把手里的东西捏得紧紧的。$t^ha^{11}pa^{35}sәu^{35}li^0ti^0toŋ^{11}ɕi^{11}ȵie^{42}te^0tɕin^{35}tɕin^{35}ti^0$.

（二）BA式

BA式是军话中较常见的形容词生动形式。北京话也有BA式，如"雪白、飞快、通红"等，但数量不多，不如军话丰富。BA式属于前加式构词，由单音形容词A前加修饰性语素B而成，B大多是一些表音成分（下面举例时直接写表音字，不加"="）。如：

笔直、笔挺、笔尖、冰冷、笔陡、铁紧、铁硬、雪白、漆黑、滚烫、喷香、飞快、焦干、雪甜、透湿、稀烂、通红、崭新、精光、精淡、生咸、瘟苦、瘟臭

BA式中A一般具有稳定、明确的音义，是全词的核心语义所在。A为形容词性语素，大多表示事物的属性。不过并非所有的单音节形容词都能构成BA式，如表度量的"高、低、深、浅、远、近、长、短"。一般表示正向意义的形容词不能进入BA式结构，只能前加"老"表示程度加深，如：老高、老长、老远。

B修饰A，表程度，相当于副词"很"，因此BA式不能再受程度副词修饰。

四　数量词

（一）概数表示法

当说话人不知道、不愿意或无须说出准确的数目时，就可以说一个大概数目，这就是概数。军话表示概数的方法与北京话有同有异，主要有以下一些形式。

数词后加"好儿"，表示比数词代表的数目还要多。如：

十好儿的人了还是一点不懂事。$sɿ^{21}xɔu^{35}tɕi^{35}ti^0zәn^{55}na^0xε^{55}sɿ^{213}i^{42}tiẽ^{35}pu^{21}toŋ^{35}sɿ^{213}$.

三十好儿还一事无成。$sã^{11}sɿ^{42}xɔu^{35}tɕi^{35}xε^{55}i^{21}sɿ^{21}u^{55}ts^hәn^{55}$.

数词后加"拉"，表示接近前面数词所表示的量，或略多或略少，相差不大，只用于整数，相当于北京话的"左右"。如：十拉斤肉、五十拉里路、一百拉斤的担子、百把拉个人。

相邻数词连用表示约数，如：三四斤、七八个、五六十里。

助词"把"与数词（只限于位数词"百、千、万"）或量词组合表示概数，有以下三种形式：

1. 数/量＋把（＋名词），表示对量少的大概估计。如：个把、百把斤、千把人、块把钱、丈把布、亩把田、回把、趟把。

2. 数/量＋把＋两＋数/量（＋名词），表示概数的少量，如：斤把两斤、亩把两亩田、里把两里路、餐把两餐饭、回把两回。

3. 数/量 + 把 + 数/量，这种结构主观色彩较浓。可以表示量少，也可以表示量多，需结合语境来判断。在特定的语境中，如果能够换成“数/量 + 把”或“数/量 + 把 + 两 + 数/量”，则表示量少；如果不能替换，则表示量大。如：

里把里路，一下就走到了。li^{35}pa^{35}li^{35}nu^{213}, i^{42}xa^{0}tɕiou^{21}tsəu^{35}tɔu^{213}na^{0}.

里把两里路，一下就走到了。li^{35}pa^{35}liã^{35}li^{35}nu^{213}, i^{42}xa^{0}tɕiou^{21}tsəu^{35}tɔu^{213}na^{0}.（表示量少）

斤把斤肉，他一个人吃掉了。tɕin^{11}pa^{35}tɕin^{11}zu^{42}, t^{h}a^{11}i^{21}ko^{21}zən^{55}tɕ^{h}i^{21}tiɔu^{213}na^{0}.（不能替换，表示量多）

一件衣裳花了万把万。i^{21}tɕiɛ̃^{213}i^{11}sã^{55}fa^{11}na^{0}uã^{21}pa^{35}uã^{213}.（不能替换，表示量多）

（二）分数的表达

军话表示分数有三种方式：

“数词 + 成”：三成30%、八成七87%。

“数词$_1$ + 股 + 数词$_2$”（数词1 > 数词2，且都为一到十之间的整数）：三股两三分之二、十股四十分之四。

“数词（限于‘十’以下）+ 折”：六折 = 60%、七五折 = 75%、九五折 = 95%。

五　代词

（一）人称代词

军话人称代词与普通话基本相同：人称代词单数形式分别是“我、你、他”，复数标记用“们”。表示领属关系时，单数人称代词后面一般不加“的”，如“我大我爸爸、他大他爸爸”，复数形式也以不加“的”为常，如“我们家、我们赤岭、我们祁门”。

表6–1　祁门军话人称代词表

范畴 / 人称	单数	复数	主	宾	领属	
					单数	复数
第一身	我	我们	我	我	我	我们的
第二身	你	你们	你	你	你	你们的
第三身	他	他们	他	他	他	他们的

（二）指示代词

军话指示代词的形式和用法与普通话基本相同。

表6-2 祁门军话指示代词表

	近指	中指
个体、名物	这	那
	这个	那个
程度	这么（高）	那么（高）
方式、性状	这样（做）	那样（做）
处所	这里	那里
时间	这个时候	那个时候
数量	这些、这点	那些、那点
指示兼替代	这（是书）	那（是书）

（三）疑问代词

军话中的人称代词和指示代词与北京话有些差异，但差别不大，而疑问代词却与北京话存在较大差异。军话疑问代词主要有“哪、么、几、好”等几组，“哪、么、几、好”是军话最基本的疑问代词，其他如“哪个、么事、几多、好些”等词语都由它们构成。

1. 哪个[na^{35}ko^{213}]

“哪个[na^{35}ko^{213}]”既可用于问人也可用于问事物，可以看成是“哪一个”的省略。问人时，相当于“谁”；问事物时，用法与北京话的“哪个”一样。“哪个”可以做主语、宾语、定语。例如：

哪个啊？我是老三。na^{35}ko^{213}a^{0}? ŋo^{35}sɿ^{21}nɔu^{35}sã^{11}.

你找哪个啊？ ȵi^{35}tsɔu^{35}na^{35}ko^{213}a^{0}?

这是哪个的眼镜？ tse^{21}sɿ^{213}na^{35}ko^{213}ti^{0}ŋã^{35}tɕin^{213}?

“哪个”也可以用于任指和虚指，例如：

哪个都不认得他。na^{35}ko^{213}tu^{11}pu^{42}zən^{213}te^{0}t^{h}a^{11}.

随便哪个讲都不照$^{=}$不行。sei^{55}piɛ̃^{213}na^{35}ko^{213}kã^{35}tu^{11}pu^{21}tsɔu^{213}.

2. 么[mo^{35}]

“么”相当于北京话的“什么”，在军话中除做定语外，一般不能单用，必须后接名词性成分，构成疑问代词复合结构如“么事、么屌、么东西、么家伙、么时候、么地方、么样子”等，其中大部分已经词化。其中“么事”还可以构成“为么事、做么事”等结构。“么”的组合能力较强，组合成疑问代词结构以后，可以问人、问事物、问时间、问处所、问情况、问方式、问原因等。

“么”加普通名词性词语构成“么＋N”格式，如“么书、么菜、么人、么老师、么衣裳”等，其中“么”相当于北京话的“什么”，但不能像“什么”那样，单独做主语和宾语，只做定语，修饰其后的名词性词语。构成“么N”格式还可以表虚指，是体词性疑问代词结构。例如：

他上昼穿的是么衣裳？ tʰa11sã13tsəu213tsʰuã11ti0sɿ213mo35i11sã55?（做宾语）

不管么人讲都［不要］去。pu21kuã35mo35zən55kã35tu11piəu13kʰi213.（表虚指）

么东西好吃呢？ mo35toŋ11ɕi11xəu35tɕʰi42ȵi0?（做主语）

他们在讲倒么东西他们在说着什么。tʰa11mən0tsɛ213kã35təu0mo35toŋ11ɕi11.（虚指）

这小鬼不挑食，么东西都吃。tse42ɕiəu35huei35pu42tʰiəu11sɿ42, mo35toŋ11ɕi11tu11tɕʰi42.（任指）

明朝你么时候走？ mən55tsəu11ȵi35mo35sɿ55xəu0tsəu35?（做状语）

现在么时候了？ ɕiɛ̃13tsɛ213mo35sɿ55xəu0na0?（做谓语）

么时候到我家去嬉。mo35sɿ55xəu0təu21ŋo35ka0kʰi13ɕi11.

不管么时候，都不要骗人。pu21kuã35mo35sɿ55xəu0, tu11pu21iəu213pʰiɛ̃21zən55.（任指）

你找我有么事？ ȵi35tsəu35ŋo35iou35mo35sɿ213?（做宾语）

你么事不上班？ ȵi35mo35sɿ213pu21sã13pã11?（做状语）

你么事跑到赤岭来了？ ȵi35mo35sɿ213pʰəu55təu213tsʰɿ21lin35nɛ55na0?（做状语）

哭么事？我又［没有］骂你！ kʰu42mo35sɿ213? ŋo35iou21miou35ma21ȵi0!（做宾语）

么事都［不要］想，安安心心念书。mo35sɿ213tu11piəu21ɕiã35, ŋã11ŋã11ɕin11ɕin11ȵiɛ̃13ɕy11.（任指）

他们两口子好像在讲么事。tʰa11mən0liã35kʰəu35tsɿ0xəu35ɕiã213tsɛ21kã35mo35sɿ213.（虚指）

“么事”指问原因或目的时，可以换成“为么事、做么事”，这两个词语在句中的位置比较灵活，可以置于动词前，也可以后置。后置时，“为么事”前常要加“是”，如：

你不上班，是为么事？ ȵi35pu42sã13pã11, sɿ21uei55mo35sɿ213?

3. 几[tɕi35]

“几”在军话中使用不及“哪”“么”普遍，一般只用于问数量或程度。问数量时做定语，修饰量词或名词，用法同于北京话的“几”；问程度时，“几”做状语，修饰表性状程度的形容词，相当于北京话的“多”。例如：

你家有几个人？ ȵi35ka0iou35tɕi35ko213zən55?

他们家搬来（有）几长时间了？tʰa11mən0ka11pã11nɛ55 (iou35) tɕi35tsʰã55sɿ55kã11na0?

那个东西有几重？ na213ko0toŋ11ɕi11iou35tɕi35tsoŋ213?

那口井（有）几深？ na21kʰəu35tɕin35 (iou35) tɕi35sən11?

“几”所修饰的形容词一般都是积极义形容词，如上例的“重、深”等。

“几多”，相当于北京话的“多少”，用于问数量，修饰量词或名词性成分，通常前面要加上一个动词“有”，以“有＋几多＋量词＋NP”的结构出现。当量词和NP省略时，“几多”就做宾语；当“有”省略时，“几多”就做定语。例如：

这鱼几多钱一斤？ tse^{21}y^{55}tɕi^{35}to^{11}tɕ^{h}iɛ̃^{55}i^{21}tɕin^{11}？

锅里饭还有几多？ ko^{11}li^{0}fã^{213}xɛ^{55}iou^{35}tɕi^{35}to^{11}？

4. 好多[xɔu^{35}to^{11}]

军话中的“好”和北京话一样，可以做程度副词用，此外，还可以后接“些、多”等词，组成疑问代词结构“好多、好些”，相当于北京话的“多少”。可做定语，修饰量词或名词，也可以做宾语，是体词性的，用法与“几多”相同。

要好多才够呢？ iɔu^{21}xɔu^{35}to^{11}ts^{h}ɛ^{55}kəu^{213}ȵi^{0}？

你们村有好多人？ ȵi^{35}mən^{0}ts^{h}ən^{11}iou^{35}xɔu^{35}to^{11}zən^{55}？

六　动词的体

（一）完成体

完成体表示动作已经完成。军话完成体主要有以下五种表现形式。

1. V＋了＋O

我看了一场电影。ŋo^{35}k^{h}ã^{213}na^{0}i^{21}ts^{h}ã^{35}tiɛ̃^{21}in^{35}.

小强买了一本武侠小说。ɕiɔu^{35}tɕ^{h}iã^{55}mɛ^{35}na^{0}i^{42}pən^{35}u^{35}ɕia^{42}ɕiɔu^{35}ɕye^{42}.

他吃了饭了。t^{h}a^{11}tɕ^{h}i^{42}na^{0}fã^{213}na^{0}.

你吃了饭再走。ȵi^{35}tɕ^{h}i^{42}na^{0}fã^{213}tsɛ^{21}tsəu^{35}.

2. V＋了

小王家去了。ɕiɔu^{35}uã^{55}ka^{11}k^{h}i^{213}na^{0}.

我晓得了。ŋo^{35}ɕiɔu^{35}te^{42}na^{0}.

衣裳洗干净了。i^{11}sã^{55}ɕie^{35}kã^{11}tɕin^{213}na^{0}.

以上各例中，“V＋了”充当句子的谓语，“了”总是出现在句末。表示动作行为的实现，相当于北京话“了$_{1+2}$”所表示的语法意义。

3. V＋了＋数量补语

跑了好多趟也［没有］找到他。p^{h}ɔu^{55}na^{0}xɔu^{35}to^{11}t^{h}ã^{213}ie^{35}miou^{35}tsɔu^{35}tɔu^{13}t^{h}a^{11}.

假期我回老家住了一阵子。tɕia^{35}tɕ^{h}i^{55}ŋo^{35}fei^{55}nɔu^{35}ka^{11}tɕy^{213}na^{0}i^{42}tsən^{213}tsɿ^{0}.

4. 掉了[tiɔu^{213}na^{0}]

用于充当谓语的单个动词或形容词之后，表示动作性状的完成或实现，例如：

鞋破掉了。xɛ^{55}pʰo^{213}tiɔu^{213}na^{0}.

鸡死掉了。tɕi^{11}sɿ^{35}tiɔu^{213}na^{0}.

5. 了了 [liɔu^{35}na^{0}]

用于充当谓语的单个动词之后，例如：

他来了了。tʰa^{11}nɛ^{55}liɔu^{35}na^{0}.

我饭吃了了。ŋo^{35}fã^{213}tɕʰi^{42}liɔu^{35}na^{0}.

（二）进行体

军话大都是在动词前用一个由介词和表方位的指示代词构成的介词短语，表示动作正在进行。这个介词短语里的指示代词都是非重读音节，并非确指，整个句子的语义重心不是动作在“哪里”进行，而是强调动作“正在”进行。指示代词是用近指代词还是用远指代词，视该动作离说话人的距离远近而定。

我在这里吃饭，他在那里洗手。ŋo^{35}tsɛ^{13}tse^{42}li^{0}tɕʰi^{21}fã^{213}, tʰa^{11}tsɛ^{13}na^{213}li^{0}ɕie^{35}səu^{35}.

外头在那里落雨。uɛ^{213}tʰəu^{0}tsɛ^{213}na^{213}li^{0}no^{21}y^{35}.

小张在干什么？他在那里修车。ɕiɔu^{35}tsã^{11}tsɛ^{13}kã^{213}sən^{35}mo^{0}? tʰa^{11}tsɛ^{13}na^{213}li^{0}ɕiou^{11}tsʰe^{11}.

一个动词重叠后说两遍，构成“VVVV＋VP”格式，表示该动作正在进行的时候，又发生了另一个动作，或者进入另外一种状态。例如：

讲讲讲讲哭起来了。kã^{35}kã^{0}kã^{35}kã^{0}kʰu^{42}tɕʰi^{0}nɛ^{0}na^{0}.

走走走走走错掉了。tsəu^{35}tsəu^{0}tsəu^{35}tsəu^{0}tsəu^{35}tsʰo^{213}tiɔu^{0}na^{0}.

他看电视看看看看就睏着了。tʰa^{11}kʰã^{13}tiẽ^{13}sɿ^{213}kʰã^{213}kʰã^{0}kʰã^{213}kʰã^{0}tɕiou^{13}kʰuən^{213}tso^{42}na^{0}.

重叠动词中间插入“啊”，构成“V啊V＋VP”格式，表示动作正在进行，又出现了新情况，“V啊V”相当于北京话的“V着V着”。例如：

走啊走，走到赤岭口了。tsəu^{35}a^{0}tsəu^{35}, tsəu^{35}tɔu^{213}tsʰɿ^{21}lin^{35}kʰəu^{35}na^{0}.

他一直写啊写，写完了一个本子。tʰa^{11}i^{21}tsɿ^{42}ɕie^{35}a^{0}ɕie^{35}, ɕie^{35}uã^{55}na^{0}i^{21}ko^{213}pən^{35}tsɿ^{0}.

（三）持续体

军话大都是在动词后用一个由介词和表方位的指示代词构成的介词短语，表示动作、状态处于持续之中，例如：

他家门锁在那里，槛子也关在那里，一个人都［没有］。tʰa^{11}ka^{11}mən^{55}so^{35}tsɛ^{0}na^{213}li^{0}, kʰã^{35}tsɿ^{0}ie^{35}kuã^{11}tsɛ^{0}na^{213}li^{0}, i^{21}ko^{21}zən^{55}tu^{11}miou^{35}.

路上停倒一部车在这里。nu^{213}sã^{0}tʰin^{55}tɔu^{0}i^{21}pu^{13}tsʰe^{11}tsɛ^{13}tse^{42}li^{0}.

灯亮倒那里。tən^{11}liã^{213}tɔu^{0}na^{213}li^{0}.

今军话新派多用“V倒”“V着”表示动作持续，例如：

坐倒吃比站倒吃好些。tso^{213}tɔu^{0}tɕʰi^{42}pi^{35}tsã^{213}tɔu^{0}tɕʰi^{42}xɔu^{35}ɕie^{0}.

灯亮倒的。tən^{11}liã^{213}tɔu^{0}ti^{0}.

他家门锁倒的，槛子也关倒的，一个人都［没有］。tʰa^{11}ka^{11}mən^{55}so^{35}tɔu^{0}ti^{0}, kʰã^{35}tsɿ^{0}ie^{35}kuã^{11}tɔu^{0}ti^{0}, i^{21}ko^{21}zən^{55}tu^{11}miou^{35}.

他家门锁着，槛子也关着，一个人都［没有］。tʰa^{11}ka^{11}mən^{55}so^{35}tso^{0}, kʰã^{35}tsɿ^{0}ie^{35}kuã^{11}tso^{0}, i^{21}ko^{21}zən^{55}tu^{11}miou^{35}.

他今朝穿着一身新衣裳。tʰa^{11}tɕin^{11}tsɔu^{11}tɕʰyɛ̃^{11}tso^{0}i^{21}sən^{11}ɕin^{11}i^{11}sã^{55}.

灯亮着。tən^{11}liã^{213}tso^{0}.

（四）经历体

经历体表示过去某个时点或时段某个动作或某种变化曾经经历过。军话表经历体主要用“VP过”式。例如：

他到上海去过，我［没有］去过。tʰa^{11}tɔu^{13}sã^{21}xɛ^{35}kʰi^{213}ko^{0}, ŋo^{35}miou^{35}kʰi^{213}ko^{0}.

他去过上海，我［没有］去过。tʰa^{11}kʰi^{213}ko^{0}sã^{21}xɛ^{35}, ŋo^{35}miou^{35}kʰi^{213}ko^{0}.

他许多位子都去过，就是北京［没有］去过。tʰa^{11}ɕy^{35}to^{11}uei^{213}tsɿ^{0}tu^{11}kʰi^{13}ko^{0}, tɕiou^{13}sɿ^{213}pe^{42}tɕin^{11}miou^{35}kʰi^{13}ko^{0}.

我寻过他好几回。ŋo^{35}tɕʰin^{55}ko^{0}tʰa^{11}xɔu^{35}tɕi^{35}fei^{55}.

他老早做过生意。tʰa^{11}nɔu^{35}tsɔu^{35}tso^{213}ko^{0}sən^{11}i^{213}.

我早就看过这本书了。ŋo^{35}tsɔu^{35}tɕiou^{213}kʰã^{213}ko^{0}tse^{21}pən^{35}ɕy^{11}na^{0}.

这本书我早就看过了。tse^{21}pən^{35}ɕy^{11}ŋo^{35}tsɔu^{35}tɕiou^{213}kʰã^{213}ko^{0}na^{0}.

我吃过这种菜，不大好吃。ŋo^{35}tɕʰi^{42}ko^{0}tse^{21}tsoŋ^{35}tsʰɛ^{213}, pu^{21}ta^{21}xɔu^{35}tɕʰi^{42}.

这种菜我吃过，不大好吃。tse^{21}tsoŋ^{35}tsʰɛ^{213}ŋo^{35}tɕʰi^{42}ko^{0}, pu^{21}ta^{21}xɔu^{35}tɕʰi^{42}.

前几天冷过，今朝又热了。tɕʰiɛ̃^{55}tɕi^{35}tʰiɛ̃^{11}nən^{35}ko^{0}, tɕin^{11}tsɔu^{11}iou^{13}ze^{42}na^{0}.

（五）起始体

起始体表示动作或变化的开始。军话和北京话一样，也是在动词、形容词后附加“起来”（常用合音形式[tɕʰiɛ^{55} ～ tɕʰiɛ^{0}]）、“起……来”“起”“了”表示起始。具体说来，有以下几种形式。

1. VP＋起来

“VP＋起来”表示开始某个动作或状态，VP可以是动词也可以是形容词，例如：

我还要等一下，你们先喝起来。ŋo^{35}xɛ^{55}iɔu^{213}tən^{35}i^{42}xa^{0}, ȵi^{35}mən^{0}ɕiɛ̃^{11}xo^{42}tɕʰi^{0}nɛ^{0}.

老张老李吵起来了。nɔu^{35}tsã^{11}nɔu^{35}li^{35}tsʰɔu^{35}tɕʰi^{0}nɛ^{0}na^{0}.

天热起来了。tʰiɛ̃^{11}ze^{42}tɕʰi^{0}nɛ^{0}na^{0}.

现在买汽车的人多起来了。ɕiɛ̃^{13}tsɛ^{213}mɛ^{35}tɕʰi^{13}tsʰe^{11}ti^{0}zən^{55}to^{11}tɕʰi^{0}nɛ^{0}na^{0}.

当VP是动宾式时，宾语经常用在“起”和“来”之间，组成嵌套式，例如：

他们又吵起嘴来了。tʰa^{11}mən^{0}iou^{213}tsʰɔu^{35}tɕʰi^{0}tsei^{35}nɛ^{0}na^{0}.

2. V＋起

“VP起”表示起始，动词前往往有一个起始点。例如：

从简单的做起。tsʰoŋ^{55}tɕiɛ̃^{35}tã^{11}ti^{0}tso^{21}tɕʰi^{35}.

从明年算起。tsʰoŋ^{55}mən^{55}ȵiɛ̃^{55}sɔ̃^{21}tɕʰi^{35}.

从第五行数起。tsʰoŋ^{55}ti^{21}u^{35}xã^{55}su^{21}tɕʰi^{35}.

利息从月底算起。li^{213}ɕi^{42}tsʰoŋ^{55}ye^{21}ti^{35}sɔ̃^{21}tɕʰi^{35}.

看书要从目录看起。kʰã^{13}ɕy^{11}iɔu^{213}tsʰoŋ^{55}mu^{21}nu^{42}kʰã^{21}tɕʰi^{35}.

3. VP＋了

“VP＋了”相当于“开始/要VP了”，例如：

落雨了。no^{21}y^{35}na^{0}.

吃饭了。tɕʰi^{21}fã^{213}na^{0}.

睏觉了。kʰuən^{13}kɔu^{213}na^{0}.

（六）尝试体

尝试体是指所表示的动作量少时短，包括一般所说的短时体。主要有三种形式：VV、V（一）下、VV看。

1. VV

动词重叠表示尝试，第一个动词念本音，第二个动词读轻声。例如：

我先去看看。ŋo^{35}ɕiɛ̃^{11}kʰi^{213}kʰã^{213}kʰã^{0}.

你再想想。ȵi^{35}tsɛ^{213}ɕiã^{35}ɕiã^{0}.

2. VV看

动词重叠后加“看”构成“VV看”，表示尝试。例如：

你做做看。ȵi^{35}tso^{213}tso^{0}kʰã^{213}.

我来写写看。ŋo^{35}nɛ^{55}ɕie^{35}ɕie^{0}kʰã^{213}.

我们再商量商量看。ŋo^{35}mən^{0}tsɛ^{213}sã^{11}liã^{55}sã^{11}liã^{55}kʰã^{213}.

3. V（一）下

动词V后跟动量词“一下”构成“V（一）下”式，表示动作短暂或尝试，相当于北京话的“V一会儿、V一下”。例如：

你们先等一下，我一下就来。ȵi^{35}mən^{0}ɕiɛ̃^{11}tən^{35}i^{42}xa^{0}, ŋo^{35}i^{42}xa^{0}tɕiou^{21}nɛ^{55}.

挤下就能坐下了。tɕi^{35}xa^{0}tɕiou^{21}nən^{55}tso^{13}xa^{213}na^{0}.

你来帮我看下。ȵi^{35}nɛ^{55}pã^{11}ŋo^{35}kʰã^{213}xa^{0}.

客人来了你先招呼一下。kʰe^{21}zən^{55}nɛ^{55}na^{0}ȵi^{35}ɕiɛ̃^{11}tsɔu^{11}fu^{11}i^{0}xa^{0}.

“V下”后面可以加“看”，短暂、尝试意味更重，例如：

你尝下看味道怎么样。ȵi^{35}sã^{55}xa^{0}kʰã^{0}uei^{13}tɔu^{213}zən^{35}mo^{0}iã^{213}.

我想下看再跟你讲。ŋo^{35}ɕiã^{35}xa^{0}kʰã^{0}tsɛ^{213}kən^{11}ȵi^{35}kã^{35}.

七 语气词

（一）呢[ȵi^{0}]

“呢”作为语气词主要有两种用法：一是作为特指问句的疑问标记，一是作为话题标记。

1. 作为疑问标记

人呢？ zən^{55}ȵi^{0}?（＝人在哪里？）

他在那里做什么呢？ tʰa^{11}tsɛ^{213}na^{213}li^{0}tso^{213}sən^{35}mo^{0}ȵi^{0}?

2. 作为话题标记的“呢”，可以用“吧”自由替换。

书呢书读不好，手艺呢手艺也学不好，哪好的搞呢？ ɕy^{11}ȵi^{0}ɕy^{11}tu^{42}pu^{0}xɔu^{35}, səu^{35}ȵi^{213}ȵi^{0}səu^{35}ȵi^{213}ie^{35}ɕio^{42}pu^{0}xɔu^{35}, na^{35}xɔu^{35}ti^{0}kɔu^{35}ȵi^{0}?

衣裳呢干了，裤子呢还［没有］干。i^{11}sã^{55}ȵi^{0}kã^{11}na^{0}, kʰu^{213}tsɿ^{0}ȵi^{0}xɛ^{55}miou^{35}kã^{11}.（还xɛ^{55}～还xã^{55}）

（二）吧[pa^{0}]

“吧”是军话中的常用语气词，主要表示以下语气。

1. 用于句末，表示商量、提议、祈使。例如：

你明朝去可以吧？ ȵi^{35}mən^{55}tsɔu^{11}kʰi^{213}kʰo^{35}i^{35}pa^{0}?

大家一起看吧。ta^{13}ka^{11}i^{21}tɕʰi^{35}kʰã^{213}pa^{0}.

你们快走吧。ȵi^{35}mən^{0}kʰuɛ^{21}tsəu^{35}pa^{0}.

2. 用于句末，表示同意或认可。例如：

好吧，现在动手吧。xɔu^{35}pa^{0}, ɕiɛ̃^{13}tsɛ^{213}toŋ^{21}səu^{35}pa^{0}.

就这样吧。tɕiou^{213}tse^{21}iã^{213}pa^{0}.

3. 用于句末，表示疑问或揣测。例如：

明朝不会落雨吧？ mən^{55}tsɔu^{11}pu^{21}fei^{213}no^{21}y^{35}pa^{0}?

他大概不来了吧？ tʰa^{11}ta^{13}kɛ^{213}pu^{21}nɛ^{55}na^{0}pa^{0}?

4. 表示假设和停顿，常常对举，含两难意味。例如：

去吧，不好；不去吧，也不好。kʰi^{213}pa^{0}, pu^{21}xɔu^{35}; pu^{21}kʰi^{213}pa^{0}, ie^{35}pu^{21}xɔu^{35}.

这个屋，做吧，钱不够；不做吧，［没有］地方住了。tse^{42}ko^{0}u^{42}, tso^{213}pa^{0}, tɕʰiɛ̃^{55}pu^{21}kəu^{213}; pu^{21}tso^{213}pa^{0}, miou^{35}ti^{13}fã^{11}tɕy^{213}na^{0}.

5. 在句末，表示不敢肯定。例如：

大概过了几天吧，他就回来了。ta^{13}kε^{213}ko^{213}na^{0}tɕi^{35}tʰiε̃^{11}pa^{0}, tʰa^{11}tɕiou^{213}fei^{55}nε^{55}na^{0}.

（三）了[na^{0}]

“了”用于句末或分句句尾，表示各种语气，并有成句作用，若去掉则不成句。近似北京话的“了$_{2}$”。

1. 用在句末，表示陈述语气，肯定事态有了变化，出现了新情况，或表示事态将有变化。例如：

鱼臭了，不能吃了。y^{55}tsʰəu^{213}na^{0}, pu^{21}nən^{55}tɕʰi^{42}na^{0}.

落雪了。no^{21}ɕie^{42}na^{0}.

我已经买了票了。ŋo^{35}i^{35}tɕin^{11}mε^{35}na^{0}pʰiɔu^{213}na^{0}.

他已经到上海了。tʰa^{11}i^{35}tɕin^{11}tɔu^{213}sã^{21}xε^{35}na^{0}.

这本书我看了三天了。tse^{21}pən^{35}ɕy^{11}ŋo^{35}kʰã^{213}na^{0}sã^{11}tʰiε̃^{11}na^{0}.

人老了，身体也差了。zən^{55}nɔu^{35}na^{0}, sən^{11}tʰi^{35}ie^{35}tsʰa^{11}na^{0}.

都大学生了，还这么不懂事。tu^{11}ta^{213}ɕio^{21}sən^{11}na^{0}, xε^{55}tse^{42}mo^{0}pu^{21}toŋ^{35}sɿ^{213}.

快放假了。kʰuε^{213}fã^{21}tɕia^{35}na^{0}.

头发快全白了。tʰəu^{55}fa^{42}kʰuε^{213}tɕʰyε̃^{55}pe^{42}na^{0}.

单个动词加“了”既可以表示事态有了变化，也可以表示事态将有变化，如“睏了”既可以表示“已经睡觉了”，也可以表示“该睡觉了，可以睡觉了”。

2. 用于感叹句中，表示感叹语气，可以表达喜怒哀乐、厌烦、惊讶等各种情绪。例如：

烦死了！ fã^{55}sɿ^{35}na^{0}!

不好了！锁匙跌掉了！ pu^{21}xɔu^{35}na^{0}!so^{35}sɿ^{55}tie^{42}tiɔu^{0}na^{0}!

3. 表示警告、提醒等语气，一般用于“把”字句中。例如：

［不要］把衣裳弄破了。piɔu^{213}pa^{35}i^{11}sã^{55}noŋ^{13}pʰo^{213}na^{0}.

（四）哦[o^{0}]

“哦”是句末语气词，主要有以下用法。

1. 表示陈述语气，例如：

哪一个？我是老王哦。na^{35}i^{21}ko^{213}? ŋo^{35}sɿ^{21}nɔu^{35}uã^{55}o^{0}.

他到哪里去了？还在家里哦。tʰa^{11}tɔu^{21}na^{35}li^{35}kʰi^{213}na^{0}? xε^{55}tsε^{13}ka^{11}li^{0}o^{0}.（还 xε^{55} ～还 xã^{55}）

2. 表示领会、醒悟，例如：

哦，我晓得了。o^{0}, ŋo^{35}ɕiɔu^{35}te^{0}na^{0}.

哦，是这样子的！ o^{0}, sɿ^{213}tse^{21}iã^{213}tsɿ^{0}ti^{0}!

3. 表示承诺、答应。例如：

哦，我走了。o^{0}, ŋo^{35}tsəu^{35}na^{0}.

哦，我一定好好做事。o^{0}, ŋo^{35}i^{21}tin^{213}xɔu^{35}xɔu^{35}tso^{13}sɿ^{213}.

4. 表示疑问、惊奇等，例如：

哦！有这样的事？ o^{0}! iou^{35}tse^{21}iã^{213}ti^{0}sɿ^{213}?

5. 表示感叹语气，例如：

他对人儿好哦他对人可好着呢。tʰa^{11}tei^{21}zən^{55}tɕi^{35}xɔu^{35}o^{0}.

这个后生家力气儿大哦这小伙子可有劲着呢。tse^{42}ko^{0}xəu^{213}zən^{0}ka^{11}li^{21}tɕʰi^{213}tɕi^{35}ta^{213}o^{0}.

有五十斤重哦。iou^{35}u^{35}sɿ^{21}tɕin^{11}tsoŋ^{213}o^{0}.

（五）啰[no^{0}]

“啰”是句末语气词，主要有以下用法。

1. 表示轻松的陈述语气，例如：

哪一个？我是老王啰。na^{35}i^{21}ko^{213}? ŋo^{35}sɿ^{21}nɔu^{35}uã^{55}no^{0}.

可是真的？真的哦，他是在我家吃的饭啰。kʰo^{35}sɿ^{13}tsən^{11}ti^{0}? tsən^{11}ti^{0}o^{0}, tʰa^{11}sɿ^{13}tsɛ^{21}ŋo^{35}ka^{11}tɕʰi^{42}ti^{0}fã^{213}no^{0}.

你在做什么？在家吃饭啰。ȵi^{35}tsɛ^{13}tso^{21}sən^{35}mo^{0}? tsɛ^{13}ka^{11}tɕʰi^{21}fã^{213}no^{0}.

2. 用在句末，表示事情已经完成或出现新情况。例如：

不早啰，快点去吧。pu^{21}tsɔu^{35}no^{0}, kʰuɛ^{213}tiẽ^{0}kʰi^{213}pa^{0}.

天要落雨啰。tʰiẽ^{11}iɔu^{13}no^{21}y^{35}no^{0}.

老师回来啰。nɔu^{35}sɿ^{11}fei^{55}nɛ^{55}no^{0}.

3. 用在句末，表示祈使语气。例如：

先喝杯茶起再讲啰。ɕiẽ^{11}xo^{21}pei^{11}tsʰa^{55}tɕʰi^{35}tsɛ^{21}kã^{35}no^{0}.

你吃了饭再去啰。ȵi^{35}tɕʰi^{42}na^{0}fã^{213}tsɛ^{13}kʰi^{213}no^{0}.

4. 表示肯定，例如：

我当然能做好啰。ŋo^{35}tã^{11}zã^{55}nən^{55}tso^{21}xɔu^{35}no^{0}.

（六）就是了[tɕiou^{13}sɿ^{213}na^{0}]

这个三音节的语气词，用于陈述句和祈使句句末，可以表示两种语气：一是同意或鼓励、劝说听话人实施某一行为，表示让对方尽管放心的语气；二是表示轻微的转折语气。例如：

你有意见提就是了。ȵi^{35}iou^{35}i^{13}tɕiẽ^{213}tʰi^{55}tɕiou^{13}sɿ^{213}na^{0}.

欠他的账还他就是了。tɕʰiẽ^{213}tʰa^{11}ti^{0}tsã^{213}fã^{55}tʰa^{0}tɕiou^{13}sɿ^{213}na^{0}.

讲错了不要紧，再讲一遍添就是了。kã^{35}tsʰo^{213}na^{0}pu^{21}iɔu^{21}tɕin^{35}, tsɛ^{21}kã^{35}i^{21}piẽ^{13}tʰiẽ^{11}

tɕiou^{13}sɿ^{213}na^{0}.

晓得讲一点，讲得不准就是了会说一点，只不过说得不标准。ɕiɔu^{35}te^{0}kã^{35}i^{21}tiɛ̃^{35}, kã^{35}te^{0}pu^{21}tɕyn^{35}tɕiou^{13}sɿ^{213}na^{0}.

八　动词的后置成分

北京话动词的修饰语都放在动词之前，而南方的一些方言则有放在动词之后的情况，军话也存在这种现象。我们将这种放在动词之后的词语称为动词的后置成分。

1. 表追加、继续的“添”[tʰiɛ̃^{11}]

请你讲遍添！ tɕʰin^{35}ȵi^{35}kã^{35}piɛ̃^{13}tʰiɛ̃^{11}!

你吃碗添。ȵi^{35}tɕʰi^{21}uã^{35}tʰiɛ̃^{11}.

你再吃碗添。ȵi^{35}tsɛ^{13}tɕʰi^{21}uã^{35}tʰiɛ̃^{11}.

我吃了一碗饭，再吃一碗粥添。ŋo^{35}tɕʰi^{42}na^{0}i^{21}uã^{35}fã^{213}, tsɛ^{13}tɕʰi^{42}i^{21}uã^{35}tsu^{42}tʰiɛ̃^{11}.

我买了一本书了，还想（再）买一本添。ŋo^{35}mɛ^{35}na^{0}i^{21}pən^{35}ɕy^{11}na^{0}, xɛ^{55}ɕiã^{35} (tsɛ^{21}) mɛ^{35}i^{21}pən^{35}tʰiɛ̃^{11}.

我［没有］听清楚，你（再）讲（一）遍添。ŋo^{35}miou^{35}tʰin^{13}tɕʰin^{11}tsʰu^{35}, ȵi^{35} (tsɛ^{21}) kã^{35} (i^{21}) piɛ̃^{13}tʰiɛ̃^{11}.

“添”用在动词之后，意义相当于“再”，表示动作继续进行，数量继续追加。动词前可以加“再”，也可以不加“再”。动词前如果加了“再”，则后面的“添”一般可以省略，但以不省略为常。“添”字读本调，不读轻声。

军话“你再吃一碗”这个句子有三种说法：“尔吃碗添”是方言原有的说法，“你再吃（一）碗”大概是受普通话影响产生的新说法（但也不能完全排除方言中本来就有这种说法），“你再吃碗添”则可能是方言与普通话“杂交”的句式，“再”和“添”共现，给人一种叠床架屋的感觉。

有一个与“添”用法完全相同的“凑[tsʰəu^{213}]”，两者可以自由替换。例如：

你再讲遍凑。ȵi^{35}tsɛ^{213}kã^{35}piɛ̃^{13}tsʰəu^{213}.

这个“凑”和赣语用于动词后的“凑”用法相同。

2. 表领先的“起”[tɕʰi^{35}]

军话置于动词之后的“起”，作用相当于北京话放在动词之前的“先”，表示“起”字之前的动作在时间上具有领先性。动词前可以加“先”，也可以不加“先”。动词前如果有“先”，则后面的“起”可以省掉。“起”做后置成分时可读本调，也可读轻声。如“你先去”这个句子，军话有“尔去起”“尔先去起”和“尔先去”三种表达方式。

另外，还有一个和“起”用法基本相同的“着”，二者的区别在于：“起”可以用在单音节动词之后，而“着”必须用在动宾或动补结构之后。

喝杯茶起。xo^{21}pei^{11}ts^{h}a^{55}tɕ^{h}i^{35}.

喝杯茶着。xo^{21}pei^{11}ts^{h}a^{55}tso^{42}.

先喝杯茶起（再讲）。ɕiɛ̃^{11}xo^{21}pei^{11}ts^{h}a^{55}tɕ^{h}i^{35} (tsɛ^{21}kã^{35}) .

吃了饭起再去可照$^{=}$？ tɕ^{h}i^{42}na^{0}fã^{21}tɕ^{h}i^{35}tsɛ^{13}k^{h}i^{213}k^{h}o^{35}tsɔu^{213}?

吃了饭着再去可照$^{=}$？ tɕ^{h}i^{42}na^{0}fã^{21}tso^{42}tsɛ^{13}k^{h}i^{213}k^{h}o^{35}tsɔu^{213}?

你去起，我们一下再去。ȵi^{35}k^{h}i^{21}tɕ^{h}i^{35}, ŋo^{35}mən^{0}i^{42}xa^{0}tsɛ^{13}k^{h}i^{213}.

你先去起，我们一下再去。ȵi^{35}ɕiɛ̃^{11}k^{h}i^{21}tɕ^{h}i^{35}, ŋo^{35}mən^{0}i^{42}xa^{0}tsɛ^{13}k^{h}i^{213}.

吃了这碗饭起（再讲）。tɕ^{h}i^{42}na^{0}tse^{21}uã^{35}fã^{213}tɕ^{h}i^{35} (tsɛ^{21}kã^{35}) .

了了这个事着（再讲）。liɔu^{35}na^{0}tse^{42}ko^{0}sɿ^{213}tso^{0} (tsɛ^{21}kã^{35}) .

歇下着（再讲）。ɕie^{42}xa^{0}tso^{0} (tsɛ^{21}kã^{35}) .

歇下起（再讲）。ɕie^{42}xa^{0}tɕ^{h}i^{35} (tsɛ^{21}kã^{35}) .

坐下起，喝点水起。tso^{213}xa^{0}tɕ^{h}i^{0}, xo^{42}tiɛ̃^{0}ɕyei^{35}tɕ^{h}i^{0}.

坐下着，喝点水着。tso^{213}xa^{0}tso^{0}, xo^{42}tiɛ̃^{0}ɕyei^{35}tso^{0}.

坐下起，喝点水着。tso^{213}xa^{0}tɕ^{h}i^{0}, xo^{42}tiɛ̃^{0}ɕyei^{35}tso^{0}.

坐下着，喝点水起。tso^{213}xa^{0}tso^{0}, xo^{42}tiɛ̃^{0}ɕyei^{35}tɕ^{h}i^{0}.

第二节

句 式

一 疑问句

（一）特指问句

特指问句是指用疑问代词提问的疑问句。

军话的特指问与北京话的特指问在形式上是一致的。区别在于疑问代词的词形不同。军话的“哪个”相当于北京话的“谁”，“么屌”相当于北京话的“什么”，“几多”相当于北京话的“多少”，“几”相当于北京话里的“多”，“做么事”相当于北京话的“为什么”，“么样”“哪好的”相当于北京话的“怎么”或“怎么样”，“么时候”相当于北京话的“什么时候”，“么地方”或“哪个位子”相当于北京话的“哪里”。

哪个啊？我是老三。na^{35}ko^{213}a^{0}? ŋo^{35}sɿ^{21}nɔu^{35}sã^{11}.

今朝开会哪个主持今天开会谁的主席？ tɕin^{11}tsɔu^{11}kʰɛ^{11}fei^{213}na^{35}ko^{21}tɕy^{35}tsʰɿ^{55}?

你讲得真好，你还晓得讲点么屌呢你说得很好，你还会说点儿什么呢？ ȵi^{35}kã^{35}te^{0}tsən^{11}xɔu^{35}, ȵi^{35} xɛ^{55}ɕiɔu^{35}te^{0}kã^{35}tiẽ^{0}mo^{35}tiɔu^{35}ȵi^{0}?（还 xɛ^{55} ～还 xã^{55}）

你是哪年来的？ ȵi^{35}sɿ^{21}na^{35}ȵiẽ^{55}nɛ^{55}ti^{0}?

台桌桌子上的书是哪个的（书）？ tʰɛ^{55}tso^{42}sã^{0}ti^{0}ɕy^{11}sɿ^{21}na^{35}ko^{213}ti^{0} (ɕy^{11})？

你到哪里去？ ȵi^{35}tɔu^{21}na^{35}li^{35}kʰi^{213}?

他在哪个位子吃的饭？ tʰa^{11}tsɛ^{21}na^{35}ko^{13}uei^{213}tsɿ^{0}tɕʰi^{42}ti^{0}fã^{213}?

他今年几大了？ tʰa^{11}tɕin^{11}ȵiẽ^{0}tɕi^{35}ta^{213}na^{0}?

这个东西有几重呢？ tse^{42}ko^{0}toŋ^{11}ɕi^{11}iou^{35}tɕi^{35}tsoŋ^{213}ȵi^{0}?（几 tɕi^{35} ～多 to^{11}）

哪好搞呢？不是那好的搞，要这好的搞才照$^{=}$怎么办呢？不是那么做，要这么做才行。na^{35}xɔu^{35}

kɔu^{35}ȵi^{0}? pu^{21}sɿ^{13}na^{21}xɔu^{35}ti^{0}kɔu^{35}, iɔu^{13}tse^{21}xɔu^{35}ti^{0}kɔu^{35}tsʰɛ^{55}tsɔu^{213}.

这句话用赤岭话哪好的讲？ tse^{21}tɕy^{13}fa^{213}iɔŋ^{13}tsʰe^{21}lin^{35}fa^{213}na^{35}xɔu^{35}ti^{0}kã^{35}?

你哪好的做起生意［起来］了？ ȵi^{35}na^{35}xɔu^{35}ti^{0}tso^{213}tɕʰi^{0}sən^{11}i^{213}tɕʰiɛ^{0}na^{0}?

你姓什么？ ȵi^{35}ɕin^{21}sən^{35}mo^{0}?

他在做么事？ tʰa^{11}tsɛ^{13}tso^{21}mo^{35}sɿ^{213}?

你猜下看，这是么屌？ ȵi^{35}tsʰɛ^{11}xa^{0}kʰã^{213}, tse^{21}sɿ^{21}mo^{35}tiɔu^{35}?

这类问句结构形式上有三个要素：疑问代词、句调和语气词。但疑问信息均由疑问代词承担，疑问代词代替了未知部分，说话人希望对方就未知部分作答。这类句子的句调比较灵活，一般用降调，也可以用降升调。有疑问代词的特指问可用可不用语气词。

军话还有一种无疑问代词的特指问。如：

我的书包呢？ ŋo^{35}ti^{0}ɕy^{11}pɔu^{11}ȵi^{0}?

我锁匙呢我的钥匙呢？ ŋo^{35}so^{35}sɿ^{55}ȵi^{0}?

他不来呢他不来怎么办呢？ tʰa^{11}pu^{21}nɛ^{55}ȵi^{0}?

他不跟我讲呢他如果不跟我说怎么办呢？ tʰa^{11}pu^{21}kən^{11}ŋo^{35}kã^{35}ȵi^{0}?

（二）是非问句

军话是非问句比较少，一般是以反复问句的形式出现。比如北京话的“你是老师吗？”，军话一般说“你是不是老师啊？”。不过，新派也有少数是非问句的说法。这种是非问是指结构跟陈述句相同，以整句话为疑问对象，要求听话方对整个命题做出肯定或否定回答的问句。

A式：S＋啊。如：

今朝不开会啊？ tɕin^{11}tsɔu^{11}pu^{42}kʰɛ^{11}fei^{213}a^{0}?

你打赢了啊？ ȵi^{35}ta^{35}in^{55}na^{0}a^{0}?

他硬要走啊？ tʰa^{11}in^{13}iɔu^{213}tsəu^{35}a^{0}?

你不记得啦？ ȵi^{35}pu^{21}tɕi^{213}te^{0}na^{0}?

A式的疑问信息都是由句尾语气词负载的，没有语气词就没有疑问信息，只能表一般的陈述，所以“啊”在军话里是疑问词，降调是一个补充要素。

B式：S＋吧。如：

今朝驮老师骂了吧今天挨老师批评了吧？ tɕin^{11}tsɔu^{11}tʰo^{55}nɔu^{35}sɿ^{11}ma^{213}na^{0}pa^{0}?

你明朝走吧？ ȵi^{35}mən^{55}tsɔu^{11}tsəu^{35}pa^{0}?

今朝不上课吧？ tɕin^{11}tsɔu^{11}pu^{21}sã^{13}kʰo^{213}pa^{0}?

这是一种说话人已经有所肯定或有所否定的问句，疑问信息的语法标记是疑问词“吧”，这种问句信大于疑。

（三）选择问句

选择问句是用复句的形式提出两种或几种看法，希望对方选择一种作答的疑问句。问句内容以分句形式出现，以连词“还是xɛ^{55}sɿ^{13} ～ xã^{55}sɿ^{13}”或者“（还）是……，还是……”连接，也可以直接提供两种选择，不用连词连接。如：

你是吃饭（呢）还是吃馍馍（呢）？ ȵi^{35}sɿ^{13}tɕʰi^{21}fã^{213} (ȵi^{0}) xɛ̃^{55}sɿ^{0}tɕʰi^{21}mo^{55}mo^{55} (ȵi^{0})？

你吃饭还是吃馍馍（呢）？ ȵi^{35}tɕʰi^{21}fã^{213}xɛ̃^{55}sɿ^{0}tɕʰi^{21}mo^{55}mo^{55} (ȵi^{0})？

你吃饭吃馍馍？ ȵi^{35}tɕʰi^{21}fã^{213}tɕʰi^{21}mo^{55}mo^{55}?

还是胖的好还是瘦的好？ xɛ^{55}sɿ^{13}pʰã^{213}ti^{0}xɔu^{35}xã^{55}sɿ^{13}səu^{213}ti^{0}xɔu^{35}?（还xɛ^{55} ～还xã^{55}）

胖的好还是瘦的好？ pʰã^{213}ti^{0}xɔu^{35}xɛ^{55}sɿ^{13}səu^{213}ti^{0}xɔu^{35}?

胖的好瘦的好？ pʰã^{213}ti^{0}xɔu^{35}səu^{213}ti^{0}xɔu^{35}?

你（还是）吃烟还是吃茶？ ȵi^{35} (xã^{55}sɿ^{213}) tɕʰi^{21}iɛ̃^{11}xã^{55}sɿ^{213}tɕʰi^{21}tsʰa^{55}?

你吃烟吃茶？ ȵi^{35}tɕʰi^{21}iɛ̃^{11}tɕʰi^{21}tsʰa^{55}?

军话选择问与北京话句法结构基本一致，疑问点都在“A还是B”格式中，只是句调有所不同。北京话选择问句调可平可升，以升调为主；军话是可平可降，以降调为主。军话选择问句末尾可以带语气词“呢”。

（四）反复问句

军话反复问句有两种基本形式，一种是“可VP”式，一种是“VP-neg-VP”式，两种形式都有一些变式。其中首选的是“可VP”式。比如“你吃饭了吗”，军话有以下说法：

你可吃饭了？ ȵi^{35}kʰo^{35}tɕʰi^{21}fã^{213}na^{0}?

你可吃饭了［没有］？ ȵi^{35}kʰo^{35}tɕʰi^{21}fã^{213}na^{0}miou^{35}?

你可吃饭［没有］？ ȵi^{35}kʰo^{35}tɕʰi^{21}fã^{213}miou^{35}?

你吃饭了［没有］？ ȵi^{35}tɕʰi^{21}fã^{213}na^{0}miou^{35}?

你吃饭［没有］？ ȵi^{35}tɕʰi^{21}fã^{213}miou^{35}?

你饭吃了［没有］？ ȵi^{35}fã^{213}tɕʰi^{42}na^{0}miou^{35}?

1.“可VP”问句

军话副词“可[kʰo^{35}]”的功能主要是用在疑问句里表疑问，构成“可VP”式问句。

汉语的句子从时间表达上看，从绝对时角度可分已然和未然两类：事件在说话之前或说话之时已发生（过）或存在（过）的句子为已然句；事件在说话之时尚未发生的句子为未然句。“已然”和“未然”主要是询问事件和状况的，都具有时体性，而表示静态的性质、状态的谓词性成分不具有时体性，因此无所谓已然或未然，可称为“中性时体”。

（1）“可VP”表未然或中性时体

① 表未然时体

“可VP”用来询问未发生而将要发生的事，VP一般为动词或动词性词语。例如：

可走走不走？ $k^ho^{35}tsəu^{35}$？

可吃烟抽不抽烟？ $k^ho^{35}tɕ^hi^{42}iɛ̃^{11}$？

他可叫你去了他有没有叫你去？ $t^ha^{11}k^ho^{35}tɕiəu^{21}ȵi^{35}k^hi^{213}na^0$？

可看电视看不看电视？ $k^ho^{35}k^hã^{13}tiɛ̃^{13}sɿ^{213}$？

询问未来是否重复发生过去已发生的事或重复出现某种性状时，军话使用“可（还）VP了”。例如：

苹果可（还）吃了苹果还吃吗？ $p^hin^{55}ko^{35}k^ho^{35}$ $(xɛ^{55})$ $tɕ^hi^{42}na^0$？

电视可（还）看了电视还看吗？ $tiɛ̃^{13}sɿ^{213}k^ho^{35}$ $(xɛ^{55})$ $k^hã^{213}na^0$？

可（还）去上网了还去上网吗？ k^ho^{35} $(xɛ^{55})$ $k^hi^{13}sã^{21}uã^{35}na^0$？

可（还）恨他了还恨他吗？ k^ho^{35} $(xɛ^{55})$ $xən^{13}t^ha^{11}na^0$？

这种用法老派用得较多，新派的中青年人常用“还V不VP”反复问形式。如“电视可还看了？”说成“电视还看不看了？”。

② 表中性时体

用“可VP”，一般有句末语气词，也可省略。例如：

你可认得他你认不认得他？ $ȵi^{35}k^ho^{35}zən^{21}te^{42}t^ha^{11}$？

你可真去你真去吗？ $ȵi^{35}k^ho^{35}tsən^{11}k^hi^{213}$？

你可是大学生啊你是不是大学生？ $ȵi^{35}k^ho^{35}sɿ^{213}ta^{13}ɕio^{42}sən^{11}a^0$？

可拿得动拿得动吗？ $k^ho^{35}na^{55}te^0toŋ^{213}$？

可敢去敢去吗？ $k^ho^{35}kã^{35}k^hi^{213}$？

可暖乎暖和不暖和？ $k^ho^{35}nɔ̃^{35}fu^{11}$？

可能吃能吃吗？ $k^ho^{35}nən^{55}tɕ^hi^{42}$？

可冷冷不冷？ $k^ho^{35}nən^{35}$？

她可标致她漂亮吗？ $t^ha^{11}k^ho^{35}piəu^{11}tsɿ^{213}$？

③ 表已然或曾然

A. 表已然。“可VP了”用来询问某一动作或事件是否已经发生，也可用来询问某一性状或情况是否产生或变化。例如：

他可去了他去了吗？ $t^ha^{11}k^ho^{35}k^hi^{213}na^0$？

那个事你可跟他讲了那件事跟他说了吗？ $na^{213}ko^0sɿ^{213}ȵi^{35}k^ho^{35}kən^{11}t^ha^{11}kã^{35}na^0$？

这个问题可商量了这个问题商量了吗？ $tse^{42}ko^0uən^{21}t^hi^{55}k^ho^{35}sã^{11}liã^{55}na^0$？

话可讲清楚了话说清楚了吗？ $fa^{213}k^ho^{35}kã^{35}tɕ^hin^{11}ts^hu^{35}na^0$？

作业可写好了作业写好了吗？ $tso^{21}ȵie^{42}k^ho^{35}ɕie^{35}xəu^{35}na^0$？

水可热了水热了吗？ $ɕyei^{35}k^ho^{35}ze^{42}na^0$？

B. 表曾然。用于询问曾经发生过的动作或事件。句中有表示经历态的动态助词“过”，句末语气词不是必有成分，加上可舒缓语气。例如：

老王可当过老师啊老王当过老师吗？ nəu^{35}uã^{55}k^{h}o^{35}tã^{11}ko^{0}nəu^{35}sɿ^{11}a^{0}?

榴梿你可吃过榴梿你吃过吗？ liou^{55}liɛ̃^{55}ȵi^{35}k^{h}o^{35}tɕ^{h}i^{42}ko^{0}?

你可去过北京你去过北京吗？ ȵi^{35}k^{h}o^{35}tɕ^{h}i^{213}ko^{0}pe^{21}tɕin^{11}?

他可在祁门中学念过书啊他在祁门中学读过书吗？ t^{h}a^{11}k^{h}o^{35}tsɛ^{21}tɕ^{h}i^{55}mən^{55}tsoŋ^{11}ɕio^{42}ȵiɛ̃^{213} ko^{0}ɕy^{11}a^{0}?

“可 VP”问句还可以附加在一句话后面，作为独立形式使用，构成“可 VP”附加式问句，表达各种语用意义。位于附加问之前的句子一般是陈述句，军话“可 VP”问句常用的附加问形式有“可对、可照⁼、可懂、可好、可是的”等。如：

我们一起家去，可好我们一起回家好不好？ ŋo^{35}mən^{0}i^{21}tɕ^{h}i^{35}ka^{11}k^{h}i^{0}, k^{h}o^{35}xəu^{35}?

夜饭吃粥，可照⁼晚饭喝稀饭行不行？ ie^{13}fã^{213}tɕ^{h}i^{21}tsu^{42}, k^{h}o^{35}tsəu^{213}?

听讲你们要加工资了，可对对不对？ t^{h}in^{21}kã^{35}ȵi^{35}mən^{0}iəu^{213}tɕia^{11}koŋ^{11}tsɿ^{11}na^{0}, k^{h}o^{35}tei^{213}?

小李国庆节要结婚，可是的是不是？ ɕiəu^{35}li^{35}kue^{21}tɕ^{h}in^{13}tɕie^{42}iəu^{13}tɕie^{21}fən^{11}, k^{h}o^{35}sɿ^{213}ti^{0}?

做事不能粗心，可晓得知道吗？ tso^{13}sɿ^{213}pu^{21}nən^{55}ts^{h}u^{11}ɕin^{11}, k^{h}o^{35}ɕiəu^{35}te^{42}?

（2）“可 VP”问句与其他问句形式的连用

①“可 VP”问句与特指问的连用

你可跟哪个讲过这个事了你跟谁说过这件事了吗？ ȵi^{35}k^{h}o^{35}kən^{11}na^{35}ko^{213}kã^{35}ko^{0}tse^{21}ko^{13}sɿ^{213}na^{0}?

可买点么东西要不要买点什么东西？ k^{h}o^{35}mɛ^{35}tiɛ̃^{0}mo^{35}toŋ^{11}ɕi^{11}?

国庆节可到么位子去嬉嬉国庆节是不是到什么地方去玩玩？ kue^{21}tɕ^{h}in^{13}tɕie^{42}k^{h}o^{35}təu^{213}mo^{0}uei^{213} tsɿ^{0}k^{h}i^{13}ɕi^{11}ɕi^{0}?

叔叔可问你几年级了叔叔有没有问你几年级了？ su^{21}su^{42}k^{h}o^{35}uən^{21}ȵi^{35}tɕi^{35}ȵiɛ̃^{55}tɕi^{42}na^{0}?

军话中“可 VP”问句与特指问的连用比较常见，也比较自由。这种形式的问句与单纯的特指问不一样，与单纯的“可 VP”问句也不一样，它既包含特指问对特指疑问点的提问，又包含“可 VP”问句所携带的询问、征求或确认等语义，语气更加舒缓、委婉一点。

②“可 VP”问句的连用

可有哪个晓得她可结婚了有没有谁知道他是不是结婚了？ k^{h}o^{35}iou^{35}na^{35}ko^{213}ɕiəu^{35}te^{42}t^{h}a^{11}k^{h}o^{35} tɕie^{21}fən^{11}na^{0}?

可问了你大大后朝他可出差有没有问你爸爸后天他是不是出差？ k^{h}o^{35}uən^{213}na^{0}ȵi^{35}ta^{213}ta^{0}xəu^{13} tsəu^{11}t^{h}a^{11}k^{h}o^{35}tɕ^{h}y^{21}ts^{h}ɛ^{11}?

可听讲明朝可开会有没有听说明天是不是开会？ k^{h}o^{35}t^{h}in^{21}kã^{35}mən^{55}tsəu^{11}k^{h}o^{35}k^{h}ɛ^{11}fei^{213}?

你可晓得他可走了你知不知道他是不是走了？ ȵi^{35}k^{h}o^{35}ɕiəu^{35}te^{42}t^{h}a^{11}k^{h}o^{35}tsəu^{35}na^{0}?

这种形式的问句不太多见，其中前一个“可VP”问句的动词一般只限于“晓得、听讲、问”等少数几个词。

③“可＋VP不VP”，即“可VP”中的VP是“VP不VP”，可以看作是“可VP”与“VP不VP”的叠加形式。

你明朝可去不去你明天去不去？ ȵi^{35}mən^{55}tsɔu^{11}kʰo^{35}kʰi^{213}pu^{0}kʰi^{213}？

下昼可开会不开会下午开不开会？ xa^{13}tsəu^{213}kʰo^{35}kʰɛ^{11}fei^{213}pu^{0}kʰɛ^{11}fei^{213}？

你可打得过他打不过他你打得过他吗？ ȵi^{35}kʰo^{35}ta^{35}te^{0}ko^{13}tʰa^{11}ta^{35}pu^{0}ko^{13}tʰa^{11}？

这个山他可爬得上去爬不上去这座山你爬得上去吗？ tse^{21}ko^{13}sã^{11}tʰa^{11}kʰo^{35}pʰa^{55}te^{0}sã^{13}kʰi^{213} pʰa^{55}pu^{0}sã^{13}kʰi^{213}？

④ 时体不同的“可VP”问句回答方式不同。例如：

你可要买？ ȵi^{35}kʰo^{35}iɔu^{21}mɛ^{35}？ 买。mɛ^{35}. ——不买。pu^{21}mɛ^{35}.

他明朝可去？ tʰa^{11}mən^{55}tsɔu^{11}kʰo^{35}kʰi^{213}？ 去。kʰi^{213}. ——不去。pu^{21}kʰi^{213}.

昨天他可去祁门了？ tso^{42}tʰiẽ^{11}tʰa^{11}kʰo^{35}kʰi^{213}tɕʰi^{55}mən^{55}na^{0}？ 去了。kʰi^{213}na^{0}. ——［没有］去。miou^{35}kʰi^{213}.

你们昨夜可还唱歌了？ȵi^{35}mən^{0}tso^{21}ie^{213}kʰo^{35}xɛ^{55}tsʰã^{13}ko^{11}na^{0}？ 唱歌了。tsʰã^{13}ko^{11}na^{0}. ——［没有］唱歌。miou^{35}tsʰã^{13}ko^{11}.

2.“VP＋neg（＋VP）”问句

“VP＋neg（＋VP）”式反复问句是用谓语或谓语的一部分构成肯定和否定的并列形式进行提问，要求听话人从肯定和否定的并列结构中选择其中的一方面作为回答。根据否定词的不同及其位置的不同，军话的反复问句可以分为两大类别：“VP没有VP”式和“VP不VP（＋语气词）”式。“没有”多以合音的形式出现。这两类格式有各自的使用范围：“VP没有VP”式用于询问某种动作或事件是否已发生，或是用来询问某一性状是否产生或变化。“VP不VP（＋语气词）”用于询问某种动作或事件是否将要发生，某一性状是否将要产生或变化，或者用来询问人的意愿。

A式：“VP［没有］VP”式。如：

你洗澡［没有］洗澡啊？ ȵi^{35}ɕie^{35}tsɔu^{35}miou^{35}ɕie^{35}tsɔu^{35}a^{0}？

他去［没有］去？ tʰa^{11}kʰi^{213}miou^{35}kʰi^{213}？

VP可以是动词、动宾短语、动补短语等。如果是双音节动词，则将第一个语素前置，形式上仍为“V没有VP”式，多为动宾型合成词，如：

你洗［没有］洗澡啊？ ȵi^{35}ɕie^{35}miou^{35}ɕie^{35}tsɔu^{35}a^{0}？

VP也可以是少数单音节性质形容词，如：

苹果红［没有］红？ pʰin^{55}ko^{35}foŋ^{55}miou^{35}foŋ^{55}？

饭熟［没有］熟？ fã^{213}su^{21}miou^{35}su^{42}?

"VP［没有］VP"式也可以说成"VP［没有］"，例如：

你洗澡［没有］啊？ ȵi^{35}ɕie^{35}tsɔu^{35}miou^{35}a^{0}?

他去［没有］？ t^{h}a^{11}k^{h}i^{213}miou^{35}?

表面上看似乎"VP［没有］"是"VP［没有］VP"的简缩式，但从口语实际来看，"VP［没有］"是更土、更俗、更口语化的说法，"VP［没有］VP"反而是相比文雅、书面一些的说法。大概可以这么说，军话中的"VP［没有］"是由早期的"VP［没有］VP"简省而来，而不是现在"VP［没有］VP"的变式。

B式："VP不VP（＋语气词）"式。如：

客人来不来？ k^{h}e^{21}zən^{55}nɛ^{55}pu^{0}nɛ^{55}?

鞋大不大啊？大了就去换。xɛ^{55}ta^{213}pu^{0}ta^{213}a^{0}? ta^{213}na^{0}tɕiou^{13}k^{h}i^{13}fã^{213}?

这个人老不老实？ tse^{21}ko^{213}zən^{55}nɔu^{35}pu^{0}nɔu^{35}sɿ^{42}?

你写不写作业？ ȵi^{35}ɕie^{35}pu^{0}ɕie^{35}tso^{21}ȵie^{42}?

他愿不愿意干啊？ t^{h}a^{11}yɛ̃^{213}pu^{0}yɛ̃^{13}i^{213}kã^{213}a^{0}?

你去不去？ ȵi^{35}k^{h}i^{213}pu^{0}k^{h}i^{213}?

"VP不VP（＋语气词）"式也可以说成"VP不（＋语气词）"式，例如：

你去不？ ȵi^{35}k^{h}i^{213}pu^{0}?

这个人老实不？ tse^{21}ko^{213}zən^{55}nɔu^{35}sɿ^{42}pu^{0}?

他愿意干不啊？ t^{h}a^{11}yɛ̃^{13}i^{213}kã^{213}pu^{0}a^{0}?

"VP不（＋语气词）"式是更土的说法，并不是"VP不VP（＋语气词）"的变式，与上文"VP［没有］"与"VP［没有］VP"的关系相同。

二　比较句

军话比较句主要有两种：一是差比句，二是等比句。比较句通常由比较主体、比较基准、比较标记和比较结果四部分组成。军话差比句的语序结构主要是"比较主体＋比较标记＋比较基准＋比较结果"，个别可以说成"比较主体＋比较结果＋比较标记＋比较基准"，如：

我比他大三岁。ŋo^{35}pi^{35}t^{h}a^{11}ta^{13}sã^{11}sei^{213}.

这个比那个好些。tse^{42}ko^{0}pi^{35}na^{213}ko^{0}xɔu^{35}ɕie^{0}.

昨日天气比今朝好多了。tso^{21}zɿ^{42}t^{h}iɛ̃^{11}tɕ^{h}i^{213}pi^{35}tɕin^{11}tsɔu^{11}xɔu^{35}to^{11}na^{0}.

我大他三岁。ŋo^{35}ta^{13}t^{h}a^{11}sã^{11}sei^{213}.

以上例句中比较主体分别是"我、这个、昨日天气"，比较标记都是"比"，比较基准分别是“他、那个、今朝（天气）”，比较结果分别是“大、好”，比较结果后面还可以有表示数量的成分，分别是“三岁、些、多”，是对比较结果的具体说明。

否定性的差比句与肯定性的差比句结构相同，比较标记常用“没的、[没有]、不如”，例如：

我没的他大。ŋo^{35}mi^{35}ti^{0}tʰa^{11}ta^{213}.

今朝（的）天气[没有]昨日好。tɕin^{11}tsɔu^{11} (ti^{0}) tʰiɛ̃^{11}tɕʰi^{213}miou^{35}tso^{21}zʅ^{21}xɔu^{35}.

这些屋不如那些屋好。tse^{21}ɕie^{11}u^{42}pu^{21}y^{55}na^{13}ɕie^{11}u^{21}xɔu^{35}.

那个屋没的这个屋好。na^{13}ko^{0}u^{42}mi^{35}ti^{0}tse^{42}ko^{0}u^{42}xɔu^{35}.

那个没的这个好，差多了。na^{213}ko^{0}mi^{35}ti^{0}tse^{42}ko^{0}xɔu^{35}, tsʰa^{11}to^{11}na^{0}.

差比句有时拿比较基准作为话题，比较标记用“还是”，其结构是“比较基准（话题）+比较标记+比较主体+比较结果”，例如：

那个，还是这个好些。na^{213}ko^{0}, xɛ^{55}sʅ^{213}tse^{42}ko^{0}xɔu^{35}ɕie^{0}.

除了上述的有标记差比句之外，军话还有一些比较固定的句式表示比较关系。主要有“VP+不过+NP”“VP+得过+NP”“（跟）……差不多/（不）一样”等，例如：

我嘴不会讲，我讲不过他。ŋo^{35}tsei^{35}pu^{21}fei^{21}kã^{35}, ŋo^{35}kã^{35}pu^{21}ko^{13}tʰa^{11}.

我嘴不会讲，我讲不他过。ŋo^{35}tsei^{35}pu^{21}fei^{21}kã^{35}, ŋo^{35}kã^{35}pu^{21}tʰa^{11}ko^{213}.

我嘴不会讲，我讲他不过。ŋo^{35}tsei^{35}pu^{21}fei^{21}kã^{35}, ŋo^{35}kã^{35}tʰa^{11}pu^{21}ko^{213}.

老王跟老张差不多长。nɔu^{35}uã^{55}kən^{11}nɔu^{35}tsã^{11}tsʰa^{11}pu^{21}to^{11}tsʰã^{55}.

老王老张一样长。nɔu^{35}uã^{55}nɔu^{35}tsã^{11}i^{21}iã^{21}tsʰã^{55}.

这个跟那个一样（的）大。tse^{42}ko^{0}kən^{11}na^{213}ko^{0}i^{21}iã^{213} (ti^{0}) ta^{213}.

这个大，那个小，两个不一样大。tse^{42}ko^{0}ta^{213}, na^{213}ko^{0}ɕiɔu^{35}, liã^{35}ko^{0}pu^{21}i^{21}iã^{13}ta^{213}.

这个跟那个大小一样，分不开。tse^{42}ko^{0}kən^{11}na^{213}ko^{0}ta^{21}ɕiɔu^{35}i^{21}iã^{213}, fən^{11}pu^{21}kʰɛ^{11}.

三　宾语和补语的顺序

当动词后面既有宾语，又有补语时，在宾语和补语的顺序上，军话和北京话有以下两点不同。

1. 数量补语可以在代词宾语之前

北京话数量补语一般只能放在代词宾语之后，如“你去喊他一声”，较少说“你去喊声他”。军话则两种语序皆很自然，例如：

你去吆他一声。ȵi^{35}kʰi^{13}ŋɔu^{11}tʰa^{11}i^{21}sən^{11}.

你去吆声他。ȵi^{35}kʰi^{13}ŋɔu^{11}sən^{11}tʰa^{11}.

我去过三次北京。ŋo^{35}kʰi^{213}ko^{0}sã^{11}tsʰʅ^{0}pe^{21}tɕin^{11}.

我去过北京三次。ŋo^{35}kʰi^{213}ko^{0}pe^{21}tɕin^{11}sã^{11}tsʰɿ^{213}.

2. 宾语和补语的位置都比较灵活

北京话“我打得过他”和“我打不过他”之类的说法，军话有三种说法。

我打得过他。ŋo^{35}ta^{35}te^{0}ko^{13}tʰa^{11}.

我打得他过。ŋo^{35}ta^{35}te^{0}tʰa^{11}ko^{213}.

我打他得过。ŋo^{35}ta^{35}tʰa^{11}te^{0}ko^{213}.

我打不过他。ŋo^{35}ta^{35}pu^{0}ko^{13}tʰa^{11}.

我打他不过。ŋo^{35}ta^{35}tʰa^{11}pu^{0}ko^{213}.

我打不他过。ŋo^{35}ta^{35}pu^{0}tʰa^{11}ko^{213}.

四　处置句

祁门军话的处置句与北京话常用的处置句一致，都使用“把”字句，语法意义也基本一致。根据“把”字句动词是否带宾语的情况，军话“把”字句有以下类别。

一类是谓语动词后面不带宾语的“把”字句，其结构是“S＋把＋O＋VP”，例如：

你把碗洗一下。ȵi^{35}pa^{35}uã^{35}ɕie^{35}i^{42}xa^{0}.

你把碗洗洗。ȵi^{35}pa^{35}uã^{35}ɕie^{35}ɕie^{0}.

他把橘子皮剥掉了，不过［没有］吃。tʰa^{11}pa^{35}tɕy^{42}tsɿ^{0}pʰi^{55}po^{42}tiɔu^{0}na^{0}, pu^{21}ko^{213}miou^{35}tɕʰi^{42}.

你快点把这碗饭吃掉。ȵi^{35}kʰuɛ^{21}tiɛ̃^{35}pa^{35}tse^{21}uã^{35}fã^{213}tɕʰi^{42}tiɔu^{0}.

是他把那个杯子打破掉了。sɿ^{13}tʰa^{11}pa^{35}na^{13}ko^{213}pei^{11}tsɿ^{0}ta^{35}pʰo^{13}tiɔu^{213}na^{0}.

我真后悔当时［没有］把他留下来。ŋo^{35}tsən^{11}xəu^{21}fei^{35}tã^{11}sɿ^{55}miou^{35}pa^{35}tʰa^{11}liou^{55}xa^{21}nɛ^{55}.

一类是谓语动词后面带宾语的“把”字句，例如：

把那个东西拎把我把那个东西拿给我。pa^{35}na^{213}ko^{0}toŋ^{11}ɕi^{11}nən^{11}pa^{35}ŋo^{35}.

把人家头都打出血了，你还笑！ pa^{35}zən^{55}ka^{0}tʰəu^{55}tu^{11}ta^{35}tɕʰy^{21}ɕye^{42}na^{0}, ȵi^{35}xɛ^{55}ɕiɔu^{213}!（还xɛ^{55}～还xã^{55}）

快去把书还给他。kʰuɛ^{13}kʰi^{213}pa^{35}ɕy^{11}fã^{55}ke^{35}tʰa^{11}.（□拿ke^{35}～把pa^{35}）

你怎么能不把人家当人呢？ ȵi^{35}tsən^{35}mo^{0}nən^{55}pu^{21}pa^{35}zən^{55}ka^{0}tã^{11}zən^{55}ȵi^{0}?

你怎么能把人家不当人呢？ ȵi^{35}tsən^{35}mo^{0}nən^{55}pa^{35}zən^{55}ka^{0}pu^{21}tã^{11}zən^{55}ȵi^{0}?

有的位子把太阳吆日头有的地方把太阳叫作日头。iou^{35}ti^{0}uei^{213}tsɿ^{0}pa^{35}tʰɛ^{21}iã^{55}ŋəu^{11}zɿ^{21}tʰəu^{55}.（把pa^{35}～吆ŋəu^{11}）

五　被动句

北京话常用的被动标记是“被、给、叫、让”等，军话中有标记的被动表达式大多是

“给 [ke^{35}]” 字句，偶尔用“被 [pei^{213}]” 字句，表示“遭受、不愉快、在意料之外”意，结构式是“NP1 + 给 + NP2 + VP”，NP1是被动者，NP2是“不愉快”现象的“制造者”，VP是动词性短语，介词“给”用于介引动作的施事。

帽子给风吹掉了。mɔu^{213}tsʅ^{0}ke^{35}foŋ^{11}tɕ^{h}yei^{11}tiɔu^{213}na^{0}.

张明给坏人抢走了一个包，人也差点被打伤。tsã^{11}min^{55}ke^{35}fɛ^{21}zən^{55}tɕ^{h}iã^{35}tsəu^{35}na^{0}i^{21}ko^{13} pɔu^{11}, zən^{55}ie^{35}ts^{h}a^{11}tiɛ̃^{35}pei^{21}ta^{35}sã^{11}.

他给姆妈讲哭了。t^{h}a^{11}ke^{35}m^{55}ma^{11}kã^{35}k^{h}u^{42}na^{0}.

所有的书信都给火烧掉了，一点都［没有］剩。so^{35}iou^{35}ti^{0}ɕy^{11}ɕin^{213}tu^{11}ke^{35}xo^{35}sɔu^{11} tiɔu^{213}na^{0}, i^{21}tiɛ̃^{35}tu^{11}miou^{35}sən^{213}.

给他黏了一下午，么事都［没有］做成。ke^{35}t^{h}a^{11}ȵiɛ̃^{55}na^{0}i^{21}xa^{21}u^{35}, mo^{35}sʅ^{213}tu^{11}miou^{35} tso^{21}ts^{h}ən^{55}.

给人家打昏了，一下子［没有］想［起来］。ke^{35}zən^{55}ka^{0}ta^{35}fən^{11}na^{0}, i^{21}xa^{213}tsʅ^{0}miou^{35}ɕiã^{35} tɕ^{h}iɛ^{55}.

给雨沰了个透湿的。ke^{35}y^{35}to^{42}na^{0}ko^{0}t^{h}əu^{13}ts^{h}ʅ^{42}ti^{0}.

那个碗给他打碎了。na^{213}ko^{0}uã^{35}ke^{35}t^{h}a^{11}ta^{35}sei^{213}na^{0}.

与北京话相近，军话中的“给”字被动句多用于对主语来说是不愉快或受损害的事情，如上述例子中的“帽子给风吹掉”“碗给打碎”。

军话中有一些不使用介词“给”的无标记被动句，即句子表达被动意义但施事和被动标记均不出现。例如：

碗打碎了。uã^{35}ta^{35}sei^{213}na^{0}.

饭吃完了。fã^{213}tɕ^{h}i^{42}uã^{55}na^{0}.

六　双宾句

朱德熙（1999）指出，由两个真宾语组成的双宾语格式主要有三种类型：①表示给予（放你三天假）；②表示取得（偷了我一张邮票）；③表示等同（叫他老大哥）。军话也有这三类双宾句。例如：

你把我一把剪刀你给我一把剪刀。ȵi^{35}pa^{35}ŋo^{35}i^{21}pa^{35}tɕiɛ̃^{35}tɔu^{11}.

他给我一个桃子。t^{h}a^{11}ke^{35}ŋo^{35}i^{21}ko^{21}t^{h}ɔu^{55}tsʅ^{0}.

我教你一个办法。ŋo^{35}kɔu^{11}ȵi^{35}i^{21}ko^{213}pã^{13}fa^{42}.

我拿了他几个本子。ŋo^{35}na^{55}na^{0}t^{h}a^{11}tɕi^{35}ko^{213}pən^{35}tsʅ^{0}.

老师批评了他几句。nɔu^{35}sʅ^{11}p^{h}i^{11}p^{h}in^{55}na^{0}t^{h}a^{11}tɕi^{35}tɕy^{213}.

他吆我母舅他叫我舅舅。t^{h}a^{11}ŋɔu^{11}ŋo^{35}mu^{35}tɕiou^{213}.

三类双宾句的语序与北京话相同，但给予义双宾句，军话更常见的说法是“V+物+把+人”格式，即将指物宾语前置于动词之后，再用动词“把”引出与事。如：

把那个东西拎把我把那个东西拿给我。pa^{35}na^{213}ko^{0}toŋ^{11}ɕi^{11}nən^{11}pa^{35}ŋo^{35}.

快去把书还给他。k^{h}uɛ^{13}k^{h}i^{213}pa^{35}ɕy^{11}fã^{55}ke^{35}t^{h}a^{11}.

送一袋米把他送一袋米给他。soŋ^{213}i^{21}tɛ^{21}mi^{35}pa^{35}t^{h}a^{11}.

把本书把我给一本书给我。pa^{35}pən^{35}ɕy^{11}pa^{35}ŋo^{35}.

这种格式其实是连动格式，并不是严格意义上的双宾句，只能称为准双宾句。与双宾句相比，这种格式在军话中使用范围更广、使用频率更高。

第七章　语法例句

第一节

《中国语言资源调查手册·汉语方言》

本节50个例句，取自教育部语言文字信息管理司、中国语言资源保护研究中心合编的《中国语言资源调查手册·汉语方言》（商务印书馆，2016）第171—178页。各个例句的调查要点，请参看第162—170页“各例句调查要点”。

01 **小张昨天钓了一条大鱼，我没有钓到鱼。**

ɕiɔu^{35}tsã^{11}tso^{42}zɿ^{0}tiɔu^{213}na^{0}i^{21}t^{h}iɔu^{55}ta^{21}y^{55}, ŋo^{35}miou^{35}tiɔu^{21}tɔu^{35}.

小 张 昨 日 钓 了 一 条 大 鱼，我［没有］钓 倒。

ɕiɔu^{35}tsã^{11}tso^{42}zɿ^{0}tiɔu^{21}tɔu^{35}i^{21}t^{h}iɔu^{55}ta^{21}y^{55}, ŋo^{35}miou^{35}tiɔu^{21}tɔu^{35}.

小 张 昨 日 钓 倒 一 条 大 鱼，我［没有］钓 倒。

02 **a．你平时抽烟吗？ b．不，我不抽烟。**

a. ȵi^{35}p^{h}in^{55}ts^{h}ã^{55}k^{h}o^{35}tɕ^{h}i^{21}iɛ̃^{11}?	b. pu^{42}, ŋo^{35}pu^{42}tɕ^{h}i^{21}iɛ̃^{11}.
a. 你 平 常 可 吃 烟？	b. 不， 我 不 吃 烟。
a. ȵi^{35}p^{h}in^{55}ts^{h}ã^{55}tɕ^{h}i^{21}iɛ̃^{11}pu^{42}?	b. pu^{42}, ŋo^{35}pu^{42}tɕ^{h}i^{21}iɛ̃^{11}.
a. 你 平 常 吃 烟 不？	b. 不， 我 不 吃 烟。
a. ȵi^{35}p^{h}in^{55}ts^{h}ã^{55}tɕ^{h}i^{42}iɛ̃^{11}pu^{0}tɕ^{h}i^{21}iɛ̃^{11}?	b. pu^{42}, ŋo^{35}pu^{42}tɕ^{h}i^{21}iɛ̃^{11}.
a. 你 平 常 吃 烟 不 吃 烟？	b. 不， 我 不 吃 烟。
a. ȵi^{35}p^{h}in^{55}ts^{h}ã^{55}tɕ^{h}i^{42}pu^{0}tɕ^{h}i^{21}iɛ̃^{11}?	b. pu^{42}, ŋo^{35}pu^{42}tɕ^{h}i^{21}iɛ̃^{11}.
a. 你 平 常 吃 不 吃 烟？	b. 不， 我 不 吃 烟。

03 **a．你告诉他这件事了吗？ b．是，我告诉他了。**

a. ȵi^{35}k^{h}o^{35}kən^{11}t^{h}a^{11}kã^{35}tse^{21}tɕiɛ̃^{13}sɿ^{213}na^{0}?	b. sɿ^{213}ti^{0}, ŋo^{35}kən^{11}t^{h}a^{11}kã^{35}liɔu^{55}na^{0}.
a. 你 可 跟 他 讲 这 件 事 了？	b. 是 的，我 跟 他 讲 了 了。

a. ȵi^{35}kən^{11}tʰa^{11}kã^{35}tse^{21}tɕiɛ̃^{13}sɿ^{213}na^{0}miou^{35}?

a. 你 跟 他 讲 这 件 事 了[没有]？

b. sɿ^{213}ti^{0}, ŋo^{35}kən^{11}tʰa^{11}kã^{35}liɔu^{55}na^{0}.

b. 是 的，我 跟 他 讲 了 了。

04 **你吃米饭还是吃馒头？**

ȵi^{35}tɕʰi^{21}fã^{213}xɛ̃^{55}sɿ^{0}tɕʰi^{21}mo^{55}mo^{55}?

你 吃 饭 还 是吃 馍 馍？

ȵi^{35}sɿ^{13}tɕʰi^{21}fã^{213}xɛ̃^{55}sɿ^{0}tɕʰi^{21}mo^{55}mo^{55}?

你 是吃 饭 还 是吃 馍 馍？

ȵi^{35}tɕʰi^{21}fã^{213}tɕʰi^{21}mo^{55}mo^{55}?

你 吃 饭 吃 馍 馍？

05 **你到底答应不答应他？**

ȵi^{35}tɔu^{21}ti^{35}ta^{42}pu^{0}ta^{21}in^{13}tʰa^{11}?

你 到 底答 不答 应 他？

ȵi^{35}tɔu^{21}ti^{35}ta^{21}in^{13}tʰa^{11}pu^{0}?

你 到 底答 应 他 不？

ȵi^{35}tɔu^{21}ti^{35}kʰo^{35}ta^{21}in^{13}tʰa^{11}?

你 到 底可 答 应 他？

06 **a．叫小强一起去电影院看《刘三姐》。b．这部电影他看过了。/他这部电影看过了。/他看过这部电影了。**

a. ŋɔu^{11}ɕiɔu^{35}tɕʰiã^{55}i^{21}tɕʰi^{35}kʰi^{213}tiɛ̃^{21}in^{35}yɛ̃^{213}kʰã^{21}liou^{55}sã^{11}tɕie^{35}。b. tse^{21}pu^{213}tiɛ̃^{21}in^{35}tʰa^{11}

a. 吆 小 强 一起 去 电 影 院 看《刘 三 姐》。b. 这 部 电 影 他

kʰã^{13}ko^{213}na^{0}.

看 过 了。

a. ŋɔu^{11}ɕiɔu^{35}tɕʰiã^{55}i^{21}tɕʰi^{35}kʰi^{213}tiɛ̃^{21}in^{35}yɛ̃^{213}kʰã^{21}liou^{55}sã^{11}tɕie^{35}。b. tʰa^{11}kʰã^{213}ko^{0}tse^{21}pu^{213}

a. 吆 小 强 一起 去 电 影 院 看《刘 三 姐》。b. 他 看 过 这 部

tiɛ̃^{21}in^{35}na^{0}.

电 影 了。

07 **你把碗洗一下。**

ȵi^{35}pa^{35}uã^{35}ɕie^{35}i^{42}xa^{0}.

你 把 碗 洗 一 下。

ȵi^{35}pa^{35}uã^{35}ɕie^{35}ɕie^{0}.

你 把 碗 洗 洗。

08　**他把橘子剥了皮，但是没吃。**

tʰa^{11}pa^{35}tɕy^{42}tsɿ^{0}po^{42}na^{0}pʰi^{55}, pu^{42}ko^{213}miou^{35}tɕʰi^{42}.

他 把 橘 子剥 了皮， 不 过［没有］吃。

tʰa^{11}pa^{35}tɕy^{42}tsɿ^{0}pʰi^{55}po^{42}tiɔu^{0}na^{0}, pu^{21}ko^{213}miou^{35}tɕʰi^{42}.

他 把 橘 子皮 剥 掉 了，不 过［没有］吃。

tʰa^{11}po^{42}na^{0}tɕy^{42}tsɿ^{0}pʰi^{55}, pu^{21}ko^{213}miou^{35}tɕʰi^{42}.

他 剥 了橘 子皮， 不 过［没有］吃。

09　**他们把教室都装上了电棒。**

tʰa^{11}mən^{0}pa^{35}tɕiɔu^{13}sɿ^{42}tu^{11}tɕyã^{11}na^{0}tiɛ̃^{13}pã^{213}.

他 们 把 教 室 都 装 了 电 棒。电棒：荧光灯。

tʰa^{11}mən^{0}pa^{35}tɕiɔu^{13}sɿ^{42}tu^{11}tɕyã^{11}sã^{213}na^{0}tiɛ̃^{13}pã^{213}.

他 们 把 教 室 都 装 上 了 电 棒。

10　**帽子被风吹走了。**

mɔu^{213}tsɿ^{0}pei^{13}foŋ^{11}tɕʰyei^{11}tiɔu^{213}na^{0}.

帽 子 被 风 吹 掉 了。

mɔu^{213}tsɿ^{0}ke^{35}foŋ^{11}tɕʰyei^{11}tiɔu^{213}na^{0}.

帽 子 给 风 吹 掉 了。

11　**张明被坏人抢走了一个包，人也差点儿被打伤。**

tsã^{11}min^{55}pei^{13}fɛ^{21}zən^{55}tɕʰiã^{35}tsəu^{35}na^{0}i^{21}ko^{13}pɔu^{11}, zən^{55}ie^{35}tsʰa^{11}tiɛ̃^{35}pei^{21}ta^{35}sã^{11}.

张 明 被 坏 人 抢 走 了 一 个 包， 人 也 差 点 被 打 伤。

tsã^{11}min^{55}ti^{0}pɔu^{11}ke^{35}fɛ^{21}zən^{55}tɕʰiã^{35}tsəu^{35}na^{0}, zən^{55}ie^{35}tsʰa^{11}tiɛ̃^{35}pei^{21}ta^{35}sã^{11}.

张 明 的包 给 坏 人 抢 走 了，人 也 差 点 给 打 伤。

12　**快要下雨了，你们别出去了。**

iɔu^{13}no^{21}y^{35}na^{0}, ȵi^{35}mən^{0}piɔu^{13}tɕʰy^{21}kʰi^{213}na^{0}.

要 落 雨 了，你 们［不要］出 去 了。

kʰuɛ^{13}iɔu^{13}no^{21}y^{35}na^{0}, ȵi^{35}mən^{0}piɔu^{13}tɕʰy^{21}kʰi^{213}na^{0}.

快 要 落 雨 了，你 们［不要］出 去 了。

13　**这毛巾很脏了，扔了它吧。**

tse^{21}t^{h}iɔu^{55}səu^{35}tɕin^{11}t^{h}ɛ^{13}na^{21}t^{h}a^{21}xən^{35}na, ɕyɛ^{35}tiɔu^{0}t^{h}a^{11}pa^{0}.

这条 手巾 太邋遢很 了,甩掉它吧。

tse^{21}səu^{35}tɕin^{11}t^{h}ɛ^{13}na^{21}t^{h}a^{42}xən^{35}na^{0}, ɕyɛ^{35}tiɔu^{0}pa^{0}.

这手巾 太邋遢很 了,甩 掉 吧。

14 **我们是在车站买的车票。**

ŋo^{35}mən^{0}sɿ^{213}tsɛ^{13}ts^{h}e^{11}tsã^{213}mɛ^{35}ti^{0}p^{h}iɔu^{213}.

我们是在车站买的票。

ŋo^{35}mən^{0}sɿ^{13}ts^{h}e^{11}tsã^{213}mɛ^{35}ti^{0}p^{h}iɔu^{213}.

我们是车站买的票。

15 **墙上贴着一张地图。**

tɕ^{h}iã^{55}sã^{0}t^{h}ie^{42}tso^{0}i^{21}tsã^{11}ti^{21}t^{h}u^{55}.

墙上贴着一张地图。

16 **床上躺着一个老人。**

tɕ^{h}yã^{55}sã^{0}k^{h}uən^{213}tso^{0}i^{21}ko^{213}nɔu^{35}zən^{55}ka^{0}.

床上睏着一个老人家。

tɕ^{h}yã^{55}sã^{0}k^{h}uən^{213}tɔu^{0}i^{21}ko^{213}nɔu^{35}zən^{55}ka^{0}.

床上睏倒一个老人家。

17 **河里游着好多小鱼。**

xo^{55}li^{0}iou^{55}tso^{0}xɔu^{35}to^{11}ɕiɔu^{35}y^{55}.

河里游着好多小鱼。

xɔu^{35}to^{11}ɕiɔu^{35}y^{55}tsɛ^{21}xo^{55}li^{0}iou^{55}tso^{0}.

好多小鱼在河里游着。

18 **前面走来了一个胖胖的小男孩。**

tɕ^{h}iɛ̃^{55}t^{h}ou^{0}tsəu^{35}ko^{21}nɛ^{55}i^{21}ko^{213}p^{h}ã^{13}fu^{11}fu^{11}ti^{0}ɕiɔu^{35}kuei^{35}.

前头走过来一个胖乎乎的小鬼。

19 **他家一下子死了三头猪。**

t^{h}a^{11}ka^{11}i^{21}xa^{213}tsɿ^{0}sɿ^{35}na^{0}sã^{11}t^{h}əu^{55}tɕy^{11}.

他家一下子死了三头猪。

t^{h}a^{11}ka^{11}i^{21}xa^{213}tsɿ^{0}sɿ^{35}tiɔu^{0}na^{0}sã^{11}t^{h}əu^{55}tɕy^{11}.

他家一下子死掉了三头猪。

20 **这辆汽车要开到广州去。／这辆汽车要开去广州。**

tse^{21}liã^{35}pu^{213}tɕʰi^{13}tsʰe^{11}iɔu^{13}kʰɛ^{11}tɔu^{0}kuã^{35}tsəu^{11}kʰi^{213}.

这 辆 汽 车 要 开 到 广 州 去。

21 **学生们坐汽车坐了两整天了。**

ɕio^{21}sən^{11}mən^{0}tso^{11}tsʰe^{11}tso^{213}na^{0}liã^{35}tsən^{35}tʰiɛ̃^{11}na^{0}.

学 生 们 坐 车 坐 了 两 整 天 了。

ɕio^{42}sən^{11}mən^{0}tso^{11}tsʰe^{11}tso^{213}na^{0}liã^{35}ko^{21}tsən^{35}tʰiɛ̃^{11}na^{0}.

学 生 们 坐 车 坐 了 两 个 整 天 了。

22 **你尝尝他做的点心再走吧。**

ȵi^{35}sɿ^{213}sɿ^{0}tʰa^{11}tso^{213}ti^{0}tiɛ̃^{35}ɕin^{11}tsɛ^{21}tsəu^{35}pa^{0}.

你 试 试 他 做 的 点 心 再 走 吧。

ȵi^{35}sɿ^{213}xa^{0}tʰa^{11}tso^{213}ti^{0}tiɛ̃^{35}ɕin^{11}tsɛ^{21}tsəu^{35}pa^{0}.

你 试 下 他 做 的 点 心 再 走 吧。

23 **a．你在唱什么？ b．我没在唱，我放着录音呢。**

a. ȵi^{35}tsɛ^{13}na^{213}li^{0}tsʰã^{21}mo^{35}tiɔu^{35}? b. ŋo^{35}miou^{35}tsɛ^{13}tsʰã^{213}, ŋo^{35}tsɛ^{13}tse^{42}li^{0}fã^{213}tso^{0}nu^{13}in^{11}.

a. 你 在 那 里 唱 么 屌？ b. 我［没有］在 唱， 我 在 这 里 放 着 录 音。

a. ȵi^{35}tsɛ^{13}na^{213}li^{0}tsʰã^{213}mo^{35}tiɔu^{35}? b. ŋo^{35}miou^{35}tsʰã^{213}, ŋo^{35}tsɛ^{13}tse^{42}li^{0}fã^{13}nu^{13}in^{11}.

a. 你 在 那 里 唱 么 屌？ b. 我［没有］唱， 我 在 这 里 放 录 音。

a. ȵi^{35}tsɛ^{13}na^{213}li^{0}tsʰã^{21}mo^{35}toŋ^{11}ɕi^{0}? b. ŋo^{35}miou^{35}tsɛ^{13}tsʰã^{213}, ŋo^{35}tsɛ^{13}tse^{42}li^{0}fã^{13}nu^{13}in^{11}.

a. 你 在 那 里 唱 么 东 西？ b. 我［没有］在 唱， 我 在 这 里 放 录 音。

a. ȵi^{35}tsɛ^{13}na^{213}li^{0}tsʰã^{21}mo^{35}toŋ^{11}ɕi^{0}? b. ŋo^{35}miou^{35}tsʰã^{213}, ŋo^{35}tsɛ^{13}tse^{42}li^{0}fã^{13}tso^{0}nu^{13}in^{11}.

a. 你 在 那 里 唱 么 东 西？ b. 我［没有］唱， 我 在 这 里 放 着 录 音。

24 **a．我吃过兔子肉，你吃过没有？ b．没有，我没吃过。**

a. ŋo^{35}tɕʰi^{42}ko^{0}tʰu^{213}tsɿ^{0}zu^{42}, ȵi^{35}tɕʰi^{42}ko^{0}miou^{35}? b. miou^{35}, ŋo^{35}miou^{35}tɕʰi^{42}ko^{0}.

a. 我 吃 过 兔 子 肉，你 吃 过［没有］？ b.［没有］，我［没有］吃 过。

a. ŋo^{35}tɕʰi^{42}ko^{0}tʰu^{213}tsɿ^{0}zu^{42}, ȵi^{35}kʰo^{35}tɕʰi^{42}ko^{0}? b. miou^{35}, ŋo^{35}miou^{35}tɕʰi^{42}ko^{0}.

a. 我 吃 过 兔 子 肉， 你 可 吃 过？ b.［没有］，我［没有］吃 过。

25 **我洗过澡了，今天不打篮球了。**

ŋo^{35}ɕie^{35}ko^{21}tsəu^{35}na^{0}, kən^{11}tsəu^{11}pu^{21}ta^{35}nã^{55}tɕʰiou^{55}na^{0}.

我 洗 过 澡 了，今 朝 不 打 篮 球 了。

ŋo^{35}tsəu^{35}ɕie^{35}ko^{213}na^{0}, kən^{11}tsəu^{11}pu^{21}ta^{35}nã^{55}tɕʰiou^{55}na^{0}.

我 澡 洗 过 了，今 朝 不 打 篮 球 了。

26 **我算得太快算错了，让我重新算一遍。**

ŋo^{35}sɔ̃^{213}te^{0}tʰɛ^{13}kʰuɛ^{213}sɔ̃^{13}tsʰo^{213}tiɔu^{0}na^{0}, iã^{213}ŋo^{13}tsɛ^{13}sɔ̃^{13}i^{21}piɛ̃^{213}.

我 算 得 太 快 算 错 掉 了，让 我 再 算 一 遍。

ŋo^{35}sõ^{213}te^{0}t^{h}ε^{13}k^{h}uε^{213}sõ^{13}ts^{h}o^{213}tiɔu^{0}na^{0}, iã^{213}ŋo^{13}tsε^{13}sõ^{13}i^{21}piɛ̃^{13}t^{h}iɛ̃^{11}.

我 算 得太 快 算 错 掉 了，让 我 再 算 一遍 添。

ŋo^{35}sõ^{213}te^{0}t^{h}ε^{13}k^{h}uε^{213}sõ^{13}ts^{h}o^{213}tiɔu^{0}na^{0}, iã^{213}ŋo^{13}sõ^{13}piɛ̃^{13}t^{h}iɛ̃^{11}.

我 算 得太 快 算 错 掉 了，让 我 算 遍 添。

ŋo^{35}sõ^{213}te^{0}t^{h}ε^{13}k^{h}uε^{213}sõ^{13}ts^{h}o^{213}tiɔu^{0}na^{0}, iã^{213}ŋo^{13}sõ^{13}piɛ̃^{13}ts^{h}əu^{213}.

我 算 得太 快 算 错 掉 了，让 我 算 遍 凑。

27 **他一高兴就唱起歌来了。**

t^{h}a^{11}i^{21}kɔu^{11}ɕin^{213}tɕiou^{13}ts^{h}ã^{21}tɕ^{h}i^{35}ko^{11}nε^{55}na^{0}.

他 一高 兴 就 唱 起 歌 来 了。

t^{h}a^{11}i^{21}kɔu^{11}ɕin^{213}tɕiou^{13}ts^{h}ã^{21}tɕ^{h}iε^{35}na^{0}.

他 一高 兴 就 唱 [起来]了。

28 **谁刚才议论我老师来着？**

na^{35}ko^{213}tɕiã^{11}tɕiã^{11}kã^{35}ŋo^{35}ti^{0}nɔu^{35}sɿ^{11}na^{0}?

哪 个 刚 刚 讲 我 的老 师 了？

na^{35}ko^{213}tɕiã^{11}tɕiã^{11}kã^{35}ŋo^{35}nɔu^{35}sɿ^{11}?

哪 个 刚 刚 讲 我 老 师？

na^{35}ko^{213}tɕiã^{11}tɕiã^{11}kã^{35}ŋo^{35}ti^{0}nɔu^{35}sɿ^{11}?

哪 个 刚 刚 讲 我 的老 师？

tɕiã^{11}tɕiã^{11}na^{35}ko^{213}kã^{35}ŋo^{35}nɔu^{35}sɿ^{11}?

刚 刚 哪 个 讲 我 老 师？

29 **只写了一半，还得写下去。**

tsɿ^{35}ɕie^{35}na^{0}i^{21}pã^{213}, xε^{55}iɔu^{13}uã^{213}xa^{0}ɕie^{35}.

只 写 了一半， 还 要 望 下 写。

tsɿ^{35}ɕie^{35}na^{0}i^{21}pã^{213}, xε^{55}iɔu^{21}ɕie^{35}.

只 写 了一 半， 还 要 写。

30 **你才吃了一碗米饭，再吃一碗吧。**

ȵi^{35}tsɿ^{35}tɕ^{h}i^{42}na^{0}i^{21}uã^{35}fã^{213}, tsε^{13}tɕ^{h}i^{21}i^{21}uã^{35}t^{h}iɛ̃^{11}.

你 只 吃 了一碗 饭， 再 吃 一碗 添。

ȵi^{35}tsɿ^{35}tɕ^{h}i^{42}na^{0}i^{21}uã^{35}fã^{213}, tsε^{13}tɕ^{h}i^{21}i^{21}uã^{35}ts^{h}əu^{213}.

你 只 吃 了一 碗 饭， 再 吃 一碗 凑。

ȵi^{35}tsɿ^{35}tɕ^{h}i^{42}na^{0}i^{21}uã^{35}fã^{213}, tɕ^{h}i^{21}uã^{35}t^{h}iɛ̃^{11}.

你 只 吃 了一碗 饭， 吃 碗 添。

ȵi^{35}tsɿ^{35}tɕ^{h}i^{42}na^{0}i^{21}uã^{35}fã^{213}, tɕ^{h}i^{21}uã^{35}ts^{h}əu^{213}.

你 只 吃 了一碗 饭， 吃 碗 凑。

31 **让孩子们先走，你再把展览仔仔细细地看一遍。**

iã^{21}xɛ^{55}tsɿ^{0}mən^{0}ɕiẽ^{11}tsəu^{35}, ȵi^{35}tsɛ^{21}pa^{35}tsã^{35}nã^{35}tsɿ^{35}tsɿ^{35}ɕi^{13}ɕi^{213}ti^{0}kʰã^{213}i^{0}piẽ^{13}.

让 孩 子 们 先 走， 你 再 把 展 览 仔 仔 细 细 地看 一遍。

iã^{21}xɛ^{55}tsɿ^{0}mən^{0}ɕiẽ^{11}tsəu^{35}tɕʰi^{35}, ȵi^{35}tsɛ^{21}pa^{35}tsã^{35}nã^{35}tsɿ^{35}tsɿ^{35}ɕi^{13}ɕi^{213}ti^{0}kʰã^{213}i^{0}piẽ^{13}tʰiẽ^{11}.

让 孩 子 们 先 走 起， 你 再 把 展 览 仔 仔 细 细 地看 一遍 添。

iã^{213}xɛ^{55}tsɿ^{0}mən^{0}ɕiẽ^{11}tsəu^{35}tɕʰi^{35}, ȵi^{35}tsɛ^{21}pa^{35}tsã^{35}nã^{35}tsɿ^{35}tsɿ^{35}ɕi^{13}ɕi^{213}ti^{0}kʰã^{213}i^{0}piẽ^{13}tsʰəu^{213}.

让 孩 子 们 先 走 起， 你 再 把 展 览 仔 仔 细 细 地看 一遍 凑。

32 **他在电视机前看着看着睡着了。**

tʰa^{11}tsɛ^{213}tiẽ^{13}sɿ^{13}tɕi^{11}tɕʰiẽ^{55}kʰã^{213}kʰã^{0}tɕiou^{13}kʰuən^{13}tso^{42}na^{0}.

他 在 电 视 机 前 看 看就 睏 着 了。

tʰa^{11}tsɛ^{213}tiẽ^{13}sɿ^{13}tɕi^{11}tɕʰiẽ^{55}kʰã^{213}kʰã^{0}kʰã^{213}kʰã^{0}tɕiou^{13}kʰuən^{13}tso^{42}na^{0}.

他 在 电 视 机 前 看 看看 看 就 睏 着 了。

33 **你算算看，这点钱够不够花？**

ȵi^{35}sõ^{213}sõ^{0}kʰã^{0}, tse^{21}tiẽ^{35}tɕʰiẽ^{35}kəu^{13}ioŋ^{213}pu^{0}?

你 算 算看，这 点 钱 够 用 不？

ȵi^{35}sõ^{213}xa^{0}kʰã^{0}, tse^{21}tiẽ^{35}tɕʰiẽ^{35}kʰo^{35}kəu^{13}ioŋ^{213}?

你 算 下看，这 点 钱 可 够 用？

ȵi^{35}sõ^{213}sõ^{0}kʰã^{0}, tse^{21}tiẽ^{35}tɕʰiẽ^{35}kʰo^{35}kəu^{13}ioŋ^{213}?

你 算 算看，这 点 钱 可 够 用？

ȵi^{35}sõ^{213}xa^{0}kʰã^{0}, tse^{21}tiẽ^{35}tɕʰiẽ^{35}kəu^{13}ioŋ^{213}pu^{0}?

你 算 下看，这 点 钱 够 用 不？

34 **老师给了你一本很厚的书吧？**

nɔu^{35}sɿ^{11}ke^{35}na^{0}ȵi^{35}i^{21}pən^{35}nɔu^{35}xəu^{213}ti^{0}ɕy^{11}pa^{0}?

老 师 给 了 你 一 本 老 厚 的书 吧？

nɔu^{35}sɿ^{11}ke^{35}na^{0}ȵi^{35}i^{21}pən^{35}nɔu^{35}xəu^{213}ti^{0}ɕy^{11}na^{0}pa^{0}?

老 师 给 了 你 一 本 老 厚 的书 了 吧？

35 **那个卖药的骗了他一千块钱呢。**

na^{213}ko^{0}mɛ^{13}io^{42}ti^{0}pʰiẽ^{213}na^{0}tʰa^{11}i^{21}tɕʰiẽ^{11}kʰuɛ^{21}tɕʰiẽ^{55}io^{0}.

那 个 卖 药 的骗 了 他 一 千 块 钱 哟。

36 **a．我上个月借了他三百块钱。（借进）b．我上个月借了他三百块钱。（借出）**

a. sã^{213}ko^{0}ye^{42}ŋo^{35}tɕie^{213}na^{0}tʰa^{11}sã^{11}pe^{21}kʰuɛ^{21}tɕʰiẽ^{55}.

a. 上 个 月 我 借 了 他 三 百 块 钱。（借进）

a. ŋo^{35}sã^{213}ko^{0}ye^{42}tɕie^{213}na^{0}tʰa^{11}sã^{11}pe^{21}kʰuɛ^{21}tɕʰiẽ^{55}.

a. 我 上 个 月 借 了 他 三 百 块 钱。（借进）

b. ŋo^{35}sã^{213}ko^{0}ye^{42}ŋo^{35}tɕie^{21}ke^{35}tʰa^{11}sã^{11}pe^{21}kʰuɛ^{21}tɕʰiẽ^{55}.

b. 我 上 个 月 我 借 给 他 三 百 块 钱。（借出）

37 a．王先生的刀开得很好。（王先生是医生，为施事者）

b．王先生的刀开得很好。（王先生是病人，为受事者）

uã^{55}i^{11}sən^{11}ti^{0}tɔu^{11}k^{h}ε^{11}te^{0}xən^{35}xɔu^{35}.

王 医 生 的刀 开 得很 好。（无歧义）

uã^{55}ɕiɛ̃^{11}sən^{11}ti^{0}tɔu^{11}k^{h}ε^{11}te^{0}xən^{35}xɔu^{35}.

王 先 生 的刀 开 得很 好。（有歧义，但王先生作为医生认知显著度更高）

38 我不能怪人家，只能怪自己。

ŋo^{35}pu^{21}nən^{55}kuε^{21}zən^{55}ka^{0}, tsɿ^{35}nən^{55}kuε^{13}tsɿ^{13}ka^{11}.

我 不 能 怪 人 家，只 能 怪 自 家。

ŋo^{35}pu^{21}nən^{55}kuε^{21}zən^{55}ka^{0}, tsɿ^{35}kuε^{13}tsɿ^{13}ka^{11}.

我 不 能 怪 人 家，只 怪 自 家。

39 a．明天王经理会来公司吗？ b．我看他不会来。

a. uã^{55}tɕin^{11}li^{35}min^{11}t^{h}iɛ̃^{11}fei^{21}nε^{55}koŋ^{11}sɿ^{11}pu^{0}?   b. ŋo^{35}k^{h}ã^{13}t^{h}a^{11}pu^{42}te^{21}nε^{55}.

a. 王 经 理 明 天 会 来 公 司 不？   b. 我 看 他 不 得 来。

a. uã^{55}tɕin^{11}li^{35}min^{11}t^{h}iɛ̃^{11}k^{h}o^{35}nε^{55}koŋ^{11}sɿ^{11}?   b. ŋo^{35}ku^{35}tɕi^{213}t^{h}a^{11}pu^{42}te^{21}nε^{55}.

a. 王 经 理 明 天 可 来 公 司？   b. 我 估 计 他 不 得 来。

a. uã^{55}tɕin^{11}li^{35}min^{11}t^{h}iɛ̃^{11}fei^{213}pu^{0}fei^{21}nε^{55}koŋ^{11}sɿ^{11}?   b. ŋo^{35}ku^{35}tɕi^{213}t^{h}a^{11}pu^{42}te^{21}nε^{55}.

a. 王 经 理 明 天 会 不 会 来 公 司？   b. 我 估 计 他 不 得 来。

40 我们用什么车从南京往这里运家具呢？

ŋo^{35}mən^{0}ioŋ^{21}sən^{35}mo^{0}ts^{h}e^{11}ts^{h}oŋ^{55}nã^{55}tɕin^{11}uã^{13}tse^{42}li^{0}t^{h}o^{11}ka^{11}tɕy^{213}ȵi^{0}?

我 们 用 什 么 车 从 南 京 望 这 里拖 家 具 呢？

41 他像个病人似的靠在沙发上。

t^{h}a^{11}ɕiã^{213}ko^{0}pin^{21}zən^{55}i^{21}iã^{213}k^{h}ɔu^{213}tsε^{0}sa^{11}fa^{42}sã^{0}.

他 像 个 病 人 一样 靠 在 沙 发 上。

t^{h}a^{11}kən^{11}ko^{0}pin^{21}zən^{55}i^{21}iã^{213}k^{h}ɔu^{213}tsε^{0}sa^{11}fa^{42}sã^{0}.

他 跟 个 病 人 一样 靠 在 沙 发 上。

42 这么干活连小伙子都会累坏的。

tse^{42}iã^{0}tso^{13}sɿ^{213}liɛ̃^{55}ɕiɔu^{35}xo^{35}tsɿ^{0}tu^{11}fei^{13}lei^{21}tɔu^{35}ti^{0}.

这 样做 事 连 小 伙 子都 会 累 倒 的。

43 他跳上末班车走了。我迟到一步，只能自己慢慢走回学校了。

t^{h}a^{11}t^{h}iɔu^{213}sã^{0}mo^{42}pã^{11}ts^{h}e^{11}tsəu^{35}na^{0}, ŋo^{35}ts^{h}ɿ^{55}tɔu^{213}i^{21}pu^{213}, tsɿ^{35}nən^{55}tsɿ^{13}ka^{11}

他 跳 上末 班 车 走 了，我 迟 到 一步，只 能 自 家

mã^{213}mã^{0}tsəu^{35}tɔu^{13}ɕio^{21}ɕiɔu^{213}.

慢 慢走 到 学 校。

44　**这是谁写的诗？谁猜出来我就奖励谁十块钱。**

tse^{21}sɿ^{213}na^{35}ko^{213}ɕie^{35}ti^{0}sɿ^{11}?　na^{35}ko^{213}tsʰɛ^{11}tɕʰie^{0}ŋo^{35}tɕiou^{21}tɕiã^{35}tʰa^{11}sɿ^{21}kʰuɛ^{21}tɕʰiɛ̃^{55}.

这 是 哪 个 写 的诗？ 哪 个 猜 [起来]我 就 奖 他 十 块 钱。

45　**我给你的书是我教中学的舅舅写的。**

ŋo^{35}ke^{35}ȵi^{35}ti^{0}ɕy^{11}sɿ^{213}ŋo^{13}tɕiəu^{11}tsoŋ^{11}ɕio^{42}ti^{0}mu^{35}tɕiou^{21}ɕie^{35}ti^{0}.

我 给 你 的书 是 我 教 中 学 的母 舅 写 的。

ŋo^{35}ke^{35}ȵi^{35}ti^{0}ɕy^{11}sɿ^{213}ŋo^{13}na^{13}ko^{213}tɕiəu^{11}tsoŋ^{11}ɕio^{42}ti^{0}mu^{35}tɕiou^{21}ɕie^{35}ti^{0}.

我 给 你 的书 是 我 那 个 教 中 学 的母 舅 写 的。

ŋo^{35}ke^{35}ȵi^{35}ti^{0}ɕy^{11}sɿ^{213}ŋo^{13}tɕiəu^{11}tsoŋ^{11}ɕio^{42}ti^{0}na^{13}ko^{21}mu^{35}tɕiou^{21}ɕie^{35}ti^{0}.

我 给 你 的书 是 我 教 中 学 的那 个 母 舅 写 的。

46　**你比我高，他比你还要高。**

ȵi^{35}pi^{35}ŋo^{35}tsʰã^{55}ɕie^{0}, tʰa^{11}pi^{35}ȵi^{35}xɛ^{55}iəu^{21}tsʰã^{55}ɕie^{0}.

你 比 我 长 些，他 比 你 还 要 长 些。

ȵi^{35}pi^{35}ŋo^{35}tsʰã^{55}ɕie^{0}, tʰa^{11}pi^{35}ȵi^{35}kən^{21}tsʰã^{55}ɕie^{0}.

你 比 我 长 些，他 比 你 更 长 些。

47　**老王跟老张一样高。**

nəu^{35}uã^{55}kən^{11}nəu^{35}tsã^{11}i^{21}iã^{21}tsʰã^{55}.

老 王 跟 老 张 一样 长。

nəu^{35}uã^{55}kən^{11}nəu^{35}tsã^{11}i^{21}iã^{213}ti^{0}tsʰã^{55}.

老 王 跟 老 张 一样 的长。

48　**我走了，你们俩再多坐一会儿。**

ŋo^{35}tsəu^{35}na^{0}, ȵi^{35}mən^{0}liã^{35}ko^{213}tsɛ^{13}to^{11}tso^{213}i^{0}xa^{0}tʰiɛ̃^{11}.

我 走 了，你 们 两 个 再 多 坐 一下添。

ŋo^{35}tsəu^{35}na^{0}, ȵi^{35}mən^{0}liã^{35}ko^{213}tsɛ^{13}to^{11}tso^{213}i^{0}xa^{0}tsʰəu^{213}.

我 走 了，你 们 两 个 再 多 坐 一下凑。

49　**我说不过他，谁都说不过这个家伙。**

ŋo^{35}kã^{35}pu^{21}ko^{13}tʰa^{11}, na^{35}ko^{213}tu^{11}kã^{35}pu^{0}ko^{13}tse^{21}ko^{13}ka^{11}xo^{35}.

我 讲 不 过 他，哪 个 都 讲 不 过 这 个 家 伙。

ŋo^{35}kã^{35}pu^{21}ko^{13}tʰa^{11}, na^{35}i^{0}ko^{213}tu^{11}kã^{35}pu^{0}ko^{13}tse^{21}ko^{13}ka^{11}xo^{35}.

我 讲 不 过 他，哪 一个 都 讲 不 过 这 个 家 伙。

ŋo^{35}kã^{35}tʰa^{11}pu^{21}ko^{213}, na^{35}ko^{213}tu^{11}kã^{35}pu^{0}tse^{21}ko^{13}ka^{11}xo^{35}ko^{213}.

我 讲 他 不 过， 哪 个 都 讲 不 这 个 家 伙 过。

ŋo^{35}kã^{35}tʰa^{11}pu^{21}ko^{213}, na^{35}ko^{213}tu^{11}kã^{35}tse^{21}ko^{13}ka^{11}xo^{35}pu^{21}ko^{213}.

我 讲 他 不 过， 哪 个 都 讲 这 个 家 伙 不 过。

50 **上次只买了一本书，今天要多买几本。**

sã^{13}tsʰɿ^{21}tsɿ^{35}mɛ^{35}na^{0}i^{21}pən^{35}ɕy^{11}, kən^{11}tsɔu^{11}iɔu^{13}to^{11}mɛ^{35}tɕi^{35}pən^{35}.

上 次 只 买 了一本 书， 今 朝 要 多 买 几 本。

第二节

《汉语方言语法调查例句》

本节语法例句共248句，总称为《汉语方言语法调查例句》，可以作为《中国语言资源调查手册·汉语方言》50个语法例句的补充和扩展。这些例句根据以下几个来源综合：（1）中国社会科学院语言研究所方言组《方言调查词汇表》第叁拾壹部分"语法"，参看《方言》1981：201—203；（2）丁声树《方言调查词汇手册》第18部分，参看《方言》1989：91—97；（3）中国社会科学院语言研究所"汉语方言重点调查"（1988—1992）课题组编印的"语法调查例句"（油印本）；（4）中国社会科学院A类重大研究课题"中国濒危语言方言调查研究与新编《中国语言地图集》"（2002—2007）编印的"词汇语法调查条目"（油印本）；（5）根据通行语法著作适当选取的其他一些语法例句。

001 **这句话用赤岭话怎么说?**

tse^{21}tɕy^{13}fa^{213}ioŋ^{13}tsʰe^{21}lin^{35}fa^{213}na^{35}xɔu^{35}ti^{0}kã^{35}?

这 句 话 用 赤 岭 话 哪 好 的 讲?

tse^{21}tɕy^{13}fa^{213}ioŋ^{13}tsʰe^{21}lin^{35}fa^{213}tsən^{35}mo^{0}kã^{35}?

这 句 话 用 赤 岭 话 怎 么 讲?

002 **你还会说别的地方的话吗?**

ȵi^{35} (kʰo^{35}) xã^{55}ɕiɔu^{35}te^{0}kã^{35}pie^{42}ti^{0}uei^{213}tsɿ^{0}ti^{0}fa^{213}?

你（可） 还 晓 得讲 别 的位 子 的话?

ȵi^{35} (kʰo^{35}) xã^{55}ɕiɔu^{35}te^{0}kã^{35}pie^{42}ti^{0}uei^{213}tsɿ^{0}ti^{0}fa^{213}pu^{0}?

你（可） 还 晓 得讲 别 的位 子 的话 不?

ȵi^{35}kʰo^{35}xɛ^{55}ɕiɔu^{35}te^{0}kã^{35} (pie^{42}ti^{0}uei^{213}tsɿ^{0}ti^{0}fa^{213}) pu^{42}ɕiɔu^{35}te^{0}kã^{35}pie^{42}ti^{0}uei^{213}tsɿ^{0}ti^{0}fa^{213}?

你 可 还 晓 得讲（别 的位 子 的话）不 晓 得讲 别 的位 子的话?

003 **不会了，我从小就没出过门，只会说赤岭话。**

kã^{35}pu^{0}tɔu^{35}pie^{42}ti^{0}uei^{213}tsɿ^{0}ti^{0}fa^{213}, ŋo^{35}tsʰoŋ^{55}ɕiɔu^{35}miou^{35}tɕʰy^{42}ko^{0}mən^{55}, tsɿ^{35}ɕiɔu^{35}te^{0}kã^{35}

讲 不 倒 别 的位 子的话， 我 从 小［没有］出 过门， 只 晓 得讲

tsʰe^{21}lin^{35}fa^{213}.

赤 岭 话。

004 **会，还会说民话、石台话。**

ɕiɔu^{35}te^{0}, xɛ^{55}ɕiɔu^{35}te^{0}kã^{35}min^{55}fa^{213}sɿ^{21}tʰɛ^{55}fa^{213}.

晓 得，还 晓 得讲 民 话 石 台 话。

005 **会说普通话吗？**

kʰo^{35}ɕiɔu^{35}te^{0}kã^{35}pʰu^{35}tʰoŋ^{11}fa^{213}?

可 晓 得讲 普 通 话？（多）①

kʰo^{35}kã^{35}te^{0}tɔu^{35}pʰu^{35}tʰoŋ^{11}fa^{213}?

可 讲 得倒 普 通 话？

kã^{35}pu^{0}kã^{35}te^{0}tɔu^{35}pʰu^{35}tʰoŋ^{11}fa^{213}?

讲 不讲 得倒 普 通 话？

ɕiɔu^{35} (te^{0}) pu^{0}ɕiɔu^{35}te^{0}kã^{35}pʰu^{35}tʰoŋ^{11}fa^{213}?

晓 （得）不 晓 得讲 普 通 话？

kʰo^{35}kã^{35}te^{0}tɔu^{35}pʰu^{35}tʰoŋ^{11}fa^{213}kã^{35}pu^{0}tɔu^{35}pʰu^{35}tʰoŋ^{11}fa^{213}?

可 讲 得倒 普 通 话 讲 不倒 普 通 话？

006 **不会说，没有学过。**

pu^{21}ɕiɔu^{35}te^{0}kã^{35}, miou^{35}ɕio^{42}ko^{0}.

不 晓 得 讲，［没有］学 过。

007 **会说一点儿，不标准就是了。**

ɕiɔu^{35}te^{0}kã^{35}i^{21}tiẽ^{35}, kã^{35}te^{0}pu^{21}tɕyn^{35}tɕiou^{13}sɿ^{213}na^{0}.

晓 得讲 一点，讲 得不 准 就 是 了。

008 **在什么地方学的普通话？**

tsɛ^{21}na^{35}ko^{213}uei^{213}tsɿ^{0}ɕio^{42}ti^{0}pʰu^{35}tʰoŋ^{11}fa^{213}?

在 哪 个 位 子 学 的普 通 话？

009 **上小学中学都学普通话。**

sã^{21}ɕiɔu^{35}ɕio^{42}sã^{13}tsoŋ^{11}ɕio^{42}tu^{11}ɕio^{21}pʰu^{35}tʰoŋ^{11}fa^{213}.

上 小 学 上 中 学 都 学 普 通 话。

---

① 本章（ ）中多、少、新分别表示方言中多见的、少见的及新的说法。

010 **谁呀？我是老王。**

na^{35}i^{21}ko^{213}?　ŋo^{35}sɿ^{21}nɔu^{35}uã^{55}o^{0}.

哪 一 个？　我 是 老 王 哦。

na^{35}i^{21}ko^{213}?　ŋo^{35}sɿ^{21}nɔu^{35}uã^{55}no^{0}.

哪 一 个？　我 是 老 王 啰。

011 **您贵姓？我姓王，您呢？**

ȵi^{35}kuei^{13}ɕin^{213}ȵi^{0}?　ŋo^{35}ɕin^{21}uã^{55}, ȵi^{35}ȵi^{0}?

你 贵 姓 呢？　我 姓 王，你 呢？

012 **我也姓王，咱俩都姓王。**

ŋo^{35}ie^{35}ɕin^{21}uã^{55}, ŋo^{35}mən^{0}liã^{35}ko^{0}zən^{55}tu^{11}ɕin^{21}uã^{55}.

我 也 姓 王，我 们 两 个 人 都 姓 王。

013 **巧了，他也姓王，本来是一家嘛。**

tsən^{11}tɕ^{h}iɔu^{35}, t^{h}a^{11}ie^{35}ɕin^{21}uã^{55}, pən^{35}nɛ^{55}tɕiou^{13}sɿ^{13}i^{21}ka^{11}zən^{55}.

真 巧，　他 也 姓 王，本 来 就 是 一 家 人。

014 **老张来了吗？说好他也来的！**

nɔu^{35}tsã^{11}k^{h}o^{35}nɛ^{55}na^{0} (miou^{35}nɛ^{55})？　kã^{35}xɔu^{35}t^{h}a^{11}ie^{35}nɛ^{55}ti^{0}.

老 张 可 来 了（[没有]来）？　讲 好 他 也 来 的。

nɔu^{35}tsã^{11}nɛ^{55} (na^{0}) miou^{35}?　kã^{35}xɔu^{35}t^{h}a^{11}ie^{35}nɛ^{55}ti^{0}.

老 张 来（了）[没有]？　讲 好 他 也 来 的。

nɔu^{35}tsã^{11}nɛ^{55} (na^{0}) miou^{35}nɛ^{55}?　kã^{35}xɔu^{35}t^{h}a^{11}ie^{35}nɛ^{55}ti^{0}.

老 张 来（了）[没有]来？　讲 好 他 也 来 的。

015 **他没来，还没到吧。**

t^{h}a^{11}miou^{35}nɛ^{55}, xɛ^{55}miou^{35}tɔu^{213}pa^{0}.

他[没有]来，还[没有]到 吧。

016 **他上哪儿了？还在家里呢。**

t^{h}a^{11}tɔu^{21}na^{35}li^{35}k^{h}i^{213}na^{0}?　xã^{55}tsɛ^{13}ka^{11}li^{0}o^{0}.

他 到 哪 里 去 了？　还 在 家 里哦。

017 **在家做什么？在家吃饭呢。**

ȵi^{35}tsɛ^{13}tso^{21}sən^{35}mo^{0}?　tsɛ^{13}ka^{11}tɕ^{h}i^{21}fã^{213}no^{0}.

你 在 做 什 么？　在 家 吃 饭 啰。

018 **都几点了，怎么还没吃完？**

tu^{11}tɕi^{35}tiẽ^{35}na^{0}, tsən^{35}mo^{0}xɛ^{55}miou^{35}tɕ^{h}i^{21}xɔu^{35}?

都 几 点 了，怎 么 还[没有]吃 好？

019　**还没有呢，再有一会儿就吃完了。**

xε^{55}miou^{35}, ko^{213}xa^{0}t^{h}iε̃^{11}tɕiou^{13}tɕ^{h}i^{21}xɔu^{35}na^{0}.

还[没有], 过 下 添 就 吃 好 了。

xε^{55}miou^{35}, tsε^{13}ko^{13}i^{42}xa^{0}t^{h}iε̃^{11}tɕiou^{13}tɕ^{h}i^{21}xɔu^{35}na^{0}.

还[没有], 再 过 一下 添 就 吃 好 了。

xε^{55}miou^{35}, tsε^{13}ko^{13}i^{42}xa^{0}tɕiou^{13}tɕ^{h}i^{21}xɔu^{35}na^{0}.

还[没有], 再 过 一下 就 吃 好 了。

020　**他在哪儿吃的饭？**

t^{h}a^{11}tsε^{21}na^{35}ko^{13}uei^{213}tsɿ^{0}tɕ^{h}i^{42}ti^{0}fã^{213}?

他 在 哪 个 位 子 吃 的饭？

t^{h}a^{11}tsε^{21}na^{35}li^{35}tɕ^{h}i^{42}ti^{0}fã^{213}?

他 在 哪 里 吃 的饭？

021　**他是在我家吃的饭。**

t^{h}a^{11}sɿ^{13}tsε^{21}ŋo^{35}ka^{11}tɕ^{h}i^{42}ti^{0}fã^{213}.

他 是 在 我 家 吃 的饭 。

022　**真的吗？真的，他是在我家吃的饭。**

k^{h}o^{35}sɿ^{13}tsən^{11}ti^{0}?　tsən^{11}ti^{0}o^{0}, t^{h}a^{11}sɿ^{13}tsε^{21}ŋo^{35}ka^{11}tɕ^{h}i^{42}ti^{0}fã^{213}no^{0}.

可 是 真 的？ 真 的哦,他 是 在 我 家 吃 的饭 啰。

tsən^{11}ti^{0}ma^{0}?　tsən^{11}ti^{0}o^{0}, t^{h}a^{11}sɿ^{13}tsε^{21}ŋo^{35}ka^{11}tɕ^{h}i^{42}ti^{0}fã^{213}no^{0}.

真 的吗？ 真 的哦,他 是 在 我 家 吃 的饭 啰。

023　**先喝一杯茶再说吧！**

xo^{21}pei^{11}ts^{h}a^{55}tɕ^{h}i^{0}.

喝 杯 茶 起。

xo^{21}pei^{11}ts^{h}a^{55}tso^{42}.

喝 杯 茶 着。

ɕiε̃^{11}xo^{21}pei^{11}ts^{h}a^{55}tsε^{21}kã^{35}no^{0}.

先 喝 杯 茶 再 讲 啰。

ɕiε̃^{11}xo^{21}pei^{11}ts^{h}a^{55}tɕ^{h}i^{35} (tsε^{21}kã^{35}no^{0}).

先 喝 杯 茶 起 （再 讲 啰）。

024　**说好了就走的，怎么半天了还不走？**

kã^{35}xɔu^{35}ti^{0}tɕiou^{21}tsəu^{35} (ti^{0}) , tsən^{35}mo^{0}pã^{13}t^{h}iε̃^{11}na^{0}xε^{55}miou^{35}tsəu^{35}?

讲 好 的就 走 （的）,怎 么 半 天 了 还[没有]走？

025 **他磨磨蹭蹭的，做什么呢？**

tʰa^{11}mã^{13}mã^{213}tʰɔu^{11}tʰɔu^{11}ti^{0}, tso^{21}sən^{35}mo^{0}n̠i^{0}?

他 慢 慢 掏 掏 的，做 什 么 呢？

026 **他正在那儿跟一个朋友说话呢。**

tʰa^{11} (tsən^{13}) tsɛ^{13}na^{21}li^{35}kən^{11}i^{21}ko^{213}pʰən^{55}iou^{35}kã^{35}fa^{213}.

他（正） 在 那 里 跟 一个 朋 友 讲 话。

027 **还没说完啊？催他快点儿！**

xã^{55}miou^{35}kã^{35}xɔu^{35}a^{0}? ŋɔu^{11}tʰa^{11}kʰɛ^{21}tiẽ^{35}!

还［没有］讲 好 啊？ 吆 他 快 点！

028 **好，好，他就来了。**

xɔu^{35}xɔu^{35}, tʰa^{11}tɕiou^{21}nɛ^{55}na^{0}.

好 好，他 就 来 了。

029 **你上哪儿去？我上街去。**

n̠i^{35}tɔu^{21}na^{35}li^{35}kʰi^{213}? ŋo^{35}tɔu^{13}kɛ^{11}sã^{0}kʰi^{213}.

你 到 哪 里 去？ 我 到 街 上 去。

n̠i^{35}tɔu^{21}na^{35}li^{35}kʰi^{213}? ŋo^{35}sã^{13}kɛ^{11}kʰi^{213}.

你 到 哪 里 去？ 我 上 街 去。

030 **你多会儿去？我马上就去。**

n̠i^{35}na^{35}sɿ^{55}tɕin^{35}kʰi^{213}? ŋo^{35}pi^{35}sɿ^{55}tɕiou^{13}kʰi^{213}.

你 哪 时 景 去？ 我 彼 时 就 去。

031 **做什么去呀？家里来客人了，买点儿菜去。**

n̠i^{35}kʰi^{13}tso^{21}sən^{35}mo^{0}? ka^{11}li^{0}nɛ^{55}kʰe^{42}na^{0}, kʰi^{21}mɛ^{35}tiẽ^{35}tsʰɛ^{213}kʰi^{0}.

你 去 做 什 么？ 家 里 来 客 了，去 买 点 菜 去。

n̠i^{35}kʰi^{13}tso^{21}sən^{35}mo^{0}? ka^{11}li^{0}nɛ^{55}kʰe^{42}na^{0}, kʰi^{21}mɛ^{35}tiẽ^{35}tsʰɛ^{213}.

你 去 做 什 么？ 家 里 来 客 了，去 买 点 菜。

n̠i^{35}kʰi^{13}tso^{21}sən^{35}mo^{0}? ka^{11}li^{0}nɛ^{55}kʰe^{42}na^{0}, mɛ^{35}tiẽ^{35}tsʰɛ^{213}kʰi^{0}.

你 去 做 什 么？ 家 里来 客 了，买 点 菜 去。

032 **你先去吧，我们一会儿再去。**

n̠i^{35}ɕiẽ^{11}kʰi^{213}, ŋo^{35}mən^{0}i^{42}xa^{0}tsɛ^{13}kʰi^{213}.

你 先 去， 我 们 一下 再 去。

n̠i^{35}ɕiẽ^{11}kʰi^{21}tɕʰi^{35}, ŋo^{35}mən^{0}i^{42}xa^{0}tsɛ^{13}kʰi^{213}.

你 先 去 起， 我 们 一下 再 去。

ŋi^{35}kʰi^{21}tɕʰi^{35}, ŋo^{35}mən^{0}i^{42}xa^{0}tsɛ^{13}kʰi^{213}.

你去起，我们一下再去。

033 **好好儿走，别跑！小心摔跤了。**

xəu^{35}xəu^{35}tsəu^{35}, piəu^{21}pʰəu^{55}! tã^{11}ɕin^{11}tie^{21}təu^{35}na^{0}.

好好走，[不要]跑！担心跌倒了。

034 **小心点儿，不然的话摔下去爬都爬不起来。**

tã^{11}ɕin^{11}tiɛ̃^{35}, pu^{21}zã^{55} (ti^{0}fa^{213}) tie^{42}xa^{0}kʰi^{0}pʰa^{55}tu^{11}pʰa^{55}pu^{21}tɕʰiɛ^{55}.

担心点，不然（的话）跌下去爬都爬不[起来]。

035 **不早了，快去吧！**

pu^{21}tsəu^{35}na^{0}, kʰuɛ^{21}tsəu^{35}!

不早了，快走！

pu^{21}tsəu^{35}no^{0}, kʰuɛ^{213}tiɛ̃^{0}kʰi^{213}pa^{0}!

不早啰，快点去吧！

pu^{21}tsəu^{35}na^{0}, kʰuɛ^{13}kʰi^{213}!

不早了，快去！

036 **这会儿还早呢，过一会儿再去吧。**

tse^{21}sɿ^{55}tɕin^{35}xã^{55}tsəu^{35}, ko^{13}i^{42}xa^{0}tsɛ^{13}kʰi^{213}.

这时景还早，过一下再去。

tse^{21}sɿ^{55}tɕin^{35}xɛ^{55}tsəu^{35}, ko^{213}xa^{0}tʰiɛ̃^{11}tsɛ^{13}kʰi^{213}.

这时景还早，过下添再去。

037 **吃了饭再去好不好？**

tɕʰi^{42}na^{0}fã^{21}tɕʰi^{35}tsɛ^{13}kʰi^{213}kʰo^{35}tsəu^{213}?

吃了饭起再去可照$^{=}$?

tɕʰi^{42}na^{0}fã^{213}tso^{0}tsɛ^{13}kʰi^{213}kʰo^{35}tsəu^{213}?

吃了饭着再去可照$^{=}$?

tɕʰi^{42}na^{0}fã^{213}tsɛ^{13}kʰi^{213}kʰo^{35}tsəu^{213}pu^{0}tsəu^{213}?

吃了饭再去可照$^{=}$不照$^{=}$?

tɕʰi^{42}na^{0}fã^{213}tsɛ^{13}kʰi^{213}kʰo^{35}xəu^{35}?

吃了饭再去可好?

038 **不行，那可就来不及了。**

pu^{21}tsəu^{213}, na^{13}tɕiou^{21}nɛ^{55}pu^{0}tɕi^{42}na^{0}.

不照$^{=}$，那就来不及了。

039 **不管你去不去，反正我是要去的。**

kuã^{35}ȵi^{35}kʰi^{213}pu^{0}kʰi^{213}, fən^{55}tsɿ^{42}ŋo^{35}sɿ^{13}iɔu^{13}kʰi^{213}ti^{0}.

管 你 去 不去， 横 直 我 是 要 去 的。

kuã^{35}ȵi^{35}kʰi^{213}pu^{0}kʰi^{213}, kɔu^{11}ti^{11}ŋo^{35}sɿ^{13}iɔu^{13}kʰi^{213}ti^{0}.

管 你 去 不 去， 高 低 我 是 要 去 的。

kuã^{35}ȵi^{35}kʰi^{213}pu^{0}kʰi^{213}, li^{35}uɛ^{21}li^{35}ŋo^{35}sɿ^{13}iɔu^{13}kʰi^{213}ti^{0}.

管 你 去 不去， 里 外 里 我 是 要 去 的。

040 **你爱去不去。你爱去就去，不爱去就不去。**

kuã^{35}ȵi^{35}kʰi^{213}pu^{0}kʰi^{213}, ȵi^{35}ɕiã^{35}kʰi^{213}tɕiou^{13}kʰi^{213}, pu^{21}ɕiã^{35}kʰi^{213}tɕiou^{13}pu^{21}kʰi^{213}.

管 你 去 不去， 你 想 去 就 去， 不 想 去 就 不 去。

kuã^{35}ȵi^{35}kʰi^{213}pu^{0}kʰi^{213}, ȵi^{35}ɕiã^{35}kʰi^{213}tɕiou^{13}kʰi^{213}, pu^{21}ɕiã^{35}kʰi^{213}tɕiou^{13}sõ^{213}na^{0}.

管 你 去 不 去， 你 想 去 就 去， 不 想 去 就 算 了。

041 **那我非去不可！**

na^{21}ŋo^{35}fei^{11}iɔu^{13}kʰi^{213}!

那 我 非 要 去！

na^{21}ŋo^{35}fei^{11}kʰi^{213}pu^{0}kʰo^{35}.

那 我 非 去 不 可。

042 **那个东西不在那儿，也不在这儿。**

na^{213}ko^{0}toŋ^{11}ɕi^{11}pu^{21}tsɛ^{13}na^{213}ko^{0}uei^{213}tsɿ^{0}, ie^{35}pu^{21}tsɛ^{13}tse^{42}ko^{0}uei^{213}tsɿ^{0}.

那 个 东 西 不 在 那 个 位 子，也 不 在 这 个 位 子。

na^{213}ko^{0}toŋ^{11}ɕi^{11}pu^{21}tsɛ^{13}na^{21}li^{35}, ie^{35}pu^{21}tsɛ^{13}tse^{21}li^{35}.

那 个 东 西 不 在 那 里，也 不 在 这 里。

043 **那到底在哪儿？**

na^{13}tɔu^{21}ti^{35}tsɛ^{21}na^{35}ko^{13}uei^{213}tsɿ^{0}ȵi^{0}?

那 到 底 在 哪 个 位 子 呢？

na^{13}tɔu^{21}ti^{35}tsɛ^{21}na^{35}li^{35}ȵi^{0}?

那 到 底 在 哪 里 呢？

044 **我也说不清楚，你问他去！**

ŋo^{35}ie^{35}kã^{35}pu^{21}tɕʰin^{11}tsʰu^{35}, ȵi^{35}kʰi^{13}uən^{13}tʰa^{11}kʰi^{213}!

我 也 讲 不 清 楚， 你 去 问 他 去！

ŋo^{35}ie^{35}kã^{35}pu^{21}tɕʰin^{11}tsʰu^{35}, ȵi^{35}kʰi^{13}uən^{13}tʰa^{11}!

我 也 讲 不 清 楚， 你 去 问 他！

ŋo^{35}ie^{35}kã^{35}pu^{21}tɕ^{h}in^{11}ts^{h}u^{35}, ȵi^{35}uən^{13}t^{h}a^{11}k^{h}i^{213}!

我 也 讲 不 清 楚， 你 问 他 去！

045 **怎么办呢？不是那么办，要这么办才对。**

na^{35}xɔu^{35}kɔu^{35}ȵi^{0}? pu^{21}sɿ^{13}na^{21}xɔu^{35}ti^{0}kɔu^{35}, iɔu^{13}tse^{21}xɔu^{35}ti^{0}kɔu^{35}ts^{h}ɛ^{55}tsɔu^{213}.

哪 好 搞 呢？ 不 是 那 好 的搞， 要 这 好 的搞 才 照$^{=}$。

tsən^{35}mo^{0}kɔu^{35}ȵi^{0}? pu^{21}sɿ^{13}na^{21}xɔu^{35}ti^{0}kɔu^{35}, iɔu^{13}tse^{21}xɔu^{35}ti^{0}kɔu^{35}ts^{h}ɛ^{55}tsɔu^{213}.

怎 么搞 呢？ 不 是 那 好 的搞， 要 这 好 的搞 才 照$^{=}$。

046 **要多少才够呢？**

iɔu^{21}xɔu^{35}to^{11}ts^{h}ɛ^{55}kəu^{213} (ȵi^{0}) ?

要 好 多 才 够 （呢）？

047 **太多了，要不了那么多，只要这么多就够了。**

to^{11}xən^{35}na^{0}, iɔu^{13}pu^{21}tɔu^{35}na^{21}ɕy^{35}to^{11}, tsɿ^{35}iɔu^{13}tse^{21}ɕy^{35}to^{11}tɕiou^{21}iou^{35}na^{0}.

多 很 了，要 不 倒 那 许 多，只 要 这 许 多 就 有 了。

048 **不管怎么忙，也得好好儿学习。**

pu^{21}kuã^{35}to^{11}sɔu^{35}mã^{55}, tu^{11}iɔu^{21}xɔu^{35}xɔu^{35}ȵiɛ̃^{13}ɕy^{11}.

不 管 多 少 忙， 都 要 好 好 念 书。

049 **你闻闻这朵花香不香？**

ȵi^{35}foŋ^{213}foŋ^{0}tse^{21}to^{35}fa^{11}k^{h}o^{35}ɕiã^{11}pu^{0}ɕiã^{11}?

你 嗅 嗅 这 朵 花 可 香 不 香？

ȵi^{35}foŋ^{213}foŋ^{0}tse^{21}to^{35}fa^{11}ɕiã^{11}pu^{0}ɕiã^{11}?

你 嗅 嗅 这 朵 花 香 不 香？

ȵi^{35}foŋ^{213}foŋ^{0}tse^{21}to^{35}fa^{11}k^{h}o^{35}ɕiã^{11}pu^{0}?

你 嗅 嗅 这 朵 花 可 香 不？

ȵi^{35}foŋ^{213}foŋ^{0}tse^{21}to^{35}fa^{11}k^{h}o^{35}ɕiã^{11}?

你 嗅 嗅 这 朵 花 可 香？

050 **好香呀，是不是？**

xɔu^{35}ɕiã^{11}, k^{h}o^{35}sɿ^{213} (ti^{0}) ?

好 香， 可 是（的）？（好香 xɔu^{35}ɕiã^{11} ～真香 tsən^{11}ɕiã^{11}）

xɔu^{35}ɕiã^{11}, k^{h}o^{35}sɿ^{213}pu^{0}sɿ^{213}?

好 香， 可 是 不 是？

tsən^{11}ɕiã^{11}, k^{h}o^{35}sɿ^{213}pu^{0}sɿ^{213}?

真 香， 可 是 不 是？

051 **你是抽烟呢，还是喝茶？**

ȵi35 (xã55sɿ213) tɕʰi21iɛ̃11xɛ55sɿ213tɕʰi21tsʰa55?

你（还 是）吃 烟 还 是 吃 茶？

ȵi35tɕʰi21iɛ̃11tɕʰi21tsʰa55?

你 吃 烟 吃 茶？

052 **烟也好，茶也好，我都不会。**

iɛ̃11ie35xɔu35, tsʰa55ie35xɔu35, ŋo35tu11pu21fã11ɕi35.

烟 也 好， 茶 也 好， 我 都 不 欢 喜。

053 **医生叫你多睡一睡，抽烟喝茶都不行。**

i11sən11ŋou11ȵi35to11kʰuən213xa0, tɕʰi21iɛ̃11tɕʰi21tsʰa55tu11pu21nən55.

医生 吆 你 多 睏 下，吃 烟 吃 茶 都 不 能。

i11sən11ŋou11ȵi35to11kʰuən213xa0, iɛ̃11tsʰa55tu11pu21nən55tɕʰi42.

医生 吆 你 多 睏 下，烟 茶 都 不 能 吃。

054 **咱们一边走一边说。**

ŋo35mən0 (i21) piɛ̃11tsəu35 (i21) piɛ̃11kã35.

我 们 （一）边 走 （一）边 讲。

ŋo35mən0tɛ21tsəu35tɛ21kã35.

我 们 带 走 带 讲。

055 **这个东西好是好，就是太贵了。**

tse42ko0toŋ11ɕi11xɔu35sɿ21xɔu35, tɕiou13sɿ213tʰɛ13kuei213 xən35na0.

这 个 东 西 好 是 好， 就 是 太 贵 很 了。

056 **这个东西虽说贵了点儿，不过挺结实的。**

tse42ko0toŋ11ɕi11kuei13sɿ21iou35tiɛ̃35kuei213, pu21ko213kuɛ21nɔu55ti0.

这 个 东 西 贵 是 有 点 贵， 不 过 怪 牢 的。

057 **他今年多大了？**

tʰa11tɕin11ȵiɛ̃55 (iou35) tɕi35ta213na0?

他 今 年（有）几 大 了？

058 **也就是三十来岁吧。**

ie35tɕiou213sɿ13sã11sɿ21nɛ55sei213pa0.

也 就 是 三 十 来 岁 吧。

059 **看上去不过三十多岁的样子。**

kʰã21tɕʰie55pu21ko213sã11sɿ21to11sei213ti0iã213tsɿ0.

看 [起来]不 过 三 十 多 岁 的样 子。

060 **这个东西有多重呢？**

tse^{42}ko^{0}toŋ^{11}ɕi^{11}iou^{35}tɕi^{35}tsoŋ^{213} (ȵi^{0})？

这 个 东 西 有 几 重 （呢）？

061 **怕有五十多斤吧。**

ta^{13}io^{42}iou^{35}u^{35}sʅ^{21}to^{11}tɕin^{11} (tsoŋ^{213}).

大 约 有 五 十 多 斤 （重）。

062 **我五点半就起来了，你怎么七点了还不起来？**

ŋo^{35}u^{35}tiɛ̃^{35}pã^{13}tsoŋ^{11}tɕiou^{21}tɕʰiɛ^{55}na^{0}, ȵi^{35}tsən^{35}ti^{0}tɕʰi^{21}tiɛ̃^{35}tsoŋ^{11}na^{0}xɛ̃^{55}pu^{21}tɕʰiɛ^{55}?

我 五 点 半 钟 就 [起来]了，你 怎 的七 点 钟 了 还 不 [起来]？

063 **三四个人盖一床被。一床被盖三四个人。**

sã^{11}sʅ^{13}ko^{21}zən^{55}kɛ^{213}i^{21}tɕʰyã^{55}pʰi^{35}o^{11}.

三 四 个 人 盖 一床 被 窝。

i^{42}tɕʰyã^{55}pʰi^{35}o^{11}kɛ^{213}sã^{11}sʅ^{13}ko^{21}zən^{55}.

一床 被 窝盖 三 四 个 人。

064 **一个大饼夹一根油条。一根油条外加一个大饼。**

i^{21}ko^{21}ko^{35}ka^{42}i^{21}kən^{11}iou^{55}tʰiəu^{55}.

一个 馃 夹 一根 油 条。

i^{21}kən^{11}iou^{55}tʰiəu^{55}ka^{42}i^{21}ko^{21}ko^{35}.

一根 油 条 夹 一个 馃。

065 **两个人坐一张凳子。一张凳子坐了两个人。**

liã^{35}ko^{21}zən^{55}tso^{213}i^{21}ko^{21}pã^{35}tən^{213}.

两 个 人 坐 一个 板 凳。

i^{21}ko^{21}pã^{35}tən^{213}tso^{213} (na^{0}) liã^{35}ko^{21}zən^{55}.

一个 板 凳 坐 （了）两 个 人。

066 **一辆车装三千斤麦子。三千斤麦子刚好够装一辆车。**

i^{21}ko^{12}tsʰe^{11}tɕyã^{11}sã^{11}tɕʰiɛ̃^{11}tɕin^{11}me^{42}.

一个 车 装 三 千 斤 麦。

sã^{11}tɕʰiɛ̃^{11}tɕin^{11}me^{42}tɕiã^{11}xəu^{35}kəu^{13}tɕyã^{11}i^{21}ko^{13}tsʰe^{11}.

三 千 斤 麦 刚 好 够 装 一个 车。

067 **十个人吃一锅饭。一锅饭够吃十个人。**

sʅ^{21}ko^{21}zən^{55}tɕʰi^{42}i^{21}ko^{11}fã^{213}.

十 个 人 吃 一锅 饭。

i^{21}ko^{11}fã^{213}kəu^{13}tɕ^{h}i^{21}sɿ^{21}ko^{21}zən^{55}.

一锅 饭 够 吃 十 个 人。

068 **十个人吃不了这锅饭。这锅饭吃不了十个人。**

sɿ^{21}ko^{21}zən^{55}tɕ^{h}i^{42}pu^{0}təu^{35}tse^{21}ko^{11}fã^{213}.

十 个 人 吃 不倒 这 锅 饭。

sɿ^{21}ko^{21}zən^{55}tɕ^{h}i^{42}pu^{0}tiəu^{213}tse^{21}ko^{11}fã^{213}.

十 个 人 吃 不掉 这 锅 饭。

tse^{21}ko^{11}fã^{213}sɿ^{21}ko^{21}zən^{55}tɕ^{h}i^{21}pu^{21}kəu^{213}.

这 锅 饭 十 个 人 吃 不 够。

069 **这个屋子住不下十个人。**

tse^{21}ko^{21}fã^{55}kã^{11}tɕy^{13}pu^{21}təu^{35}sɿ^{21}ko^{21}zən^{55}.

这 个 房间 住 不 倒 十 个 人。

070 **小屋堆东西，大屋住人。**

ɕiəu^{35}fã^{55}kã^{11}tei^{11}toŋ^{11}ɕi^{11}, ta^{21}fã^{55}kã^{11}tɕy^{21}zən^{55}.

小 房间 堆 东 西，大 房 间 住 人。

071 **他们几个人正说着话呢。**

t^{h}a^{11}mən^{0}tɕi^{35}ko^{213}zən^{55}tsɛ^{13}tse^{21}li^{35}kã^{35}fa^{213}.

他 们 几 个 人 在 这 里 讲 话。

t^{h}a^{11}mən^{0}tɕi^{35}ko^{21}zən^{55}tsɛ^{13}na^{21}li^{35}kã^{35}fa^{213}.

他 们 几 个 人 在 那 里 讲 话。

072 **桌上放着一碗水，小心别碰倒了。**

t^{h}ɛ^{55}tso^{42}sã^{0}to^{42}na^{0}i^{42}uã^{35}ɕyei^{35}, tã^{11}ɕin^{11}piəu^{21}ta^{35}p^{h}o^{42}na^{0}.

台 桌 上□ 了 一碗 水， 担 心［不要］打 泼 了。□to^{42}：放，搁。

073 **门口站着一帮人，在说着什么。**

mən^{55}k^{h}əu^{35}i^{21}pã^{11}zən^{55}tsã^{213} (təu^{0}) na^{21}li^{35}, tsɛ^{13}na^{21}li^{35}kã^{35} (təu^{0}) sən^{35}mo^{0}.

门 口 一班 人 站（倒）那 里，在 那 里 讲（倒）什 么。

074 **坐着吃好，还是站着吃好？**

tso^{213}təu^{0}tɕ^{h}i^{42}xəu^{35}xã^{55}sɿ^{213}tsã^{213}təu^{0}tɕ^{h}i^{42}xəu^{35}?

坐 倒吃 好 还 是 站 倒吃 好？

tso^{13}na^{21}li^{35}tɕ^{h}i^{42}xɛ^{55}sɿ^{213}tsã^{13}na^{21}li^{35}tɕ^{h}i^{42}xəu^{35}?

坐 那 里吃 还 是 站 那 里吃 好？

075 **想着说，不要抢着说。**

ɕiã^{35}tɔu^{0}kã^{35}pu^{21}iɔu^{213}tɕ^{h}iã^{35}tɔu^{0}kã^{35}.

想 倒 讲 不 要 抢 倒 讲。

076 **说着说着就笑起来了。**

kã^{35}tso^{0}kã^{35}tso^{0}tɕiou^{13}ɕiɔu^{213}tɕ^{h}iɛ^{0}na^{0}.

讲 着 讲 着 就 笑 [起来]了。

kã^{35}kã^{0}kã^{35}kã^{0}tɕiou^{13}ɕiɔu^{213}tɕ^{h}iɛ^{0}na^{0}.

讲 讲 讲 讲 就 笑 [起来]了。

077 **别怕！你大着胆子说吧。**

piɔu^{13}p^{h}a^{213}, ȵi^{35}fã^{13}ta^{21}tã^{35}tsɿ^{0}kã^{35}.

[不要]怕， 你 放 大 胆 子 讲。

piɔu^{13}p^{h}a^{213}, ȵi^{35}ta^{21}tã^{35}kã^{35}.

[不要]怕， 你 大 胆 讲。

078 **这个东西重着呢，足有一百来斤。**

tse^{42}ko^{0}toŋ^{11}ɕi^{11}xən^{35}tsoŋ^{213}, tsu^{21}tsu^{21}iou^{35}i^{21}pe^{21}nɛ^{55}tɕin^{11}.

这 个 东 西 很 重， 足 足 有 一 百 来 斤。

079 **他对人可好着呢。**

t^{h}a^{11}tei^{21}zən^{55}xən^{35}xɔu^{35}.

他 对 人 很 好。

t^{h}a^{11}tei^{23}zən^{55}tɕi^{35}xɔu^{35}o^{0}.

他 对 人 几 好 哦。

080 **这小伙子可有劲着呢。**

tse^{42}ko^{0}ɕiɔu^{35}xo^{35}tsɿ^{0}li^{21}tɕ^{h}i^{213}tɕi^{35}ta^{213}o^{0}.

这 个 小 伙 子 力 气 几 大 哦。

081 **别跑，你给我站着！**

piɔu^{213}p^{h}ɔu^{55}, ȵi^{35}ke^{35}ŋo^{35}tsã^{213}tɔu^{0}!

[不要] 跑， 你 给 我 站 倒！

pu^{21}iɔu^{21}p^{h}ɔu^{55}, ȵi^{35}ke^{35}ŋo^{35}tsã^{13}na^{213}li^{0}!

不 要 跑， 你 给 我 站 那 里！

082 **下雨了，路上小心着！**

no^{21}y^{35}na^{0}, nu^{213}sã^{0}tã^{11}ɕin^{11}tiɛ̃^{0}.

落 雨 了，路 上 担 心 点。

083 **点着火了。着凉了。**

tiε̃^{35}tso^{21}xo^{35}na^{0}.

点 着 火 了。

tso^{21}liã^{55}na^{0}.

着 凉 了。

toŋ^{213}na^{0}.

冻 了。

084 **甭着急，慢慢儿来。**

pu^{21}iɔu^{13} (tso^{21}) tɕi^{42}, mã^{13}mã^{213} (ti^{0}) nε^{55}.

不 要 （着） 急，慢 慢 （地）来。

085 **我正在这儿找着你，还没找着。**

ŋo^{35}tsε^{13}tse^{21}li^{35}tsɔu^{35}ȵi^{35}, miou^{35}tsɔu^{35}tɔu^{35}.

我 在 这 里 找 你，[没有] 找 倒。

086 **她呀，可厉害着呢！**

t^{h}a^{11}ia^{0}xɔu^{35}li^{13}xε^{213}io^{0}.

她 呀好 厉害 哟。

087 **这本书好看着呢。**

tse^{21}pən^{35}ɕy^{11}xən^{35}xɔu^{35}k^{h}ã^{213}.

这 本 书 很 好 看。

088 **饭好了，快来吃吧。**

fã^{21}xɔu^{35}na^{0}, k^{h}uε^{21}nε^{55}tɕ^{h}i^{42}.

饭 好 了，快 来 吃。

089 **锅里还有饭没有？你去看一看。**

ko^{11}li^{0}xã^{55}iou^{35}fã^{21}miou^{35}? ȵi^{35}k^{h}i^{13}k^{h}ã^{213}k^{h}ã^{0}.

锅 里还 有 饭 [没有]？ 你 去 看 看。

ko^{11}li^{0}k^{h}o^{35}xε^{55}iou^{35}fã^{213}? ȵi^{35}k^{h}i^{13}k^{h}ã^{213}k^{h}ã^{0}.

锅 里可 还 有 饭？ 你 去 看 看。

090 **我去看了，没有饭了。**

ŋo^{35}k^{h}i^{13}k^{h}ã^{213}na^{0}, miou^{35}fã^{213}na^{0}.

我 去 看 了，[没有]饭 了。

ŋo^{35}k^{h}i^{13}k^{h}ã^{213}na^{0}, mi^{35}ti^{0}fã^{213}na^{0}.

我 去 看 了，没 的饭 了。

091 **就剩一点儿了，吃了得了。**

tsɿ^{35}sən^{13}i^{21}tiɛ̃^{35}na^{0}, tɕ^{h}i^{42}tiɔu^{0}sɔ̃^{213}na^{0}.

只 剩 一点 了，吃 掉 算 了。

092 **吃了饭要慢慢儿地走，别跑，小心肚子疼。**

tɕ^{h}i^{42}na^{0}fã^{213}iɔu^{13}mã^{213}mã^{0}tsəu^{35}, pu^{21}nən^{55}p^{h}ɔu^{55}, ɕiɔu^{35}ɕin^{11}tu^{213}tsɿ^{0}t^{h}oŋ^{213}.

吃 了饭 要 慢 慢 走，不 能 跑， 小 心 肚 子 痛。

093 **他吃了饭了，你吃了饭没有呢？**

t^{h}a^{11}tɕ^{h}i^{21}fã^{213}na^{0}, ȵi^{35}tɕ^{h}i^{21}miou^{35}tɕ^{h}i^{42}?

他 吃 饭 了，你 吃［没有］吃？

t^{h}a^{11}fã^{13}tɕ^{h}i^{42}na^{0}, ȵi^{35}k^{h}o^{35}tɕ^{h}i^{42}na^{0}?

他 饭 吃 了，你 可 吃 了？

094 **我喝了茶还是渴。**

ŋo^{35}xo^{42}na^{0}ts^{h}a^{55}xã^{55}sɿ^{13}k^{h}o^{42}.

我 喝 了茶 还 是 渴。

095 **我吃了晚饭，出去溜达了一会儿，回来就睡下了，还做了个梦。**

ŋo^{35}tɕ^{h}i^{42}na^{0}ie^{13}fã^{213}, tɕ^{h}y^{21}k^{h}i^{213}tsəu^{35}na^{0}i^{42}xa^{0}, fei^{55}nɛ^{55}tɕiou^{13}k^{h}uən^{21}tɔu^{35}na^{0}, xɛ^{55}tso^{213}

我 吃 了夜 饭，出 去 走 了一下，回 来 就 睏 倒 了，还 做

na^{0}ko^{0}moŋ^{213}.

了 个 梦。

096 **吃了这碗饭再说。**

tɕ^{h}i^{42}na^{0}tse^{21}uã^{35}fã^{213}tsɛ^{21}kã^{35}.

吃 了这 碗 饭 再 讲。

tɕ^{h}i^{42}na^{0}tse^{21}uã^{35}fã^{213}tɕ^{h}i^{35}.

吃 了这 碗 饭 起。

tɕ^{h}i^{42}na^{0}tse^{21}uã^{35}fã^{213}tɕ^{h}i^{35}tsɛ^{21}kã^{35}.

吃 了这 碗 饭 起 再 讲。

tɕ^{h}i^{42}na^{0}tse^{21}uã^{35}fã^{213}tso^{0}tsɛ^{21}kã^{35}.

吃 了这 碗 饭 着 再 讲。

097 **我昨天照了像了。**

ŋo^{35}tso^{21}zɿ^{42}tsɔu^{213}na^{0}ɕiã^{213}na^{0}.

我 昨 日 照 了 像 了。

ŋo^{35}tso^{21}zʅ^{42}tsɔu^{213}na^{0}ɕiã^{213}.

我 昨 日 照 了 像。

ŋo^{35}tso^{21}zʅ^{42}tsɔu^{13}ɕiã^{213}na^{0}.

我 昨 日 照 像 了。

098 **有了人，什么事都好办。**

iou^{35}na^{0}zən^{55}, sən^{35}mo^{0}sʅ^{213}tu^{11}xɔu^{35}tso^{213}.

有 了人， 什 么 事 都 好 做。

099 **不要把茶杯打碎了。**

pu^{21}iɔu^{213}pa^{35}ts^{h}a^{55}pei^{11}ta^{35}p^{h}o^{213} (tiɔu^{0}) na^{0}.

不 要 把 茶 杯 打 破 （掉）了。

100 **你快把这碗饭吃了，饭都凉了。**

ȵi^{35}k^{h}uɛ^{21}tiẽ^{35}pa^{35}tse^{21}uã^{35}fã^{213}tɕ^{h}i^{42}na^{0}, fã^{13}tu^{11}nən^{35} (tiɔu^{0}) na^{0}.

你 快 点 把 这 碗 饭 吃 了，饭 都 冷 （掉） 了。

ȵi^{35}k^{h}uɛ^{21}tiẽ^{35}pa^{35}tse^{21}uã^{35}fã^{213}tɕ^{h}i^{42}tiɔu^{0}, fã^{13}tu^{11}nən^{35} (tiɔu^{0}) na^{0}.

你 快 点 把 这 碗 饭 吃 掉，饭 都 冷 （掉） 了。

101 **下雨了。雨不下了，天晴开了。**

no^{21}y^{35}na^{0}.

落 雨 了。

y^{35}pu^{21}no^{42}na^{0}, t^{h}iẽ^{11}tɕ^{h}in^{55} (tɕ^{h}iɛ^{0}) na^{0}.

雨 不 落 了，天 晴 （[起来]）了。

102 **打了一下。去了一趟。**

ta^{35}na^{0}i^{42}xa^{0}.

打 了 一下。

k^{h}i^{213}na^{0}i^{21}fei^{55}.

去 了 一回。

103 **晚了就不好了，咱们快点儿走吧！**

(k^{h}i^{13}) ŋã^{213}na^{0}tɕiou^{13}pu^{21}xɔu^{35}na^{0}, ŋo^{35}mən^{0}k^{h}uɛ^{21}tiẽ^{35}tsəu^{35}.

（去）晏 了 就 不 好 了，我 们 快 点 走。

104 **给你三天时间做得了做不了？**

ke^{35}ȵi^{35}sã^{11}t^{h}iẽ^{11}koŋ^{11}fu^{11} (k^{h}o^{35}) tso^{213}te^{0}xɔu^{35}tso^{213}pu^{0}xɔu^{35}?

给 你 三 天 工 夫 可 做 得好 做 不 好？

ke^{35}ȵi^{35}sã^{11}t^{h}iẽ^{11}koŋ^{11}fu^{11}tso^{213}te^{0}xɔu^{35}tso^{213}pu^{0}xɔu^{35}?

给 你 三 天 工 夫 做 得好 做 不好？

ke^{35}ȵi^{35}sã^{11}t^{h}iɛ̃^{11}koŋ^{11}fu^{11}k^{h}o^{35}tso^{213}te^{0}xɔu^{35}?

给 你 三 天 工 夫 可 做 得 好?

ke^{35}ȵi^{35}sã^{11}t^{h}iɛ̃^{11}koŋ^{11}fu^{11}tso^{213}pu^{0} tso^{213} te^{0}xɔu^{35}?

给 你 三 天 工 夫 做 不 做 得 好?

105 **你做得了，我做不了。**

ȵi^{35}tso^{213}te^{0}tɔu^{35}, ŋo^{35}tso^{213}pu^{0}tɔu^{35}.

你 做 得 倒，我 做 不 倒。

106 **你骗不了我。**

ȵi^{35}foŋ^{35}pu^{0}tɔu^{35}ŋo^{35}.

你 哄 不 倒 我。

ȵi^{35}foŋ^{35}pu^{0}liɔu^{35}ŋo^{35}.

你 哄 不 了 我。

ȵi^{35}foŋ^{35}ŋo^{35}pu^{0}liɔu^{35}.

你 哄 我 不 了。

ȵi^{35}foŋ^{35}ŋo^{35}pu^{0}tɔu^{35}.

你 哄 我 不 倒。

107 **了了这桩事情再说。**

liɔu^{35}na^{0}tse^{42}ko^{0}sɿ^{213}tsɛ^{21}kã^{35}.

了 了 这 个 事 再 讲。

liɔu^{35}na^{0}tse^{42}ko^{0}sɿ^{213}tɕ^{h}i^{35}.

了 了 这 个 事 起。

liɔu^{35}na^{0}tse^{42}ko^{0}sɿ^{213}tɕ^{h}i^{35}tsɛ^{21}kã^{35}.

了 了 这 个 事 起 再 讲。

108 **这间房没住过人。**

tse^{42}ko^{0}fã^{55}miou^{35}tɕy^{13}ko^{21}zən^{55}.

这 个 房 [没有] 住 过 人。

tse^{42}ko^{0}fã^{55}zən^{55}miou^{35}tɕy^{13}ko^{213}.

这 个 房 人 [没有] 住 过。

109 **这牛拉过车，没骑过人。**

tse^{42}ko^{0}ȵiou^{55}na^{11}ko^{0}ts^{h}e^{11}, miou^{35}tɕ^{h}i^{55}ko^{0}zən^{55}.

这 个 牛 拉 过 车，[没有] 骑 过 人。

tse^{42}ko^{0}ȵiou^{55}ts^{h}e^{11}na^{11}ko^{0}, zən^{55}miou^{35}tɕ^{h}i^{55}ko^{0}.

这 个 牛 车 拉 过，人 [没有] 骑 过。

110 **这小马还没骑过人，你小心点儿。**

tse^{42}ko^{0}ɕiɔu^{35}ma^{35}miou^{35}tɕ^{h}i^{55}ko^{0}zən^{55}.

这 个 小 马［没有］骑 过 人。

tse^{42}ko^{0}ɕiɔu^{35}ma^{35}zən^{55}miou^{35}tɕ^{h}i^{55}ko^{0}, ȵi^{35}ɕiɔu^{35}ɕin^{11}tiɛ̃^{0}.

这 个 小 马 人［没有］骑 过，你 小 心 点。

111 **以前我坐过船，可从来没骑过马。**

i^{35}tɕ^{h}iɛ̃^{55}ŋo^{35}tso^{213}ko^{0}tɕ^{h}yɛ̃^{55}, ts^{h}oŋ^{55}nɛ^{55}miou^{35}tɕ^{h}i^{55}ko^{0}ma^{35}.

以前 我 坐 过 船， 从 来［没有］骑 过 马。

i^{35}tɕ^{h}iɛ̃^{55}ŋo^{35}tɕ^{h}yɛ̃^{55}tso^{213}ko^{0}, ma^{35}ts^{h}oŋ^{55}nɛ^{55}miou^{35}tɕ^{h}i^{55}ko^{0}.

以前 我 船 坐 过，马 从 来［没有］骑 过。

112 **丢在街上了。搁在桌上了。**

tiɔu^{213}na^{0}kɛ^{11}sã^{0}na^{0}. tiɔu^{213}tsɛ^{0}kɛ^{11}sã^{0}na^{0}.

掉 了 街 上 了。掉 在 街 上 了。

ko^{42}tɔu^{0}t^{h}ɛ^{55}tso^{42}sã^{0}na^{0}. ko^{42}tsɛ^{0}t^{h}ɛ^{55}tso^{42}sã^{0}na^{0}.

搁 倒 台 桌 上 了。搁 在 台 桌 上 了。

113 **掉到地上了，怎么都没找着。**

tiɔu^{213}na^{0}ti^{213}xa^{0}na^{0}, tsən^{35}mo^{0}tu^{11}miou^{35}tɕ^{h}in^{55}tɔu^{35}.

掉 了 地 下 了，怎 么 都［没有］寻 倒。

tiɔu^{213}na^{0}ti^{213}xa^{0}na^{0}, tsən^{35}mo^{0}tu^{11}tɕ^{h}in^{55}pu^{0}tɔu^{35}.

掉 了 地 下 了，怎 么 都 寻 不 倒。

114 **今晚别走了，就在我家住下吧！**

tɕin^{11}tsɔu^{11}ie^{213}li^{0}pu^{21}iɔu^{21}tsɔu^{35}na^{0}, tɕiou^{13}tsɛ^{21}ŋo^{35}ka^{11}ɕie^{42}.

今 朝 夜 里 不 要 走 了，就 在 我 家 歇。

115 **这些果子吃得吃不得？**

tse^{42}ɕie^{0}ko^{35}tsɿ^{0}k^{h}o^{35}tɕ^{h}i^{42}te^{0}tɕ^{h}i^{42}pu^{0}te^{42}?

这 些 果 子 可 吃 得 吃 不 得？

tse^{42}ɕie^{0}ko^{35}tsɿ^{0}tɕ^{h}i^{42}te^{0}tɕ^{h}i^{42}pu^{0}te^{42}?

这 些 果 子 吃 得 吃 不 得？

tse^{42}ɕie^{0}ko^{35}tsɿ^{0}k^{h}o^{35}tɕ^{h}i^{21}te^{42}?

这 些 果 子 可 吃 得？

tse^{42}ɕie^{0}ko^{35}tsɿ^{0}k^{h}o^{35}nən^{55}tɕ^{h}i^{42}?

这 些 果 子 可 能 吃？

tse^{42}ɕie^{0}ko^{35}tsɿ^{0}tɕ^{h}i^{42}pu^{0}tɕ^{h}i^{21}te^{42}?

这 些 果 子 吃 不 吃 得?

116 **这是熟的，吃得。那是生的，吃不得。**

tse^{21}sɿ^{213}su^{42}ti^{0}, nən^{55}tɕ^{h}i^{42}te^{0}, na^{13}sɿ^{13}sən^{11}ti^{0}, tɕ^{h}i^{42}pu^{0}te^{42}.

这 是 熟 的, 能 吃 得, 那 是 生 的, 吃 不得。

tse^{21}sɿ^{213}su^{42}ti^{0}, nən^{55}tɕ^{h}i^{42}te^{0}, na^{13}sɿ^{13}sən^{11}ti^{0}, pu^{21}nən^{55}tɕ^{h}i^{42}.

这 是 熟 的, 能 吃 得, 那 是 生 的, 不 能 吃。

117 **你们来得了来不了？**

ȵi^{35}mən^{0}k^{h}o^{35}nɛ^{55}te^{0}liɔu^{35}?

你 们 可 来 得了?

ȵi^{35}mən^{0}nən^{55}pu^{21}nən^{55}nɛ^{55}?

你 们 能 不 能 来?

ȵi^{35}mən^{0}nɛ^{55}pu^{0}nɛ^{55}te^{0}liɔu^{35}?

你 们 来 不 来 得了?

ȵi^{35}mən^{0}k^{h}o^{35}nən^{55}nɛ^{55} (pu^{21}nən^{55}nɛ^{55}) ?

你 们 可 能 来（不 能 来）?

118 **我没事，来得了，他太忙，来不了。**

ŋo^{35}miou^{35}sɿ^{213}, nɛ^{55}te^{0}liɔu^{35}; t^{h}a^{11}t^{h}ɛ^{21}mã^{55}, nɛ^{55}pu^{0}liɔu^{35}.

我 [没有] 事, 来 得 了; 他 太 忙, 来 不 了。

ŋo^{35}miou^{35}sɿ^{213}, nən^{55}nɛ^{55}te^{0}; t^{h}a^{11}t^{h}ɛ^{21}mã^{55}, pu^{21}nən^{55}nɛ^{55}.

我 [没有] 事, 能 来 得; 他 太 忙, 不 能 来。

119 **这个东西很重，拿得动拿不动？**

tse^{42}ko^{0}toŋ^{11}ɕi^{11}xən^{35}tsoŋ^{213}, k^{h}o^{35}na^{55}te^{0}tɕ^{h}i^{35}na^{55}pu^{0}tɕ^{h}i^{35}?

这 个 东 西 很 重, 可 拿 得起 拿 不 起?

tse^{42}ko^{0}toŋ^{11}ɕi^{11}xən^{35}tsoŋ^{213}, na^{55}te^{0}tɕ^{h}i^{35}na^{55}pu^{0}tɕ^{h}i^{35}?

这 个 东 西 很 重, 拿 得起 拿 不 起?

tse^{42}ko^{0}toŋ^{11}ɕi^{11}xən^{35}tsoŋ^{213}, k^{h}o^{35}na^{55}te^{0}tɕ^{h}i^{35}?

这 个 东 西 很 重, 可 拿 得起?

tse^{42}ko^{0}toŋ^{11}ɕi^{11}xən^{35}tsoŋ^{213}, na^{55}pu^{0}na^{55}te^{0}tɕ^{h}i^{35}?

这 个 东 西 很 重, 拿 不 拿 得起?（少）

120 **我拿得动，他拿不动。**

ŋo^{35}na^{55}te^{0}tɕ^{h}i^{35}, t^{h}a^{11}na^{55}pu^{0}tɕ^{h}i^{35}.

我 拿 得起, 他 拿 不 起。

121　**真不轻，重得连我都拿不动了。**

tsən^{11}pu^{21}tɕ^{h}in^{11}, tsoŋ^{213}te^{0}liɛ̃^{55}ŋo^{35}tu^{11}na^{55}pu^{0}tɕ^{h}i^{35}na^{0}.

真 不 轻， 重 得连 我 都 拿 不 起 了。

122　**他手巧，画得很好看。**

t^{h}a^{11}səu^{35}tɕ^{h}iɔu^{35}, fa^{213}te^{0}xən^{35}xɔu^{35}k^{h}ã^{213}.

他 手 巧， 画 得很 好 看。

123　**他忙得很，忙得连吃过饭没有都忘了。**

t^{h}a^{11}mã^{55}te^{0}xən^{35}, mã^{55}te^{0}liɛ̃^{55}tɕ^{h}i^{21}fã^{213}miou^{35}tɕ^{h}i^{21}fã^{213}tu^{11}ua^{13}tɕi^{213}na^{0}.

他 忙 得很， 忙 得连 吃 饭[没有]吃 饭 都 忘 记 了。

t^{h}a^{11}mã^{55}te^{0}xən^{35}, mã^{55}te^{0}liɛ̃^{55}k^{h}o^{35}tɕ^{h}i^{21}fã^{213}na^{0}tu^{11}uã^{13}tɕi^{213}na^{0}.

他 忙 得 很， 忙 得连 可 吃 饭 了 都 忘 记 了。

124　**你看他急得，急得脸都红了。**

ȵi^{35}k^{h}ã^{13}t^{h}a^{11}tɕi^{42}te^{0}, tɕi^{42}te^{0}liɛ̃^{35}tu^{11}foŋ^{55}na^{0}.

你 看 他 急 得，急 得脸 都 红 了。

ȵi^{35}k^{h}ã^{13}t^{h}a^{11}tɕi^{42}te^{0}liɛ̃^{35}tu^{11}foŋ^{55}na^{0}.

你 看 他 急 得脸 都 红 了。

125　**你说得很好，你还会说些什么呢？**

ȵi^{35}kã^{35}te^{0}tsən^{11}xɔu^{35}, ȵi^{35}xã^{55}ɕiɔu^{35}te^{0}kã^{35}tiɛ̃^{0}mo^{35}tiɔu^{35}ȵi^{0}?

你 讲 得 真 好， 你 还 晓 得 讲 点 么 屌 呢？

126　**说得到，做得了，真棒！**

kã^{35}te^{0}tɔu^{35}, tso^{213}te^{0}tɔu^{35}, tsən^{11}tsɔu^{213}!

讲 得 倒， 做 得倒， 真 照$^{=}$！

127　**这个事情说得说不得呀？**

tse^{42}ko^{0}sɿ^{213}k^{h}o^{35}kã^{35}te^{42}kã^{35}pu^{0}te^{42}?

这 个 事 可 讲 得 讲 不 得？

tse^{42}ko^{0}sɿ^{213}kã^{35}te^{42}kã^{35}pu^{0}te^{42}?

这 个 事 讲 得 讲 不 得？

tse^{42}ko^{0}sɿ^{213}k^{h}o^{35}kã^{35}te^{42}?

这 个 事 可 讲 得？

tse^{42}ko^{0}sɿ^{213}kã^{35}pu^{0}kã^{35}te^{42}?

这 个 事 讲 不 讲 得？（少）

128 他说得快不快？听清楚了吗？

$t^ha^{11}kã^{35}te^0k^ho^{35}k^huɛ^{213}$？ $k^ho^{35}t^hin^{13}tɕ^hin^{11}ts^hu^{35}na^0$？

他 讲 得可 快？ 可 听 清 楚 了？（多）

$t^ha^{11}kã^{35}te^0k^ho^{35}k^huɛ^{213}$？ $t^hin^{21}miou^{35}t^hin^{13}tɕ^hin^{11}ts^hu^{35}$？

他 讲 得可 快？ 听［没有］听 清 楚？

$t^ha^{11}kã^{35}te^0k^huɛ^{213}pu^0k^huɛ^{213}$？ $t^hin^{13}tɕ^hin^{11}ts^hu^{35}na^0miou^{35}$？

他 讲 得快 不 快？ 听 清 楚 了［没有］？

$t^ha^{11}kã^{35}te^0k^ho^{35}k^huɛ^{213}pu^0k^huɛ^{213}$？ $t^hin^{13}tɕ^hin^{11}ts^hu^{35}na^0miou^{35}$？

他 讲 得可 快 不 快？ 听 清 楚 了［没有］？

129 他说得快不快？只有五分钟时间了。

$t^ha^{11}kã^{35}te^0k^huɛ^{213}pu^0k^huɛ^{213}$？ $tsɿ^{35}iou^{35}u^{35}fən^{11}tsoŋ^{11}$ $(sɿ^{55}tɕiɛ̃^{11})$ na^0.

他 讲 得快 不 快？ 只 有 五 分 钟 （时 间） 了。

$t^ha^{11}kã^{35}te^0k^ho^{35}k^huɛ^{213}$？ $tsɿ^{35}iou^{35}u^{35}fən^{11}tsoŋ^{11}$ $(sɿ^{55}tɕiɛ̃^{11})$ na^0.

他 讲 得可 快？ 只 有 五 分 钟 （时 间） 了。

130 这是他的书。

$tse^{21}sɿ^{213}t^ha^{11}ti^0ɕy^{11}$.

这 是 他 的书。

131 那本书是他哥哥的。

$na^{21}pən^{35}ɕy^{11}sɿ^{13}t^ha^{11}ko^{11}ko^0ti^0$.

那 本 书 是他 哥 哥 的。

132 桌子上的书是谁的？是老王的。

$t^hɛ^{55}tso^{42}sã^0ti^0ɕy^{11}sɿ^{21}na^{35}ko^{213}ti^0$ $(ɕy^{11})$？ $sɿ^{21}nəu^{35}uã^{55}ti^0$.

台 桌 上的书 是 哪 个 的(书)？ 是 老 王 的。

133 屋子里坐着很多人，看书的看书，看报的看报，写字的写字。

$u^{42}li^0tso^{213}təu^0i^{21}ta^{213}ɕie^0zən^{55}$, $k^hã^{13}ɕy^{11}ti^0k^hã^{13}ɕy^{11}$, $k^hã^{13}pəu^{213}ti^0k^hã^{13}pəu^{213}$, $ɕie^{35}tsɿ^{213}$

屋里坐 倒 一大 些 人， 看 书 的看 书， 看 报 的看 报， 写 字

$ti^0ɕie^{35}tsɿ^{213}$.

的写 字。

134 要说他的好话，不要说他的坏话。

$iəu^{21}kã^{35}t^ha^{11}ti^0xəu^{35}fa^{213}$, $pu^{21}iəu^{21}kã^{35}t^ha^{11}ti^0fɛ^{13}fa^{213}$.

要 讲 他 的好 话， 不 要 讲 他 的坏 话。

135 **上次是谁请的客？是我请的。**

sã^{21}fei^{55}sɿ^{21}na^{35}ko^{213}tɕ^{h}in^{35}ti^{0}k^{h}e^{42}? sɿ^{21}ŋo^{35}tɕ^{h}in^{35}ti^{0}.

上 回 是 哪 个 请 的客？ 是 我 请 的。

136 **你是哪年来的？**

ȵi^{35}sɿ^{21}na^{35}ȵiɛ̃^{55}nɛ^{55}ti^{0}?

你 是 哪 年 来 的？

137 **我是前年到的北京。**

ŋo^{35}sɿ^{21}tɕ^{h}iɛ̃^{55}ȵiɛ̃^{0}tɔu^{13}pe^{21}tɕin^{11}ti^{0}.

我 是 前 年 到 北 京 的。（多）

ŋo^{35}sɿ^{21}tɕ^{h}iɛ̃^{55}ȵiɛ̃^{0}tɔu^{213}ti^{0}pe^{21}tɕin^{11}.

我 是 前 年 到 的北 京。

138 **你说的是谁？**

ȵi^{35}kã^{35}ti^{0} (sɿ^{21}) na^{35}ko^{213}?

你 讲 的（是）哪 个？

139 **我反正不是说的你。**

ŋo^{35}fã^{35}tsən^{213}kã^{35}ti^{0}pu^{21}sɿ^{21}ȵi^{35}.

我 反 正 讲 的不 是 你。

ŋo^{35}fã^{35}tsən^{13}pu^{21}sɿ^{21}kã^{35}ȵi^{35}.

我 反 正 不 是 讲 你。

140 **他那天是见的老张，不是见的老王。**

t^{h}a^{11}na^{13}t^{h}iɛ̃^{11}tɕiɛ̃^{213}ti^{0}sɿ^{21}nɔu^{35}tsã^{11}, pu^{21}sɿ^{21}nɔu^{35}uã^{55}.

他 那 天 见 的是 老 张，不 是 老 王。

t^{h}a^{11}na^{13}t^{h}iɛ̃^{11}sɿ^{13}tɕiɛ̃^{213}ti^{0}nɔu^{35}tsã^{11}, pu^{21}sɿ^{13}tɕiɛ̃^{213}ti^{0}nɔu^{35}uã^{55}.

他 那 天 是 见 的老 张，不 是 见 的老 王。

141 **只要他肯来，我就没的说了。**

tsɿ^{35}iɔu^{213}t^{h}a^{11}k^{h}ən^{35}nɛ^{55}, ŋo^{35}tɕiou^{21}mi^{35}ti^{0}kã^{35}na^{0}.

只 要 他 肯 来，我 就 没 的讲 了。

142 **以前是有的做，没的吃。**

i^{35}tɕ^{h}iɛ̃^{55}sɿ^{21}tsɿ^{35}iou^{35}ti^{0}tso^{213}miou^{35}ti^{0}tɕ^{h}i^{42}.

以前 是 只 有 的做 [没有] 的吃。

143 **现在是有的做，也有的吃。**

ɕiɛ̃^{13}tsɛ^{213}sɿ^{21}iou^{35}ti^{0}tso^{213}ie^{35}iou^{35}ti^{0}tɕ^{h}i^{42}.

现 在 是 有 的做 也 有 的吃。

144 **上街买个葱啊蒜的，也方便。**

sã^{13}kε^{11}mε^{35}ko^{0}ts^{h}oŋ^{11}sɔ̃^{213}sən^{35}mo^{0}ti^{0}ie^{35}fã^{11}piε̃^{213}.

上 街 买 个 葱 蒜 什 么 的也 方 便。

sã^{13}kε^{11}mε^{35}ko^{0}ts^{h}oŋ^{11}sɔ̃^{213}a^{0}ti^{0}ie^{35}fã^{11}piε̃^{213}.

上 街 买 个 葱 蒜 啊的也 方 便。

145 **柴米油盐什么的，都有的是。**

ts^{h}ε^{55}mi^{35}iou^{55}iε̃^{55}sən^{35}mo^{0}ti^{0}tu^{11}iou^{35}ti^{0}sɿ^{213}.

柴 米 油 盐 什 么 的都 有 的是。

146 **写字算账什么的，他都能行。**

ɕie^{35}tsɿ^{213}sɔ̃^{13}tsã^{213} (sən^{35}mo^{0}ti^{0}) , t^{h}a^{11}tu^{11}fei^{213}.

写 字 算 账 （什 么 的）,他 都 会。

147 **把那个东西递给我。**

pa^{35}na^{213}ko^{0}toŋ^{11}ɕi^{11}nən^{11}ke^{35}ŋo^{35}.

把 那 个 东 西 拎 给 我。

pa^{35}na^{213}ko^{0}toŋ^{11}ɕi^{11}nən^{11}pa^{35}ŋo^{35}.

把 那 个 东 西 拎 把 我。

148 **是他把那个杯子打碎了。**

sɿ^{13}t^{h}a^{11}pa^{35}na^{13}ko^{213}pei^{11}tsɿ^{0}ta^{35}p^{h}o^{13}tiɔu^{213}na^{0}.

是 他 把 那 个 杯 子 打 破 掉 了。

149 **把人家脑袋都打出血了，你还笑！**

pa^{35}zən^{55}ka^{0}t^{h}əu^{55}tu^{11}ta^{35}tɕ^{h}y^{21}ɕye^{42}na^{0}, ȵi^{35}xε^{55}ɕiɔu^{213}!

把 人 家 头 都 打 出 血 了, 你 还 笑!

150 **快去把书还给他。**

k^{h}uε^{13}k^{h}i^{213}pa^{35}ɕy^{11}fã^{55}ke^{35}t^{h}a^{11}.

快 去 把 书 还 给 他。

k^{h}uε^{13}k^{h}i^{213}pa^{35}ɕy^{11}fã^{55}pa^{35}t^{h}a^{11}.

快 去 把 书 还 把 他。

151 **我真后悔当时没把他留住。**

ŋo^{35}tsən^{11}xəu^{21}fei^{35}tã^{11}sɿ^{55}miou^{35}pa^{35}t^{h}a^{11}liou^{55}xa^{21}nε^{55}.

我 真 后 悔 当 时[没有]把 他 留 下 来。

152 **你怎么能不把人当人呢?**

ȵi^{35}tsən^{35}mo^{0}nən^{55}pu^{21}pa^{35}zən^{55}ka^{0}tã^{11}zən^{55}ȵi^{0}?

你 怎 么 能 不 把 人 家 当 人 呢?

ȵi^{35}tsən^{35}mo^{0}nən^{55}pa^{35}zən^{55}ka^{0}pu^{21}tã^{11}zən^{55}ȵi^{0}?

你 怎 么 能 把 人 家 不 当 人 呢?

153 **有的地方管太阳叫日头。**

iou^{35}ti^{0}uei^{213}tsɿ^{0}ŋəu^{11}t^{h}ɛ^{21}iã^{55}tɕiəu^{13}zɿ^{21}t^{h}əu^{55}.

有 的位 子 吆 太 阳 叫 日 头。

iou^{35}ti^{0}uei^{213}tsɿ^{0}pa^{35}t^{h}ɛ^{21}iã^{55}ŋəu^{11}zɿ^{21}t^{h}əu^{55}.

有 的位 子 把 太 阳 吆 日 头。

154 **什么？她管你叫爸爸！**

sən^{35}mo^{0}? t^{h}a^{11}ŋəu^{11}ȵi^{35}ŋəu^{11}ta^{213}ta^{0}!

什 么? 她 吆 你 吆 大 大!

tsən^{35}mo^{0}? t^{h}a^{11}ŋəu^{11}ȵi^{35}ta^{213}ta^{0}!

怎 么? 她 吆 你 大 大!

155 **你拿什么都当真的，我看没必要。**

ȵi^{35}pa^{35}sən^{35}mo^{0}tu^{11}tã^{11}tsən^{11}ti^{0}, ŋo^{35}k^{h}ã^{213}miou^{35}pi^{21}iəu^{213}.

你 把 什 么 都 当 真 的,我 看 [没有]必 要。

156 **真拿他没办法，烦死我了。**

tsən^{11}na^{55}t^{h}a^{11}mi^{35}ti^{0}fa^{42}tsɿ^{0}, fã^{55}sɿ^{35}na^{0}.

真 拿 他 没 的法 子,烦 死 了。

157 **看你现在拿什么还人家。**

k^{h}ã^{21}ȵi^{35}ɕiẽ^{13}tsɛ^{213}na^{55}sən^{35}mo^{0} (toŋ^{11}ɕi^{11}) fã^{55}zən^{55}ka^{0}.

看 你 现 在 拿 什 么(东 西)还 人 家。

158 **他被妈妈说哭了。**

t^{h}a^{11}ke^{35}m^{55}ma^{11}kã^{35}k^{h}u^{42}na^{0}.

他 给 姆 妈 讲 哭 了。

t^{h}a^{11}pei^{21}m^{55}ma^{11}kã^{35}k^{h}u^{42}na^{0}.

他 被 姆 妈 讲 哭 了。

159 **所有的书信都被火烧了，一点儿剩的都没有。**

so^{35}iou^{35}ti^{0}ɕy^{11}ɕin^{213}tu^{11}ke^{35}xo^{35}səu^{11}tiəu^{213}na^{0}, i^{21}tiẽ^{35}tu^{11}miou^{35}sən^{213}.

所 有 的书 信 都 给 火 烧 掉 了,一点 都[没有]剩。

160 **被他缠了一下午，什么都没做成。**

ke^{35}t^{h}a^{11}ȵiẽ^{55}na^{0}i^{21}xa^{21}u^{35}, mo^{35}sɿ^{213}tu^{11}miou^{35}tso^{21}ts^{h}ən^{55}.

给 他 黏 了一下 午,么 事 都[没有]做 成。

pei^{13}t^{h}a^{11}ȵiẽ^{55}na^{0}i^{21}xa^{21}u^{35}, mo^{35}sɿ^{213}tu^{11}miou^{35}tso^{21}ts^{h}ən^{55}.

被 他 黏 了一下 午，么 事 都[没有]做 成。

161 **让人给打懵了，一下子没明白过来。**

ke^{35}zən^{55}ka^{0}ta^{35}fən^{11}na^{0}, i^{21}xa^{213}tsɿ^{0}miou^{35}ɕiã^{35}tɕ^{h}iɛ^{55}.

给 人 家 打 昏 了，一下 子[没有]想[起来]。

162 **给雨淋了个浑身湿透。**

ke^{35}y^{35}to^{42}na^{0} (ko^{0}) t^{h}əu^{13}ts^{h}ɿ^{42}ti^{0}.

给 雨 沰 了(个)透 湿 的。

163 **给我一本书。给他三本书。**

ke^{35}ŋo^{35} (i^{21}) pən^{35}ɕy^{11}.

给 我 (一)本 书。

ke^{35}t^{h}a^{11}sã^{11}pən^{35}ɕy^{11}.

给 他 三 本 书。

164 **这里没有书，书在那里。**

tse^{42}li^{0}miou^{35}ɕy^{11}, ɕy^{11}tsɛ^{13}na^{213}li^{0}.

这 里[没有]书，书 在 那 里。

165 **叫他快来找我。**

ŋəu^{11}t^{h}a^{11}k^{h}uɛ^{21}tiẽ^{35}nɛ^{55}tsəu^{35}ŋo^{35}.

吆 他 快 点 来 找 我。

166 **赶快把他请来。**

kã^{35}k^{h}uɛ^{213}pa^{35}t^{h}a^{11}tɕ^{h}in^{35}nɛ^{55}.

赶 快 把 他 请 来。

167 **我写了条子请病假。**

ŋo^{35}ɕie^{35}na^{0} (ko^{0}) t^{h}iəu^{55}tsɿ^{0}tɕ^{h}in^{35}pin^{21}tɕia^{35}.

我 写 了(个)条 子 请 病 假。

168 **我上街买了份报纸看。**

ŋo^{35}sã^{13}kɛ^{11}mɛ^{35}na^{0}fən^{213}pəu^{21}tsɿ^{35} (nɛ^{55}) k^{h}ã^{213}.

我 上 街 买 了 份 报 纸(来)看。

169 **我笑着躲开了他。**

ŋo^{35}ɕiəu^{213}ɕiəu^{0}, to^{35}k^{h}ɛ^{11}na^{0}t^{h}a^{11}.

我 笑 笑，躲 开 了 他。

170 **我抬起头笑了一下。**

ŋo^{35}tʰɛ^{55}tɕʰi^{35}tʰəu^{55} (nɛ^{0}) ɕiɔu^{213}na^{0}i^{42}xa^{0}.

我 抬 起 头 （来）笑 了 一下。

171 **我就是坐着不动，看你能把我怎么着。**

ŋo^{35}tɕiou^{13}sɿ^{213}tso^{13}tse^{42}li^{0}pu^{21}toŋ^{213}, kʰã^{21}ȵi^{35}nən^{55}pa^{35}ŋo^{35}tsən^{35}mo^{0}iã^{213}.

我 就 是 坐 这 里不 动， 看 你 能 把 我 怎 么 样。

172 **她照顾病人很细心。**

tʰa^{11}fu^{21}sɿ^{13}pin^{21}zən^{55}xən^{35}ɕi^{13}ɕin^{11}.

她 服 侍 病 人 很 细 心。

173 **他接过苹果就咬了一口。**

tʰa^{11}tɕie^{21}ko^{213}pʰin^{55}ko^{35}tɕiou^{21}ŋɔu^{35}na^{0}i^{21}kʰəu^{35}.

他 接 过 苹 果 就 咬 了 一 口。

174 **他的一番话使在场的所有人都流了眼泪。**

tʰa^{11}kã^{35}ti^{0}i^{21}fã^{11}fa^{213}iã^{13}tsɛ^{21}tsʰã^{35}ti^{0}so^{35}iou^{35}zən^{55}tu^{11}tʰã^{35}ŋã^{35}li^{21}ɕyei^{35}na^{0}.

他 讲 的一番 话 让 在 场 的所 有 人 都 淌 眼 泪 水 了。

175 **我们请他唱了一首歌。**

ŋo^{35}mən^{0}tɕʰin^{35}tʰa^{11}tsʰã^{213}na^{0}i^{21}ko^{13}ko^{11}.

我 们 请 他 唱 了 一个 歌。

176 **我有几个亲戚在外地做工。**

ŋo^{35}iou^{35}tɕi^{35}ko^{13}tɕʰin^{11}tɕʰi^{42}tsɛ^{13}uɛ^{13}ti^{21}ta^{35}koŋ^{11}.

我 有 几 个 亲 戚 在 外 地 打 工。

177 **他整天都陪着我说话。**

tʰa^{11}tsən^{35}tʰiẽ^{11}tu^{11}pʰei^{55}təu^{0}ŋo^{35}kã^{35}fa^{213}.

他 整 天 都 陪 倒 我 讲 话。

178 **我骂他是个大笨蛋，他居然不恼火。**

ŋo^{35}ma^{13}tʰa^{11}sɿ^{213}ko^{0}ta^{13}pən^{13}tã^{213}, tʰa^{11}i^{21}tiẽ^{35}pu^{21}nəu^{35}xo^{35}.

我 骂 他 是 个 大 笨 蛋， 他 一点 不 恼 火。

179 **他把钱一扔，二话不说，转身就走。**

tʰa^{11}pa^{35}tɕʰiẽ^{55}i^{21}ɕyɛ^{35}, i^{21}tɕy^{13}fa^{213}tu^{11}pu^{21}kã^{35}, tɕyẽ^{35}sən^{11}tɕiou^{21}tsəu^{35}.

他 把 钱 一甩， 一句 话 都 不 讲，转 身 就 走。

180 **我该不该来呢？**

ŋo^{35}kɛ^{11}pu^{21}kɛ^{11}nɛ^{55}?

我 该 不 该 来？

ŋo^{35}kɛ^{11}nɛ^{55}pu^{21}kɛ^{11}nɛ^{55}?

我 该 来 不 该 来?

ŋo^{35}k^{h}o^{35}kɛ^{11}nɛ^{55}pu^{21}kɛ^{11}nɛ^{55}?

我 可 该 来 不 该 来?

181 **你来也行，不来也行。**

ȵi^{35}nɛ^{55}ie^{35}tsɔu^{213}, pu^{21}nɛ^{55}ie^{35}tsɔu^{213}.

你 来 也 照$^{=}$，不 来 也 照$^{=}$。

182 **要我说，你就不应该来。**

i^{11}ŋo^{35}kã^{35}, ȵi^{35}tɕiou^{13}pu^{21}kɛ^{11}nɛ^{55}.

依我 讲，你 就 不 该 来。

tsɔu^{21}ŋo^{35}kã^{35}, ȵi^{35}tɕiou^{13}pu^{21}kɛ^{11}nɛ^{55}.

照 我 讲，你 就 不 该 来。

183 **你能不能来?**

ȵi^{35}nən^{55}pu^{21}nən^{55}nɛ^{55}?

你 能 不 能 来?

ȵi^{35}k^{h}o^{35}nən^{55}nɛ^{55}?

你 可 能 来?

ȵi^{35} (k^{h}o^{35}) nən^{55}nɛ^{55}pu^{21}nən^{55}nɛ^{55}?

你（可） 能 来 不 能 来?

184 **看看吧，现在说不准。**

k^{h}ã^{213}k^{h}ã^{0}pa^{0}, ɕiẽ^{13}tsɛ^{213}kã^{35}pu^{21}tɕyn^{35}.

看 看 吧，现 在 讲 不 准。

185 **能来就来，不能来就不来。**

nən^{55}nɛ^{55}tɕiou^{21}nɛ^{55}, pu^{21}nən^{55}nɛ^{55}tɕiou^{13}pu^{21}nɛ^{55}.

能 来 就 来，不 能 来 就 不 来。

186 **你打算不打算去?**

ȵi^{35}ta^{35}sɔ̃^{13}pu^{21}ta^{35}sɔ̃^{13}k^{h}i^{213}?

你 打 算 不 打 算 去?

ȵi^{35}ta^{35}pu^{21}ta^{35}sɔ̃^{13}k^{h}i^{213}?

你 打 不 打 算 去?

ȵi^{35}k^{h}o^{35}ta^{35}sɔ̃^{13}k^{h}i^{213}?

你 可 打 算 去?

187 **去呀！谁说我不打算去？**

$k^hi^{213}a^0$, $na^{35}ko^{213}kã^{35}ŋo^{35}pu^{21}ta^{35}sɔ̃^{13}k^hi^{213}$?

去 啊，哪 个 讲 我 不 打 算 去？

188 **他一个人敢去吗？**

$t^ha^{11}i^{21}ko^{21}zən^{55}kã^{35}pu^0kã^{35}k^hi^{213}$?

他 一个 人 敢 不 敢 去？

$t^ha^{11}i^{21}ko^{21}zən^{55}k^ho^{35}kã^{35}k^hi^{213}$?

他 一个 人 可 敢 去？

189 **敢！那有什么不敢的？**

$kã^{35}k^hi^{213}$, $na^{35}iou^{35}sən^{35}mo^0pu^{21}kã^{35}$ (ti^0)？

敢 去， 哪 有 什 么 不 敢（的）？

190 **他到底愿不愿意说？**

$t^ha^{11}tɔu^{21}ti^{35}yɛ̃^{13}i^{213}pu^{21}yɛ̃^{13}i^{21}kã^{35}$?

他 到 底 愿 意 不 愿 意讲？

$t^ha^{11}tɔu^{21}ti^{35}yɛ̃^{13}pu^{21}yɛ̃^{13}i^{21}kã^{35}$?

他 到 底 愿 不 愿 意 讲？

$t^ha^{11}tɔu^{21}ti^{35}k^ho^{35}yɛ̃^{13}i^{21}kã^{35}$?

他 到 底 可 愿 意 讲？

191 **谁知道他愿意不愿意说？**

$na^{35}ko^{213}ɕiɔu^{35}te^0t^ha^{11}yɛ̃^{13}pu^{21}yɛ̃^{13}i^{21}kã^{35}$?

哪 个 晓 得他 愿 不 愿 意 讲？

$na^{35}ko^{213}ɕiɔu^{35}te^0t^ha^{11}k^ho^{35}yɛ̃^{13}i^{21}kã^{35}$?

哪 个 晓 得他 可 愿 意 讲？

$na^{35}ko^{213}k^ho^{35}ɕiɔu^{35}te^0t^ha^{11}k^ho^{35}yɛ̃^{13}i^{21}kã^{35}$?

哪 个 可 晓 得他 可 愿 意 讲？

192 **愿意说得说，不愿意说也得说。**

$yɛ̃^{13}i^{213}kã^{35}te^0kã^{35}$, $pu^{21}yɛ̃^{13}i^{21}kã^{35}ie^{35}te^{21}kã^{35}$.

愿 意 讲 得讲，不 愿 意 讲 也 得 讲。

193 **反正我得让他说，不说不行。**

$fã^{35}tsən^{213}ŋo^{35}i^{21}tin^{213}iɔu^{13}t^ha^{11}kã^{35}$, $pu^{21}kã^{35}pu^{21}tsɔu^{213}$.

反 正 我 一定 要 他 讲，不 讲 不 照⁼。

194 **还有没有饭吃?**

xɛ^{55}iou^{35}miou^{35}fã^{13}tɕ^{h}i^{42}?

还 有［没有］饭 吃?

k^{h}o^{35}xã^{55}iou^{35}fã^{13}tɕ^{h}i^{42}?

可 还 有 饭 吃?

195 **有，刚吃呢。**

iou^{35}, tɕiã^{11}tɕ^{h}i^{42}ti^{0}.

有，刚 吃 的。

iou^{35}, tɕiã^{11}tsɛ^{13}tse^{42}li^{0}tɕ^{h}i^{42}.

有，刚 在 这 里吃。

196 **没有了，谁叫你不早来!**

miou^{35}na^{0}, na^{35}ko^{13}ŋɔu^{11}ȵi^{35}pu^{21}tsɔu^{35}tiɛ̃^{0}nɛ^{55}?

［没有］了，哪 个 吆 你 不 早 点 来?

197 **你去过北京吗?我没去过。**

ȵi^{35}k^{h}i^{21}miou^{35}k^{h}i^{213}ko^{0}pe^{21}tɕin^{11}? ŋo^{35}miou^{35}k^{h}i^{213}ko^{0}.

你 去［没有］去 过 北 京? 我［没有］去 过。

ȵi^{35}k^{h}o^{35}k^{h}i^{213}ko^{0}pe^{21}tɕin^{11} (miou^{35}k^{h}i^{213}ko^{0}pe^{21}tɕin^{11})? ŋo^{35}miou^{35}k^{h}i^{213}ko^{0}.

你 可 去 过 北 京 （［没有］去 过 北 京）? 我［没有］去 过。

ȵi^{35}k^{h}i^{213}ko^{0}pe^{21}tɕin^{11}miou^{35}? ŋo^{35}miou^{35}k^{h}i^{213}ko^{0}.

你 去 过 北 京［没有］? 我［没有］去 过。

198 **我十几年前去过，可没怎么玩，都没印象了。**

ŋo^{35}sɿ^{21}tɕi^{35}ȵiɛ̃^{55}tɕ^{h}iɛ̃^{55}k^{h}i^{213}ko^{0}, miou^{35}ɕi^{11}, pu^{21}tɕi^{213}te^{0}na^{0}.

我 十 几 年 前 去 过,［没有］嬉，不 记 得了。

199 **这件事他知道不知道?**

tse^{21}tɕiɛ̃^{13}sɿ^{213}t^{h}a^{11}ɕiɔu^{35} (te^{42}) pu^{21}ɕiɔu^{35}te^{42}?

这 件 事 他 晓 （得）不 晓 得?

tse^{21}tɕiɛ̃^{13}sɿ^{213}t^{h}a^{11}k^{h}o^{35}ɕiɔu^{35}te^{42}?

这 件 事 他 可 晓 得?

200 **这件事他肯定知道。**

tse^{21}tɕiɛ̃^{13}sɿ^{213}t^{h}a^{11}k^{h}ən^{35}tin^{21}ɕiɔu^{35}te^{42}.

这 件 事 他 肯 定 晓 得。

201 **据我了解，他好像不知道。**

i^{11}ŋo^{35}kʰã^{213}, tʰa^{11}xəu^{35}ɕiã^{213}pu^{21}ɕiəu^{35}te^{42}.

依我 看， 他 好 像 不 晓 得。

202 **这些字你认得不认得？**

tse^{21}ɕie^{11}tsɿ^{213}ȵi^{35}zən^{13}te^{21}pu^{21}zən^{13}te^{42}?

这 些 字 你 认 得 不 认 得？

tse^{21}ɕie^{11}tsɿ^{213}ȵi^{35}zən^{13}te^{21}zən^{213}pu^{0}te^{42}?

这 些 字 你 认 得 认 不得？

tse^{21}ɕie^{11}tsɿ^{213}ȵi^{35}kʰo^{35}zən^{13}te^{42}?

这 些 字 你 可 认 得？

203 **我一个大字也不认得。**

ŋo^{35}i^{21}ko^{13}ta^{13}tsɿ^{213}pu^{21}sɿ^{42}.

我 一 个 大 字 不 识。

204 **只有这个字我不认得，其他字都认得。**

tɕiou^{13}sɿ^{13}tse^{42}ko^{0}tsɿ^{213}ŋo^{35}pu^{21}zən^{213}te^{0}, tɕʰi^{55}tʰa^{11}tsɿ^{213}tu^{11}zən^{213}te^{0}təu^{35}.

就 是 这 个 字 我 不 认 得，其 他 字 都 认 得 倒。

tɕiou^{13}sɿ^{13}tse^{42}ko^{0}tsɿ^{213}ŋo^{35}zən^{13}pu^{21}təu^{35}, tɕʰi^{55}tʰa^{11}tsɿ^{213}tu^{11}zən^{213}te^{0}təu^{35}.

就 是 这 个 字 我 认 不 倒， 其 他 字 都 认 得 倒。

205 **你还记得不记得我了？**

ȵi^{35}xɛ^{55}tɕi^{213} (te^{0}) pu^{21}tɕi^{13}te^{42}ŋo^{35}na^{0}?

你 还 记 （得）不 记 得 我 了？

ȵi^{35}kʰo^{35}xã^{55}tɕi^{13}te^{21}ŋo^{35}?

你 可 还 记 得 我？

206 **记得，怎么能不记得！**

tɕi^{13}te^{42}, tsən^{35}mo^{0}tɕi^{213}pu^{0}te^{42}ȵi^{0}?

记 得， 怎 么 记 不 得 呢？

tɕi^{13}te^{42}, tsən^{35}mo^{0}pu^{21}tɕi^{13}te^{42}ȵi^{0}?

记 得， 怎 么 不 记 得 呢？

207 **我忘了，一点都不记得了。**

ŋo^{35}uã^{13}tɕi^{213}na^{0}, i^{21}tiɛ̃^{35}tu^{11}pu^{21}tɕi^{13}te^{42}na^{0}.

我 忘 记 了，一点 都 不 记 得 了。

ŋo^{35}uã^{13}tɕi^{213}na^{0}, i^{21}tiɛ̃^{35}tu^{11}tɕi^{13}pu^{21}təu^{35}na^{0}.

我 忘 记 了，一点 都 记 不 倒 了。

208 **你在前边走，我在后边走。**

ȵi^{35}tsɛ^{21}tɕ^{h}iɛ̃^{55}t^{h}əu^{0}tsəu^{35}, ŋo^{35}tsɛ^{13}xəu^{213}t^{h}əu^{0}tsəu^{35}.

你 在 前 头 走， 我 在 后 头 走。

209 **我告诉他了，你不用再说了。**

ŋo^{35}kən^{11}t^{h}a^{11}kã^{35}na^{0}, ȵi^{35}ioŋ^{13}pu^{21}tso^{42}tsɛ^{21}kã^{35}na^{0}.

我 跟 他 讲 了，你 用 不 着 再 讲 了。

ŋo^{35}kən^{11}t^{h}a^{11}kã^{35}na^{0}, ȵi^{35}pu^{21}ioŋ^{13}tsɛ^{21}kã^{35}na^{0}.

我 跟 他 讲 了，你 不 用 再 讲 了。

210 **这个大，那个小，你看哪个好？**

tse^{42}ko^{0}ta^{213}, na^{213}ko^{0}ɕiəu^{35}, ȵi^{35}k^{h}ã^{21}na^{35}ko^{21}xəu^{35}tiɛ̃^{35}?

这 个大， 那 个小， 你 看 哪 个 好 点？

211 **这个比那个好。**

tse^{42}ko^{0}pi^{35}na^{213}ko^{0}xəu^{35}ɕie^{0}.

这 个 比 那 个 好 些。

na^{213}ko^{0}, xã^{55}sɿ^{213}tse^{42}ko^{0}xəu^{35}ɕie^{0}.

那 个，还 是 这 个 好 些。

212 **那个没有这个好，差多了。**

na^{213}ko^{0}xɛ^{55}sɿ^{213}tse^{42}ko^{0}xəu^{35}, ts^{h}a^{11}to^{11}na^{0}.

那 个 还 是 这 个 好， 差 多 了。

na^{213}ko^{0}pu^{21}y^{55}tse^{42}ko^{0}xəu^{35}, ts^{h}a^{11}to^{11}na^{0}.

那 个 不 如 这 个 好， 差 多 了。

na^{213}ko^{0}mi^{35}ti^{0}tse^{42}ko^{0}xəu^{35}, ts^{h}a^{11}to^{11}na^{0}.

那 个 没 的这 个 好， 差 多 了。

213 **要我说这两个都好。**

i^{11}ŋo^{35}kã^{35}tse^{21}liã^{35}ko^{213}tu^{11}xəu^{35}.

依我 讲 这 两 个 都 好。

214 **其实这个比那个好多了。**

sɿ^{21}tɕi^{213}sã^{0}tse^{42}ko^{0}pi^{35}na^{213}ko^{0}xəu^{35}to^{11}na^{0}.

实 际 上这 个比 那 个好 多 了。

215 **今天的天气没有昨天好。**

tɕin^{11}tsəu^{11} (ti^{0}) t^{h}iɛ̃^{11}tɕ^{h}i^{213}miou^{35}tso^{21}zɿ^{21}xəu^{35}.

今 朝 （的）天 气 ［没有］昨 日 好。

tɕin^{11}tsɔu^{11} (ti^{0}) tʰiɛ̃^{11}tɕʰi^{213}mi^{35}ti^{0}tso^{21}zɿ^{21}xɔu^{35}.

今 朝 （的）天 气 没 的昨 日 好。

216 **昨天的天气比今天好多了。**

tso^{21}zɿ^{42}tʰiɛ̃^{11}tɕʰi^{213}pi^{35}tɕin^{11}tsɔu^{11}xɔu^{35}te^{0}to^{11}.

昨 日 天 气 比 今 朝 好 得多。

217 **明天的天气肯定比今天好。**

mən^{55}tsɔu^{11}ti^{0}tʰɛ̃^{11}tɕʰi^{213}kʰən^{35}tin^{213}pi^{35}tɕin^{11}tsɔu^{11} (ti^{0}tʰɛ̃^{11}tɕʰi^{213}) xɔu^{35}.

明 朝 的天 气 肯 定 比 今 朝 （的天 气） 好。

218 **那个房子没有这个房子好。**

na^{13}ko^{0}u^{42}mi^{35}ti^{0}tse^{42}ko^{0}u^{42}xɔu^{35}.

那 个 屋 没 的这 个 屋 好。

219 **这些房子不如那些房子好。**

tse^{21}ɕie^{11}u^{42}miou^{35}na^{13}ɕie^{11}u^{21}xɔu^{35}.

这 些 屋［没有］那 些 屋 好。

tse^{21}ɕie^{11}u^{42}pu^{21}y^{55}na^{13}ɕie^{11}u^{21}xɔu^{35}.

这 些 屋不 如 那 些 屋 好。

tse^{21}ɕie^{11}u^{42}mi^{35}ti^{0}na^{13}ɕie^{11}u^{21}xɔu^{35}.

这 些 屋 没 的那 些 屋 好。

220 **这个有那个大没有？**

tse^{42}ko^{0}iou^{35}na^{213}ko^{0}ta^{213}mi^{35}ti^{0}?

这 个 有 那 个 大 没 的？

tse^{42}ko^{0}iou^{35}na^{213}ko^{0}ta^{213}miou^{35}?

这 个 有 那 个 大［没有］？

tse^{42}ko^{0}iou^{35}miou^{35}na^{213}ko^{0}ta^{213}?

这 个 有［没有］那 个 大？

tse^{42}ko^{0}kʰo^{35}iou^{35}na^{213}ko^{0}ta^{213}?

这 个 可 有 那 个 大？

221 **这个跟那个一般大。**

tse^{42}ko^{0}kən^{11}na^{213}ko^{0}i^{21}iã^{213} (ti^{0}) ta^{213}.

这 个 跟 那 个一 样 （的）大。

222 **这个比那个小了一点点儿，不怎么看得出来。**

tse^{42}ko^{0}pi^{35}na^{213}ko^{0}ɕiɔu^{35}na^{0}i^{21}tiɛ̃^{35}tiɛ̃^{35}, pu^{21}tsən^{35}mo^{0}kʰã^{213}te^{0}tɕʰy^{21}nɛ^{55}.

这 个 比 那 个 小 了 一点 点，不 怎 么 看 得 出 来。

223 **这个大，那个小，两个不一般大。**

tse^{42}ko^{0}ta^{213}, na^{213}ko^{0}ɕiɔu^{35}, liã^{35}ko^{0}pu^{21}i^{21}iã^{13}ta^{213}.

这 个大，那 个 小， 两 个 不 一样 大。

224 **这个跟那个大小一样，分不出来。**

tse^{42}ko^{0}kən^{11}na^{213}ko^{0}ta^{21}ɕiɔu^{35}i^{21}iã^{213}, fən^{11}pu^{21}k^{h}ɛ^{11}.

这 个跟 那 个大 小 一样，分 不 开。

225 **这个人比那个人高。**

tse^{42}ko^{0}zən^{55}pi^{35}na^{213}ko^{0}zən^{55}ts^{h}ã^{55}tiɛ̃^{0}.

这 个 人 比 那 个 人 长 点。

226 **是高一点儿，可是没有那个人胖。**

sɿ^{21}ts^{h}ã^{55}i^{0}tiɛ̃^{0}, pu^{21}ko^{213}mi^{35}ti^{0}na^{213}ko^{0}zən^{55}p^{h}ã^{213}.

是 长 一点,不 过 没 的那 个 人 胖。

227 **他们一般高，我看不出谁高谁矮。**

t^{h}a^{11}liã^{35}ko^{213}i^{21}iã^{21}ts^{h}ã^{55}, ŋo^{35}k^{h}ã^{13}pu^{21}tɕ^{h}y^{42}nɛ^{55}na^{35}ko^{21}ts^{h}ã^{55}na^{35}ko^{21}ŋɛ^{35}.

他 两 个 一样 长， 我 看 不 出 来 哪 个 长 哪 个 矮。

228 **胖的好还是瘦的好？**

xɛ^{55}sɿ^{13}p^{h}ã^{213}ti^{0}xɔu^{35}xɛ^{55}sɿ^{13}səu^{213}ti^{0}xɔu^{35}?

还 是 胖 的好 还 是 瘦 的好？

p^{h}ã^{213}ti^{0}xɔu^{35}xã^{55}sɿ^{13}səu^{213}ti^{0}xɔu^{35}?

胖 的好 还 是 瘦 的好？

p^{h}ã^{213}ti^{0}xɔu^{35}səu^{213}ti^{0}xɔu^{35}?

胖 的好 瘦 的好？

229 **瘦的比胖的好。**

səu^{213}ti^{0}pi^{35}p^{h}ã^{213}ti^{0}xɔu^{35}ɕie^{0}.

瘦 的比 胖 的好 些。

səu^{213}ti^{0}pi^{35}p^{h}ã^{213}ti^{0}xɔu^{35}tiɛ̃^{0}.

瘦 的比 胖 的好 点。

230 **瘦的胖的都不好，不瘦不胖最好。**

səu^{213}ti^{0}p^{h}ã^{213}ti^{0}tu^{11}pu^{21}xɔu^{35}, pu^{21}səu^{213}pu^{21}p^{h}ã^{213}tsei^{21}xɔu^{35}.

瘦 的胖 的都 不 好， 不 瘦 不 胖 最 好。

231 **这个东西没有那个东西好用。**

tse^{42}ko^{0}toŋ^{11}ɕi^{11}mi^{35}ti^{0}na^{213}ko^{0}toŋ^{11}ɕi^{11}xɔu^{35}ioŋ^{213}.

这 个东 西 没 的那 个东 西 好 用。

tse^{42}ko^{0}toŋ^{11}ɕi^{11}miou^{35}na^{213}ko^{0}toŋ^{11}ɕi^{11}xɔu^{35}ioŋ^{213}.

这 个东 西[没有]那 个 东 西 好 用。

232 **这两种颜色一样吗?**

tse^{21}liã^{35}ko^{213}iɛ̃^{55}se^{42}kʰo^{35}i^{21}iã^{213}?

这 两 个 颜 色 可 一样?

tse^{21}liã^{35}ko^{0}iɛ̃^{55}se^{42}i^{42}pu^{0}i^{21}iã^{213}?

这 两 个颜 色 一不 一样?

233 **不一样，一种色淡，一种色浓。**

pu^{21}i^{21}iã^{213}, i^{21}ko^{213}iɛ̃^{55}se^{21}tɕʰiɛ̃^{35}, i^{21}ko^{213}iɛ̃^{55}se^{21}sən^{11}.

不 一样， 一个 颜 色 浅， 一个 颜 色 深。

234 **这种颜色比那种颜色淡多了，你都看不出来?**

tse^{42}ko^{0} (iɛ̃^{55}se^{42}) pi^{35}na^{213}ko^{0}iɛ̃^{55}se^{42}tã^{13}to^{11}na^{0}, ȵi^{35}tu^{11}kʰã^{13}pu^{21}tɕʰy^{21}nɛ^{55}?

这 个(颜 色)比 那 个颜 色 淡 多 了,你 都 看 不 出 来?

235 **你看看现在，现在的日子比过去强多了。**

ȵi^{35}kʰã^{213}kʰã^{0}ɕiɛ̃^{13}tsɛ^{213}, zʅ^{42}tsɿ^{0}pi^{35}ko^{13}tɕʰy^{213}xɔu^{35}to^{11}na^{0}.

你 看 看 现 在， 日 子比 过 去 好 多 了。

236 **以后的日子比现在更好。**

i^{35}xəu^{213}ti^{0}zʅ^{42}tsɿ^{0}pi^{35}ɕiɛ̃^{13}tsɛ^{213}ke^{21}uɛ^{21}xɔu^{35}.

以后 的日 子比 现 在 格 外 好。

237 **好好干吧，这日子一天比一天好。**

tsã^{35}tɕin^{35}tso^{213}, tse^{21}zʅ^{42}tsɿ^{0}i^{21}tʰiɛ̃^{11}pi^{35} i^{21}tʰiɛ̃^{11}xɔu^{35}.

攒 紧 做， 这 日 子 一天 比 一天 好。

238 **这些年的生活一年比一年好，越来越好。**

tse^{42}ɕie^{0}ȵiɛ̃^{55}ti^{0}sən^{11}xo^{42}i^{21}ȵiɛ̃^{55}pi^{35}i^{21}ȵiɛ̃^{55}xɔu^{35}, ye^{21}nɛ^{55}ye^{21}xɔu^{35}.

这 些 年 的生 活 一年 比 一年 好， 越 来 越 好。

239 **咱兄弟俩比一比谁跑得快。**

ŋo^{35}ɕioŋ^{11}ti^{213}liã^{35}ko^{213}pi^{35}pi^{0}na^{35}ko^{213}pʰɔu^{55}te^{0}kʰuɛ^{213}.

我 兄 弟 两 个 比 比哪 个 跑 得快。

240 **我比不上你，你跑得比我快。**

ŋo^{35}pi^{35}pu^{21}sã^{21}ȵi^{35}, ȵi^{35}pʰɔu^{55}te^{0}pi^{35}ŋo^{35}kʰuɛ^{213}.

我 比 不 上 你，你 跑 得比 我 快。

ŋo^{35}pi^{35}pu^{21}sã^{21}ȵi^{35}, ȵi^{35}pi^{35}ŋo^{35}p^{h}ɔu^{55}te^{0}k^{h}uɛ^{213}.

我 比 不 上 你，你 比 我 跑 得快。

241 **他跑得比我还快，一个比一个跑得快。**

t^{h}a^{11}pi^{35}ŋo^{35}xã^{55}p^{h}ɔu^{55}te^{0}k^{h}uɛ^{213}, i^{21}ko^{213}pi^{35}i^{21}ko^{213}p^{h}ɔu^{55}te^{0}k^{h}uɛ^{213}.

他 比 我 还 跑 得快， 一个 比 一个 跑 得快。

t^{h}a^{11}p^{h}ɔu^{55}te^{0}pi^{35}ŋo^{35}xɛ^{55}k^{h}uɛ^{213}, i^{21}ko^{213}pi^{35}i^{21}ko^{213}p^{h}ɔu^{55}te^{0}k^{h}uɛ^{213}.

他 跑 得比 我 还 快， 一个 比 一个 跑 得快。

242 **他比我吃得多，干得也多。**

t^{h}a^{11}pi^{35}ŋo^{35}tɕ^{h}i^{42}te^{0}to^{11}, tso^{213}te^{0}ie^{35}to^{11}.

他 比 我 吃得多， 做 得 也 多。

t^{h}a^{11}tɕ^{h}i^{42}te^{0}pi^{35}ŋo^{35}to^{11}, tso^{213}te^{0}ie^{35}pi^{35}ŋo^{35}to^{11}.

他 吃 得比 我 多，做 得也 比 我 多。

243 **他干起活来，比谁都快。**

t^{h}a^{11}tso^{21}tɕ^{h}i^{35}sɿ^{213}nɛ^{0}, pi^{35}na^{35}ko^{13}tu^{11}k^{h}uɛ^{213}.

他 做 起 事 来，比 哪 个 都 快。

244 **说了一遍，又说一遍，不知说了多少遍。**

kã^{35}na^{0}i^{21}piɛ̃^{213}, iou^{21}kã^{35}i^{21}piɛ̃^{213}, p^{h}iɔu^{35} te^{0} kã^{35} na^{0} to^{11}sɔu^{35}piɛ̃^{213}.

讲 了 一遍， 又 讲 一遍，［不晓］得 讲 了 多 少 遍。

245 **我嘴笨，可是怎么也说不过他。**

ŋo^{35}tsei^{35}pən^{213}, tsən^{35}mo^{0}ie^{35}kã^{35}pu^{21}ko^{13}t^{h}a^{11}.

我 嘴 笨， 怎 么 也 讲 不 过 他。

ŋo^{35}tsei^{35}pən^{213}, tsən^{35}mo^{0}ie^{35}kã^{35}pu^{21}t^{h}a^{11}ko^{213}.

我 嘴 笨， 怎 么 也 讲 不 他 过。

ŋo^{35}tsei^{35}pən^{213}, tsən^{35}mo^{0}ie^{35}kã^{35}t^{h}a^{11}pu^{21}ko^{213}.

我 嘴 笨， 怎 么 也 讲 他 不 过。

246 **他走得越来越快，我都跟不上了。**

t^{h}a^{11}tsəu^{35}te^{0}ye^{21}nɛ^{55}ye^{21}k^{h}uɛ^{213}, ŋo^{35}tu^{11}ȵiɛ̃^{35}pu^{21}tɔu^{13}t^{h}a^{11}na^{0}.

他 走 得越 来 越 快， 我 都 撵 不 到 他 了。

t^{h}a^{11}ye^{21}tsəu^{35}ye^{21}k^{h}uɛ^{213}, ŋo^{35}tu^{11}ȵiɛ̃^{35}pu^{21}tɔu^{13}t^{h}a^{11}na^{0}.

他 越 走 越 快， 我 都 撵 不 到 他 了。

247 **越走越快，越说越快。**

ye^{21}tsəu^{35}ye^{21}k^{h}uɛ^{213}, ye^{21}kã^{35}ye^{21}k^{h}uɛ^{213}.

越 走 越 快， 越 讲 越 快。

248 **慢慢说，一句一句地说。**

mã^{213}mã^{0}kã^{35}, i^{21}tɕy^{213}i^{21}tɕy^{213}ti^{0} kã^{35}.

慢 慢 讲，一句 一句 地 讲。

第三节

其他例句

本节包含203个语法例句，是根据实际需要再增补的，可以帮助加深对本书第六章“祁门军话语法”的理解。

001 **谁呀？我是老三。**

na^{35}ko^{213}a^{0}？ ŋo^{35}sɿ^{21}nɔu^{35}sã^{11}.

哪 个 啊？ 我 是 老 三。

002 **老四呢？他正在跟一个朋友说着话呢。**

nɔu^{35}sɿ^{213}ȵi^{0}？ t^{h}a^{11}tsɛ^{13}na^{213}li^{0}kən^{11}i^{21}ko^{213}p^{h}oŋ^{55}iou^{35}kã^{35}fa^{213}.

老 四 呢？ 他 在 那 里跟 一个 朋 友 讲 话。

003 **他还没有说完吗？**

t^{h}a^{11}xɛ^{55}miou^{35}kã^{35}xɔu^{35} (mã^{0})？

他 还 [没有] 讲 好 （吗）？

t^{h}a^{11}k^{h}o^{35}kã^{35}xɔu^{35}na^{0}？

他 可 讲 好 了？

t^{h}a^{11}k^{h}o^{35}kã^{35}xɔu^{35}miou^{35}kã^{35}xɔu^{35}？

他 可 讲 好 [没有] 讲 好？

004 **还没有。大约再有一会儿就说完了。**

xã^{55}miou^{35}. ta^{13}kɛ^{213}tsɛ^{21}iou^{35}i^{42}xa^{0}tɕiou^{21}kã^{35}uã^{55}na^{0}.

还 [没有]。大 概 再 有 一下 就 讲 完 了。

xɛ^{55}miou^{35}. ta^{13}kɛ^{213}tsɛ^{21}iou^{35}i^{42}xa^{0}t^{h}iɛ̃^{11}tɕiou^{21}kã^{35}uã^{55}na^{0}.

还 [没有]。大 概 再 有 一下 添 就 讲 完 了。

005 **他说马上就走，怎么这半天了还在家里呢？**

t^{h}a^{11}kã^{35}ma^{35}sã^{213}tɕiou^{21}tsəu^{35}, tsən^{35}mo^{0}tse^{21}nəu^{35}pã^{13}t^{h}iɛ̃^{11}na^{0}xɛ^{55}tsɛ^{13}ka^{11}li^{35}ȵi^{0}?

他 讲 马 上 就 走， 怎 么 这 老 半 天 了 还 在 家 里 呢？

006 **你到哪儿去？我到城里去。**

ȵi^{35}təu^{21}na^{35}li^{35}k^{h}i^{213}? ŋo^{35}təu^{21}ts^{h}ən^{55}li^{35}k^{h}i^{213}.

你 到 哪 里 去？ 我 到 城 里 去。

007 **在那儿，不在这儿。**

tsɛ^{13}na^{213}li^{0}, pu^{21}tsɛ^{13}tse^{42}li^{0}.

在 那 里，不 在 这 里。

008 **不是那么做，是要这么做的。**

pu^{21}sɿ^{213}na^{13}iã^{13}tso^{213}, sɿ^{13}iəu^{213}tse^{21}iã^{13}tso^{213}ti^{0}.

不 是 那 样 做， 是 要 这 样 做 的。

009 **太多了，用不着那么多，只要这么多就够了。**

t^{h}ɛ^{13}to^{11}xən^{35}na^{0}, ioŋ^{213}pu^{0}təu^{35}na^{213}mo^{0}to^{11}, tsɿ^{35}iəu^{13}tse^{42}mo^{0}to^{0}tɕiou^{21}iou^{35}na^{0}.

太 多 很 了，用 不 倒 那 么 多，只 要 这 么 多 就 有 了。

t^{h}ɛ^{13}to^{11}xən^{35}na^{0}, ioŋ^{213}pu^{0}tso^{42}na^{213}mo^{0}to^{11}, tsɿ^{35}iəu^{13}tse^{42}mo^{0}to^{0}tɕiou^{21}iou^{35}na^{0}.

太 多 很 了，用 不 着 那 么 多，只 要 这 么 多 就 有 了。

010 **这个大，那个小，这两个哪一个好一点儿呢？**

tse^{42}ko^{0}ta^{213}, na^{213}ko^{0}ɕiəu^{35}, tse^{21}liã^{35}ko^{213}na^{35}ko^{21}xəu^{35}tiɛ̃^{35}ȵi^{0}?

这 个 大， 那 个 小， 这 两 个 哪 个 好 点 呢？

tse^{42}ko^{0}ta^{213}, na^{213}ko^{0}ɕiəu^{35}, tse^{21}liã^{35}ko^{213}na^{35}ko^{21}xəu^{35}ɕie^{11}ȵi^{0}?

这 个 大， 那 个 小， 这 两 个 哪 个 好 些 呢？

011 **这个比那个好。**

tse^{42}ko^{0}pi^{35}na^{213}ko^{0}xəu^{35} (ɕie^{11}).

这 个 比 那 个 好 （些）。

012 **这些房子不如那些房子好。**

tse^{21}ɕie^{11}fã^{55}tsɿ^{0}pu^{21}pi^{35}na^{13}ɕie^{11}fã^{55}tsɿ^{0}xəu^{35}.

这 些 房 子 不 比 那 些 房 子 好。

tse^{21}ɕie^{11}fã^{55}tsɿ^{0}pu^{21}y^{55}na^{13}ɕie^{11}fã^{55}tsɿ^{0}xəu^{35}.

这 些 房 子 不 如 那 些 房 子 好。

tse^{21}ɕie^{11}fã^{55}tsɿ^{0}miou^{35}na^{13}ɕie^{11}fã^{55}tsɿ^{0}xəu^{35}.

这 些 房 子 [没有] 那 些 房 子 好。

013 **灯亮着。**

tən^{11}liã^{213}təu^{0}tse^{42}li^{0}.

灯 亮 倒 这 里。

tən^{11}liã^{213}təu^{0}na^{213}li^{0}.

灯 亮 倒 那 里。

tən^{11}liã^{213}təu^{0}ti^{0}.

灯 亮 倒 的。

tən^{11}liã^{213}tso^{0}.

灯 亮 着。（新）

014 **他今年多大岁数？**

t^{h}a^{11}tɕin^{11}ȵiɛ̃^{0}tɕi^{35}ta^{213}na^{0}?

他 今 年 几 大 了？

t^{h}a^{11}tɕin^{11}ȵiɛ̃^{0}tɕi^{35}ta^{13}sei^{13}su^{213}na^{0}?

他 今 年 几 大 岁 数 了？

015 **大概有三十来岁吧。**

ta^{13}kɛ^{213}iou^{35}sã^{11}sɿ^{21}to^{11}sei^{213}pa^{0}.

大 概 有 三 十 多 岁 吧。

016 **这个东西有多重呢？**

tse^{42}ko^{0}toŋ^{11}ɕi^{11}iou^{35}tɕi^{35}tsoŋ^{213}ȵi^{0}?

这 个 东 西 有 几 重 呢？

tse^{42}ko^{0}toŋ^{11}ɕi^{11}iou^{35}to^{11}tsoŋ^{213}ȵi^{0}?

这 个 东 西 有 多 重 呢？

017 **有五十斤重呢。**

iou^{35}u^{35}sɿ^{21}tɕin^{11}tsoŋ^{213}o^{0}.

有 五 十 斤 重 哦。

018 **拿得动吗？**

k^{h}o^{35}nən^{11}te^{0}tɕ^{h}i^{35}?

可 拎 得起？

k^{h}o^{35}nən^{11}te^{0}tɕ^{h}i^{35}nən^{11}pu^{0}tɕ^{h}i^{35}?

可 拎 得起 拎 不 起？

nən^{11}te^{0}tɕ^{h}i^{35}nən^{11}pu^{0}tɕ^{h}i^{35}?

拎 得起 拎 不 起？

nən^{11}te^{0}tɕ^{h}i^{35}mã^{0}?

拎 得起 □? □mã^{0}: 句末语气词，相当于北京话的“吗”。

nən^{11}pu^{21}nən^{11}te^{0}tɕ^{h}i^{35}?

拎不拎得起?

019 **我拿得动，他拿不动。**

ŋo^{35}na^{55}te^{0}tɕ^{h}i^{35}, t^{h}a^{11}na^{55}pu^{0}tɕ^{h}i^{35}.

我拿得起，他拿不起。

020 **真不轻，连我都拿不动了。**

tsən^{11}pu^{21}tɕ^{h}in^{11}, liɛ̃^{55}ŋo^{35}tu^{11}na^{55}pu^{0}tɕ^{h}i^{35}na^{0}.

真不轻，连我都拿不起了。

021 **你说得很好，你还会说点儿什么呢?**

ȵi^{35}kã^{35}te^{0}tsən^{11}xɔu^{35}, ȵi^{35}xɛ^{55}nən^{55}kã^{35}tiɛ̃^{0}mo^{35}tiɔu^{35}ȵi^{0}?

你讲得真好，你还能讲点么屌呢?

022 **我嘴笨，我说不过他。**

ŋo^{35}tsei^{35}pu^{21}fei^{21}kã^{35}, ŋo^{35}kã^{35}pu^{21}ko^{13}t^{h}a^{11}.

我嘴不会讲，我讲不过他。

ŋo^{35}tsei^{35}pu^{21}fei^{21}kã^{35}, ŋo^{35}kã^{35}pu^{21}t^{h}a^{11}ko^{213}.

我嘴不会讲，我讲不他过。

ŋo^{35}tsei^{35}pu^{21}fei^{21}kã^{35}, ŋo^{35}kã^{35}t^{h}a^{11}pu^{21}ko^{213}.

我嘴不会讲，我讲他不过。

023 **说了一遍，又说了一遍。**

kã^{35}i^{21}piɛ̃^{213}liɔu^{35}na^{0}, iou^{21}kã^{35}na^{0}i^{21}piɛ̃^{13} (t^{h}iɛ̃^{11}).

讲一遍了了，又讲了一遍（添）。

024 **请你再说一遍!**

tɕ^{h}in^{35}ȵi^{35}tsɛ^{21}kã^{35}i^{21}piɛ̃^{13} (t^{h}iɛ̃^{11})!

请你再讲一遍（添）!

tɕ^{h}in^{35}ȵi^{35}kã^{35}piɛ̃^{13}t^{h}iɛ̃^{11}!

请你讲遍添!

025 **你看清楚。**

ȵi^{35}k^{h}ã^{213}k^{h}ã^{0}tɕ^{h}in^{11}ts^{h}u^{35}.

你看看清楚。

026 **现在还很早呢，等一会儿再去吧。**

ɕiɛ̃^{13}tsɛ^{21}tsɔu^{35}xən^{35}na^{0}, ko^{213}xa^{0}tɕ^{h}i^{35}tsɛ^{13}k^{h}i^{213}pa^{0}.

现 在 早 很 了，过 下起 再 去 吧。

027 **吃了饭再去好吧？**

tɕ^{h}i^{42}na^{0}fã^{213} (tɕ^{h}i^{35}) tsɛ^{13}k^{h}i^{213}, k^{h}o^{35}xɔu^{35}?

吃 了饭（起） 再 去， 可 好？

028 **慢慢儿地吃啊，不要急煞！**

mã^{13}mã^{213} (ti^{0}) tɕ^{h}i^{42}, pu^{21}iɔu^{13}tso^{21}tɕi^{42}!

慢 慢 （地）吃， 不 要 着 急！

029 **坐着吃比站着吃好些。**

tso^{213}tɔu^{0}tɕ^{h}i^{42}pi^{35}tsã^{213}tɔu^{0}tɕ^{h}i^{42}xɔu^{35}ɕie^{0}.

坐 倒吃 比站 倒吃 好 些。

030 **他吃了饭了，你吃了饭没有呢？**

t^{h}a^{11}tɕ^{h}i^{21}liɔu^{35}na^{0}, ȵi^{35}tɕ^{h}i^{21}miou^{35}tɕ^{h}i^{42}?

他 吃 了 了，你 吃［没有］吃？

t^{h}a^{11}tɕ^{h}i^{42}na^{0}, ȵi^{35}k^{h}o^{35}tɕ^{h}i^{42}na^{0}?

他 吃 了，你 可 吃 了？

031 **他去过上海，我没有去过。**

t^{h}a^{11}tɔu^{13}sã^{21}xɛ^{35}k^{h}i^{213}ko^{0}, ŋo^{35}miou^{35}k^{h}i^{213}ko^{0}.

他 到 上 海 去 过，我［没有］去 过。

t^{h}a^{11}k^{h}i^{213}ko^{0}sã^{21}xɛ^{35}, ŋo^{35}miou^{35}k^{h}i^{213}ko^{0}.

他 去 过 上 海，我［没有］去 过。

032 **你站起来。**

ȵi^{35}tsã^{213}tɕ^{h}iɛ^{0}.

你 站［起来］。

ȵi^{35}tsã^{213}tɕ^{h}i^{0}nɛ^{0}.

你 站 起 来。

033 **给我一本书！**

pa^{35}ŋo^{35}i^{21}pən^{35}ɕy^{11}.

把 我 一本 书。

pa^{35}i^{21}pən^{35}ɕy^{11}pa^{35}ŋo^{35}.

把 一本 书 把 我。

ke^{35}ŋo^{35}i^{21}pən^{35}ɕy^{11}.

给 我 一本 书。

ke^{35}i^{21}pən^{35}ɕy^{11}pa^{35}ŋo^{35}.

给 一本 书 把 我。

pa^{35}i^{21}pən^{35}ɕy^{11}ke^{35}ŋo^{35}.

把 一本 书 给 我。

034 **我实在没有书嘛！**

ŋo^{35}tɕ^{h}io^{21}sɿ^{42}miou^{35}ɕy^{11}.

我 确 实[没有] 书。

035 **你告诉他。**

ȵi^{35}kən^{11}t^{h}a^{11}kã^{35}.

你 跟 他 讲。

036 **好好儿地走，不要跑！**

xɔu^{35}xɔu^{35}ti^{0}tsəu^{35}, piɔu^{21}p^{h}ɔu^{55}!

好 好 地走，[不要]跑！

037 **小心跌下去爬也爬不起来！**

tã^{11}ɕin^{11}tiɔu^{213}xa^{0}k^{h}i^{0}p^{h}a^{55}tu^{11}p^{h}a^{55}pu^{21}tɕ^{h}i^{35}nɛ^{55}.

当 心 掉 下 去 爬 都 爬 不 起 来。

tã^{11}ɕin^{11}tiɔu^{213}xa^{0}k^{h}i^{0}p^{h}a^{55}ie^{35}p^{h}a^{55}pu^{21}tɕ^{h}i^{35}nɛ^{55}.

当 心 掉 下 去 爬 也 爬 不 起 来。

038 **医生叫你多睡一会儿。**

i^{11}sən^{11}ŋɔu^{11}ȵi^{35}to^{11}k^{h}uən^{213} (i^{0}) k^{h}uən^{213}.

医生 吆 你 多 睏 (一)睏。

i^{11}sən^{11}ŋɔu^{11}ȵi^{35}to^{11}k^{h}uən^{213}xa^{0}.

医生 吆 你 多 睏 下。

039 **我吸烟或者喝酒都不行。**

ŋo^{35}tɕ^{h}i^{21}iɛ̃^{11}xo^{21}tɕiou^{35}tu^{11}pu^{21}tsɔu^{213}.

我 吃 烟 喝 酒 都 不 照$^{=}$。

040 **烟也好，酒也好，我都不喜欢。**

iɛ̃^{11}ie^{35}xɔu^{35}, tɕiou^{35}ie^{35}xɔu^{35}, ŋo^{35}tu^{11}pu^{21}ɕi^{35}fã^{11}.

烟 也 好， 酒 也 好， 我 都 不 喜 欢。

041 **不管你去不去，反正我是要去的。**

kuã^{35}ȵi^{35}k^{h}i^{213}pu^{0}k^{h}i^{213}, li^{35}uɛ^{21}li^{35}ŋo^{35}sɿ^{13}iɔu^{13}k^{h}i^{213}ti^{0}.

管 你 去 不 去， 里 外 里 我 是 要 去 的。

sei^{55}ȵi^{35}k^{h}i^{213}pu^{0}k^{h}i^{213}, li^{35}uɛ^{21}li^{35}ŋo^{35}sɿ^{13}iɔu^{13}k^{h}i^{213}ti^{0}.

随 你 去 不 去， 里 外 里 我 是 要 去 的。

042 **歇歇再说。**

ɕie^{21} (i^{42}) xa^{0}tsɛ^{21}kã^{35}.

歇 （一）下 再 讲。

ɕie^{42}xa^{0}tso^{0} (tsɛ^{21}kã^{35}).

歇 下 着（再 讲）。

ɕie^{42}xa^{0}tɕ^{h}i^{35} (tsɛ^{21}kã^{35}).

歇 下 起 （再 讲）。

043 **坐下来喝点水。**

tso^{213}xa^{0}tso^{0}, xo^{42}tiɛ̃^{0}ɕyei^{35}tso^{0}.

坐 下 着，喝 点 水 着。

044 **你有没有钱？**

ȵi^{35}iou^{35}me^{21}iou^{35}tɕ^{h}iɛ̃^{55}?

你 有 没 有 钱？

ȵi^{35}iou^{35}tɕ^{h}iɛ̃^{55}me^{21}iou^{35}?

你 有 钱 没 有？

ȵi^{35}iou^{35}tɕ^{h}iɛ̃^{55}ma^{0}?

你 有 钱 吗？

tɕ^{h}iɛ̃^{55}ȵi^{35}iou^{35}me^{21}iou^{35}?

钱 你 有 没 有？

ȵi^{35}iou^{35}tɕ^{h}iɛ̃^{55}me^{21}iou^{35}tɕ^{h}iɛ̃^{55}?

你 有 钱 没 有 钱？

045 **今天开会谁的主席？**

tɕin^{11}tsɔu^{11}k^{h}ɛ^{11}fei^{213}na^{35}ko^{21}tɕy^{35}ts^{h}ɿ^{55}?

今 朝 开 会 哪 个 主 持？

046 **你得请我的客。**

ȵi^{35}iɔu^{21}tɕ^{h}in^{35}ŋo^{35}tɕ^{h}i^{21}fã^{213}.

你 要 请 我 吃 饭。

047 **他来了。**

tʰa^{11}nɛ^{55}na^{0}.

他 来 了。

tʰa^{11}nɛ^{55}liɔu^{35}na^{0}.

他 来 了 了。

048 **他来了三天了。**

tʰa^{11}nɛ^{55}na^{0}sã^{11}tʰiɛ̃^{11}na^{0}.

他 来 了 三 天 了。

049 **把那个东西拿给我。**

pa^{35}na^{213}ko^{0}toŋ^{11}ɕi^{11}ke^{11}ke^{35}ŋo^{35}.

把 那 个 东 西 □ 给 我。□ke^{11}：拿。

pa^{35}na^{213}ko^{0}toŋ^{11}ɕi^{11}ke^{11}pa^{35}ŋo^{35}.

把 那 个 东 西 □ 把 我。

050 **有些地方把太阳叫日头。**

iou^{35}ɕie^{0}uei^{213}tsʅ^{0}pa^{35}tʰɛ^{21}iã^{55}ŋɔu^{11}zʅ^{21}tʰəu^{55}.

有 些 位 子 把 太 阳 吆 日 头。

iou^{35}ɕie^{0}uei^{213}tsʅ^{0}ŋɔu^{11}tʰɛ^{21}iã^{55}ŋɔu^{11}zʅ^{21}tʰəu^{55}.

有 些 位 子 吆 太 阳 吆 日 头。

051 **您贵姓？我姓王。**

ȵi^{35}ɕin^{21}sən^{35}mo^{0}? ŋo^{35}ɕin^{21}uã^{55}.

你 姓 什 么？ 我 姓 王。

052 **你姓王，我也姓王，咱们两个人都姓王。**

ȵi^{35}ɕin^{21}uã^{55}, ŋo^{35}ie^{35}ɕin^{21}uã^{55}, ŋo^{35}mən^{0}liã^{35}ko^{0}zən^{55}tu^{11}ɕin^{21}uã^{55}.

你 姓 王，我 也 姓 王，我 们 两 个 人 都 姓 王。

053 **你先去吧，我们等一会儿再去。**

ȵi^{35} (ɕiɛ̃^{11}) kʰi^{21}tɕʰi^{35}, ŋo^{35}mən^{0}tən^{35}xa^{0}tɕʰi^{35}tsɛ^{13}kʰi^{213}.

你（先）去 起， 我 们 等 下 起 再 去。

ȵi^{35} (ɕiɛ̃^{11}) kʰi^{21}tɕʰi^{35}, ŋo^{35}mən^{0}tən^{35}xa^{0}tso^{0}tsɛ^{13}kʰi^{213}.

你（先）去 起， 我 们 等 下 着 再 去。

ȵi^{35}kʰi^{21}tɕʰi^{35}, ŋo^{35}mən^{0}tən^{35}xa^{0}tɕʰi^{35}.

你 去 起， 我 们 等 下 起。

ȵi^{35}kʰi^{21}tɕʰi^{35}, ŋo^{35}mən^{0}tən^{35}xa^{0}tso^{0}.

你 去 起， 我 们 等 下 着。

054 **这个吃得，那个吃不得。**

tse^{42}ko^{0}tɕ^{h}i^{42}te^{0}, na^{213}ko^{0}tɕ^{h}i^{42}pu^{0}te^{42}.

这 个 吃 得，那 个 吃 不得。

tse^{42}ko^{0}tɕ^{h}i^{42}te^{0}, na^{213}ko^{0}pu^{21}nən^{55}tɕ^{h}i^{42}.

这 个 吃 得，那 个 不 能 吃。

055 **这是他的书，那一本是他哥哥的。**

tse^{21}sɿ^{213}t^{h}a^{11}ti^{0}ɕy^{11}, na^{13}i^{21}pən^{35}sɿ^{13}t^{h}a^{11}ko^{11}ko^{0}ti^{0}.

这 是 他 的书，那 一本 是 他 哥 哥 的。

056 **看书的看书，看报的看报，写字的写字。**

k^{h}ã^{13}ɕy^{11}ti^{0}k^{h}ã^{13}ɕy^{11}, k^{h}ã^{13}pəu^{213}ti^{0}k^{h}ã^{13}pəu^{213}, ɕie^{35}tsɿ^{213}ti^{0}ɕie^{35}tsɿ^{213}.

看 书 的看 书，看 报 的看 报， 写 字 的写 字。

057 **香得很，是不是？**

ɕiã^{11}ti^{0}xən^{35}, k^{h}o^{35}sɿ^{213}ti^{0}?

香 得很， 可 是 的？

ɕiã^{11}ti^{0}xən^{35}, k^{h}o^{35}sɿ^{213}pu^{0}sɿ^{213}?

香 得很， 可 是 不是？

kuɛ^{13}ɕiã^{11}ti^{0}, sɿ^{213}pu^{0}sɿ^{213}?

怪 香 的，是 不 是？

058 **今天非常热。**

tɕin^{11}tsəu^{11}t^{h}e^{21}pie^{21}ze^{42}.

今 朝 特 别 热。

tɕin^{11}tsəu^{11}ze^{21}sɿ^{35}zən^{55}.

今 朝 热 死 人。

tɕin^{11}tsəu^{11}t^{h}ɛ^{13}ze^{21}xən^{35}na^{0}.

今 朝 太 热 很 了。

059 **他在祁门工作。**

t^{h}a^{11}tsɛ^{21}tɕ^{h}i^{55}mən^{55}koŋ^{11}tso^{42}.

他 在 祁 门 工 作。

060 **他在吃饭。**

t^{h}a^{11}tsɛ^{13} (tse^{42}li^{0}) tɕ^{h}i^{21}fã^{213}.

他 在（这 里）吃 饭。

t^{h}a^{11}tsɛ^{13} (na^{213}li^{0}) tɕ^{h}i^{21}fã^{213}.

他 在（那 里）吃 饭。

061 **他今天穿着一身新衣服。**

tʰa^{11}tɕin^{11}tsɔu^{11}tɕʰyɛ̃^{11}tso^{0}i^{21}sən^{11}ɕin^{11}i^{11}sã^{55}.

他 今 朝 穿 着 一身 新 衣裳。

tʰa^{11}tɕin^{11}tsɔu^{11}tɕʰyɛ̃^{11}na^{0}i^{21}sən^{11}ɕin^{11}i^{11}sã^{55}.

他 今 朝 穿 了 一身 新 衣裳。

062 **他家门锁着，窗户也关着，一个人都没有。**

tʰa^{11}ka^{11}mən^{55}so^{35}tɔu^{0}ti^{0}, kʰã^{35}tsɿ^{0}ie^{35}kuã^{11}tɔu^{0}ti^{0}, i^{21}ko^{21}zən^{55}tu^{11}miou^{35}.

他 家 门 锁 倒 的，槛 子 也 关 倒 的，一个 人 都［没有］。

tʰa^{11}ka^{11}mən^{55}so^{35}tsɛ^{0}na^{213}li^{0}, kʰã^{35}tsɿ^{0}ie^{35}kuã^{11}tsɛ^{0}na^{213}li^{0}, i^{21}ko^{21}zən^{55}tu^{11}miou^{35}.

他 家 门 锁 在 那 里，槛 子 也 关 在 那 里，一个 人 都［没有］。

063 **天要下雨了。**

tʰiɛ̃^{11}iɔu^{13}no^{21}y^{35}na^{0}.

天 要 落 雨 了。

tʰiɛ̃^{11}iɔu^{13}no^{21}y^{35}no^{0}.

天 要 落 雨 啰。

064 **你把门关上。**

ȵi^{35}pa^{35}mən^{55}kuã^{11}tɔu^{0}.

你 把 门 关 倒。

ȵi^{35}pa^{35}mən^{55}kuã^{11}tɕʰiɛ^{0}.

你 把 门 关［起来］。

ȵi^{35}pa^{35}mən^{55}kuã^{11}sã^{0}.

你 把 门 关 上。

ȵi^{35}pa^{35}mən^{55}kuã^{11}tso^{0}.

你 把 门 关 着。

065 **你把钱放好，别丢了。**

ȵi^{35} (pa^{35}) tɕʰiɛ̃^{55}kʰã^{21}xɔu^{35}, piɔu^{13}tiɔu^{213}na^{0}.

你（把）钱 园 好，［不要］掉 了。

066 **那个碗被他打破了。**

na^{213}ko^{0}uã^{35}ke^{35}tʰa^{11}ta^{35}sei^{213}na^{0}.

那 个 碗 给 他 打 碎 了。

067 **你给我一把剪刀。**

ȵi^{35}pa^{35}ŋo^{35}i^{21}pa^{35}tɕiɛ̃^{35}tɔu^{11}.

你 把 我 一把 剪 刀。

ȵi^{35}ke^{35}ŋo^{35}i^{21}pa^{35}tɕiẽ^{35}tɔu^{11}.

你 给 我 一把 剪 刀。

068 **他给我一个桃子。**

t^{h}a^{11}pa^{35}ŋo^{35}i^{21}ko^{21}t^{h}ɔu^{55}tsɿ^{0}.

他 把 我 一个 桃 子。

t^{h}a^{11}ke^{35}ŋo^{35}i^{21}ko^{21}t^{h}ɔu^{55}tsɿ^{0}.

他 给 我 一个 桃 子。

069 **这座山我爬得上，他爬不上。**

tse^{21}tso^{13}sã^{11}ŋo^{35}p^{h}a^{55}te^{0}sã^{13}k^{h}i^{213}, t^{h}a^{11}p^{h}a^{55}pu^{0}sã^{13}k^{h}i^{213}.

这 座 山 我 爬 得上 去， 他 爬 不 上 去。

070 **天快亮了。**

t^{h}iɛ̃^{11}k^{h}uɛ^{13}liã^{213}na^{0}.

天 快 亮 了。

k^{h}uɛ^{131}t^{h}iɛ̃^{11}kuã^{11}na^{0}.

快 天 光 了。

071 **天亮了。**

t^{h}iɛ̃^{11}kuã^{11}na^{0}.

天 光 了。

072 **我没听清，你重说一遍。**

ŋo^{35}miou^{35}t^{h}in^{13}tɕ^{h}in^{11}ts^{h}u^{35}, ȵi^{35} (tsɛ^{21}) kã^{35}i^{21}piɛ̃^{13}t^{h}iɛ̃^{11}.

我［没有］听 清 楚， 你（再） 讲 一遍 添。

073 **昨天他没有来，今天他还没有来。**

t^{h}a^{11}tso^{21}zɿ^{42}miou^{35}nɛ^{55}, tɕin^{11}tsɔu^{11}xã^{55}miou^{35}nɛ^{55}.

他 昨 日［没有］来， 今 朝 还［没有］来。

074 **我是老师，他也是老师。**

ŋo^{35} (sɿ^{21}) nɔu^{35}sɿ^{11}, t^{h}a^{11}ie^{35} (sɿ^{21}) nɔu^{35}sɿ^{11}.

我（是）老 师，他 也（是）老 师。

075 **你去不去？**

ȵi^{35}k^{h}i^{213}pu^{0}k^{h}i^{213}?

你 去 不 去？

ȵi^{35}k^{h}o^{35}k^{h}i^{213}?

你 可 去？

ȵi^{35}kʰo^{35}kʰi^{213}pu^{0}kʰi^{213}?

你 可 去 不 去?

ȵi^{35}kʰi^{213}mã^{0}?

你 去 □? □mã^{0}: 句末语气词，相当于北京话的“吗”。

076 **他去没去?**

tʰa^{11}kʰi^{21}miou^{35}kʰi^{213}?

他 去[没有]去?

tʰa^{11}kʰi^{21}miou^{35}?

他 去[没有]?

tʰa^{11}kʰo^{35}kʰi^{213}na^{0}?

他 可 去 了?

tʰa^{11}kʰo^{35}kʰi^{21}miou^{35}kʰi^{213}?

他 可 去[没有]去?

077 **弟兄三个他最大。**

ti^{13}ɕioŋ^{11}sã^{11}ko^{213}tʰa^{11}tsei^{13}ta^{213}.

弟兄 三 个 他 最 大。

ti^{13}ɕioŋ^{11}sã^{11}ko^{213}sõ^{13}tʰa^{11}ta^{213}.

弟兄 三 个 算 他 大。

ti^{13}ɕioŋ^{11}sã^{11}ko^{213}tʰa^{11}nɔu^{35}ta^{213}.

弟兄 三 个 他 老 大。

078 **这碗菜太咸了。**

tse^{21}uã^{35}tsʰɛ^{213}sən^{11}xã^{55}ti^{0}.

这 碗 菜 生 咸 的。

tse^{21}uã^{35}tsʰɛ^{213}tʰɛ^{21}xã^{55}xən^{35}na^{0}.

这 碗 菜 太 咸 很 了。

079 **我吃了三碗饭还没吃饱。**

ŋo^{35}tɕʰi^{42}na^{0}sã^{11}uã^{35}fã^{213}xɛ^{55}miou^{35}tɕʰi^{21}pɔu^{35}.

我 吃 了 三 碗 饭 还[没有]吃 饱。

080 **你坐这儿，他坐那儿。**

ȵi^{35}tso^{13}tse^{42}li^{0}, tʰa^{11}tso^{13}na^{213}li^{0}.

你 坐 这 里,他 坐 那 里。

ȵi^{35}tsɛ^{13}tse^{42}li^{0}tso^{213}, tʰa^{11}tsɛ^{13}na^{213}li^{0}tso^{213}.

你 在 这 里坐， 他 在 那 里坐。

081 **坐着，别站起来。**

tso^{213}tɔu^{0}, piɔu^{13}tsã^{213}tɕ^{h}iɛ^{0}.

坐 倒，[不要]站 [起来]。

tso^{213}tɔu^{0}tse^{42}li^{0}, piɔu^{13}tsã^{213}tɕ^{h}iɛ^{0}.

坐 倒 这 里，[不要]站 [起来]。

tso^{213}tɔu^{0}na^{213}li^{0}, piɔu^{13} tsã^{213}tɕ^{h}iɛ^{0}.

坐 倒 那 里，[不要]站 [起来]。

082 **天冷起来了。**

t^{h}iɛ̃^{11}nən^{35}tɕ^{h}iɛ^{0}na^{0}.

天 冷 [起来]了。

083 **你把门关起来。**

ȵi^{35}pa^{35}mən^{55}kuã^{11}tɕ^{h}iɛ^{0}.

你 把 门 关 [起来]。

084 **他走得很快。**

t^{h}a^{11}tsəu^{35}te^{0}fei^{11}k^{h}uɛ^{213}.

他 走 得飞 快。

t^{h}a^{11}tsəu^{35}te^{0}xɔu^{35}k^{h}uɛ^{213}.

他 走 得好 快。

085 **我打得过他。**

ŋo^{35}ta^{35}te^{0}ko^{13}t^{h}a^{11}.

我 打 得过 他。

ŋo^{35}ta^{35}te^{0}t^{h}a^{11}ko^{213}.

我 打 得他 过。

ŋo^{35}ta^{35}t^{h}a^{11}te^{0}ko^{213}.

我 打 他 得过。

086 **我打不过他。**

ŋo^{35}ta^{35}pu^{0}ko^{13}t^{h}a^{11}.

我 打 不过 他。

ŋo^{35}ta^{35}t^{h}a^{11}pu^{0}ko^{213}.

我 打 他 不过。

ŋo^{35}ta^{35}pu^{0}t^{h}a^{11}ko^{213}.

我 打 不他 过。

087 **你去叫他一声儿。**

ȵi^{35}k^{h}i^{13}ŋɔu^{11}t^{h}a^{11} (i^{21}) sən^{11}.

你 去 吆 他（一）声。

ȵi^{35}k^{h}i^{13}ŋɔu^{11}sən^{11}t^{h}a^{11}.

你 去 吆 声 他。

088 **这座山不如那座山高。**

tse^{21}ko^{213}sã^{11}miou^{35}na^{13}ko^{13}sã^{11}kɔu^{11}.

这 个 山[没有]那 个 山 高。

tse^{21}ko^{213}sã^{11}pu^{21}y^{55}na^{13}ko^{13}sã^{11}kɔu^{11}.

这 个 山 不 如 那 个 山 高。

089 **别急，先喝点儿水再说。**

piɔu^{35}tsɔu^{35}tɕi^{42}, (ɕiɛ̃^{11}) xo^{21}tiɛ̃^{35}ɕyei^{35}tɕ^{h}i^{0}tsɛ^{21}kã^{35}.

[不要]找 急，（先）喝 点 水 起 再 讲。

piɔu^{35}tsɔu^{35}tɕi^{42}, (ɕiɛ̃^{11}) xo^{21}tiɛ̃^{35}ɕyei^{35}tso^{0}tsɛ^{21}kã^{35}.

[不要]找 急，（先）喝 点 水 着 再 讲。

piɔu^{35}tsɔu^{35}tɕi^{42}, xo^{21}tiɛ̃^{35}ɕyei^{35}tso^{0}.

[不要]找 急，喝 点 水 着。

piɔu^{35}tsɔu^{35}tɕi^{42}, xo^{21}tiɛ̃^{35}ɕyei^{35}tɕ^{h}i^{0}.

[不要]找 急，喝 点 水 起。

090 **你把钱装好，别掉了。**

ȵi^{35}pa^{35}tɕ^{h}iɛ̃^{55}to^{21}xɔu^{35}, pie^{21}tiɔu^{213}na^{0}.

你 把 钱 □ 好，别 掉 了。□to^{21}：放，搁。

091 **你还有钱吗？我花得只剩下一块钱了。**

ȵi^{35}xɛ^{55}iou^{35}tɕ^{h}iɛ̃^{55}ma^{0}? ŋo^{35}ioŋ^{213}te^{0}tsɿ^{35}sən^{213}xa^{0}i^{21}k^{h}uɛ^{21}tɕ^{h}iɛ̃^{55}na^{0}.

你 还 有 钱 吗？ 我 用 得只 剩 下 一块 钱 了。

ȵi^{35}k^{h}o^{35}xɛ^{55}iou^{35}tɕ^{h}iɛ̃^{55}? ŋo^{35}ioŋ^{213}te^{0}tsɿ^{35}sən^{213}xa^{0}i^{21}k^{h}uɛ^{21}tɕ^{h}iɛ̃^{55}na^{0}.

你 可 还 有 钱？ 我 用 得只 剩 下 一块 钱 了。

092 **衣服上衣干了，裤子还没干。**

i^{11}sã^{55}ȵi^{0}kã^{11}na^{0}, k^{h}u^{213}tsɿ^{0}ȵi^{0}xã^{55}miou^{35}kã^{11}.

衣裳 呢 干 了，裤 子 呢 还[没有]干。

093 **他坐在椅子上。**

t^{h}a^{11}tso^{213}tsɛ^{0}i^{35}tsɿ^{0}kɔu^{11}t^{h}əu^{0}.

他 坐 在 椅子 高 头。

t^{h}a^{11}tso^{213}tsɛ^{0}i^{35}tsɿ^{0}sã^{0}.

他 坐 在 椅子 上。

094 **你是浙江人，我也是浙江人，他不是浙江人。**

ȵi^{35} (sɿ^{13}) tse^{21}tɕiã^{11}zən^{55}, ŋo^{35}ie^{35} (sɿ^{13}) tse^{21}tɕiã^{11}zən^{55}, t^{h}a^{11}pu^{21}sɿ^{13}tse^{21}tɕiã^{11}zən^{55}.

你（是）浙 江 人，我 也（是）浙 江 人，他 不 是 浙 江 人。

095 **书呢书读不好，手艺呢手艺学不会，你怎么办啊。**

ɕy^{11}ȵi^{0}ɕy^{11}tu^{42}pu^{0}xɔu^{35}, sɔu^{35}ȵi^{213}ȵi^{0}sɔu^{35}ȵi^{213}ie^{35}ɕio^{42}pu^{0}xɔu^{35}, na^{35}xɔu^{35}ti^{0}kɔu^{35}ȵi^{0}?

书 呢 书 读 不好，手 艺 呢手 艺 也 学 不好，哪 好 的搞 呢？

096 **找遍了整个村子都没找到他。**

tsən^{35}ko^{13}ts^{h}ən^{11}t^{h}ã^{55}tu^{11}ɕ^{h}in^{55}tɔu^{213}na^{0}tu^{11}miou^{35}tɕ^{h}in^{55}tɔu^{13}t^{h}a^{11}.

整 个 村 堂 都 寻 到 了 都 [没有] 寻 到 他。

tsən^{35}ko^{13}ts^{h}ən^{11}t^{h}ã^{55}tu^{11}ɕ^{h}in^{55}piɛ̃^{213}na^{0}tu^{11}miou^{35}tɕ^{h}in^{55}tɔu^{13}t^{h}a^{11}.

整 个 村 堂 都 寻 遍 了 都 [没有] 寻 到 他。

097 **路上停着一部车。**

nu^{213}sã^{0}t^{h}in^{55}tɔu^{0}i^{21}pu^{13}ts^{h}e^{11}.

路 上 停 倒 一部 车。

nu^{213}sã^{0}t^{h}in^{55}tɔu^{0}i^{21}pu^{13}ts^{h}e^{11}tsɛ^{13}na^{213}li^{0}.

路 上 停 倒 一部 车 在 那 里。

nu^{213}sã^{0}t^{h}in^{55}tɔu^{0}i^{21}pu^{13}ts^{h}e^{11}tsɛ^{13}tse^{42}li^{0}.

路 上 停 倒 一部 车 在 这 里。

098 **我打破了一个碗。**

ŋo^{35}ta^{35}sei^{213}na^{0}i^{21}ko^{21}uã^{35}.

我 打 碎 了 一个 碗。

099 **张三杀了他家的那只鸡。**

tsã^{11}sã^{11}sa^{21}tiɔu^{213}na^{0}t^{h}a^{11}ka^{0} (ti^{0}) na^{13}tsɿ^{21}tɕi^{11}.

张 三 杀 掉 了 他 家（的）那 只 鸡。

100 **你刚吃了药，不能喝茶。**

ȵi^{35}tɕiã^{11}tɕiã^{11}tɕ^{h}i^{21}na^{0}io^{42}, pu^{21}nən^{55}xo^{21}ts^{h}a^{55}.

你 刚 刚 吃 了 药，不 能 喝 茶。

ȵi^{35}tɕiã^{11}tɕiã^{11}tɕ^{h}i^{21}io^{42}na^{0}, pu^{21}nən^{55}xo^{21}ts^{h}a^{55}.

你 刚 刚 吃 药 了，不 能 喝 茶。

101 **他给了我三斤橘子，我马上就给了他钱。**

tʰa^{11}ke^{35}na^{0}ŋo^{35}sã^{11}tɕin^{11}tɕy^{42}tsɿ^{0}, ŋo^{35}pi^{35}sɿ^{55}tɕiou^{21}ke^{35}na^{0}tʰa^{11}tɕʰiẽ^{55}.

他 给 了我 三 斤 橘 子，我 彼 时 就 给 了 他 钱。

tʰa^{11}ke^{35}na^{0}ŋo^{35}sã^{11}tɕin^{11}tɕy^{42}tsɿ^{0}, ŋo^{35}pi^{35}sɿ^{55}tɕiou^{21}pa^{35}tɕʰiẽ^{55}pa^{35}tʰa^{11}na^{0}.

他 给 了我 三 斤 橘 子，我 彼 时 就 把 钱 把 他 了。

102 **他每天吃了早饭就出去。**

tʰa^{11}tʰiẽ^{11}tʰiẽ^{11}tɕʰi^{42}na^{0}tsəu^{35}fã^{213}tɕiou^{13}tɕʰy^{21}kʰi^{213}.

他 天 天 吃 了早 饭 就 出 去。

103 **我想吃了晚饭，看了电影再回去。**

ŋo^{35}ɕiã^{35}tɕʰi^{42}na^{0}ie^{13}fã^{213}, kʰã^{213}na^{0}tiẽ^{21}in^{35}tsɛ^{21}fei^{55}kʰi^{213}.

我 想 吃 了 夜 饭，看 了 电 影 再 回 去。

104 **他们走了我才能坐下来做自己的事。**

xəu^{13}tʰa^{11}mən^{0}tsəu^{35}na^{0}ŋo^{35}tsɛ^{21}nən^{55}tso^{213}xa^{0}nɛ^{0}tso^{13}tsɿ^{13}ka^{11}ti^{0}sɿ^{213}.

候 他 们 走 了我 再 能 坐 下 来 做 自 家 的事。

105 **讲错了没关系，再讲一遍就是了。**

kã^{35}tsʰo^{213}na^{0}pu^{21}iəu^{21}tɕin^{35}, tsɛ^{21}kã^{35}i^{21}piẽ^{13}tʰiẽ^{11}tɕiou^{13}sɿ^{213}na^{0}.

讲 错 了不 要 紧，再 讲 一遍 添 就 是 了。

106 **门一开就有几只苍蝇飞了进来。**

mən^{55}i^{21}kʰɛ^{11}tɕiou^{21}iou^{35}tɕi^{35}ko^{13}tsʰã^{11}in^{11}fei^{11}tɕin^{21}nɛ^{55}na^{0}.

门 一开 就 有 几 个 苍 蝇 飞 进 来 了。

mən^{55}i^{21}kʰɛ^{11}tɕiou^{213}fei^{11}nɛ^{55}ka^{11}tɕi^{35}ko^{13}tsʰã^{11}in^{11}.

门 一开 就 飞 来 家 几 个 苍 蝇。

107 **太阳出来了，地干了没有？**

zɿ^{21}tʰəu^{55}tɕʰy^{21}nɛ^{55}na^{0}, ti^{213}kã^{11}na^{0}miou^{35}?

日 头 出 来 了，地 干 了［没有］？

zɿ^{21}tʰəu^{55}tɕʰy^{42}nɛ^{55}na^{0}, ti^{21}kʰo^{35}kã^{11}na^{0} (miou^{35}) ?

日 头 出 来 了，地 可 干 了（［没有］）？

zɿ^{21}tʰəu^{55}tɕʰy^{21}nɛ^{55}na^{0}, ti^{21}kʰo^{35}kã^{11}na^{0}miou^{35}kã^{11}?

日 头 出 来 了，地 可 干 了［没有］干？

108 **饭和菜都凉了，热一热再吃吧。**

fã^{13}tsʰɛ^{13}tu^{11}nən^{35}na^{0}, ze^{42}xa^{0} (tɕʰi^{35}) tsɛ^{13}tɕʰi^{42}pa^{0}.

饭 菜 都 冷 了，热 下（起） 再 吃 吧。

fã^{13}tsʰɛ^{13}tu^{11}nən^{35}na^{0}, ze^{42}i^{21}xa^{0} (tso^{0}) tsɛ^{13}tɕʰi^{42}pa^{0}.

饭 菜 都 冷 了，热 一下（着）再 吃 吧。

109 **我想了想，还是决定不去。**

ŋo^{35}ɕiã^{35}na^{0}i^{42}xa^{0}, xɛ^{55}sɿ^{213}tɕye^{21}tin^{213}pu^{21}kʰi^{213}.

我 想 了一下，还 是 决 定 不 去。

110 **他说了半天还没有说清楚。**

tʰa^{11}kã^{35}na^{0}pã^{13}tʰiɛ̃^{11}xɛ^{55}miou^{35}kã^{35}tɕʰin^{11}tsʰu^{35}.

他 讲 了半 天 还［没有］讲 清 楚。

111 **我叫了你半天你都不答应，你聋了吗？**

ŋo^{35}ŋou^{11}na^{0}pã^{13}tʰiɛ̃^{11}ȵi^{35}tu^{11}pu^{21}ta^{21}in^{213}, ȵi^{35}noŋ^{55}na^{0}?

我 吆 了半 天 你 都 不 答 应，你 聋 啦？

112 **我找了三趟都没找到他。**

ŋo^{35}tɕʰin^{55}na^{0}sã^{11}fei^{55}tu^{11}miou^{35}tɕʰin^{55}tou^{13}tʰa^{11}.

我 寻 了 三 回 都［没有］寻 到 他。

113 **我睡了一会儿就醒了。**

ŋo^{35}kʰuən^{213}na^{0}i^{21}xa^{213}tɕiou^{21}ɕin^{35}na^{0}.

我 睏 了 一下 就 醒 了。

ŋo^{35}kʰuən^{213}na^{0}i^{21}xa^{213}xa^{0}tɕiou^{21}ɕin^{35}na^{0}.

我 睏 了 一下 下 就 醒 了。

114 **我们等了半个多小时，门才开。**

ŋo^{35}mən^{0}xou^{35}na^{0}pã^{13}ko^{213}to^{11}tsoŋ^{11}tʰəu^{55}mən^{55}tsɛ^{13}kʰɛ^{11}.

我 们 候 了半 个 多 钟 头 门 再 开。

115 **他刚才踢了我一脚，不知为什么。**

tʰa^{11}tɕiã^{11}tɕiã^{11}tʰi^{42}na^{0}ŋo^{35}i^{21}tɕio^{42}, pʰiou^{35}te^{42}uei^{21}mo^{35}sɿ^{213}.

他 刚 刚 踢 了 我 一脚，［不晓］得 为 么 事。

116 **门打开了，大家进去吧。**

mən^{55}kʰɛ^{11}na^{0}, ta^{13}ka^{11}tɕin^{13}kʰi^{213}pa^{0}.

门 开 了，大 家 进 去 吧。

117 **你洗完衣服了吗？洗完了。**

ȵi^{35}i^{11}sã^{55}kʰo^{35}ɕie^{35}xou^{35}na^{0} (miou^{35}ɕie^{35}xou^{35})？ ɕie^{35}xou^{35}na^{0}.

你 衣 裳 可 洗 好 了（［没有］洗 好）？ 洗 好 了。

ȵi^{35}i^{11}sã^{55}ɕie^{35}xɔu^{35}na^{0}miou^{35}? ɕie^{35}xɔu^{35}na^{0}.

你衣裳洗好了[没有]？洗好了。

118 **等我问过了他再告诉你。**

xəu^{21}ŋo^{35}uən^{13}ko^{213}na^{0}t^{h}a^{11}tɕ^{h}i^{35}tsɛ^{13}kən^{11}ȵi^{35}kã^{35}.

候我问过了他（起）再跟你讲。

xəu^{21}ŋo^{35}uən^{13}na^{0}t^{h}a^{11}tso^{0}tsɛ^{13}kən^{11}ȵi^{35}kã^{35}.

候我问了他（着）再跟你讲。

119 **擦掉黑板上的字！**

pa^{35}xe^{21}pã^{35}sã^{0}ti^{0}tsɿ^{213}ts^{h}a^{42}tiɔu^{0}.

把黑板上的字擦掉。

120 **不能把这些东西丢掉。**

pu^{21}nən^{55}pa^{35}tse^{21}ɕie^{11}toŋ^{11}ɕi^{11}ɕyɛ^{35}tiɔu^{0}.

不能把这些东西甩掉。

tse^{21}ɕie^{11}toŋ^{11}ɕi^{11}pu^{21}nən^{55}ɕyɛ^{35}tiɔu^{0}.

这些东西不能甩掉。

121 **李明拉住了小王不让他回家。**

li^{35}min^{55}pa^{35}ɕiɔu^{35}uã^{55}na^{11}tɕy^{213}na^{0}pu^{21}iã^{13}t^{h}a^{11}ka^{11}k^{h}i^{0}.

李明把小王拉住了不让他家去。

li^{35}min^{55}na^{11}tso^{0}ɕiɔu^{35}uã^{55}pu^{21}iã^{13}t^{h}a^{11}ka^{11}k^{h}i^{0}.

李明拉着小王不让他家去。

122 **林老师买到一件很好看的衣服。**

lin^{55}nɔu^{35}sɿ^{11}mɛ^{35}tɔu^{35}i^{21}tɕiɛ̃^{21}xən^{35}p^{h}iɔu^{13}liã^{213}ti^{0}i^{11}sã^{55}.

林老师买倒一件很漂亮的衣裳。

123 **房间里点了一盏灯。**

fã^{55}kã^{11}li^{0}tiɛ̃^{35}tɔu^{0}i^{21}tsã^{35}tən^{11} (tsɛ^{13}na^{213}li^{0}).

房间里点倒一盏灯（在那里）。

fã^{55}kã^{11}li^{0}tiɛ̃^{35}na^{0}i^{21}tsã^{35}tən^{11} (tsɛ^{13}na^{213}li^{0}) .

房间里点了一盏灯（在那里）。

124 **先把肉切了，待一会儿炒菜。**

ɕiɛ̃^{11}pa^{35}zu^{42}tɕ^{h}ie^{42}tɕ^{h}ie^{0}, ko^{13}i^{42}xa^{0} (tɕ^{h}i^{35}) tsɛ^{21}ts^{h}ɔu^{35}ts^{h}ɛ^{213}.

先把肉切切，过一下（起）再炒菜。

ɕiɛ̃^{11}pa^{35}zu^{42}tɕ^{h}ie^{21}tiɔu^{213}, ko^{13}i^{42}xa^{0} (tso^{0}) tsɛ^{21}ts^{h}ɔu^{35}ts^{h}ɛ^{213}.

先把肉切掉，过一下（着）再炒菜。

125 **先把木头锯了，让它干一干，再做张桌子。**

ɕiẽ^{11}pa^{35}mu^{21}tʰəu^{55}kɛ^{213}na^{0}, iã^{13}tʰa^{11}nã^{13}kã^{11} (tɕʰi^{35}) , tsɛ^{13}tso^{13}tsã^{11}tʰɛ^{55}tso^{42}.

先 把 木 头 解 了，让 它 晾 干（起），再 做 张 台 桌。

ɕiẽ^{11}pa^{35}mu^{21}tʰəu^{55}kɛ^{213}na^{0}, iã^{13}tʰa^{11}nã^{13}kã^{11} (tso^{0}) , tsɛ^{13}tso^{13}tsã^{11}tʰɛ^{55}tso^{42}.

先 把 木 头 解 了，让 它 晾 干（着），再 做 张 台 桌。

126 **三个梨我吃了两个。**

sã^{11}ko^{21}li^{55}ŋo^{35}tɕʰi^{42}na^{0}liã^{35}ko^{213}.

三 个 梨 我 吃 了 两 个。

127 **我已经买了一些家具了，还准备再买一些。**

ŋo^{35}i^{35}tɕin^{11}mɛ^{35}na^{0}i^{21}ɕie^{11}ka^{11}tɕy^{213}na^{0}, xɛ^{55}tɕyn^{35}pei^{213}tsɛ^{21}mɛ^{35}i^{21}ɕie^{11}tʰiẽ^{11}.

我 已 经 买 了 一些 家 具 了，还 准 备 再 买 一些 添。

128 **我在吃饭，他在洗手呢。**

ŋo^{35}tsɛ^{13} (tse^{42}li^{0}) tɕʰi^{21}fã^{213}, tʰa^{11}tsɛ^{13} (na^{213}li^{0}) ɕie^{35}səu^{35}.

我 在（这 里）吃 饭，他 在（那 里）洗 手。

129 **她哭着呢，什么也不吃。**

tʰa^{11}tsɛ^{13}na^{213}li^{0}kʰu^{42}, mo^{35}toŋ^{11}ɕi^{11}tu^{11}pu^{21}tɕʰi^{42}.

她 在 那 里哭，么 东 西 都 不 吃。

130 **我跑着呢，所以不觉得冷。**

ŋo^{35}tsɛ^{13}tse^{42}li^{0}pʰəu^{55}, so^{35}i^{35}pu^{21}tɕio^{42}te^{0}nən^{35}.

我 在 这 里跑，所 以不 觉 得 冷。

131 **外面下雨呢，要带伞。**

uɛ^{213}tʰəu^{0} (na^{213}li^{0}) no^{21}y^{35}, iəu^{13}tɛ^{21}sã^{35}.

外 头（那 里）落 雨，要 带 伞。

132 **妈妈在门口缝衣服，姐姐在厨房里煮饭。**

m^{11}ma^{11}tsɛ^{21}mən^{55}kʰəu^{35}pu^{35}i^{11}sã^{55}, tɕie^{35}tɕie^{0}tsɛ^{13}ko^{11}sã^{0}tɕy^{35}fã^{213}.

姆 妈 在 门 口 补 衣裳，姐 姐 在 锅 上 煮 饭。

133 **我没在吃饭呢，我在扫地。**

ŋo^{35}pu^{21}sɿ^{213}tsɛ^{13}tse^{42}li^{0}tɕʰi^{21}fã^{213}, ŋo^{35}tsɛ^{21}səu^{35}ti^{213}.

我 不 是 在 这 里吃 饭，我 在 扫 地。

134 **这会儿他在干什么？他躺在床上看书呢。**

tʰa^{11}tsɛ^{13}tso^{21}mo^{35}sɿ^{213}? tʰa^{11}kʰuən^{213}tsɛ^{0}tɕʰyã^{55}sã^{0} (tsɛ^{13}na^{213}li^{0}) kʰã^{13}ɕy^{11}.

他 在 做 么 事？ 他 睏 在 床 上（在 那 里）看 书。

135 **他手里拿着一个茶杯。**

tʰa^{11}səu^{35}li^{0}pʰoŋ^{35}tso^{0}i^{21}ko^{213}tsʰa^{55}pei^{11}.

他 手 里捧 着 一个 茶 杯。

136 **他在屋檐下站着呢。**

tʰa^{11}tsã^{213}tsɛ^{0}u^{21}iẽ^{55}xa^{0}.

他 站 在 屋 檐 下。

137 **她在地上坐着，不肯站起来。**

tʰa^{11}tso^{213}tsɛ^{0}ti^{213}xa^{0}, pu^{21}kʰən^{35}tɕʰiɛ^{55}.

她 坐 在 地 下，不 肯 ［起来］。

138 **我带着雨衣，不怕下雨。**

ŋo^{35}tɛ^{213}tso^{0}y^{35}i^{11}, pu^{21}pʰa^{13}no^{21}y^{35}.

我 带 着 雨 衣，不 怕 落 雨。

ŋo^{35}tɛ^{213}təu^{0}y^{35}i^{11}ti^{0}, pu^{21}pʰa^{13}no^{21}y^{35}.

我 带 倒 雨衣的，不 怕 落 雨。

ŋo^{35}y^{35}i^{11}tɛ^{213}təu^{0}ti^{0}, pu^{42}pʰa^{213}no^{21}y^{35}.

我 雨 衣带 倒 的，不 怕 落 雨。

139 **你拿着！**

ȵi^{35}kʰa^{11}təu^{0}!

你 □ 倒！ □kʰa^{11}：拿。

140 **我走开一会儿，行李要好好儿地看着！**

ŋo^{35}li^{55}kʰɛ^{11}i^{42}xa^{0}, ɕin^{55}li^{35}iəu^{21}xəu^{35}xəu^{35}ti^{0}kʰã^{213}təu^{0}.

我 离开 一下，行 李要 好 好 地看 倒。

141 **小明低着头不说话。**

ɕiəu^{35}min^{55}pa^{35}tʰəu^{55}ti^{11}təu^{0}, pu^{21}kã^{35}fa^{213}.

小 明 把 头 低 倒，不 讲 话。

142 **他们打着伞在街上走。**

tʰa^{11}mən^{0}tsʰən^{11}tso^{0}sã^{35}tsɛ^{13}kɛ^{11}sã^{0}tsəu^{35}.

他 们 撑 着 伞 在 街 上 走。

143 **戴着帽子找帽子。**

tɛ^{213}tso^{0}məu^{213}tsɿ^{0}tɕʰin^{55}məu^{213}tsɿ^{0}.

戴 着 帽 子 寻 帽 子。

tɕʰi^{55}tso^{0}ma^{35}tɕʰin^{55}ma^{35}.

骑 着 马 寻 马。

144 **他喜欢站着吃。**

tʰa^{11}ɕi^{35}fã^{11}tsã^{213}tɔu^{0}tɕʰi^{42}.

他 喜欢 站 倒 吃。

tʰa^{11}ɕi^{35}fã^{11}tsã^{213}na^{213}li^{0}tɕʰi^{42}.

他 喜 欢 站 那 里吃。

tʰa^{11}ɕi^{35}fã^{11}tsã^{213}tse^{42}li^{0}tɕʰi^{42}.

他 喜 欢 站 这 里吃。

tʰa^{11}ɕi^{35}fã^{11}tsã^{213}tsɛ^{0}na^{213}li^{0}tɕʰi^{42}.

他 喜 欢 站 在 那 里吃。

tʰa^{11}ɕi^{35}fã^{11}tsã^{213}tso^{0}tɕʰi^{42}.

他 喜 欢 站 着 吃。

145 **他靠着墙抽烟。**

tʰa^{11}kʰɔu^{213}tɔu^{0}tɕʰiã^{55}tɕʰi^{21}iɛ̃^{11}.

他 靠 倒 墙 吃 烟。

tʰa^{11}kʰɔu^{213}tso^{0}tɕʰiã^{55}tɕʰi^{21}iɛ̃^{11}.

他 靠 着 墙 吃 烟。

146 **他们手拉着手，一边走一边唱。**

tʰa^{11}mən^{0}səu^{35}na^{11}tɔu^{0}səu^{35}, piɛ̃^{11}tsəu^{35}piɛ̃^{11}tsʰã^{213}.

他 们 手 拉 倒 手，边 走 边 唱。

tʰa^{11}mən^{0}səu^{35}na^{11}tso^{0}səu^{35}, piɛ̃^{11}tsəu^{35}piɛ̃^{11}tsʰã^{213}.

他 们 手 拉 着 手，边 走 边 唱。

147 **车子里坐着两个外国人。**

tsʰe^{11}sã^{0}tso^{213}tso^{0}liã^{35}ko^{213}uɛ^{13}kue^{21}zən^{55}.

车 上坐 着 两 个 外 国 人。

148 **墙上挂着一幅画。**

tɕʰiã^{55}sã^{0}kua^{213}tso^{0}i^{21}fu^{21}fa^{213}.

墙 上挂 着 一幅 画。

149 **石头上刻着字呢。**

sɿ^{21}tʰəu^{55}sã^{0}kʰe^{42}tso^{0}tsɿ^{213}.

石 头 上刻 着 字。

sɿ^{21}tʰəu^{55}sã^{0}kʰe^{42}te^{0}iou^{35}tsɿ^{213}.

石 头 上刻 得有 字。

150 **门口站着三个人。**

mən^{55}kʰəu^{35}tsã^{213}tso^{0}sã^{11}ko^{21}zən^{55}.

门 口 站 着 三 个 人。

mən^{55}kʰəu^{35}iou^{35}sã^{11}ko^{21}zən^{55}tsã^{213} (tsɛ^{0}) na^{213}li^{0}.

门 口 有 三 个 人 站（在）那 里。

151 **他到过很多地方，就是没到过北京。**

tʰa^{11}ɕy^{35}to^{11}uei^{213}tsɿ^{0}tu^{11}kʰi^{213}ko^{0}, tɕiou^{13}sɿ^{213}pe^{21}tɕin^{11}miou^{35}kʰi^{213}ko^{0}.

他 许多 位 子都 去 过，就 是 北 京［没有］去 过。

152 **我找过他好几次。**

ŋo^{35}tɕʰin^{55}ko^{0}tʰa^{11}xəu^{35}tɕi^{35}fei^{55}.

我 寻 过 他 好 几 回。

153 **他从前做过生意。**

tʰa^{11}nəu^{35}tsəu^{35}tso^{213}ko^{0}sən^{11}i^{213}.

他 老 早 做 过 生 意。

154 **我早就看过这本书了。**

ŋo^{35}tsəu^{35}tɕiou^{213}kʰã^{213}ko^{0}tse^{21}pən^{35}ɕy^{11}na^{0}.

我 早 就 看 过 这 本 书 了。

tse^{21}pən^{35}ɕy^{11}ŋo^{35}tsəu^{35}tɕiou^{213}kʰã^{213}ko^{0}na^{0}.

这 本 书 我 早 就 看 过 了。

155 **我吃过这种菜，不大好吃的。**

ŋo^{35}tɕʰi^{42}ko^{0}tse^{21}tsoŋ^{35}tsʰɛ^{213}, pu^{21}ta^{21}xəu^{35}tɕʰi^{42}.

我 吃 过 这 种 菜，不 大 好 吃。

tse^{21}tsoŋ^{35}tsʰɛ^{213}ŋo^{35}tɕʰi^{42}ko^{0}, pu^{21}ta^{21}xəu^{35}tɕʰi^{42}.

这 种 菜 我 吃 过，不 大 好 吃。

156 **前几天冷过，今天又热了。**

tɕʰiɛ̃^{55}tɕi^{35}tʰiɛ̃^{11}nən^{35}ko^{0}, tɕin^{11}tsəu^{11}iou^{13}ze^{42}na^{0}.

前 几 天 冷 过，今 朝 又 热 了。

157 **天气冷起来了，要多穿一件衣服。**

tʰiɛ̃^{11}nən^{35}tɕʰiɛ^{0}na^{0}, iəu^{13}to^{11}tɕʰyɛ̃^{11}tɕiɛ̃^{13}i^{11}sã^{55}.

天 冷［起来］了，要 多 穿 件 衣裳。

158 **他们打起来了，你去劝一劝。**

tʰa^{11}mən^{0}ta^{35}tɕʰiɛ^{0}na^{0}, ȵi^{35}kʰi^{13}tɕʰyɛ̃^{213}xa^{0}.

他 们 打［起来］了，你 去 劝 下。

159 **客人还没到他就喝起酒来。**

k^{h}e^{42}xã^{55}miou^{35}tɔu^{213}t^{h}a^{11}tɕiou^{13}xo^{42}tɕ^{h}i^{0}tɕiou^{35}tɕ^{h}iɛ^{0}na^{0}.

客 还[没有]到 他 就 喝 起 酒 [起来]了。

k^{h}e^{42}xɛ^{55}miou^{35}tɔu^{213}t^{h}a^{11}tɕiou^{13}xo^{42}tɕ^{h}i^{0}tɕiou^{35}nɛ^{0}na^{0}.

客 还[没有]到 他 就 喝 起 酒 来 了。

160 **你怎么做起生意来了?**

ȵi^{35}na^{35}xɔu^{35}ti^{0}tso^{213}tɕ^{h}i^{0}sən^{11}i^{213}tɕ^{h}iɛ^{0}na^{0}?

你 哪 好 的做 起 生 意[起来]了?

ȵi^{35}na^{35}xɔu^{35}ti^{0}tso^{213}tɕ^{h}i^{0}sən^{11}i^{213}nɛ^{0}na^{0}?

你 哪 好 的做 起 生 意 来 了?

161 **让他说下去，不要插嘴。**

iã^{213}t^{h}a^{11}kã^{35}xa^{0}k^{h}i^{0}, piɔu^{13}ts^{h}a^{21}tsei^{35}.

让 他 讲 下 去,[不要]插 嘴。

iã^{13}t^{h}a^{11}uã^{13}xa^{21}kã^{35}, piɔu^{13}ts^{h}a^{21}tsei^{35}.

让 他 望 下 讲,[不要]插 嘴。

162 **你要这样干下去，我明天就走。**

ȵi^{35}iɔu^{13}tse^{21}xɔu^{35}kɔu^{35} (xa^{0}k^{h}i^{0}) , ŋo^{35}mən^{55}tsɔu^{0}tɕiou^{21}tsəu^{35}.

你 要 这 好 搞 (下去), 我 明 朝 就 走。

163 **我儿子已经考上了大学了。**

ŋo^{35}ᴇ^{55}tsɿ^{0}i^{35}tɕin^{11}k^{h}ɔu^{35}sã^{13}ta^{13}ɕio^{42}na^{0}.

我 儿 子 已 经 考 上 大 学 了。

ŋo^{35}ᴇ^{55}tsɿ^{0}i^{35}tɕin^{11}k^{h}ɔu^{35}sã^{213}na^{0}ta^{13}ɕio^{42}.

我 儿 子 已 经 考 上 了 大 学。

164 **他去了一个多月了，还没有回来。**

t^{h}a^{11}k^{h}i^{213}na^{0}i^{21}ko^{13}to^{11}ye^{42}na^{0}, xã^{55}miou^{35}fei^{55}nɛ^{55}.

他 去 了 一个 多 月 了, 还[没有]回 来。

165 **你把昨天买的东西放在哪儿了? 放在桌子上。**

ȵi^{35}pa^{35}tso^{21}zɿ^{42}mɛ^{35}ti^{0}toŋ^{11}ɕi^{11}to^{42}na^{35}li^{0}na^{0}? to^{42}tsɛ^{0}t^{h}ɛ^{55}tso^{42}sã^{0}.

你 把 昨 日 买 的东 西□ 哪 里了? □ 在 台 桌 上。□to^{42}: 放，搁。

tso^{21}zɿ^{42}mɛ^{35}ti^{0}toŋ^{11}ɕi^{11}ȵi^{35}to^{42}na^{35}li^{0}na^{0}? to^{42}t^{h}ɛ^{55}tso^{42}sã^{0}na^{0}.

昨 日 买 的东 西 你 □ 哪 里了? □ 台 桌 上了。

166 **冬至以后白天渐渐变长了，夜晚渐渐变短了。**

toŋ^{11}tsɿ^{213}i^{35}xəu^{213}, zɿ^{42}li^{0}mã^{213}mã^{0} (piɛ̃^{21}) tsʰã^{55}na^{0}, ie^{213}xa^{0}mã^{213}mã^{0} (piɛ̃^{21}) tɔ̃^{35}na^{0}.

冬 至 以后， 日 里慢 慢（变） 长 了，夜 下慢 慢（变） 短 了。

ko^{213}na^{0}toŋ^{11}tsɿ^{213}, zɿ^{42}li^{0}mã^{213}mã^{0} (piɛ̃^{21}) tsʰã^{55}na^{0}, ie^{213}xa^{0}mã^{213}mã^{0} (piɛ̃^{21}) tɔ̃^{35}na^{0}.

过 了冬 至， 日 里慢 慢（变） 长 了，夜 下慢 慢（变） 短 了。

167 **明天这时候他早就到了北京了。**

mən^{55}tsəu^{0}tse^{42}ko^{0}sɿ^{55}xəu^{0}tʰa^{11}tsəu^{35}tɕiou^{13}təu^{213} (na^{0}) pe^{21}tɕin^{11}na^{0}.

明 朝 这 个 时 候 他 早 就 到（了）北 京 了。

168 **球滚到洞里去了。**

tɕʰiou^{55}kuən^{35} (təu^{0}) toŋ^{213}li^{0}kʰi^{213}na^{0}.

球 滚（到）洞 里去 了。

169 **钱都拿了出来了，就这么一点儿。**

tɕʰiɛ̃^{55}tu^{11}ke^{11}tɕʰiɛ^{55}na^{0}, tɕiou^{13}tse^{42}mo^{0}ɕie^{11}.

钱 都 □[起来]了，就 这 么 些。□ke^{11}：拿。

170 **他来敲门的时候我已经睡了。**

tʰa^{11}nɛ^{55}kʰɔu^{11}mən^{55}ti^{0}sɿ^{0}xəu^{0}ŋo^{35}i^{35}tɕin^{11}kʰuən^{213}na^{0}.

他 来 敲 门 的时候 我 已经 睏 了。

171 **还有一点钱我不给你了。**

xã^{55}iou^{35}i^{21}tiɛ̃^{35}tɕʰiɛ̃^{55}ŋo^{35}pu^{21}pa^{35}ȵi^{35}na^{0}.

还 有 一点 钱 我 不 把 你 了。

xã^{55}iou^{35}i^{21}tiɛ̃^{35}tɕʰiɛ̃^{55}ŋo^{35}pu^{21}ke^{35}ȵi^{35}na^{0}.

还 有 一点 钱 我 不 给 你 了。

172 **你认出他是谁了没有？认出来了。**

ȵi^{35}zən^{213}tɕʰy^{0}tʰa^{11}sɿ^{21}na^{35}ko^{213}na^{0}miou^{35}? zən^{21}tɕʰiɛ^{55}na^{0}.

你 认 出 他 是 哪 个 了[没有]？认 [出来]了。

ȵi^{35}kʰo^{35}zən^{213}təu^{0}tʰa^{11}sɿ^{21}na^{35}ko^{213}na^{0}? zən^{213}təu^{0}na^{0}.

你 可 认 倒 他 是 哪 个 了？ 认 倒 了。

ȵi^{35}kʰo^{35}zən^{213}tɕʰy^{0}nɛ^{55}na^{0}tʰa^{11}sɿ^{21}na^{35}ko^{213}? zən^{213}təu^{0}na^{0}.

你 可 认 出 来 了 他 是 哪 个？ 认 倒 了。

ȵi^{35}kʰo^{35}zən^{213}tɕʰy^{0}nɛ^{55}na^{0}miou^{35}zən^{213}tɕʰy^{0}nɛ^{55}tʰa^{11}sɿ^{21}na^{35}ko^{213}? zən^{21}tɕʰiɛ^{55}na^{0}.

你 可 认 出 来 了[没有]认 出 来 他 是 哪 个？ 认 [出来]了。

173 **你坐着，我进去换一换衣服。**

ȵi^{35}tso^{213}tɔu^{0}, ŋo^{35}tɕin^{13}kʰi^{21}tʰiɔu^{35}xa^{0}i^{11}sã^{55}.

你 坐 倒，我 进 去 调 下衣裳。

ȵi^{35}tso^{213}tɔu^{0}tse^{42}li^{0}, ŋo^{35}tɕin^{13}kʰi^{21}tʰiɔu^{35}xa^{0}i^{11}sã^{55}.

你 坐 倒 这 里，我 进 去 调 下 衣裳。

174 **星期天，在家里看看电视，没出门。**

li^{35}pɛ^{13}tʰiɛ̃^{11}, tsɛ^{13}ka^{11}kʰã^{213}kʰã^{0}tiɛ̃^{13}sɿ^{213}, xo^{21}xo^{21}tɕiou^{35}, miou^{35}tɕʰy^{21}mən^{55}.

礼拜 天， 在 家 看 看 电 视， 喝 喝 酒， ［没有］出 门。

175 **有什么好办法，让我再想想看。**

iou^{35}mo^{35}xɔu^{35}fa^{42}tsɿ^{0}, iã^{21}ŋo^{35}tsɛ^{21}ɕiã^{35}ɕiã^{0} (tʰiɛ̃^{0}).

有 么 好 法 子，让 我 再 想 想（添）。

iou^{35}sən^{35}mo^{0}xɔu^{35}fa^{42}tsɿ^{0}, iã^{21}ŋo^{35}ɕiã^{35}xa^{0}kʰã^{0}.

有 什 么 好 法 子，让 我 想 下 看。

iou^{35}mo^{35}xɔu^{35}fa^{42}tsɿ^{0}, iã^{213}ŋo^{35}ɕiã^{35}xa^{0}tʰiɛ̃^{0}.

有 么 好 法 子，让 我 想 下 添。

176 **把那两张桌子搬回来。**

pa^{35}na^{21}liã^{35}ko^{21}tʰɛ^{55}tso^{42}pã^{11}fei^{55}nɛ^{55}.

把 那 两 个 台 桌 搬 回 来。

177 **我的手表掉了，想再买一只新的。**

ŋo^{35}ti^{0}səu^{35}piɔu^{35}tiɔu^{213}na^{0}, ɕiã^{35}tsɛ^{21}mɛ^{35}i^{21}kʰuɛ^{213}ɕin^{11}ti^{0} (tʰiɛ̃^{0}).

我 的手 表 掉 了，想 再 买 一块 新 的（添）。

178 **这一晚上他都不停地跳着。**

tse^{21}i^{21}ie^{213}tʰa^{11}tu^{11}pu^{21}tʰin^{55}ti^{0}tʰiɔu^{213}.

这 一夜 他 都 不 停 地跳。

179 **你不要不停地说了。**

ȵi^{35}piɔu^{213}tɕin^{35}kã^{35}na^{0}.

你［不要］紧 讲 了。

180 **这座山我爬得上去，他爬不上去。**

tse^{21}tso^{13}sã^{11}ŋo^{35}pʰa^{55}te^{0}sã^{13}kʰi^{213}, tʰa^{11}pʰa^{55}pu^{0}sã^{13}kʰi^{213}.

这 座 山 我 爬 得上 去， 他 爬 不 上 去。

181 **这碗菜太咸了。**

tse^{21}uã^{35}tsʰɛ^{213}tʰɛ^{21}xã^{55}na^{0}.

这 碗 菜 太 咸 了。

tse^{21}uã^{35}ts^{h}ε^{213}t^{h}ε^{21}xã^{55}xən^{35}na^{0}.

这 碗 菜 太 咸 很 了。

182 **你去喊他一声。**

ȵi^{35}k^{h}i^{13}ŋəu^{11}t^{h}a^{11}i^{21}sən^{11}.

你 去 吆 他 一声。

ȵi^{35}k^{h}i^{13}ŋəu^{11} (i^{21}) sən^{11}t^{h}a^{11}.

你 去 吆 （一）声 他。

183 **这是我的，那是你的。**

tse^{21}sɿ^{21}ŋo^{35}ti^{0}, na^{13}sɿ^{21}ȵi^{35}ti^{0}.

这 是 我 的，那 是 你 的。

184 **这只鸡死了。**

tɕi^{11}sɿ^{35}na^{0}.

鸡 死 了。

tɕi^{11}sɿ^{35}tiəu^{0}na^{0}.

鸡 死 掉 了。

tse^{21}tsɿ^{21}tɕi^{11}sɿ^{35}na^{0}.

这 只 鸡 死 了。

185 **他会来的。**

t^{h}a^{11}fei^{21}nε^{55}ti^{0}.

他 会 来 的。

186 **鞋破掉了。**

xε^{55}p^{h}o^{213}tiəu^{0}na^{0}.

鞋 破 掉 了。

187 **你去做什么？我去买菜。**

ȵi^{35}k^{h}i^{13}tso^{13}sɿ^{42}mo^{0}? ŋo^{35}k^{h}i^{21}mε^{35}ts^{h}ε^{213}.

你 去 做 什 么？ 我 去 买 菜。

ȵi^{35}tso^{13}sɿ^{42}mo^{0}k^{h}i^{213}? ŋo^{35}mε^{35}ts^{h}ε^{13}k^{h}i^{213}。

你 做 什 么 去？ 我 买 菜 去。

188 **我去过北京三次。**

ŋo^{35}k^{h}i^{213}ko^{0}sã^{11}ts^{h}ɿ^{0}pe^{21}tɕin^{11}.

我 去 过三 次 北 京。

ŋo^{35}k^{h}i^{213}ko^{0}pe^{21}tɕin^{11}sã^{11}ts^{h}ɿ^{213}.

我 去 过北 京 三 次。

$pe^{21}tɕin^{11}ŋo^{35}k^{h}i^{213}ko^{0}sã^{11}ts^{h}ɿ^{213}$.

北 京　我 去　过 三 次。

189 **门开着。**

$mən^{55}k^{h}ɛ^{11}tso^{0}$.

门　开　着。

$mən^{55}k^{h}ɛ^{11}tɔu^{0}ti^{0}$.

门　开　倒 的。

190 **我比他大三岁。**

$ŋo^{35}pi^{35}t^{h}a^{11}ta^{13}sã^{11}sei^{213}$.

我 比 他　大 三 岁。

$ŋo^{35}ta^{13}t^{h}a^{11}sã^{11}sei^{213}$.

我 大 他　三 岁。

191 **我没有他大。**

$ŋo^{35}mi^{35}ti^{0}t^{h}a^{11}ta^{0}$.

我 没　得他　大。

$ŋo^{35}miou^{35}t^{h}a^{11}ta^{0}$.

我 [没有] 他　大。

192 **你猜一下看，这是什么。**

$ȵi^{35}ts^{h}ɛ^{11}xa^{0}k^{h}ã^{0}$, $tse^{21}sɿ^{21}mo^{35}tiɔu^{35}$?

你 猜　下 看，这　是 么　屌？

$ȵi^{35}ts^{h}ɛ^{11}ts^{h}ɛ^{11}k^{h}ã^{0}$, $tse^{21}sɿ^{21}mo^{35}tiɔu^{35}$?

你 猜　猜　看，这 是 么　屌？

193 **你打不打算去？**

$ȵi^{35}$ $(k^{h}o^{35})$ $ta^{35}sɔ̃^{13}k^{h}i^{213}pu^{0}ta^{35}sɔ̃^{13}k^{h}i^{213}$?

你（可）打 算 去　不 打 算 去？

$ȵi^{35}ta^{35}pu^{0}ta^{35}sɔ̃^{13}k^{h}i^{213}$?

你 打 不 打 算 去？

$ȵi^{35}ta^{35}sɔ̃^{213}pu^{0}ta^{35}sɔ̃^{13}k^{h}i^{213}$?

你 打 算　不 打 算 去？

$ȵi^{35}ko^{35}ta^{35}sɔ̃^{13}k^{h}i^{213}$?

你 可 打 算 去？

194　**这个字你认不认得?**

tse^{42}ko^{0}tsɿ^{213}ȵi^{35}zən^{213}te^{0}pu^{0}zən^{213}te^{0}?

这 个 字 你 认 得不 认 得?

tse^{42}ko^{0}tsɿ^{213}ȵi^{35}zən^{213}pu^{0}zən^{213}te^{0}?

这 个 字 你 认 不 认 得?

tse^{42}ko^{0}tsɿ^{213}ȵi^{35}zən^{213}te^{0}zən^{213}pu^{0}te^{0}?

这 个 字 你 认 得认 不 得?

tse^{42}ko^{0}tsɿ^{213}ȵi^{35}k^{h}o^{35}zən^{213}te^{0} (tɔu^{35})?

这 个 字 你 可 认 得（倒）?

tse^{42}ko^{0}tsɿ^{213}ȵi^{35}k^{h}o^{35}zən^{21}te^{0}tɔu^{35}zən^{21}pu^{0}tɔu^{35}?

这 个 字 你 可 认 得倒 认 不倒?

195　**这个东西好是好，就是太贵。**

tse^{42}ko^{0}toŋ^{11}ɕi^{11}xɔu^{35}sɿ^{21}xɔu^{35}, tɕiou^{13}sɿ^{21}t^{h}ɛ^{13}kuei^{213}.

这 个 东 西 好 是 好， 就 是 太 贵。

196　**两个人坐一条凳子。**

liã^{35}ko^{0}zən^{55}tso^{13}i^{21}t^{h}iɔu^{55}tən^{213}tsɿ^{0}.

两 个 人 坐 一条 凳 子。

i^{21}t^{h}iɔu^{55}tən^{213}tsɿ^{0}tso^{21}liã^{35}ko^{0}zən^{55}.

一条 凳 子 坐 两 个 人。

197　**十个人吃不了这锅饭。**

sɿ^{42}ko^{0}zən^{55}tɕ^{h}i^{42}pu^{0}tɔu^{35}tse^{21}ko^{11}fã^{213}.

十 个 人 吃 不 倒 这 锅 饭。

tse^{21}ko^{11}fã^{213}tɕ^{h}i^{42}pu^{0}tɔu^{35}sɿ^{42}ko^{0}zən^{55}.

这 锅 饭 吃 不 倒 十 个 人。

198　**好得不得了。**

xɔu^{35}na^{0}pu^{21}te^{21}liɔu^{35}.

好 □不 得 了。□na^{0}：补语标记，相当于“得”。

xɔu^{35}te^{0}pu^{21}te^{21}liɔu^{35}.

好 得不 得 了。

xɔu^{35}te^{0}liɔu^{35}pu^{0}te^{42}.

好 得 了 不得。

199　**吃饱了。**

$tɕ^hi^{21}pɔu^{35}na^0$.

吃　饱　了。

200　**吃得饱。**

$tɕ^hi^{42}te^0pɔu^{35}$.

吃　得 饱。

201　**站着！**

$tsã^{213}tso^0$!

站　着！

202　**让我试试看。**

$iã^{21}ŋo^{35}sɿ^{213}sɿ^0k^hã^0$.

让 我　试　试看。

$iã^{21}ŋo^{35}sɿ^{213}xa^0k^hã^0$.

让 我　试　下 看。

203　**试试看。**

$sɿ^{213}sɿ^0k^hã^0$.

试　试看。

$sɿ^{213}i^0sɿ^{213}$.

试　一试。

$sɿ^{213}i^0xa^0$.

试　一下。

$sɿ^{213}i^0sɿ^{213}k^hã^0$.

试　一试 看。

$sɿ^{213}i^0xa^0k^hã^0$.

试　一下看。

$sɿ^{213}xa^0k^hã^0$.

试　下 看。

第八章 话语材料

第一节

俗语谚语

(1) ɕiɔu^{35}ɕy^{35}i^{42}sən^{11}nei^{55}, ts^{h}oŋ^{55}ɕin^{11}tso^{213}fã^{55}mei^{55}.

小 暑 一声 雷，重 新 做 黄 梅。

(2) ta^{213}ɕy^{35}i^{42}sən^{11}nei^{55}, sɿ^{42}tɕ^{h}i^{42}pa^{42}ko^{213}ie^{35}fã^{55}mei^{55}.

大 暑 一声 雷，十 七 八 个 野 黄 梅。

(3) tɕiou^{35}y^{35}nei^{55}koŋ^{11}min^{55}, pu^{42}tɕiou^{35}t^{h}iɛ̃^{11}tɕiã^{11}tɕ^{h}in^{55},

久 雨 雷 公 鸣，不 久 天 将 晴，

tɕiou^{35}y^{35}ɕi^{11}foŋ^{11}tɕ^{h}i^{35}, t^{h}iɛ̃^{11}tɕ^{h}i^{213}tɕ^{h}in^{55}te^{42}tɕ^{h}i^{35}.

久 雨 西 风 起，天 气 晴 得 起。

(4) li^{42}tɕ^{h}iou^{11}miou^{35}y^{35}sã^{11}fən^{11}iou^{11}, ta^{213}su^{42}ȵiɛ̃^{55}ts^{h}ən^{55}i^{42}pã^{213}səu^{11},

立 秋 [没有]雨 三 分 忧，大 熟 年 成 一半 收，

li^{42}toŋ^{11}miou^{35}y^{35}i^{42}toŋ^{11}tɕ^{h}in^{55}, li^{42}toŋ^{11}iou^{35}y^{35}u^{55}nu^{213}ɕin^{55}.

立 冬 [没有]雨 一冬 晴，立 冬 有 雨 无 路 行。

(5) tɕ^{h}iou^{11}y^{35}t^{h}əu^{213}, ɕyã^{11}t^{h}ei^{11}xəu^{213}.

秋 雨 透，霜 推 后。

(6) ye^{42}liã^{213}tsã^{35}mɔu^{55}, iou^{35} y^{35}nã^{55}t^{h}ɔu^{55}.

月 亮 长 毛，有 雨 难 逃。

li^{42}sã^{11}tin^{35}tɛ^{213}mɔu^{213}, ta^{213}y^{35}tɕiou^{213}iɔu^{213}nɛ^{55}tɔu^{213}.

栎 山 顶 戴 帽，大 雨 就 要 来 到。

(7) miɔu^{11}ɕie^{35}liɛ̃^{35}, kəu^{35}tɕ^{h}i^{42}ts^{h}ɔu^{35},

猫 洗 脸，狗 吃 草，

pu^{42}sã^{11}tʰiɛ̃^{11}, y^{35}tɕiou^{213}tɔu^{213}.

不三天，雨就到。

(8) tɕʰyn^{11}toŋ^{11}foŋ^{11}, y^{35}tsu^{35}tsoŋ^{11}.

春东风，雨祖宗。

ɕia^{21}nã^{55}foŋ^{11}, tɕin^{35}ti^{35}kʰoŋ^{11}.

夏南风，井底空。

(9) n̠i^{55}tɕʰiou^{11}tʰiɔu^{21}ɕyei^{35}miɛ̃^{213}, ta^{21}y^{35}tɕi^{42}kʰe^{42}ɕiɛ̃^{213}.

泥鳅跳水面，大雨即刻现。

(10) tsɔu^{11}ɕia^{55}pu^{42}tɕʰy^{42}mən^{55}, uã^{35}ɕia^{55}ɕin^{55}tɕʰiɛ̃^{11}ki^{35}.

朝霞不出门，晚霞行千里。

(11) tɕʰyn^{11}u^{213}y^{35}, ɕia^{213}u^{213}ze^{42}, tɕʰiou^{11}u^{213}liã^{55}foŋ^{11}, toŋ^{11}u^{213}y^{35}ɕie^{42}.

春雾雨，夏雾热，秋雾凉风，冬雾雨雪。

(12) ɕiɔu^{35}mã^{35}pu^{42}mã^{35}, mã^{55}tsoŋ^{213}pu^{42}kuã^{35}.

小满不满，芒种不管。

(13) zɿ^{213}tʰəu^{55}no^{42}sã^{11}u^{11}yn^{55}toŋ^{213}, mən^{55}tsɔu^{11}tɕiou^{21}iou^{35}y^{35}nɛ^{55}soŋ^{213}.

日头落山乌云洞，明朝就有雨来送。

(14) sã^{11}li^{0}ɕiɔu^{35}kuei^{35}pu^{42}pʰa^{213}nã^{55}, tsʰən^{55}li^{0}ɕiɔu^{35}kuei^{35}pu^{42}pʰa^{213}kuã^{11}.

山里小鬼不怕狼，城里小鬼不怕官。

(15) ta^{21}ɕy^{35}u^{55}kʰu^{42}ze^{42}, u^{35}ku^{42}to^{11}pu^{42}tɕie^{42}.

大暑无酷热，五谷多不结。

(16) nu^{42}ye^{42}tsʰu^{11}i^{42}tɕʰin^{55}, kã^{11}sɿ^{35}nɔu^{35}tsʰɛ^{55}lin^{55}.

六月初一晴，干死老柴林。

(17) ma^{35}n̠i^{35}tɕʰiɛ̃^{11}sən^{55}, ta^{213}y^{35}nɛ^{55}lin^{55}.

蚂蚁牵绳，大雨来淋。

(18) tɕʰyẽ^{11}pʰa^{213}min^{55}ɕin^{11}ɕia^{213}pʰa^{213}u^{213}.

春怕明星夏怕雾。

(19) u^{213}nu^{213}tɕʰi^{42}ɕyã^{11}i^{42}tsɔu^{11}tɕʰin^{55}.

雾露吃霜一朝晴。

(20) ta^{213}kã^{11}pu^{42}ko^{213}tɕʰi^{42}ye^{42}pã^{213}.

大干不过七月半。

(21) u^{35}ye^{42}nã^{55}foŋ^{11}tsã^{35}ta^{213}ɕyei^{35}, nu^{42}ye^{42}nã^{55}foŋ^{11}tɕin^{35}ie^{35}kã^{11}.

五月南风涨大水，六月南风井也干。

(22) tɕʰin^{11}min^{55}pu^{42}tɕʰin^{55}, ku^{42}y^{35}pu^{42}y^{35}.

清明不晴，谷雨不雨。

(23) u^{11}kuei^{11}piɔu^{213}ɕiɔu^{213}pie^{42}, tu^{11}tsɛ^{213}n̩i^{55}li^{0}ɕie^{42}.

乌龟[不要]笑鳖，都在泥里歇。

(24) tɕyã^{11}ka^{213}səu^{11}pu^{42}təu^{213}sɿ^{213}i^{42}n̩iɛ̃^{55}, nɔu^{35}pʰo^{55}tʰɔu^{35}pu^{42}təu^{213}sɿ^{213}i^{42}sən^{11}.

庄稼收不到是一年，老婆讨不到是一生。

(25) toŋ^{11}kua^{11}nɛ^{213}pu^{42}xo^{55}, nɛ^{213}fu^{55}nu^{55}.

冬瓜奈不何，赖葫芦。

(26) tʰi^{213}tʰəu^{55}nɔu^{35}tɕiɛ̃^{213}kuã^{11}ta^{213}sã^{11}tɕi^{42}.

剃头佬见官大三级。

(27) i^{11}ɕiɛ̃^{213}kʰa^{55}ma^{55}se^{42}ɕiɛ̃^{213}kəu^{35}, tɕʰi^{55}mən^{55}xəu^{55}tsɿ^{0}fã^{11}kən^{11}təu^{35}.

黟县蛤蟆歙县狗，祁门猴子翻跟斗。

(28) toŋ^{11}kã^{213}zɿ^{42}tʰəu^{55}ɕi^{11}kã^{213}y^{35}.

东虹日头西虹雨。

(29) ɕin^{11}fən^{55}pu^{42}ko^{213}se^{213}.

新坟不过社。

(30) tsʰã^{55}təu^{213}ɕia^{213}tsɿ^{213}, tɔ̃^{35}təu^{213}toŋ^{11}tsɿ^{213}.

长到夏至，短到冬至。

(31) xã^{55}nu^{213}iou^{55}tsʰɛ^{213}ɕyã^{11}kã^{213}me^{42}.

寒露油菜霜降麦。

(32) tɕʰiou^{11}foŋ^{11}pu^{42}nu^{213}tʰəu^{55}, ko^{42}tsʰɔu^{35}uei^{21}nɔu^{35}n̩iou^{55}.

秋分不露头，割草喂老牛。

(33) iou^{35}tɕʰi^{42}miou^{35}tɕʰi^{42}, foŋ^{55}tsɿ^{35}tʰie^{42}pi^{42}.

有吃[没有]吃，红纸贴壁。

(34) xən^{35}ɕin^{11}ko^{42}iou^{55}tsʰɛ^{213}, tʰiɔu^{213}tɕio^{42}tsã^{35}tsɿ^{11}ma^{55}.

狠心割油菜，跳脚斩芝麻。

(35) me^{42}iɔu^{213}foŋ^{11}nɛ^{55}pɛ^{35}, ku^{42}iɔu^{213}y^{35}nɛ^{55}lin^{55}.

麦要风来摆，谷要雨来淋。

(36) tʰəu^{55}fa^{42}u^{55}sɿ^{213}liã^{35}, i^{42}n̩iɛ̃^{55}no^{42}pã^{213}tɕin^{11}.

头发无四两，一年落半斤。

(37) tɕʰyɛ̃^{55}tʰəu^{55}ɕiã^{213}uɛ^{213}ta^{35}, ke^{42}po^{42}ɕiã^{213}li^{35}uã^{11}.

拳头向外打，胳膊向里弯。

（38） ȵy35tsɿ35kɔu11iɔu11, sa42fu11pu42iɔŋ213tɔu11.

女子高腰，杀夫不用刀。迷信认为：女子下半身长，克夫。

（39） ko11noŋ55sən11sɿ213xɛ35, xəu55noŋ55xɛ35iã55sən11.

锅笼深似海，喉咙海洋深。

（40） tã11sɿ55tɕiɔu11fən213tã11sɿ55fei55.

当时浇粪当时肥。

（41） tsɿ35tsʰei11zən55sã213lin35, pu42tsʰei11zən55xa213tɕin35.

只催人上岭，不催人下井。

（42） tɕʰi42ye0iã55tʰəu55pa42ye0tsa11, tɕiou35ye0li42tsɿ0ɕiɔu213xa11xa11.

七月杨桃八月楂，九月栗子笑哈哈。

（43） o11sei11tɕiɔu11me42, i42tɕy35liã35te42.

屙尿浇麦，一举两得。

（44） tsʰã55tsɛ213xo55piẽ11tsəu35, na35iou35pu42sɿ42tɕio42.

常在河边走，哪有不湿脚。

（45） miou35tɕʰiẽ55kɛ213tu35po42, iou35tɕʰiẽ55iou213fa42tso42.

[没有]钱戒赌博，有钱又发作。

（46） i42tən35ᴇ213kʰəu213sã11no42kʰoŋ11, i42ɕiã35ᴇ213kã213sã11tsʰən55koŋ11.

一等二靠三落空，一想二干三成功。

（47） li42sɿ42ia42ta213ti0, tã35sɿ213xe42ta213ti0.

力是压大的,胆是吓大的。

（48） ma35kʰã213ŋa55pã35, zən55kʰã213iẽ55ɕin55.

马看牙板，人看言行。

（49） zən55ɕin11ke42tu213pʰi55, kʰã213zən55kʰã213ɕin55uei55.

人心隔肚皮，看人看行为。

（50） sã11tʰiẽ11pu42ȵiẽ213kʰəu35sən11, sã11ȵiẽ55pu42tso213səu35sən11.

三天不念口生，三年不做手生。

（51） pu42tã11ka11pu42tsɿ11tsʰɛ55mi35kuei213, pu42sən11tsɿ35pu42tsɿ11fu213mo35ŋən11.

不当家不知柴米贵，不生子不知父母恩。

（52） ȵin55kʰo35tso213ko0, pu42kʰo35tsʰo213ko213.

宁可做过，不可错过。

（53） nɔu35ȵiou55zu42iou35tɕio42tʰəu55, nɔu35zən55iẽ55iou35tʰin213tʰəu55.

老牛肉有嚼头，老人言有听头。

(54) zən^{55}tsɛ^{213}sɿ^{213}sã^{0}liɛ̃^{213}, tɔu^{11}tsɛ^{213}sɿ^{42}sã^{0}mo^{55}.

人在世上练，刀在石上磨。

(55) ta^{35}tsʰɛ^{55}uən^{213}tɕʰiɔu^{55}fu^{11}, sɿ^{35}tɕʰyɛ̃^{55}uən^{213}sɔu^{11}koŋ^{11}.

打柴问樵夫，驶船问艄公。

(56) tʰəu^{55}fei^{55}sã^{213}tã^{213}, ᴇ^{213}fei^{55}ɕin^{11}liã^{213}.

头回上当，二回心亮。

(57) nɔu^{35}zən^{35}pu^{42}kã^{35}ku^{35}, xəu^{213}sən^{11}fei^{213}sɿ^{42}pʰu^{35}.

老人不讲古，后生会失谱。

(58) nɔu^{35}tɕiã^{11}na^{42}uei^{213}ta^{213}, nɔu^{35}zən^{55}tɕin^{11}ȵiɛ̃^{213}to^{11}.

老姜辣味大，老人经验多。

(59) tɕʰi^{42}i^{42}fei^{55}kʰuei^{11}, ɕio^{42}i^{42}fei^{55}kuɛ^{11}.

吃一回亏，学一回乖。

(60) pu^{42}tʰiɔu^{11}tã^{213}tsɿ^{0}pu^{42}tsɿ^{11}tsoŋ^{213}, pu^{42}tsəu^{35}tsʰã^{55}nu^{213}pu^{42}tsɿ^{11}yɛ̃^{35}.

不挑担子不知重，不走长路不知远。

(61) kʰã^{35}tsʰɛ^{55}kʰã^{35}ɕiɔu^{35}tʰəu^{55}, uən^{213}nu^{213}uən^{213}nɔu^{35}tʰəu^{55}.

砍柴砍小头，问路问老头。

(62) tsʰəu^{35}tse^{11}pu^{0}tɕy^{213}in^{11}ŋã^{35}, ɕyei^{35}tse^{11}pu^{0}tɕy^{213}y^{55}ŋã^{35}.

草遮不住鹰眼，水遮不住鱼眼。

(63) ɕiã^{11}fa^{11}pu^{42}i^{42}tin^{213}xɔu^{35}kʰã^{213}, fei^{213}kã^{35}pu^{42}i^{42}tin^{213}nən^{55}kã^{213}.

香花不一定好看，会讲不一定能干。

(64) ɕy^{213}nɔu^{35}pã^{213}kʰoŋ^{11}ɕin^{11}, zən^{55}nɔu^{35}pe^{42}sɿ^{213}tʰoŋ^{11}.

树老半空心，人老百事通。

(65) iɔu^{213}tɕʰi^{42}na^{42}tsɿ^{0}tsɛ^{11}na^{42}iã^{11}, iɔu^{213}tɕʰi^{42}li^{35}y^{55}tsəu^{35}tsʰã^{55}tɕiã^{11}.

要吃辣子栽辣秧，要吃鲤鱼走长江。

(66) tɕʰin^{11}min^{55}tɕʰiɛ̃^{55}xəu^{213}, tiɛ̃^{35}kua^{11}tsoŋ^{213}təu^{213}.

清明前后，点瓜种豆。

(67) tsɿ^{42}ɕy^{213}tsɔu^{213}lin^{55}, mo^{42}ko^{213}tɕʰin^{11}min^{55}.

植树造林，莫过清明。

(68) sã^{213}ie^{35}mɔu^{55}xa^{213}ie^{35}mɔu^{55}, tsoŋ^{11}kã^{11}ka^{42}ko^{0}xe^{42}pʰu^{55}tʰəu^{55}. ——ŋã^{35}tɕin^{11}.

上也毛下也毛，中间夹着黑葡萄。——眼睛。

（69） ti^{213}çioŋ^{11}tɕ^{h}i^{42}pa^{42}ko^{213}, uei^{55}tso^{0}tɕy^{213}tsɿ^{0}tso^{213},

弟兄 七八个，围着柱 子坐，

ta^{213}ka^{11}i^{42}fən^{11}səu^{35}, i^{11}sã^{55}tu^{11}ts^{h}e^{35}p^{h}o^{213}. ——ta^{213}sɔ̃^{213}.

大家一分手，衣裳都扯破。——大蒜。

（讲述人：倪根来，2015.12.9）

第二节

歌谣

（1） ɕiɔu^{35}pã^{35}tən^{213}, ti^{11}ti^{11}kɔu^{11},

小 板 凳，低 低 高，

pʰo^{55}pʰo^{55}ŋɔu^{11}ŋo^{35}tso^{42}u^{11}sɔu^{11}.

婆 婆 吆 我 捉 乌 梢。

u^{11}sɔu^{11}poŋ^{213}, ŋo^{35}ie^{35}poŋ^{213},

乌 梢 蹦，我 也 蹦，

pʰo^{55}pʰo^{55}kã^{35}ŋo^{35}xɔu^{35}iou^{35}ioŋ^{213}.

婆 婆 讲 我 好 有 用。

（2） i^{42}no^{55}tɕʰioŋ^{55}, ᴇ^{213}no^{55}fu^{213},

一 朒 穷，二 朒 富，

sã^{11}no^{55}kʰɛ^{11}tã^{213}pʰu^{213}, sɿ^{213}no^{55}ta^{35}tsʰɔu^{35}xɛ^{55},

三 朒 开 当 铺，四 朒 打 草 鞋，

u^{35}no^{55}tɕʰi^{55}pe^{42}ma^{35}, nu^{42}no^{55}tso^{213}kɔu^{11}kuã^{11},

五 朒 骑 白 马，六 朒 做 高 官，

tɕʰi^{42}no^{55}ta^{35}sɿ^{35}zən^{55}, pa^{42}no^{55}pu^{42}tʰie^{42}min^{213},

七 朒 打 死 人，八 朒 不 贴 命，

tɕiou^{35}no^{55}u^{55}nɛ^{213}xo^{55}, sɿ^{42}no^{55}mɛ^{213}nɔu^{35}pʰo^{55}.

九 朒 无 奈 何，十 朒 卖 老 婆。

（3） i^{42}səu^{35}tɕi^{11}, iou^{35}te^{42}ɕi^{11}.

一 手 箕，有 得 嬉。

（4） iã^{55}iã^{55}iã^{55}, t^{h}iɔu^{213}fa^{11}tɕ^{h}iã^{55}, tɕ^{h}iã^{55}tɕ^{h}iã^{55}p^{h}o^{213},

羊羊羊，跳花墙，墙墙破，

ly^{55}t^{h}ei^{11}mo^{213}, tɕy^{11}t^{h}iɔu^{11}ts^{h}ɛ^{55}, kəu^{35}noŋ^{213}xo^{35},

驴推磨，猪挑柴，狗弄火，

ɕiɔu^{35}miɔu^{11}sã^{213}tɕ^{h}yã^{55}ȵie^{42}po^{35}po^{35}.

小猫上床捏饽饽。

（5） xo^{35}liã^{213}ts^{h}oŋ^{55}, ie^{213}ie^{213}fei^{11}, tie^{11}tie^{11}ŋɔu^{11}ŋo^{35}tso^{42}u^{11}kuei^{11}.

火亮虫，夜夜飞，爹爹吆我捉乌龟。

u^{11}kuei^{11}miou^{35}tsã^{35}mɔu^{55}, tie^{11}tie^{11}ŋɔu^{11}ŋo^{35}tse^{42}mɔu^{55}t^{h}ɔu^{55};

乌龟[没有]长毛，爹爹吆我摘毛桃；

mɔu^{55}t^{h}ɔu^{55}miou^{35}k^{h}ɛ^{11}fa^{11}, tie^{11}tie^{11}ŋɔu^{11}ŋo^{35}tse^{42}fã^{55}kua^{11};

毛桃[没有]开花，爹爹吆我摘黄瓜；

fã^{55}kua^{11}miou^{35}no^{42}ti^{213}, tie^{11}tie^{11}ŋɔu^{11}ŋo^{35}ts^{h}ã^{13}ɕi^{213};

黄瓜[没有]落地，爹爹吆我唱戏；

ts^{h}ã^{13}ɕi^{213}miou^{35}ta^{42}t^{h}ɛ^{55}, tie^{11}tie^{11}ŋɔu^{11}ŋo^{35}k^{h}i^{213}tɕiɛ̃^{35}ts^{h}ɛ^{55},

唱戏[没有]搭台，爹爹吆我去捡柴，

tɕiɛ̃^{35}ts^{h}ɛ^{55}pu^{42}kəu^{213}tie^{11}tie^{11}sɔu^{11}, tie^{11}tie^{11}pa^{35}ŋo^{35}t^{h}əu^{55}sã^{0}ta^{35}i^{42}ko^{0}pɔu^{11}.

捡柴不够爹爹烧，爹爹把我头上打一个包。

（6） xəu^{213}sã^{11}iã^{55}ȵiɔu^{35}tɕiɔu^{213}ko^{11}ko^{11}, mei^{213}k^{h}ɛ^{11}xəu^{213}mən^{55}tɕie^{42}tɕ^{h}in^{55}ko^{11};

后山阳鸟叫咯咯，妹开后门接情哥；

nɔu^{11}tɔu^{0}tɕ^{h}in^{55}ko^{11}ta^{35}ŋa^{42}po^{11}, tã^{11}te^{0}zən^{11}sən^{11}kən^{11}iɛ̃^{213}o^{11}.

捞到情哥打鸭啵，当得人参跟燕窝。

（7） ɕiɔu^{35}ma^{55}tɕi^{11}, sã^{213}ts^{h}ɔu^{35}tei^{11}, tie^{11}tie^{0}t^{h}o^{55}kuən^{213}tsɿ^{0}ta^{35}, p^{h}o^{55}p^{h}o^{0}sɔu^{11}ɕyei^{35}p^{h}ɔu^{213}ma^{55}tɕi^{11}.

小麻鸡，上草堆，爹爹驮棍子打，婆婆烧水泡麻鸡。

tie^{11}tie^{0}tɕ^{h}i^{42}zu^{42}, p^{h}o^{55}p^{h}o^{0}k^{h}ən^{35}ku^{42}, ᴇ^{55}tsɿ^{0}xo^{42}t^{h}ã^{11}, ɕi^{42}fu^{0}foŋ^{213}ɕiã^{11}.

爹爹吃肉，婆婆啃骨，儿子喝汤，媳妇嗅香。

ɕiɔu^{35}ŋa^{11}ɕiɔu^{35}ŋa^{11}ȵi^{35}mo^{42}xən^{11}, ko^{11}li^{0}xe^{55}iou^{35}i^{42}k^{h}uɛ^{213}ɕiɔu^{35}tɕi^{11}tsən^{11},

小伢小伢你莫哼，锅里还有一块小鸡肫，

nən^{11}k^{h}i^{213}kən^{11}ȵi^{35}ɕiɔu^{35}ku^{11}liã^{35}zən^{55}fən^{11}.

拎去跟你小姑两人分。

tɕ^{h}i^{42}pã^{213}piɛ̃^{11}, liou^{55}pã^{213}piɛ̃^{11}, liou^{55}ke^{0}p^{h}o^{55}p^{h}o^{0}tɕ^{h}yã^{55}li^{35}piɛ̃^{11}, nɔu^{35}miɔu^{11}k^{h}ã^{55}tɔu^{0}

吃半边，留半边，留给婆婆床里边，老猫含到

tʰa^{42}pã^{35}sã, nɔu^{35}tɕʰy^{35} kʰã^{55}tɔu^{0} u^{42} iɛ̃^{55}piɛ̃^{11}, nɔu^{35}ua^{11}tiɔu^{11}tɔu^{0}ɕy^{213}tʰəu^{55}tɕiɛ̃^{11}.

踏板上,老鼠含到屋檐边,老哇$^{=}$叼到树头尖。

pʰo^{55}pʰo^{0}xɔu^{213}tɕʰi^{42}kʰu^{42}sã^{11}tʰiɛ̃^{11}, ŋã^{35}tɕin^{11}kʰu^{42}tsɿ^{0}tən^{11}tsã^{35}ta^{213}, tsei^{35}pa^{11}kʰu^{42}tsɿ^{0}

婆婆好吃哭三天,眼睛哭之灯盏大,嘴巴哭之

uɛ^{11}pã^{213}piɛ̃^{11}.

歪半边。

(8) sã^{11}ko^{11}xɔu^{35}tsʰã^{213}nã^{55}tɕʰi^{35}tʰəu^{55}, mu^{42}tɕiã^{213}nã^{55}tɕʰi^{213}tsəu^{35}ma^{35}nəu^{55},

山歌好唱难起头,木匠难砌走马楼,

sɿ^{42}tɕiã^{213}nã^{55}tsã^{213}sɿ^{11}tsɿ^{0}kʰəu^{35}, tʰie^{42}tɕiã^{213}nã^{55}ta^{35}tiɔu^{213}y^{55}kəu^{11}.

石匠难錾狮子口,铁匠难打钓鱼钩。

(9) **tʰu^{35}tɕi^{42}tsʰən^{11}tɕyã^{11}ɕin^{13}sɿ^{213}liou^{55}iɔu^{55}**

土籍村庄姓氏留谣

tsən^{11}tsʰən^{55}n̠i^{55}tʰiɛ̃^{55}ɕy^{35}tsã^{11}fã^{55}, kən^{11}tsoŋ^{213}thiɛ̃^{55}ti^{213}tɕʰiɛ̃^{55}tã^{11}liã^{55}.

曾陈倪田许张黄,耕种田地钱当粮。

tʰiɛ̃^{55}ɕy^{35}tsʰən^{55}tsən^{11}tsã^{11}fã^{55}n̠i^{55}, tɕyn^{11}ka^{0}pʰɔu^{35}ma^{35}tsʰa^{21}pe^{21}tɕʰi^{55}.

田许陈曾张黄倪,军家跑马插白旗。

tɕiã^{11}lin^{55}tsʰən^{55}uã^{11}ie^{21}li^{35}uã^{55}, tʰiɛ̃^{55}ti^{213}tã^{11}tʰiɛ̃^{55}fu^{13}ɕyã^{11}liã^{55}.

江凌陈汪叶李王,田地单田赋双粮。

kɔu^{11}tɕʰy^{55}ma^{35}ɕie^{213}ɕy^{11}tɕin^{11}fã^{55}, i^{21}n̠iẽ^{55}ɕin^{11}tsoŋ^{21}liã^{35}n̠iẽ^{55}liã^{55}.

高储马谢舒金黄,一年兴种两年粮。

io^{21}uən^{13}li^{21}tshã^{55}xo^{55}sɿ^{35}tã^{35}, iã^{55}ka^{0}pa^{21}fu^{35}xa^{13}su^{11}xã^{55}.

若问历长和史短,杨家八虎下苏杭。

(10) **tsʰe^{21}lin^{35}tsɿ^{213}**

赤岭志

tsʰe^{21}lin^{35}nã^{55}ɕyei^{35}ɕiã^{13}pe^{21}liou^{55}, tɕʰyn^{55}sã^{11}tɕʰi^{35}fu^{42}so^{35}ku^{35}nəu^{55}.

赤岭南水向北流,群山起伏锁古楼。

toŋ^{11}iou^{35}lin^{55}loŋ^{55}pʰã^{55}tʰoŋ^{55}tsɿ^{35}, ɕi^{11}tso^{13}li^{21}foŋ^{11}ɕiɔu^{13}tsɿ^{21}səu^{35}.

东有凌龙盘童子,西座栎峰笑智叟。

sɿ^{21}li^{35}iɛ̃^{11}tsʰən^{11}min^{55}in^{11}fu^{213}, ta^{21}xo^{55}liã^{35}ŋã^{213}mi^{35}liã^{55}tsʰəu^{55}.

十里烟村民殷富,大河两岸米粮稠。

pe^{21}sei^{13}səu^{13}fã^{11}kʰã^{11}tsʰən^{11}mei^{35}, ɕiɔu^{13}i^{213}tsən^{11}tsʰɔu^{11}tɕy^{13}foŋ^{11}liou^{55}.

百岁寿坊堪称美,孝义贞操铸风流。

kã^{35}po^{11}pe^{21}ko^{35}tɕʰiɛ̃^{11}ȵiɛ̃^{55}ɕy^{213}, pa^{21}uã^{55}iã^{55}ɕy^{213}uã^{13}kɔu^{11}ləu^{55}.

港波白果千年树，霸王杨树望高楼。

iou^{55}sã^{11}tɕi^{21}mã^{35}toŋ^{11}ɕi^{11}ɕie^{213}, pa^{21}fu^{35}ɕi^{35}ye^{42}xa^{21}iã^{55}tsəu^{11}.

油山绩满东西谢，八虎喜悦下扬州。

tɕʰi^{21}tɕiɛ̃^{213}u^{11}sa^{11}min^{55}sən^{11}yẽ^{35}, sã^{11}ka^{42}min^{55}tɕio^{42}ɕy^{11}tɕin^{11}tɕʰiou^{55}.

七剑乌纱名声远，三甲明觉舒金求。

ku^{35}ȵiou^{55}foŋ^{11}tɕin^{35}nã^{55}kue^{42}sɔu^{35}, tɕiou^{35}loŋ^{55}tɕʰiɛ̃^{13}y^{213}xã^{13}me^{21}liou^{55}.

牯牛风景南国少，九龙嵌玉翰墨留。

（11）**tʰiɛ̃^{55}ɕy^{35}foŋ^{11}tɕin^{35}min^{55}iɔu^{55}**

田许风景民谣

uã^{35}nã^{55}sã^{11}tɕʰy^{11}i^{21}tʰiɛ̃^{55}ɕy^{35}, zən^{55}u^{42}foŋ^{11}liou^{55}li^{21}sɿ^{35}ku^{35},

皖南山区一田许，人物风流历史古，

tɕʰin^{11}sã^{11}fã^{55}pɔu^{213}zu^{55}tɕʰyɛ̃^{55}ti^{213}, nu^{21}ɕyei^{35}tsʰã^{55}liou^{55}sɿ^{13}tʰiɛ̃^{11}fu^{35},

青山环抱如川地，绿水长流似天府，

pʰin^{55}ŋã^{213}foŋ^{11}ɕy^{213}kʰəu^{35}tɕin^{35}ɕiou^{213}, ɕio^{21}tʰã^{55}tɕi^{11}yn^{35}zɿ^{42}min^{55}pʰu^{35},

屏案枫树口锦绣，学堂矶咏日明谱，

tʰiɛ̃^{55}fei^{55}ti^{13}mɔu^{213}u^{55}iou^{11}li^{213}, nã^{55}fɛ^{213}fa^{13}ka^{11}tʰã^{55}pe^{21}fu^{35}.

田肥地茂无忧虑，难坏画家唐伯虎。

（讲述人：倪根来，2015.12.9）

第三节

故事、讲述

ȵiou^{55}nã^{55}xo^{55}tsʅ^{21}ȵy^{35}
牛 郎和织女

ku^{35}sʅ^{0}xəu^{0}, iou^{35}i^{42}ko^{0}ɕiɔu^{35}xo^{35}tsʅ^{0}, nɔu^{35}tsʅ^{0}ȵiã^{55}tu^{11}ko^{13}pei^{213}na^{0}, xən^{35}k^{h}o^{35}liã^{55}. ka^{11}li^{0}
古 时候，有 一个 小 伙 子，老 子娘 都 过 辈 了，很 可 怜。家里
tsʅ^{35}iou^{35}i^{42}t^{h}iɔu^{0}nɔu^{35}ȵiou^{55}, ta^{13}ka^{11}ta^{13}ka^{11}tu^{11}ŋɔu^{11}t^{h}a^{11}ȵiou^{55}nã^{55}. tse^{42}ko^{0}ȵiou^{55}nã^{55}ȵi^{0}k^{h}ɔu^{21}
只 有 一条 老 牛， 大 家 大 家 都 吆 他 牛 郎。这 个 牛 郎 呢靠
nɔu^{35}ȵiou^{55}kən^{11}ti^{213}uei^{55}sən^{11}, y^{35}nɔu^{35}ȵiou^{55}ȵi^{0}ɕiã^{11}i^{11}uei^{55}min^{213}. nɔu^{35}ȵiou^{55}ȵi^{0}t^{h}a^{11}tɕ^{h}i^{55}sʅ^{42} sʅ^{213}
老 牛 耕 地 为 生，与老 牛 呢相 依 为 命。 老 牛 呢它 其 实 是
t^{h}iɛ̃^{11}sã^{0}ti^{0}ko^{0}tse^{42}ko^{0}tɕin^{11}ȵiou^{55}ɕin^{11}. t^{h}a^{11}ɕi^{35}fã^{11}ȵiou^{55}nã^{55}ȵi^{0}tse^{42}ko^{0}tɕ^{h}in^{55}nɔu^{55}ua^{0}p^{h}u^{35}sʅ^{42}
天 上的个 这 个金 牛 星。它 喜 欢 牛 郎 呢这 个 勤 劳 啊朴 实
sã^{21}liã^{55}na^{0}, so^{35}i^{35}, so^{35}i^{35}tse^{42}ko^{0}tɕin^{11}ȵiou^{55}ɕin^{11}ȵi^{0}ɕiã^{35}pã^{11}t^{h}a^{11}pã^{11}i^{42}ko^{0}mã^{55}, ɕiã^{35}pã^{11}t^{h}a^{11}
善 良 啦，所 以，所以 这 个 金 牛 星 呢 想 帮 他 帮 一个 忙，想 帮 他
ts^{h}ən^{55}ko^{0}ka^{11}.
成 个 家。

iou^{35}i^{21}t^{h}iɛ̃^{11}, tse^{42}ko^{0}tɕin^{11}ȵiou^{55}ɕin^{11}ȵi^{0}te^{21}tsʅ^{11}t^{h}iɛ̃^{11}sã^{0}te^{21}tsʅ^{11}t^{h}iɛ̃^{11}sã^{0}ɕiɛ̃^{11}ȵy^{35}mən^{0}iɔu^{13}tɔu^{213}
有 一天，这 个金 牛 星 呢得知 天 上得知 天 上仙 女 们 要 到
ts^{h}ən^{55}toŋ^{11}piɛ̃^{0}sã^{11}tɕio^{42}xa^{0}fu^{55}li^{0}ɕie^{35}tsɔu^{35}, t^{h}a^{11}tɕiou^{13}t^{h}o^{21}moŋ^{213}ke^{42}ȵiou^{55}nã^{55}, iã^{21}ȵiou^{55}nã^{55}ti^{13}
城 东 边山 脚 下湖 里 洗 澡， 他 就 托 梦 给 牛 郎，让 牛 郎 第
ᴇ^{21}t^{h}iɛ̃^{11}tɔu^{21}s^{h}ən^{55}, tɔu^{21}fu^{55}piɛ̃^{11}k^{h}i^{0}, ts^{h}ən^{55}ȵiou^{55}nã^{55}ȵi^{0}, ts^{h}ən^{55}ɕiɛ̃^{11}ȵy^{35}mən^{0}ȵi^{0}ɕie^{35}tsɔu^{35}sʅ^{0}
二天 到 城， 到 湖 边 去，乘 牛 郎 呢，乘 仙 女 们 呢 洗 澡 时

xəu0ȵi0tɕʰy35tsəu35i21tɕiẽ213tɕʰy35tsəu35i21tɕiẽ213ɕiẽ11ȵy35kua212tsε0ɕy21sã0ti0i11sã55, tʰəu55ie35pu21
候 呢取 走 一件 取 走 一件 仙 女 挂 在树 上的衣裳，头 也不
fei55ti0ȵi0, tʰəu55ie35pu21fei55ti0pʰəu55fei55ka11. tse42ko0sɿ0xəu0ȵi0tɕiou13fei21te21təu213i42uei0xəu35
回 地呢，头 也 不 回 地跑 回 家。这 个时候 呢就 会 得 到 一位 好
kʰã213ti0ɕiẽ11ȵy35ke35tʰa11tso21nəu35pʰo55.
看 的仙 女给 他 做 老 婆。

tse42tʰiẽ0tse42tʰiẽ0, tse42tʰiẽ0tsəu35sã0ȵiou55nã55tɕiou21kã35təu0, tse42tʰiẽ0tsəu35sã0ȵiou55nã55tɕiou213
这 天 这 天，这 天 早 上 牛 郎 就 赶 到，这 天 早 上 牛 郎 就
pã13ɕin213pã21i55ti0nε55təu0sã11tɕio42xa0, tsε21moŋ35li0moŋ35toŋ35tsɿ11tsoŋ11ȵi0, tsε21moŋ35li0moŋ35toŋ35
半 信 半 疑地来 到 山 脚 下，在 懵 里 懵 懂 之 中 呢，在 懵 里 懵 懂
tsɿ11tsoŋ11ȵi0, kʰã13tɕiẽ213, ko35zã55kʰa13tɕiẽ213tɕʰi42ko0mei35ȵy35tsε21fu55tsoŋ11 tse42ko213ɕi11ɕyei35,
之 中 呢，看 见， 果 然 看 见 七 个美 女 在 湖 中 这 个 嬉 水，
tʰa11pi35sɿ55ȵi0tɕiou21na55tɕʰi35la0i42tɕiẽ0fən35foŋ55se42ti0i11sã55, fei11kʰuε213ti0pʰəu55fei55ka11, fei11kʰuε213ti0
他 彼 时 呢 就 拿 起 了一 件 粉 红 色 的衣裳，飞 快 地 跑 回 家，飞 快 地
pʰəu55fei55ka11. tse42ko0pei213tʰəu11tsəu35i11sã55ti0ɕiẽ11ȵy35tɕiou13sɿ21tsɿ21ȵy35, tɕiou13sɿ21tɕiou13 sɿ21tsɿ21
跑 回 家。这 个 被 偷 走 衣 裳 的仙 女 就 是 织 女，就 是 就 是 织
ȵy35. tã11tʰiẽ11ie213li0, tʰa11tɕʰin11tɕʰin11, tʰa11tɕʰin11tɕʰin11ti0kʰəu11kʰε0ȵiou55nã55ka11ti0mən55, liã35zən55
女。当 天 夜 里，她 轻 轻， 她 轻 轻 地敲 开 牛 郎 家 的门， 两 人
tɕiou13tso213la0ŋən11ŋε21fu11tɕʰi11, liã35zən55 tɕiou13tso213la0ŋən11ŋε21fu11tɕʰi11, fu11tɕʰi11, tso21la0ŋən11
就 做 了恩 爱 夫 妻， 两 人 就 做 了恩 爱 夫 妻，夫 妻，做 了恩
ŋε213fu11tɕʰi11ȵi0, tã13sɿ21ȵiou55nã55xε55iou35ko0ko11ko0, xε55iou35ko0ko11ko0ti0, ko11ko0liã55ɕin11
爱 夫 妻 呢，但 是 牛 郎 还 有 个 哥 哥，还 有 个 哥 哥 的，哥 哥 良 心
xən35xəu35, tʰa11sɿ21liã35tɕʰin11ti13ɕioŋ11, tse42ko0səu35tsɿ0xən35fε213, tɕiou21kã35, tse42ko0ȵiou55
很 好， 他 是 两 亲 弟 兄， 这 个 嫂 子很 坏， 就 讲，这 个 牛
nã55ti0səu35səu0pi21tʰa11ko11ko0ȵi0iəu21ȵiou55nã55fən11ka11, pi42ȵiou55nã55iəu213fən11ka11io0, tse42ko0
郎 的嫂 嫂 逼 他 哥 哥 呢 要 牛 郎 分 家，逼 牛 郎 要 分 家 哟，这 个
ȵiou55nã55ȵi0, tse42ko0, ȵiou55nã55ie35tɕiou21tɕʰyẽ13tʰa11ko11ko0, tʰa11kã35ȵi35pu42iəu21kuã35ŋo35,
牛 郎 呢，这 个，牛 郎 也 就 劝 他 哥 哥，他 讲 你 不 要 管 我，
tsɿ35iəu21ȵi35, ȵi35mən0liã35ko0ko21te0xəu35tɕiou13tsəu21na0, fən11ka11tɕiou21fən11ka11. tã13sɿ21tse42
只 要 你，你 们 两 个 过 得好 就 照⁼ 了，分 家 就 分 家。但 是 这
ko0 fən11ka11ȵi0, tʰa11ko11ko0ɕin11li0ko13i21pu42kʰi0, tʰa11ko0səu35tsɿ0ȵi0ka11tsʰã35pu42ke35tʰa11,
个 分 家 呢，他 哥 哥 心 里过 意不 去，他 个 嫂 子 呢家 产 不 给 他，

fã^{55}u^{42}ie^{35}pu^{42}ke^{35}tʰa^{11}, ȵiou^{55}nã^{55}ȵi^{0}, tʰa^{11}kã^{35}ŋo^{35}sɿ^{21}mo^{35}toŋ^{11}ɕi^{11}tu^{11}pu^{42}iɔu^{213}, ŋo^{35}tɕiou^{21}iɔu^{21}
房屋也不给他，牛郎呢，他讲我什么东西都不要，我就要
i^{42}tʰiɔu^{55}nɔu^{35}ȵiou^{55}, tã^{13}sɿ^{21}na^{21}tʰiɔu^{55}nɔu^{35}ȵiou^{55}, tʰa^{11}na^{213}ko^{0}sɔu^{35}sɔu^{0}ȵi^{0}ta^{21}sɔu^{35}tu^{11}pu^{42}ke^{35}tʰa^{11},
一条老牛，但是那条老牛，他那个嫂嫂呢大嫂都不给他，
pu^{42}ke^{35}tʰa^{11}tsən^{35}mo^{0}pã^{21}ȵi^{0}? tɕiou^{21}kən^{11}tʰa^{11}ko^{11}tɕʰi^{42}na^{11}pa^{42}tsʰe^{35}ti^{0}, tʰa^{11}kã^{35}ȵiou^{55}ŋo^{35}iɔu^{213}iɔu^{21}
不给他怎么办呢？就跟他哥七拉八扯的，她讲牛我要要
ka^{0}, tse^{42}ko^{0}ȵiou^{55}pu^{42}nən^{55}ke^{35}ȵiou^{55}nã^{55}ka^{0}, tʰa^{11}kã^{35}ŋo^{35}mən^{0}ka^{0}ŋo^{35}liã^{35}tsoŋ^{13}ti^{21} me^{42}iou^{35}ȵiou^{55}
嘎，这个牛不能给牛郎嘎，她讲我们家我俩种地没有牛
pu^{42}ɕin^{55}ka^{0}, so^{35}i^{35}tse^{42}ko^{0}ȵiou^{55}nã^{55}tɕiou^{21}kã^{35}ȵi^{0}, xɔu^{35}, na^{21}ȵiou^{55}tɕiou^{21}ke^{35}ȵi^{35}pa^{0}. tʰa^{11}na^{21}ko^{0}
不行嘎，所以这个牛郎就讲呢，好，那牛就给你吧。他那个
sɔu^{35}sɔu^{0}tɕiou^{213}pa^{35}, tɕyn^{35}pei^{21}kʰi^{213}tɕʰiɛ̃^{11}na^{21}ko^{0}ȵiou^{55}, na^{21}ȵiou^{55}ȵi^{0}, tɕiou^{213}ioŋ^{13}ko^{42}nei^{55}tʰa^{11},
嫂嫂就把，准备去牵那个牛，那牛呢，就用角插她，
tsɛ^{213}, tsɛ^{213}mã^{55}ti^{0}i^{42}sən^{11}, tɕiɔu^{213}i^{42}sən^{11}, na^{21}ko^{0}sɔu^{35}sɔu^{0}tɕiou^{13}me^{42}iou^{35}pã^{21}fa^{42}na^{0}, xɔu^{35}, na^{21}
再，再“哞”地一声，叫一声，那个嫂嫂就没有办法了，好，那
tɕiou^{21}tse^{42}ko^{0}nɔu^{35}ȵiou^{55}, tse^{42}ko^{0}nɔu^{35}ȵiou^{55}tɕiou^{213}, tɕiou^{213}ke^{35}ȵiou^{55}nã^{55}pa^{0}。tse^{42}ko^{0} sɔu^{35}
就这个老牛，这个老牛就，就给牛郎吧。这个嫂
sɔu^{0}sɿ^{21}, tʰa^{11}sɿ^{21}nɛ^{213}pu^{42}xo^{55}tse^{42}ko^{0}nɔu^{35}ȵiou^{55}, so^{35}i^{35}sɿ^{21}tse^{42}ko^{0}yɛ̃^{55}in^{11}.
嫂是，她是奈不何这个老牛，所以是这个原因。

tʰa^{11}tɕiou^{213}tu^{213}tɕi^{213}tse^{42}ko^{0}, tʰa^{11}tse^{42}ko^{0}sɔu^{35}sɔu^{0}ȵi^{0}tɕiou^{213}tu^{213}tɕi^{213}tse^{42}ko^{0}tsɿ^{21}ȵy^{35}, tu^{213}
她就妒忌这个，他这个嫂嫂呢就妒忌这个织女，妒
tɕi^{213}fu^{11}tɕʰi^{11}liã^{35}ko^{213}, in^{11}uei^{55}na^{213}ko^{0}tsɿ^{21}ȵy^{35}tʰa^{11}xən^{35}iou^{35}tsʰɛ^{55}io^{0}, tʰa^{11}sɿ^{213} ko^{0}tsɿ^{21}ȵy^{35} sən^{35}mo^{0}
忌夫妻两个，因为那个织女她很有才哟，她是个织女什么
sɿ^{213}tu^{11}fei^{213}tso^{213}, tsoŋ^{213}tʰiɛ̃^{55}tsoŋ^{213}ti^{213}ie^{35}tsɔu^{213}, tsɿ^{21}pu^{213}a^{0} tsɿ^{21}pu^{213}ie^{35}tsɔu^{213}, sən^{35}mo^{0}sɿ^{213} tu^{11}
事都会做，种田种地也照=，织布啊织布也照=，什么事都
nən^{55}kã^{213}, tse^{42}ko^{0}, tʰa^{11}tse^{42}ko^{0}sɔu^{35}sɔu^{0}sɿ^{213}xɔu^{213}tɕʰi^{42}nã^{35}tso^{213}ti^{0}. tsɛ^{13}tse^{42}ko^{0} tsʰən^{11}toŋ^{11}
能干，这个，他这个嫂嫂是好吃懒做的。在这个村东
piɛ̃^{0}iou^{35}ko^{0}ta^{13}ɕy^{21}xa^{0}ȵi^{0}, mei^{35}ȵiɛ̃^{55}tu^{11}iou^{35}ko^{0}tɕie^{42}zɿ^{0}, iɔu^{21}tɕi^{21}u^{35}ku^{42}sən^{55}na^{0}, mei^{35}ȵiɛ̃^{55}tu^{11}
边有个大树下呢，每年都有个节日，要祭五谷神哪，每年都
iɔu^{21}tɕi^{21}u^{35}ku^{42}sən^{55}na^{0}, ko^{42}tɕia^{11}ko^{42}fu^{21}ȵi^{0}tu^{11}iɔu^{213}tã^{11}sã^{0}ta^{21}mi^{35}fã^{213}, mo^{55}mo^{0}, pɔu^{11}tsɿ^{0}, tse^{42}
要祭五谷神哪，各家各户呢都要端上大米饭，馍馍，包子，这
ko^{0}tɔu^{21}tsɿ^{0}, me^{42}tsɿ^{0}, so^{35}i^{35}mei^{35}ka^{11}mei^{35}fu^{21}tu^{11}iɔu^{21}nɛ^{55}tɕi^{213}, tɕi^{21}na^{21}ko^{0}u^{35}ku^{42}sən^{55}, tɕiou^{21}sɿ^{21},
个稻子，麦子，所以每家每户都要来祭，祭那个五谷神，就是，

tɕiou21sɿ21mei35ko0tsʰən11tsɿ0, tɕiou21sɿ21na213i42tʰiɛ̃11sɿ21tɕi42fei213ti0i213sɿ11, ta13ka11tɕiou21tʰoŋ11ko11
就是每个村子，就是那一天是集会的意思，大家就通歌
sã21u35ti0, tʰoŋ11ko11tʰiɔu21u35ti0. tsɛ213tse42ko0sɿ0xəu0ȵi0, tʰa11na213ko0sɔu35sɔu0ȵi0, ie35nɛ55na0,
上舞的，通歌跳舞的。在这个时候呢，他那个嫂嫂呢，也来了，
ie35miou35sən35mo0toŋ11ɕi11, tʰa11tɕiou213xɔu35, tʰa11tsəu213na213ko0pɔu11tsɿ0ie35pu42xɔu35tɕʰi42, tʰa11
也[没有]什么东西，她就好，她做那个包子也不好吃，她
tɕiou213ke35na213ko0, ȵiou55nã55 ti0 liã35ko0ɕiɔu35ti0tɕʰi42, na213ko0ȵiou55nã55ti0 ko11ko0ȵi0 tɕiou213
就给那个，牛郎的两个小的吃，那个牛郎的哥哥呢就
kã35ȵi0, ȵi35xɛ55xɔu35i213sɿ11na55tɕʰi35nɛ55, zən55ka0tɕiou213na55 ti0 tu11sɿ213tsɿ21, tsɿ21pu213ti0 toŋ11ɕi11ka0,
讲呢，你还好意思拿起来，人家就拿的都是织，织布的东西嘎，
xɛ55tsɿ0ua42tsɿ0o0i11sã55no0tse42ɕie0tse42ɕie0tsʰəu55tuã213no0tu11sɿ213. i35tɕiou213na55tɕʰi42 ti0 toŋ11ɕi11 nɛ55
鞋子袜子哦衣裳啰这些这些绸缎啰都是。你就拿吃的东西来
ɕiɛ̃213tɕʰi0nɛ0, tsən11tiou11zən55ka0, sɿ213tse42i213sɿ11. tã213sɿ213, tã213sɿ213tsɿ21ȵy35ȵi0, xɛ55pa35tʰa11
献起来，真丢人嘎，是这意思。但是，但是织女呢，还把她
sɔu35sɔu0sɿ213ti0xɛ55iɛ̃35kɛ213ko213sən11, xɛ55pa35tʰa11tse11tɕy0tʰa11ti0tsʰəu35, tɕiou213tsɛ213tse42ko0sɿ0
嫂嫂是的还掩盖过身，还把她遮住她的丑，就在这个时
xəu0ȵi0, tse42ko0tsʰən11li0ɕy35 to11ȵy35ti0 ȵi0, tu11sɿ213ɕi35fã11tse42ko0tsɿ21ȵy35, soŋ213tʰa11tse42ko0liã35
候呢，这个村里许多女的呢，都是喜欢这个织女，送她这个两
ko0pɔu35pɔu0ti0təu11təu0 a0, tʰa11kã35, ŋo35mən0ɕiou213ti0xən35, tsɛ213tsɿ21ȵy35miɛ̃213tɕʰiɛ̃55xən35tiou11
个宝宝的兜兜啊，她讲，我们绣的很，在织女面前很丢
tsʰəu35ka0, ȵi35pã11na0ŋo35mən0pu42sɔu35mã55ka0, tʰa11kã35ȵi35ȵi35sɿ213tsʰɛ55ȵy35 ka0, so35 i35tse42so35
丑嘎，你帮了我们不少忙嘎，她讲你你是才女嘎，所以这所
i35tse42ko0sɿ213ȵi0 tɕiou213tɕʰyɛ̃55piɛ̃213na0tsən35ko0tsʰən11tsɿ0. ①
以这个事呢就传遍了整个村子。

zã55xəu213, tse42təu21na0ie21li0na0 tɕiou21, sɿ55kã11təu21na0ȵi0, ko21ko0, ko21ko0tu11iɔu21fei55ka11
然后，这到了夜里了就，时间到了呢，个个，个个都要回家
na0, ko21ko0tu11iɔu21fei55ka11na0ȵi0, tɕiou21ȵiou55nã55ȵi0 tɕiou21pɔu21tso0liã35ko0xɛ55tsɿ0, tsɿ21ȵy35
了，个个都要回家了呢，就牛郎呢就抱着两个孩子，织女
ȵi0tɕiou21tʰi55tso0liã35ko0nã55tsɿ0, tu11sɿ213tɕʰi42ti0toŋ11ɕi0a0, tʰa11mən0tsʰən11li0zən55ke35
呢就提着两个篮子，都是吃的东西啊，他们村里人给
ti0toŋ11ɕi0o0,tɕiou21uã21fei55ka11kʰi0, tɕiou13tsɛ21tse42sɿ0xəu0ȵi0, tse42ko0, tse42ko0tʰiɛ̃11sã0ti0, tse42ko0
的东西哦，就望回家去，就在这时候呢，这个，这个天上的，这个

① 文本个别段落缺音频。

y^{213}, tse^{42}ko^{0}uã^{55}, y^{21}fã^{55}ta^{13}ti^{21}tɕiou^{21}ɕiəu^{35}te^{0}tse^{42}ko^{0}sɿ^{21}tɕʰin^{55}na^{0}, tɕiou^{21}tʰiɛ̃^{11}sã^{0}pʰɛ^{13}tʰiɛ̃^{11}pin^{11}tʰiɛ̃^{11}

玉，这个王，玉皇大帝就晓得这个事情了，就天上派天兵天

tɕiã^{213}xa^{21}nɛ^{55}na^{0}, iəu^{213}, iəu^{13}səu^{11}tʰa^{11}, tɕiou^{13}tsɛ^{213}, tɕiou^{13}tsɛ^{21}tse^{42}ko^{0}sɿ^{0}xəu^{0}ȵi^{0}, i^{42}, i^{42}tɕyɛ̃^{35}iɛ̃^{35}

将下来了，要，要收她，就在，就在这个时候呢，一，一转眼

tɕi^{35}ȵiɛ̃^{55}ko^{13}tɕʰy^{21}na^{0}ȵi^{0}, tɕi^{35}ȵiɛ̃^{55}ko^{13}tɕʰy^{21}na^{0}, tse^{42}ko^{0}sɿ^{55}tɕiɛ̃^{11}xən^{35}tsʰã^{55}ti^{0}xən^{35}, tʰiɛ̃^{11}pin^{11}tʰiɛ̃^{11}

几年过去了呢，几年过去了，这个时间很长得很，天兵天

tɕiã^{213}tɕiou^{13}sɿ^{213}iəu^{13}tso^{42}na^{0}tsɿ^{21}ȵy^{35}sã^{13}tʰiɛ̃^{11}, so^{35}i^{35}tse^{42}ko^{0}, tse^{42}ko^{0}ȵiou^{55}nã^{55}ȵi^{0}tɕiou^{13}tɕi^{42}na^{0}tʰã^{55}

将就是要捉了织女上天，所以这个，这个牛郎呢就急了团

tʰã^{55}tɕyɛ̃^{213}na^{0}, tsɿ^{21}ȵy^{35}ȵi^{0}sɿ^{213}pei^{13}i^{42}tsən^{213}foŋ^{11}pa^{35}tʰa^{11}kua^{42}tso^{35}ti^{0}. tsɛ^{13}tse^{42} ko^{0}sɿ^{0}xəu^{0}ȵi^{0}, ȵou^{55},

团转了，织女呢是被一阵风把她刮走的。在这个时候呢，牛，

tse^{42}ko^{0}nəu^{35}ȵiou^{55}ȵi^{0}, tʰa^{11}tɕiou^{213}kʰɛ^{11}kʰəu^{35}kã^{35}fa^{21}na^{0}, tʰa^{11}tɕiou^{213}kən^{11}ȵiou^{55}nã^{55}kã^{35}, tʰa^{11}kã^{35},

这个老牛呢，它就开口讲话了，它就跟牛郎讲，它讲，

tʰa^{11}kã^{35}pie^{42}nã^{55}ko^{213}, pie^{42}nã^{55}ko^{213}, ȵi^{35}pa^{35}ŋo^{35}ti^{0}ko^{42}na^{55}xa^{0}nɛ^{0}, ȵiou^{55}nã^{55}ȵi^{0}tɕiou^{21}pu^{42}kʰən^{35}

它讲别难过，别难过，你把我的角拿下来，牛郎呢就不肯

na^{0}ka^{0}, tʰa^{11}kã^{35}ko^{42}, tse^{42}sɿ^{21}ȵi^{35}ȵiou^{55}tʰəu^{55}, sɿ^{21}ȵi^{35}tʰəu^{55}sã^{0}ti^{0}ko^{42}, ŋo^{35}tsən^{35} mo^{0}nən^{55}na^{55}xa^{0}

拿嘎，他讲角，这是你牛头，是你头上的角，我怎么能拿下

nɛ^{0}ȵi^{0}, pu^{42}nən^{55}na^{55}ka^{0}, zã^{55}xəu^{213}nəu^{35}ȵiou^{55}tsɿ^{21}tɕi^{35}ȵi^{0}tɕiou^{21}pa^{35}na^{13}ko^{42}na^{55}xa^{0}nɛ^{0}na^{0}, tɕiou^{13}piɛ̃^{21}

来呢，不能拿嘎，然后老牛自己呢就把那角拿下来了，就变

tsʰən^{55}na^{0}liã^{35}ko^{0}, piɛ̃^{21}tsʰən^{55}na^{0}liã^{35}ko^{0}no^{55}kʰuã^{11}, tɕiou^{21}tɕyã^{11}sã^{0}liã^{35}ko^{0}xɛ^{55}tsɿ^{0}ka^{0}, tɕiou^{21}kʰo^{35}i^{35}

成了两个，变成了两个箩筐，就装上两个孩子嘎，就可以

sã^{13}tʰiɛ̃^{11}koŋ^{11}kʰi^{21}tsəu^{35}tsɿ^{21}ȵy^{35}kʰi^{0}, tɕiou^{21}kʰi^{21}tsəu^{35}tsɿ^{42}ȵy^{35}kʰi^{0}. ȵiou^{55}nã^{55}ȵi^{0}, tɕiou^{213}kã^{35}təu^{0}xən^{35}

上天宫去找织女去，就去找织女去。牛郎呢，就感到很

tɕʰi^{55}kuɛ^{213}, xən^{35}tsʰã^{55}kʰuei^{213}xən^{35}tɕʰi^{55}kuɛ^{213}, ko^{35}zã^{55}ȵiou^{55}ko^{42}tsən^{11}ti^{0}tɕiou^{13}tiəu^{213}tɕiou^{13}tiəu^{21}təu^{0}

奇怪，很惭愧很奇怪，果然牛角真的就掉就掉到

ti^{21}sã^{0}nɛ^{0}na^{0}, tiəu^{21}təu^{0}ti^{21}sã^{0}ȵi^{0}, tɕiou^{213}tsən^{11}ti^{0}tsən^{11}ti^{0}piɛ̃^{21}tsʰən^{55}liã^{35}ko^{0}no^{55}kʰuã^{11}, tse^{42}ko^{0}, ȵiou^{55}

地上来了，掉到地上呢，就真的真的变成两个箩筐，这个，牛

nã^{55}tɕiou^{213}pa^{35}liã^{35}ko^{0}ɕiəu^{35}kuei^{35}ȵi^{0}, tɕyã^{11}tsɛ^{0}na^{21}ko^{0}no^{55}kʰuã^{11}li^{0}, tɕiou^{213}, tɕiou^{213}tʰiəu^{11}, tɕiou^{213}

郎就把两个小鬼呢，装在那个箩筐里，就，就挑，就

tʰiəu^{11}tɕʰi^{0}nɛ^{0}na^{0}, tɕiou^{213}tɕiou^{213}ɕiã^{13}i^{42}tsən^{213}tɕʰiou^{11}foŋ^{11}tɕʰyei^{11}ko^{213}, i^{42}tsən^{213}tɕʰiou^{11} foŋ^{11}tɕʰyei^{11}

挑起来了，就就像一阵秋风吹过，一阵秋风吹

ko^{213}, tɕiou^{213}, tɕiou^{213}tʰən^{55}yn^{55}tɕia^{213}, tʰən^{55}yn^{55}tɕia^{13}u^{21}ti^{0}a^{0}tɕiou^{213}fei^{11}ɕiã^{13}tʰiɛ̃^{11}koŋ^{11}, fei^{11}ɕiã^{13}

过，就，就腾云驾，腾云驾雾地啊就飞向天宫，飞向

tʰiɛ̃^{11}koŋ^{11}ȵi^{0}, tɕʰio^{42}pei^{21}na^{21}ko^{0}uã^{55}mu^{35}ȵiã^{55}ȵiã^{0}ɕiəu^{35}te^{0}na^{0}, ke^{35}tʰa^{11}fa^{42}ɕiɛ̃^{21}ta^{0}na^{0}. uã^{55}mu^{35}ȵiã^{55}

天宫呢，却被那个王母娘娘晓得了，给她发现□①了。王母娘

ȵiã^{0}ȵi^{0}, tɕiou^{213}tɕʰy^{35}xa^{0}, tse^{42}ko^{0}, pa^{42}xa^{0}tʰəu^{55}sã^{0}i^{42}kən^{11}tɕin^{11}tsʰɛ^{11}io^{0}, tsɛ^{213}na^{21}ko^{0}tsʅ^{42}, tsɛ^{213}na^{21}

娘呢，就取下，这个，拔下头上一根金钗哟，在那个织，在那

ko^{0}ȵiou^{55}nã^{55}xo^{55}tsʅ^{21}ȵy^{35}ti^{0}ko^{0}tsoŋ^{11}kã^{11}ȵi^{0}, pa^{35}tʰa^{11}i^{42}fa^{55}, i^{42}fa^{55}ȵi^{0}, pi^{35}sʅ^{55}tɕiou^{21}tɕʰy^{42}ɕiɛ̃^{21}na^{0},

个牛郎和织女的个中间呢，把它一划，一划呢，彼时就出现了，

tse^{42}ko^{0}, i^{42}tʰiəu^{55}po^{11}tʰəu^{11}, po^{11}nã^{213}kuən^{35}kuən^{35}ti^{0}tʰiɛ̃^{11}xo^{55}, tʰiɛ̃^{11}xo^{55}, ie^{35}tɕiou^{21}sʅ^{21}, tɕiou^{21}sʅ^{21}

这个，一条波涛，波浪滚滚的天河，天河，也就是，就是

tɕiəu^{21}in^{55}xo^{55}io^{0}, kʰo^{42}te^{0}ȵi^{0}uã^{21}pu^{0}təu^{213}piɛ̃^{11}, tsʰoŋ^{55}tse^{42}piɛ̃^{11}uã^{21}pu^{0}təu^{213}na^{21}i^{0}piɛ̃^{11}, i^{42}xa^{21}tsʅ^{0}ȵi^{0}

叫银河哟，阔得呢望不到边，从这边望不到那一边，一下子呢

tɕiou^{213}pa^{35}tse^{42}ko^{0}tsʅ^{21}ȵy^{35}kən^{11}ȵiou^{55}nã^{55}ȵi^{0}tɕiou^{213}pa^{35}tʰa^{11}ke^{42}kʰɛ^{11}na^{0}, pa^{35}ɕiəu^{35}liã^{35}kʰəu^{35}tsʅ^{0}

就把这个织女跟牛郎呢就把他隔开了，把小两口子

tɕiou^{213}ke^{42}kʰɛ^{11}na^{0}.

就隔开了。

tsɛ^{213}tse^{42}ko^{0}sʅ^{55}, tsɛ^{213}tse^{42}ko^{0}, ɕi^{35}tɕʰio^{42}ȵi^{0}, fei^{11}tsʰã^{55}tʰoŋ^{55}tɕʰin^{55}ȵiou^{55}nã^{55}xo^{55}tsʅ^{21}ȵy^{35},

在这个时，在这个，喜鹊呢，非常同情牛郎和织女，

mei^{35}ȵiɛ̃^{55}ti^{0}noŋ^{55}li^{0}tɕʰi^{42}ye^{0}tsʰu^{11}tɕʰi^{42}, tɕiou^{213}, tsʰən^{55}tɕʰiɛ̃^{11}sã^{213}uã^{213}tsʅ^{42}ɕi^{35}tɕʰio^{42}, tu^{11}fei^{11}təu^{0}

每年的农历七月初七，就，成千上万只喜鹊，都飞到

na^{21}ko^{0}tʰiɛ̃^{11}xo^{55}sã^{0}, təu^{13}tʰiɛ̃^{11}xo^{55}sã^{0}nɛ^{55}tɕi^{42}tsoŋ^{11}, tse^{42}ko^{0}ɕi^{35}tɕʰio^{42}ȵi^{0}, i^{42}tsʅ^{42}kʰã^{55}tso^{0}lin^{21}i^{0}

那个天河上，到天河上来集中，这个喜鹊呢，一只衔着另一

tsʅ^{0}ɕi^{35}tɕʰio^{42}ti^{0}uei^{35}pa^{11}, liɛ̃^{55}təu^{0}, ȵi^{35}kʰã^{55}tso^{0}ŋo^{35}, ŋo^{35}kʰã^{55}tso^{0}ȵi^{35}, kʰã^{55}tso^{0}uei^{35}pa^{11}ȵi^{0}, ta^{42}

只喜鹊的尾巴，连到，你衔着我，我衔着你，衔着尾巴呢，搭

tsʰən^{55}na^{0}i^{42}ko^{0}, ta^{42}tsʰən^{55}na^{0}i^{42}tso^{0}nəu^{35}tsʰã^{55}ti^{0}na^{21}ko^{0}, tɕʰio^{42}tɕʰiəu^{55}, ta^{42}tɕʰiəu^{55}, ta^{42}tsʰən^{55}na^{0}i^{42}

成了一个，搭成了一座老长的那个，鹊桥，搭桥，搭成了一

ko^{0}tʰiɛ̃^{11}tɕʰiəu^{55}, xəu^{35}iã^{21}ȵiou^{55}nã^{55}tsʅ^{21}ȵy^{35}ȵi^{0}nɛ^{55}ɕiã^{11}fei^{213}, mei^{35}ȵiɛ̃^{55}tu^{11}sʅ^{213}, i^{42}ȵiɛ̃^{55}tsʅ^{35} iou^{35}

个天桥，好让牛郎织女呢来相会，每年都是，一年只有

i^{42}tsʰʅ^{213}, mei^{35}ȵiɛ̃^{55}tu^{11}tsʅ^{35}iou^{35}i^{21}tsʰʅ^{213}, tɕʰi^{42}ye^{0}tsʰu^{11}tɕʰi^{42}, tɕiou^{13}sʅ^{213}tse^{42}ko^{0}ku^{13}sʅ^{213}.

一次，每年都只有一次，七月初七，就是这个故事。

① □ta^{0}：结果补语，相当于“掉”。

tɕyn^{11}ka^{11}foŋ^{11}su^{42}
军家风俗

ŋo^{35}mən^{0}ŋã^{11}lin^{55}tsən^{213}tsʰʅ^{21}lin^{35}kʰəu^{35}ti^{0}foŋ^{11}su^{42}pi^{35}tɕʰi^{55}mən^{55}iəu^{213}səu^{35}te^{0}to^{11}. tsʰoŋ^{55}
我们安陵镇赤岭口的风俗比祁门要少得多。从
na^{21}pa^{42}kʰɛ^{11}sʅ^{35}, tɕiou^{213}ta^{35}səu^{35}u^{42}tsʅ^{0}, uei^{213}ko^{21}ȵiɛ̃^{55}tso^{213}tɕyn^{35}pei^{213}. na^{21}ye^{42}ᴇ^{13}sʅ^{42}sʅ^{213}ko^{213}
腊八开始，就打扫屋子，为过年做准备。腊月二十四过
ɕiəu^{35}ȵiɛ̃^{55}, iəu^{213}fã^{213}piɛ̃^{11}phəu^{213}, tɕie^{42}tsu^{35}tsoŋ^{11}. sã^{11}sʅ^{42}ie^{213}, iəu^{213}ke^{35}tsu^{35}tsoŋ^{11}sã^{13}ɕiã^{11},
小年，要放鞭炮，接祖宗。三十夜，要给祖宗上香，
pəu^{11}xəu^{35}ia^{21}sei^{21}tɕʰiɛ̃^{55}. y^{55}ko^{35}iou^{35}zən^{55}tsɛ^{213}uɛ^{13}ti^{213}pu^{21}nən^{55}fei^{55}ka^{11}, ie^{35}iəu^{213}pɛ^{35}sã^{0}uã^{35}
包好压岁钱。如果有人在外地不能回家，也要摆上碗
kʰuɛ^{213}, fã^{213}sã^{0}ɕiã^{11}iɛ̃^{11}, tɛ^{21}piəu^{35}tʰa^{11}i^{35}tɕin^{11}fei^{55}nɛ^{55}na^{0}, ɕiã^{13}tsən^{11}thã^{55}yɛ̃^{55}. ɕiɛ̃^{13}tsɛ^{213}zən^{55}
筷，放上香烟，代表他已经回来了，象征团圆。现在人
mən^{0}pa^{35}fã^{11}tso^{42}fã^{21}tsʰən^{55}na^{0}yɛ̃^{55}tso^{42}, y^{13}i^{213}thã^{55}yɛ̃^{55}. sã^{11}sʅ^{42}ie^{213}, pu^{21}nən^{55}tɕy^{35}fã^{213}tɕʰi^{42},
们把方桌换成了圆桌，寓意团圆。三十夜，不能煮饭吃，
iəu^{213}tsən^{11}fã^{213}, xɛ^{55}iəu^{213}tʰi^{55}tɕʰiɛ̃^{55}tɕyn^{35}pei^{213}xəu^{35}tsʰɛ^{55}xo^{35}, in^{11}uei^{55}tã^{11}ti^{213}pʰi^{21}tsʰɛ^{55}tɕiəu^{213}
要蒸饭；还要提前准备好柴火，因为当地“劈柴”叫
pʰo^{21}tsʰɛ^{55}, xo^{55}pʰo^{21}tsʰɛ^{55}tʰoŋ^{55}in^{11}, y^{3}i^{213}pu^{21}xəu^{35}. sã^{11}sʅ^{42}iəu^{213}tʰie^{42}tei^{21}liɛ̃^{55}. ko^{21}ȵiɛ̃^{55}iəu^{213}
“破柴”，和“破财”同音，寓意不好。三十要贴对联。过年要
fã^{213}piɛ̃^{11}pʰəu^{213}in^{55}ɕin^{11}. tsən^{11}ye^{42}pu^{21}nən^{55}sa^{21}tɕi^{11}, na^{21}ye^{42}ᴇ^{13}pa^{42}ᴇ^{21}tɕiou^{35}iəu^{213}sa^{21}tɕi^{11}, ȵiɛ̃^{213}
放鞭炮迎新。正月不能杀鸡，腊月二八二九要杀鸡，念
iou^{35}kʰəu^{35}tɕye^{42}. ta^{21}ȵiɛ̃^{55}tsʰu^{11}i^{42}kʰɛ^{11}mən^{55}, tsei^{213}ɕi^{11}uã^{213}lin^{55}tɕy^{11}ka^{11}ti^{0}ɕiəu^{35}xɛ^{55}ko^{21}nɛ^{55},
有口诀。大年初一开门，最希望邻居家的小孩过来，
sʅ^{213}xəu^{35}ti^{0} tsəu^{21}tʰəu^{55}, y^{13}sʅ^{213}tsʅ^{35}sən^{11}ɕin^{11}uã^{213}. tsʰu^{11}tɕʰi^{42}i^{42}pã^{11}pu^{21}kʰi^{213}pie^{42}zən^{0}ka^{0}tso^{13}kʰe^{42},
是好的兆头，预示子孙兴旺。初七一般不去别人家做客，
y^{55}ko^{35}kʰi^{213}tso^{13}kʰe^{42}, na^{213}tsʰu^{11}pa^{42}ie^{35}pie^{42}fei^{55}nɛ^{55}, tɕiəu^{213}tɕʰi^{42}pu^{21}tɕʰy^{42}pa^{42}pu^{21}kuei^{11},
如果去做客，那初八也别回来，叫“七不出八不归”，
tsʰu^{11}tɕiou^{35}tsʰu^{11}sʅ^{42}fei^{55}ka^{11}ko^{21}ȵiɛ̃^{55}. yɛ̃^{55}ɕiəu^{11}tɕie^{42}, ko^{13}tɕʰy^{213}tɕiã^{11}pe^{42}zən^{55}təu^{213}ŋo^{35}mən^{0}
初九初十回家过年。元宵节，过去江北人到我们
tɕiã^{55}nã^{55}nɛ^{55}u^{35}sʅ^{11}, xəu^{21}nɛ^{55}, iou^{35}na^{0}u^{35}noŋ^{55}, iəu^{213}pəu^{11}tɕʰiɛ̃^{55}, noŋ^{55}min^{55}ɕi^{11}uã^{213}zən^{55}kʰəu^{35}
江南来舞狮，后来，有了舞龙，要包钱，农民希望人口

ɕin^{11}uã^{213}.

兴旺。

tɕ^{h}in^{11}min^{55}tɕie^{42}iɔu^{213}sɔu^{35}mu^{213}, tɕyn^{11}ka^{11}zən^{55}iɔu^{213}kua^{21}fən^{55}, min^{55}ka^{11}zən^{55}pu^{21}kua^{213}. tã^{11}

清明节要扫墓，军家人要挂坟，民家人不挂。端

u^{35}tɕie^{42}, tɕi^{13}ȵiɛ̃^{213}tɕ^{h}y^{21}yɛ̃^{55}, iɔu^{213}pɔu^{11}tsoŋ^{213}tsɿ^{0}, ts^{h}a^{21}ŋɛ^{21}ts^{h}ɔu^{35}. ts^{h}oŋ^{55}iã^{55}tɕie^{42}, ioŋ^{213}no^{21}mi^{35}

午节，纪念屈原，要包粽子，插艾草。重阳节，用糯米

tso^{213}ma^{55}ts^{h}ɿ^{55}.

做麻糍。

（讲述人：倪根来，2015.12.9）

参考文献

安徽省地方志编纂委员会 1997 《安徽省志·方言志》，北京：方志出版社。

安徽省教育厅方言指导组编 1960 《安徽方言概况》，合肥：安徽人民出版社。

鲍明炜 1993 江淮方言的特点，《南京大学学报》第4期。

鲍明炜、颜景常 1985 苏北江淮话与北方话的分界，《方言》第2期。

北大中文系语言学教研室编 2003 《汉语方音字汇》，北京：语文出版社。

曹志耘 1996 《严州方言研究》，日本：好文出版。

陈　丽 2013 《安徽歙县大谷运方言》，北京：方志出版社。

丁邦新 1998 论官话方言研究中的几个问题，载《丁邦新语言学论文集》，北京：商务印书馆。

胡松柏 2009 《赣东北方言调查研究》，南昌：江西人民出版社。

江苏省地方志编纂委员会 1998 《江苏省志·方言志》，南京：南京大学出版社。

蒋冰冰 2003 《吴语宣州片方言音韵研究》，上海：华东师范大学出版社。

李　荣 1985 官话方言的分区，《方言》第1期。

刘祥柏 2013 《安徽黄山汤口方言》，北京：方志出版社。

孟庆惠 2005 《徽州方言》，合肥：安徽人民出版社。

平田昌司主编 1998 《徽州方言研究》，日本：好文出版。

祁门县地方志编纂委员会 1990 《祁门县志》，合肥：安徽人民出版社。

沈　明 2012 《安徽歙县（向杲）方言》，北京：方志出版社。

石台县地方志编纂委员会 1991 《石台县志》，合肥：黄山书社。

孙宜志 2004 安徽江淮官话研究，南京大学博士后出站报告。

唐爱华 2005 《宿松方言研究》，北京：文化艺术出版社。

吴　波 2004 合安方言音韵研究，上海师范大学硕士学位论文。

谢留文 2012 《江西浮梁（旧城村）方言》，北京：方志出版社。

游汝杰 2000 《汉语方言学导论》（修订版），上海：上海教育出版社。

赵日新 2005 徽语的特点和分区，《方言》第 3 期。

赵日新 2008 安徽省的汉语方言，《方言》第 4 期。

朱德熙 1999 《朱德熙文集》第一卷《语法讲义》，北京：商务印书馆。

邹嘉彦、游汝杰主编 2004 《语言接触论集》，上海：上海教育出版社。

调查手记

第一次读到祁门军话的材料是20世纪90年代初，在新出版的《祁门县志》卷三十二“方言”部分（伍巍执笔）有“方言区划”的一段描述：“祁门境内的方言不尽统一，大体可分为祁门本地话、外县徽州话和北方官话三种。细分可作六个不同的小片。祁门本地话是徽州话的一支，它在全县覆盖面最大，使用人口最多。祁门本地话内部尚存在一定差异，还可分作城区话、西路话、南路话三个小片；外县徽州话概指位于祁门东南隅的凫峰话和北乡的民话；北方话主要指北乡的军话。”书中对军话的主要语音特点有简单的描写。

“军话”“民话”这样的概念，对初入方言领域的我而言具有很大的诱惑力，很想一窥其究竟。2004年终于得偿所愿，其后，先后六次前往赤岭调查、补充、核对。

2004年9月26日—10月7日，我和高晓虹老师带领北京语言大学2003级汉语言文字学、语言学及应用语言学专业硕士研究生邓楠、田玉晶、郭书林、张洪燕、荀海燕到安徽省祁门县赤岭乡、安凌乡（现合并为安凌镇）调查当地的“军话”和“民话”，同行的还有休宁县地方志办公室主任汪顺生先生，入住赤岭大酒店。

赤岭位于国家级自然保护区、国家地质公园——牯牛降山脚下。牯牛降是安徽南部三大高山（黄山、清凉峰、牯牛降）之一，是黄山山脉向西延伸的主体，古称“西黄山”，因其山形酷似一头牯牛从天而降，故名。辖区内环境优美，在其境内有百姓相传的“八绝”，包括九龙景区、考坑大峡谷、鸟儿峰、七剑岩、管溪河等。管溪河更有一段相传佳话：东汉末年，孙策的麾下管辘，不愿与世俗相争，隐居于赤岭口河道旁，这条河就被取名为“管溪河”。

赤岭村文化底蕴深厚，历史悠久，曾国藩曾驻军于此，更有血战赤岭口之说。近些年来，这里开发了九龙池、牯牛降等旅游景点，一到旅游旺季，游客络绎不绝。

赤岭人淳朴热情，给大家留下非常深刻的印象。调查间隙，我们结伴走村串户，每到一家门口，主人都会热情招呼我们到家里坐坐、喝口茶。

调查团队与发音人合影　祁门县安凌镇赤岭村 /2004.10.2/ 汪健旺 摄

汪顺生先生是我的好朋友，是个“徽州通”。我每次去徽州调查，只要汪先生时间允许，我都会邀请他与我们同行，有他在，找发音人、住宿、吃饭等这些让我烦扰的事务就都能迎刃而解。当时汪先生的夫人病故不久，又逢十一假期，正好出来散散心，顺带“踩地皮”（文物专家指下乡寻访古董）。

当时邀请的军话发音人是曾宪金（上曾村）、曾宪海（下曾村）两位先生。曾宪金是军家有名的文化人，爱读书，字也写得漂亮；曾宪海对军家情况如数家珍，第一次调查时生龙活虎，是主要发音人。

2005年8月，我再赴赤岭对2004年的调查材料进行了补充、核对。此时的曾宪海因为胃出血，身体已大不如上年，脸色苍白，我和汪顺生都有些担心，不过他自己坚持表示身体没大碍。在征得他儿子同意后，曾先生还是配合我们完成了调查核对任务。在整理已有调查材料的基础上，邓楠、田玉晶两位硕士研究生分别以祁门军话、民话为研究对象完成了硕士学位论文。

时隔十年之后的2015年（7月23日—8月6日），中国语言资源保护工程将祁门军话列入濒危汉语方言点，我和项目组成员孙宇玮、赵晓阳再次来到赤岭。原先的两位发音人老师此时均已辞世，唏嘘感叹之余，我们重新物色倪村的倪根来、倪根富作为老男发音人

（后来又增加了下曾村的曾繁林），陈玉妹作为老女发音人，也确定了青男和青女发音人。

纸笔记录比较顺利，摄录过程一波三折。因语保摄录参数要求比较高，经与旅馆老板协商，我们打开离公路最远的一个房间，将蓝色幕布用透明胶粘在白墙上，经多次调试，算是解决了摄录场所问题。摄录时，我们三个人分工协作，我负责监听，宇玮负责操作摄像机，晓阳负责电脑操作和给发音人打手势，配合默契。其时正值炎热夏季，为了防止噪音超标，房间必须密封，摄录时空调、风扇都不能开，半个小时下来，我们和发音人早已汗流浃背了。尽管找了旅馆最偏僻的房间，但窗外的知了声、鸟叫声、汽车摩托车驶过的“突突”声还是会时不时地打断我们的摄录，加上我们偶尔的操作失误、发音人的口误以及紧张导致的说话不流利也大大延缓了摄录进程。

2015年国庆节期间进行补录，这一次吸取了前次的教训，入住休宁县凤湖烟柳度假酒店。这个酒店在远离城区的一个山谷里，相对比较安静，头顶偶有飞机飞过的轰鸣声。我们请老男发音人倪根来老师从赤岭赶来，给他买了白衬衣，摄录工作总算是比较顺利地完成了。

2016年1月29日—31日，我再次来到赤岭进行补充调查和核对，发音人是倪根来、曾繁林、陈玉妹三位。31日下午开始飘飘扬扬地下雪，晚上十点开始停电，次日早晨起来，大地白茫茫一片，从赤岭到祁门的公路一片狼藉，沿途看到被大雪压倒的树砸断了电线。

2017年1月1日赤岭通往祁门县城的公路上　祁门县安凌镇赤岭村 /2017.1.1/ 赵日新 摄

好在一路上有惊无险越过牯牛降，安全抵达绩溪。绩溪，阳光灿烂。

祁门军话的调查，至此告一段落。

在军话调查过程中，得到许多人的热情支持和帮助。高晓虹老师参加了第一次的调查，每次调查汪顺生先生都热情相助，帮助联系发音人和住宿等事宜。几位发音人老师始终耐心细致，不厌其烦，没有他们的辛劳付出，就没有今天的这部书稿。感谢热情淳朴的军家人。

赵日新

2017年6月